Ursula Degener · Beate Rosenzweig (Hrsg.)

Die Neuverhandlung sozialer Gerechtigkeit

Politik und Geschlecht
Band 18

Herausgegeben vom
Arbeitskreis „Politik und Geschlecht" in der Deutschen Vereinigung für
Politische Wissenschaft e. V. (DVPW)

Ursula Degener
Beate Rosenzweig (Hrsg.)

Die Neuverhandlung sozialer Gerechtigkeit

Feministische Analysen und Perspektiven

VS VERLAG FÜR SOZIALWISSENSCHAFTEN

Bibliografische Information Der Deutschen Nationalbibliothek
Die Deutsche Nationalbibliothek verzeichnet diese Publikation in der Deutschen Nationalbibliografie; detaillierte bibliografische Daten sind im Internet über <http://dnb.d-nb.de> abrufbar.

1. Auflage September 2006

Der VS Verlag für Sozialwissenschaften ist ein Unternehmen von Springer Science+Business Media.
www.vs-verlag.de

Umschlaggestaltung: KünkelLopka Medienentwicklung, Heidelberg
Satz: Anke Vogel
Druck und buchbinderische Verarbeitung: Krips b.v., Meppel
Gedruckt auf säurefreiem und chlorfrei gebleichtem Papier
Printed in the Netherlands

ISBN-10 3-531-15055-3
ISBN-13 978-3-531-15055-0

Inhalt

II. Soziale Gerechtigkeit im Zeichen von Globalisierung und europäischer Integration

III. Sozialstaatlichkeit im Wandel – Auswirkungen auf die Geschlechterverhältnisse

Danksagung

Wissenschaft ist allzu oft eine mühsame und einsame Angelegenheit – nicht so bei diesem Buch. Die Konzeptionierung und Herausgabe dieses Bandes hat uns großen Spaß gemacht. Dies lag nicht zuletzt daran, dass wir vielfältige Impulse, Anregungen und Unterstützungen von den Kolleginnen des amtierenden Sprecherinnenrates des Arbeitskreises Politik und Geschlecht der Deutschen Vereinigung für Politische Wissenschaft (DVPW) erhalten haben. Aus den inspirierenden Diskussionen im Sprecherinnenrat ist die Idee zu diesem Band hervorgegangen. Bettina Roß und Susanne Zwingel herzlichen Dank dafür!

Der Band geht zurück auf eine Tagung im Juni 2005 im Studienhaus Wiesneck bei Freiburg i.Br, die der Sprecherinnenrat gemeinsam geplant und durchgeführt hat. Ohne die finanziellen Zuwendungen der Bundeszentrale für politische Bildung und der Heinrich Böll Stiftung Baden-Württemberg e.V. wären die Tagung, der rege Austausch und letztlich auch die Publikation nicht zustande gekommen. Unser Dank gilt vor allem Annette Görlich von der Heinrich Böll Stiftung für ihre engagierte Zusammenarbeit. Ausdrücklich danken wir dem Seminar für Wissenschaftliche Politik der Universität Freiburg und insbesondere Frau Prof. Dr. Gisela Riescher für die wertvolle und großzügige Unterstützung im Vorfeld von Tagung und Publikation.

Von den konstruktiv-kontroversen Debatten der TeilnehmerInnen auf der Tagung haben wir wichtige Anregungen und viel Motivation für die Arbeit an dem Buch mitgenommen. Von Renate Niekant haben wir konstruktives Feedback und wichtige Verbesserungsvorschläge erhalten. Bei der Fertigstellung des Bandes haben uns Hannah Bethke, Judith Kästner, Claudia Schäfer und Luzia Sievi sehr geholfen. Schließlich danken wir allen Autorinnen dieses Bandes für die gute und konstruktive Zusammenarbeit!

Ursula Degener
Beate Rosenzweig

Einleitung: Die Neuverhandlung sozialer Gerechtigkeit – eine kritische Bestandsaufnahme aus feministischer[1] Perspektive

Ursula Degener/Beate Rosenzweig

Die Rede von sozialer Gerechtigkeit ist allgegenwärtig – sowohl in politischer als auch in politikwissenschaftlicher Hinsicht; das Terrain einer Neubestimmung des Begriffes ist umkämpft. Schon ein oberflächlicher Blick auf die anhaltende sozialphilosophische Debatte und die gegenwärtigen Legitimationsstrategien zum Politikwandel zeigt: Die theoretische und politische Neuverhandlung sozialer Gerechtigkeit erfolgt vor allem *ex negativo*. In Zeiten tief greifender globaler ökonomischer, gesellschaftlicher und politischer Veränderungsprozesse kann soziale Gerechtigkeit nicht mehr das heißen, was es – glaubt man der theoretischen Abgrenzungs- und der politischen Neuverortungsbemühungen – lange Zeit hieß: An die Stelle wohlfahrtsstaatlicher Rundumversorgung und gesellschaftlicher Solidarität müssten nun vor allem mehr Eigenverantwortung und die Aktivierung der BürgerInnen treten. Die bislang vorherrschende Form sozialer Gerechtigkeit, wie sie im fordistischen Wohlfahrtsstaatsmodell zum Ausdruck kam, wird damit als soziale Gerechtigkeit der Umverteilung gedeutet, an deren Stelle nun eine Neubestimmung sozialer Gerechtigkeit treten soll, in der es vor allem um die Selbstverantwortung des Individuums gegenüber der Gesellschaft und allenfalls noch um minimale Umverteilungspolitiken geht (vgl. auch Forst 2005). Nicht selten wird, wie man beispielsweise an den jüngsten Debatten zur Einführung des Elterngeldes als Anreiz für die Erwerbstätigkeit von Müttern und die Erziehungsarbeit von Vätern ablesen konnte, die politische Neuverhandlung sozialer Gerechtigkeit auch als Chance für eine geschlechtergerechte Modernisierung des Wohlfahrtsstaates gesehen. Damit stellt sich die Frage, ob die aktuellen Reformen auch als ein Erfolg feministischer Wohlfahrtsstaatskritik bewertet werden können. Die herkömmlichen fordistischen Wohlfahrtsstaatskonzepte waren, sowohl was ihre androzentrische Normierung als auch ihre geschlechterhierarchischen Effekte anging, einschneidender feministischer Kritiken unterzo-

1 Der Begriff feministisch wird von uns in einem umfassenden Sinne verstanden und bringt damit sowohl die geschlechterkritische Analyseperspektive als auch die emanzipatorische Zielsetzung einer politischen Transformation bestehender Geschlechterverhältnisse zum Ausdruck.

gen worden; die einseitige Ausrichtung am sogenannten Ernährermodell (*male breadwinner model*) stand dabei von jeher im Zentrum (vgl. bspw. Lewis/Ostner 1994, Leitner/Ostner/Schratzenstaller 2004).

Die Frage, welche Auswirkungen die aktuellen politischen und theoretischen Neuverhandlungen sozialer Gerechtigkeit auf die Geschlechterverhältnisse haben, welche neuen Risiken und möglicherweise auch Chancen sich daraus ergeben, soll in diesem Band eingehend beleuchtet werden. Hierbei gilt es aus unserer Sicht, einen Brückenschlag zwischen der seit den 1990er Jahren verstärkt geführten Theoriedebatte zum Thema sozialer Gerechtigkeit und den sozial- und geschlechterpolitischen Diskursen sowie den Veränderungsprozessen auf globaler, europäischer und nationaler Ebene zu versuchen.

Auf der Grundlage der Beiträge dieses Bandes lassen sich unserer Meinung nach folgende Thesen zum Stand der Debatte um die Neuverhandlung sozialer Gerechtigkeit formulieren:

Die Depolitisierung sozialer Gerechtigkeit durch neoliberale Privatisierungsdiskurse

Gegenwärtige neoliberale Diskurse zielen auf eine Privatisierung und Familialisierung sozialer Gerechtigkeitsfragen. Damit sollen strukturelle Ungleichheiten und Differenzen depolitisiert und die Ursachen von Ungleichheit auf die Ebene individueller Verantwortung überführt werden. Unter dem Stichwort des „aktivierenden Staates" wird seit den 1990er Jahren eine Politik propagiert, die den Staat verschlanken und BürgerInnen und Familien mehr Eigenverantwortung für ihre soziale Lage auferlegen will. Mit der Schwerpunktverlagerung von einer etatistischen Verteilungs- zu einer reziproken Leistungsgerechtigkeit kommt es so zu einer Marginalisierung und Individualisierung sozialer Risiken. Familien und Individuen erscheinen in diesem Kontext zunehmend als Humanressourcen im Dienste eines deregulierten Marktes. Die neoliberale Neubestimmung des Verhältnisses von Staat und Privatheit beruht auf dem Widerspruch der Entstaatlichung sozialer Für- und Vorsorge einerseits und einer verstärkten staatlichen Kontrolle privater Verhältnisse und individueller Marktbereitschaft andererseits. Das normative Ideal einer auf individuellen Bedürfnissen und politischen Rechten gründenden Solidargemeinschaft wird im vorherrschenden antiegalitären Gerechtigkeitsdiskurs dem Ideal individueller Autonomie eindeutig untergeordnet. Die Reflexion und Analyse struktureller Ursachen von Ungleichheitsverhältnissen und die nach wie vor rigide Norm(alis-)ierung von Geschlechterverhältnissen und -identitäten wird dabei ignoriert.

Neue geschlechterhierarchische Abhängigkeitsverhältnisse durch die Ökonomisierung von Politik

Die Ökonomisierung von Politik und die Transformation wohlfahrtsstaatlicher Regulierung verursachen komplexe neue Abhängigkeitsverhältnisse zwischen den Geschlechtern, aber auch neue Hierarchien unter Frauen. Im globalen Wettbewerb um Standortvorteile werden geschlechtsspezifische und andere Ungleichheiten – einer Profitmaximierungslogik folgend – zu ökonomischen Produktivfaktoren, die Marktchancen eröffnen. Konsequenterweise werden auch Gleichstellungspolitiken zunehmend instrumentalisiert und an ihrem ökonomischen Mehrwert im Hinblick auf Innovations- und Wachstumspotenziale gemessen.

Die im globalen Maßstab zunehmende Prekarisierung der Beschäftigungsverhältnisse verschärft bestehende geschlechtsspezifische Ungleichheiten und trägt dazu bei, dass vor allem Frauen in Abhängigkeit von ihren Partnern und/oder kontrollierenden Behörden leben müssen. Die Beiträge zeigen, dass Frauen vom Abbau sozialer Mindeststandards und der zunehmenden Deregulierung von Arbeitsverhältnissen weltweit in besonderem Maße betroffen sind, während sich gleichzeitig die sozialen Differenzen zwischen Frauen verschärfen. Es gilt, die komplexen Abhängigkeiten nicht nur zwischen Frauen und Männern, sondern auch zwischen Frauen und Frauen, zwischen Zentrum und Peripherie, zwischen MigrantInnen und NichtmigrantInnen und zwischen sozialen Klassen nicht gegeneinander auszuspielen und damit einer Hierarchisierung von Diskriminierungen Vorschub zu leisten. Vielmehr, so zeigen die Beiträge dieses Bandes, müssen die Interdependenzen von Privilegierung und Nichtprivilegierung, die Verwobenheit geschlechtsspezifischer, sozialer und ethnischer Macht- und Herrschaftsverhältnisse (selbst-)kritisch analysiert und reflektiert werden.

Die Ambivalenz von Zementierung und Modernisierung der Geschlechterverhältnisse

Frauen und Männer werden mit den jüngsten Reformen der deutschen Sozial- und Arbeitsmarktpolitik formal gleich behandelt. Nach dem seit der rot-grünen Bundesregierung unter Gerhard Schröder auch in Deutschland verfolgten Konzept des „aktivierenden Staates“ sollen künftig gleichen Rechten auch gleiche Pflichten gegenüberstehen. Der Wohlfahrtsstaat solle BürgerInnen nicht als passive EmpfängerInnen von Leistungen behandeln, sondern eigenverantwortliche, „aktive“ BürgerInnen prinzipiell lediglich dort unterstützen, wo sie sich selbst nicht helfen können. Bei den aktuellen sozialstaatlichen Reformen werden jedoch bestehende geschlechtsspezifische Ungleichheiten und deren Ursachen nur unzureichend berücksichtigt. Die aus den nach wie vor bestehenden geschlechtsspezifischen Rollenerwartungen und -verteilungen resultierenden ungleichen Bedingungen von Frauen auf dem Arbeitsmarkt werden durch die aktuellen Reformen nicht beseitigt. Vielmehr tragen die Reformen des Arbeitsmarktes und die politische Neuregelung der Unterhalts- und Einstandspflichten in Ehen und Partnerschaften, trotz einiger Ansätze zu einer geschlechtergerechten Verteilung von Erwerbs- und Familienarbeit, zur Zementierung hierarchischer Geschlechterverhältnisse bei.

So werden die Anreize für die Erwerbstätigkeit von Frauen und erste Ansätze für die Übernahme von Erziehungsarbeit durch Väter in den Beiträgen dieses Buches positiv bewertet. Gleichstellungseffekte können von diesen Anreizen jedoch nur unter der Voraussetzung erwartet werden, dass die Verantwortlichen für Kinderbetreuung, Hausarbeit und innerfamiliäre Altenpflege entlastet werden. Solange dies nicht grundsätzlich der Fall ist, sind insbesondere allein Erziehende und Frauen mit familiären Verpflichtungen infolge der Zumutbarkeitsregelungen der „Hartz-Gesetze" ungerechten Sanktionen ausgesetzt. Dass Frauenerwerbstätigkeit nur im Bereich geringfügiger Beschäftigung und Teilzeitarbeit wächst, ist unter anderem auch auf den Mangel an flexiblen Lösungen für Pflege und Kinderbetreuung zurückzuführen. Verschiedene Beiträge belegen, dass prekäre Beschäftigung auf Kosten regulärer und abgesicherter Arbeitsplätze zunimmt. Geringfügige Beschäftigungsverhältnisse, in denen Frauen stark überrepräsentiert sind, werden damit immer seltener frei gewählt.

Umverteilung, Anerkennung und Partizipation: Dimensionen sozialer Gerechtigkeit aus feministischer Perspektive

Gegenwärtigen feministischen Analysen und Perspektiven sozialer Gerechtigkeit liegt mehrheitlich ein theoretisches Verständnis sozialer Gerechtigkeit zugrunde, das eine ausgewogene Berücksichtigung der Dimensionen Umverteilung, Anerkennung und politische Partizipation beinhaltet. Feministische Perspektiven sozialer Gerechtigkeit können damit nicht, wie die „neue Semantik von Teilhabegerechtigkeit" (Forst 2005: 25) nahe legt, als eine additive Variante im Spektrum zunehmend pluralisierter Gerechtigkeitsverständnisse, im Sinne eines „und jetzt noch die Geschlechtergerechtigkeit", gewertet werden. Vielmehr geht es um die Frage nach den übergeordneten Grundsätzen sozialer Gerechtigkeit. Feministische Forschungen haben, das belegen auch die Artikel dieses Bandes, mit kontroversen Debatten zu den vielfältigen Ursachen und Dynamiken von Machtverhältnissen und Ungleichheiten, zur Interdependenz von Exklusion und Inklusion wesentliche Beiträge zur Begründung und Rechtfertigung allgemeiner Gerechtigkeitsprinzipien geliefert (vgl. bspw. Young 1990, 1997, Fraser/Honneth 2003, Okin 1999). Der gegenwärtig vorherrschende, von antiegalitären Deutungen bestimmte Gerechtigkeitsdiskurs wird, das zeigt die feministische Kritik eindrücklich, den komplexen, strukturell bedingten Ungleichheitslagen in keiner Weise gerecht. Er leistet vielmehr einer hegemonialen Deutung von Geschlechtsidentitäten Vorschub, die auf die androzentrische und kapitalistische Normierung des *homo oeconomicus* ausgerichtet ist.

Social (re-)turn in der feministischen Theorie und Praxis

Der feministische Diskurs über die Neuverhandlung sozialer Gerechtigkeit ist auch als ein selbstkritischer Diskurs zu verstehen, in dem es um die Aufdeckung und Reflexion eigener Perspektivverengungen geht. Die einseitige Konzentration auf Fragen kultureller Differenzen zwischen Frauen hat, wie Nancy Fraser in diesem Band ausführt, zu einer Vernachlässigung sozialer und ökonomischer Ungleichheiten geführt und damit der neoliberalen Strategie einer ,Entpolitisierung' sozialer Gerechtigkeitsfragen in die Hände gespielt. Zugunsten kulturalistischer Identitäts- und Anerkennungspolitiken seien politische Allianzen zwischen feministischer Bewegung und anderen sozialen Bewegungen, die den gemeinsamen Kampf gegen soziale Ungerechtigkeit zum Ziel hatten, in den Hintergrund getreten. Angesichts der globalen ökonomischen Ungleichheiten und sozialen Ungerechtigkeiten muss es, und hierin sind sich die Autorinnen dieses Bandes einig, innerhalb der feministischen Theorie und Praxis auch zu einem *social (re-) turn* kommen: Nur auf der Grundlage einer gleichgewichtigen Integration der Dimensionen von Anerkennung und Umverteilung erscheint eine transformative feministische Politik sozialer Gerechtigkeit möglich.

Subjektive Ungleichheitserfahrungen als Grundlage für universalistische Gerechtigkeitsprinzipien

Subjektive Ungleichheitserfahrungen bilden die empirische Grundlage und den normativen Maßstab für universalistische Gerechtigkeitsprinzipien aus feministischer Perspektive. Hierbei kommt es darauf an, so lässt sich im Anschluss an die Beiträge formulieren, die *Interdependenz subjektiver Ungerechtigkeitserfahrungen, struktureller Ungleichheiten und mangelnder Repräsentation* deutlich zu machen sowie subjektive Ungleichheitserfahrungen räumlich, sozial und kulturell zu kontextualisieren. Die politische Forderung nach universalistischen, feministischen Gerechtigkeitsprinzipien setzt damit nicht nur den Respekt vor sozialen und kulturellen Differenzen, sondern auch die Problematisierung von Identitätskonstruktionen voraus. Nur auf der Grundlage diskursiver, lokaler und globaler Selbstverständigung können unterschiedliche Erfahrungen von Ungleichheit und Ungerechtigkeit problematisiert und in gemeinsame Forderungen nach universalistischen Gerechtigkeitsprinzipien überführt werden.

Transnationaler Feminismus als Perspektive feministischer Politik

Die zunehmende Transnationalisierung von Politik unter den Bedingungen globalisierter Ökonomie erfordert die verstärkte Entgrenzung lokaler und nationaler feministischer Politiken sowie die Konstituierung einer global agierenden feministischen Bewegung. Nur unter der Voraussetzung einer vertieften, globalen Vernetzung lokal und national agierender AkteurInnen und im Verbund mit globalisierungskritischen Bewegungen und Nichtregierungsorganisationen kann die Forderung nach einer transformativen Politik der Geschlechtergerechtigkeit sinnvoll artikuliert werden. Vor dem Hintergrund der Politik in Mehrebenensystemen wird verstärkt die Forderung nach der *Gleichzeitigkeit von lokalem, regionalem und globalem Handeln* erhoben.

Die Beiträge des vorliegenden Bandes gliedern sich in drei Themenbereiche. In einem ersten Teil werden die theoretischen Debatten zu sozialer Gerechtigkeit aus feministischer Perspektive kritisch und selbstkritisch hinterfragt und weiterentwickelt. Im zweiten Kapitel werden ökonomische und politische Transformationsprozesse auf globaler Ebene in Bezug auf ihre Folgen für die Geschlechterverhältnisse reflektiert. Gleichzeitig werden die Möglichkeiten für eine transnationale Politik der Geschlechtergerechtigkeit diskutiert. Im dritten Teil werden schließlich die aktuellen Reformen sozialstaatlicher Regulierung analysiert und ihre Chancen und Risiken für eine Politik sozialer Gerechtigkeit deutlich gemacht.

1 Theoriediskurse zu sozialer Gerechtigkeit – feministische Interventionen

Die Frage, was soziale Gerechtigkeit heißt, wurde und wird unter feministischer Perspektive keineswegs einhellig beantwortet. Wie *Nancy Fraser* in ihrem grundlegenden Beitrag deutlich macht, hat die feministische Theoriebildung und Bewegung seit Ende der 1970er Jahre ganz unterschiedliche Schwerpunktsetzungen vorgenommen. Es lassen sich, folgt man Frasers Argumentation, im Wesentlichen drei Phasen ausmachen: In der ersten Phase wurde im Verbund mit den neuen sozialen Bewegungen vor allem eine egalitäre, geschlechtersensible Transformation wohlfahrtsstaatlicher Politik gefordert. Demgegenüber standen in der zweiten Phase, die für Fraser Ende der 1980er Jahre beginnt, Forderungen nach kultureller Anerkennung, also der Anerkennung von Identitäten, im Zentrum. Dies war auch eine Reaktion auf Homogenisierungstendenzen innerhalb des westlichen feministischen Diskurses. Anders als dies gemeinhin im *mainstream* der Geschlechterforschung angenommen werde, führe dieser Perspektivwandel nicht zu mehr Pluralität und sozialer Inklusion in der feministischen Bewegung, sondern im Gegenteil zu einer Perspektivverengung. Diese bedinge letztlich die „historische Tragik der zweiten Welle des Feminismus". Durch die Fokussierung auf Fragen kultureller Anerkennung und eine mangelnde Sensibilität für Fragen sozialer Umverteilung fügte sich die feministische Bewegung letztlich auch, wie Fraser anhand der US-amerikanischen Frauenbewegung zeigt, in konservativ-neoliberale Politiken ein. Unter den Bedingungen ökonomischer Globalisierung und zunehmend transnationaler Politik kann eine feministische Bewegung nur dann Erfolg versprechend sein, wenn sie, so Fraser, erstens an der Ausgestaltung egalitärer, geschlechtersensibler *Umverteilungs*politiken mitarbeitet, zweitens die Integration von distributiven Politiken und einer Politik egalitärer, geschlechtersensibler *Anerkennung* kultureller Vielfalt fordert und schließlich diese Politiken konsequent transnational ausrichtet. In einer solchen Verbindung sieht Fraser die große Chance für die dritte, gegenwärtige Phase des Feminismus, in der es nun darum geht, für eine Politik der umfassenden Geschlechtergerechtigkeit einzutreten, die ungerechte Verteilung, mangelnde Anerkennung und fehlende Repräsentation gleichermaßen zu überwinden sucht (vgl. auch Fraser/Honneth 2003).

Auf der Grundlage von Frasers Überlegungen konkretisiert *Ruth Lister* in ihrem Beitrag den Begriff der Anerkennung. Sie plädiert für eine universalistische Begründung des individuellen Rechts auf Anerkennung. Nicht essentialistische Gruppenidentitäten und -differenzen, sondern die Ursachen und Effekte individueller Ungleichheitserfahrungen müssten ins Zentrum feministischer Analysen gerückt werden. Am Beispiel der Armutsproblematik macht Lister deutlich, dass eine Politik materieller Umverteilung unzureichend bleibt, solange sie nicht mit einer Politik der Anerkennung in Form von respektvoller Behandlung und Ermöglichung von Partizipationschancen einhergeht. Die Erfahrung mangelnder Anerkennung, die auf der Konstruktion des „Armen" durch die „Nichtarmen" und den damit verbundenen Zuschreibungen gründe, erstrecke sich nicht nur auf den geringen sozialen Status, sondern äußere sich auch in psychologischen und emotionalen Verletzungen beispielsweise durch eine stigmatisierende Sprache. Ausgrenzungserfahrungen verringerten das Selbstvertrauen und damit auch die Partizipationschancen. Die feministische Forderung nach sozialer Gerechtigkeit im Bereich der Armutsbekämpfung müsse damit nicht nur bessere materielle Absicherung für die Betroffenen, sondern auch mehr Mitsprache und Respekt umfassen.

Sowohl Nancy Fraser als auch Ruth Lister erteilen differenztheoretisch fundierten Konzeptionen sozialer Gerechtigkeit eine eindeutige Absage. Frasers These von der schleichenden Entpolitisierung durch die einseitige Festlegung auf feministische Anerkennungspolitiken und die essentialistische Fundierung des Anerkennungsbegriffes mündet in die Neukonturierung einer egalitären Konzeption sozialer Gerechtigkeit. Wie *Susanne Lettow* in ihrem Beitrag deutlich macht, positioniert sich Nancy Fraser damit nicht nur innerhalb der feministischen Theoriedebatte, sondern auch explizit gegen den seit Ende der 1990er Jahre offensiv vorgetragenen, antiegalitären Gerechtigkeitsdiskurs. Dieser zielt, wie Lettows kritische Bestandsaufnahme der gegenwärtigen sozialphilosophischen Gerechtigkeitsdebatte zeigt, auf eine neoliberale Neujustierung des Verhältnisses von Staat und Markt, von Öffentlichkeit und Privatheit. Die antiegalitären Theoriekonzeptionen, wie sie im deutschsprachigen Raum vor allem von Wolfgang Kersting und unter feministischen Vorzeichen von Angelika Krebs vertreten werden, streben vornehmlich, so Lettow, eine diskursive Entpolitisierung und Privatisierung gesellschaftlicher Probleme und damit eine Reorganisation des Staates an. Der Begriff sozialer Gerechtigkeit werde bei Kersting auf den Begriff des „Minimalsozialstaates“ gebracht, der einzig auf eine marktförmige Zurichtung des Privaten ziele und gleichzeitig vormals gesellschaftlich zu regulierende Probleme in den Bereich des Privaten transferiere (vgl. Kersting 2000). Die Neuvermessung des Politischen basiert, wie Lettow deutlich macht, bei Wolfgang Kersting und Angelika Krebs auf minimalisierten Gerechtigkeitsstandards, die zudem partikularistisch ausgelegt werden. Sie gelten überhaupt nur für Mitglieder einer Gemeinschaft beziehungsweise wie Angelika Krebs ausführt, für „Angehörige einer nationalen Kultur.“ (vgl. Krebs 2004: 4). Im Zuge einer neoliberalen Reorganisation von Staat, Markt und Gesellschaft wird damit in beiden antiegalitären Konzeptionen soziale Gerechtigkeit auf ein Suffizienz-Prinzip verkürzt, das strikt an den Bedürfnissen des Marktes ausgerichtet ist und damit Umverteilungspolitik auf ein Minimum reduziert.

Gegen diese antiegalitaristischen Positionen formulieren Martha Nussbaum und für den deutschsprachigen Raum Herlinde Pauer-Studer (2000) egalitaristische und universalistische Begründungen sozialer Gerechtigkeit. Während der Fähigkeiten-Ansatz von Amartya Sen und Martha Nussbaum (1993) auf der Idee einer moralischen Fundierung einer guten (sozial)staatlichen Ordnung basiert, entwickelt Pauer-Studer eine „freiheitsfunktionale“, liberale Gerechtigkeitskonzeption. Nussbaums Konzeption der Ermöglichung von menschlichen Grundfähigkeiten teilt mit antiegalitaristischen Herangehensweisen, wie Lettow zeigt, das Anliegen, einen minimalen Lebensstandard festzuschreiben. Dieser liege in der „menschlichen Natur" begründet. Aufgrund dieser essentialistischen Fundierung münde Nussbaums Ansatz letztlich ebenfalls in eine Entpolitisierung gesellschaftlicher Umverteilungskämpfe und weise damit trotz der universalistischen Ausrichtung entscheidende strukturelle Parallelen zu den antiegalitaristischen Positionen auf. Auch bei Herlinde Pauer-Studer gerät, wie Lettow analysiert, die gesellschaftspolitische Problematik der Ursachen sozialer Ungleichheit aus dem Blick. In ihrer auf der Idee individueller Autonomie beruhenden Konzeption einer „Ordnung der Werte" wird distributive Gleichheit als ein Mittel zur Herstellung von Freiheit aufgefasst. Freiheit und Gleichheit erscheinen als Werte, die im übergeordneten Prinzip universeller Achtung und Würde begründet liegen. Soziale Gerechtigkeit erscheint damit vorrangig als ein Problem der „Ordnung der Werte" und eben nicht als Ausdruck gesellschaftlicher Ungleichheit und politischer Kämpfe um Umverteilung. Die strukturellen Zusammenhänge zwischen Staat und Ökonomie, zwischen Öffentlichem und Privatem werden durch die strikt individualistische Fundierung des Begriffes sozialer Gerechtigkeit letztlich dethematisiert, soziale Gerechtigkeit auf die Bedürftigkeit des Individuums verkürzt. Ähnlich sei auch die anerkennungstheoretische Fundierung des Gerechtigkeitsbegriffs von Axel Honneth zu bewerten. Seine dreistufige Konzeption ziele auf die „individuelle Identitätsbildung" und deute soziale Distributionskämpfe als eine spezifische Art von Anerkennungskämpfen. Damit werden sowohl ökonomische als auch politische Dimensionen sozialer Gerechtigkeit weitgehend vernachlässigt. Für Lettow liefert innerhalb der gegenwärtigen sozialphilosophischen Gerechtigkeitsdebatte einzig Nancy Fraser eine angemessene Konzeptionierung sozialer Gerechtigkeit, indem sie die Neuvermessung der Grenzen des (National)-Staates und des Politischen explizit ins Zentrum ihrer Theoriebildung stellt. In ihrem Konzept der „partizipatorischen Parität" fordert sie gesellschaftliche Bedingungen, „die allen (erwachsenen) Gesellschaftsmitgliedern erlauben, miteinander als Ebenbürtige zu verkehren" (Fraser/ Honneth 2003: 54f.). Für ein feministisches Verständnis sozialer Gerechtigkeit sei schließlich, so lautet Lettows Fazit, die Perspektive der Veränderung ungerechter sozialer Verhältnisse zentral. Der Begriff der sozialen Gerechtigkeit müsse damit nicht nur als ein normatives Ideal, sondern vor allem als ein Begriff transformativer politischer Praxen artikuliert werden. Lettow spricht sich damit für ein feministisches Theorieverständnis aus, das „Erfahrungen von Ungerechtigkeit, Analysen der Ursachen und Bedingungen sowie Möglichkeiten der Veränderung" gleichermaßen zu erfassen sucht.

Während Fraser, Lister und Lettow sich kritisch mit liberalen und antiegalitaristischen Begründungen von Konzeptionen sozialer Gerechtigkeit auseinandersetzen, analysiert *Heike Kahlert* in ihrem Beitrag die Chancen eines Dritten

Weges zwischen Liberalismus und Egalitarismus: Sie beschäftigt sich mit dem utopischen Realismus von Anthony Giddens. Sie erörtert die sozialtheoretischen Grundlagen dieses Ansatzes und zeigt mögliche geschlechtertheoretische Anknüpfungspunkte auf. Für Giddens erscheint die Gleichheit der Geschlechter als „das erste Prinzip der Demokratie“, wobei Gleichheit als Prinzip von Inklusion bestimmt wird. Soziale Gerechtigkeit wird demzufolge, wie Kahlert deutlich macht, als Inbegriff von Gleichheit gefasst. Erst auf der Grundlage einer auf ökonomischer Umverteilung beruhenden Chancengleichheit kann, wie Giddens anknüpfend an den Fähigkeitenansatz von Sen (1992) ausführt, die Freiheit zur Verwirklichung selbstbestimmter Ziele erreicht werden. Obschon es noch erheblicher Konkretisierungsanstrengungen bedürfe, um den utopischen Realismus Giddens’ in praktische, geschlechtersensible (Wohlfahrtsstaats-)Politik zu übersetzen, bewertet Kahlert seine Offenheit für Fragen der Geschlechtergerechtigkeit und das Festhalten an einem utopischen Denken uneingeschränkt positiv.

Eine feministische Perspektivierung sozialer Gerechtigkeit zielt, hierüber herrscht in den Beiträgen von Fraser, Lister und Lettow weitgehend Einigkeit, auf eine umfassende gesellschaftskritische Analyse und politische Transformation von Ungleichheitsverhältnissen. Diese insbesondere auch innerhalb der postkolonialen feministischen Theoriedebatte angemahnte Erweiterung feministischer Perspektiven beinhaltet zunächst, wie *María do Mar Castro Varela* in ihrem Beitrag deutlich macht, eine kritische Infragestellung der Engführungen und Auslassungen vorherrschender feministischer Theorien und Analysen. Soziale Gerechtigkeit, so lautet die These von Castro Varela, kann vor dem Hintergrund der globalen Interdependenzen von Ungerechtigkeiten nicht auf *die* Frauenfrage beschränkt werden. Vielmehr gelte es die Heterogenität bestehender Macht- und Herrschaftsverhältnisse zu analysieren und die Komplexität von Identitäten, Ausgrenzung und Unterdrückung zu erfassen. Essentialistische Deutungen bestehender Ungleichheiten, eine „Politik des Mitleids“, und die rein additive Verwendung der Kategorien Rasse, Klasse und Geschlecht verhinderten eine Analyse der sich überkreuzenden Machtachsen und damit ein Verständnis für die Effekte unterdrückender Strukturen im Sinne des Modells der „Intersektionalität“ (vgl. Crenshaw 1989). Es gelte demnach, so Castro Varela, die Komplexität und die sich „stetig verändernden Dynamiken von Diskriminierungen“ deutlich zu machen. Hierzu erscheint ein bewusster Umgang mit essentialistischen Kategorien und politischer Repräsentation durch eine Haltung „dekonstruktiver Wachsamkeit“ unabdingbar. Gerade in Bezug auf die geforderte Transnationalisierung der feministischen Bewegung müsse die Interdependenz von Privilegierten und Nichtprivilegierten, von Herrschaft und Unterdrückung deutlich gemacht werden.

Ganz ähnlich, allerdings aus einer hegemonietheoretischen Perspektive, argumentiert *Friederike Habermann.* Auch für sie gilt es, die fundamentale Verknüpfung nicht nur zwischen rassistischen und sexistischen Herrschaftsverhältnissen, sondern auch der kapitalistischen Machtdynamiken unter den Bedingungen der Globalisierung zu analysieren. Auf der Grundlage des Hegemoniebegriffs von Ernesto Laclau und Chantal Mouffe (2000) lässt sich, so ihre These, sowohl die Vielschichtigkeit und Interdependenz bestehender Machtverhältnisse als auch ihre Verstricktheit in sozialen Kämpfen um Identität angemessen erfassen. Identitäten ergeben sich, wie Habermann ausführt, erst durch ihre Artikulation innerhalb eines hegemonialen Feldes, welches wiederum stets von Instabilität und Veränderung gekennzeichnet ist. Vor dem Hintergrund einer so verstandenen Hegemonietheorie können Herrschaftsverhältnisse umfassend analysiert und die innere Verwobenheit von Hegemonien und Gegenhegemonien deutlich gemacht werden. Die hegemoniale Bedeutung des *homo oeconomicus* als Rollenmodell sei beispielsweise so stark geworden, dass dieses auch für Frauen und *people of colour* Gültigkeit erlangt habe. Eine Veränderung hegemonialer Identitäten könne nur dann gelingen, so lautet Habermanns Fazit, wenn die innere Verwobenheit von Hegemonie und Gegenhegemonie kritisch reflektiert und – hier decken sich Castro Varelas und Habermanns These – das Bewusstsein für die Kontingenz und Interdependenz globaler Herrschafts- und Unterdrückungsverhältnisse zum Ausgangspunkt einer Politik globaler Veränderungen gemacht wird.

Konzentrieren sich Castro Varela und Habermann hauptsächlich auf die Frage einer umfassenden Analyse bestehender Ungerechtigkeit aus feministischer Perspektive, so sucht *Regina Kreide* die grundlegenden Maßstäbe einer Theorie globaler Gerechtigkeit aus feministischer Perspektive deutlich zu machen. Kreide wendet sich dezidiert gegen „neutrale“, kontraktualistische Konzeptionen sozialer Gerechtigkeit, da diese die Grenzziehung zwischen Privatem und Öffentlichem festschrieben und damit verbundene Macht- und Unterdrückungsverhältnisse weitgehend dethematisierten. Die empirische Analyse globaler Machtverhältnisse und deren Auswirkungen auf das Leben von Frauen bilden Kreide zufolge den unhintergehbaren Ausgangspunkt für die positive Begründung eines normativen, gender-sensitiven Bezugsrahmens verbindlicher Gerechtigkeitsprinzipien. In Anlehnung an Rainer Forst (1999) spricht sich Kreide für eine diskurstheoretische Konzeption globaler sozialer Gerechtigkeit aus. Diese gründe auf einem zweistufigen Begründungsverfahren, bei dem nach einer moralischen Rechtfertigung der Verfahren zur Bestimmung von Gerechtigkeitsprinzipien im zweiten Schritt die Prinzipien zur Bewertung der politischen Grundstruktur bestimmt werden sollten. Für eine gender-sensible Gerechtigkeitstheorie komme es nun darauf an, gezielt jene Machtverhältnisse bei der Bewertung der politischen Grundstruktur zu berücksichtigen, von denen Frauen in besonderer Weise betroffen seien. Die Verteilung von Ressourcen, die Errichtung internationaler Finanz- und Wirtschaftsinstitutionen sowie die Begründung und Etablierung von Menschenrechten müssten sich insbesondere daran messen lassen, welche Effekte sie für das Leben von Frauen haben und welche Chancen beziehungsweise Beschränkungen gleichberechtigter Partizipationsmöglichkeiten damit einhergingen. Für die Rechtfertigung von Gerechtigkeitsprinzipien sei es zentral, eine kritische Bewertung von Institutionen im Hinblick auf „ökonomische und emotionale Ausbeutung, kulturelle Unsichtbarkeit und politische Marginalisierung“ vorzunehmen. Eine diskurstheoretisch fundierte globale Gerechtigkeitskonzeption aus feministischer Perspektive ermöglicht es, so Kreide, bestehende Ungleichheiten auf lokaler und globaler Ebene gleichermaßen zu berücksichtigen.

2 Soziale Gerechtigkeit im Zeichen von Globalisierung und europäischer Integration

Die Beiträge des zweiten Teils beschäftigen sich mit den zentralen Herausforderungen für politische Neuverhandlungen sozialer Gerechtigkeit vor dem Hintergrund ökonomischer Globalisierung und politischer Transnationalisierung. *Regina-Maria Dackweiler* zeigt anknüpfend an die theoretischen Debatten um ein umfassendes Konzept sozialer Gerechtigkeit das transformative Potenzial globaler feministischer, politischer Handlungspraxen am Beispiel des *World March of Women*. In ihrem Beitrag macht Dackweiler deutlich, wie der „Frauenweltmarsch gegen Armut und Gewalt“ das von Nancy Fraser kritisierte *misframing* feministischer Politik durch konsequent transnationale Forderungen und gleichzeitig lokale Aktionen zu überwinden sucht und eine gemeinsame feministische Politik vor dem Hintergrund der Anerkennung kultureller Vielfalt und Pluralität formuliert. Dabei geht es nicht zuletzt auch darum, materielle Ungerechtigkeiten zu bekämpfen. Anders als Fraser verortet Dackweiler den Ausgangspunkt für eine beginnende dritte Phase des Feminismus nicht vornehmlich in Europa. Innerhalb des von ihr betrachteten globalisierungskritischen Frauennetzwerkes haben vielmehr lateinamerikanische und afrikanische kollektive Akteurinnen die Vorreiterinnenrolle inne. Anhand der Ziele, der Organisationsprinzipien und des Selbstverständnisses des „Frauenweltmarsches gegen Armut und Gewalt“ analysiert Dackweiler die praktisch-politische Bearbeitung des Spannungsverhältnisses von kultureller Identität und universalistischem, feministischem Wertehorizont. Die politische Praxis und Philosophie des Frauenweltmarsches beruhe auf dem Respekt vor der Vielfalt von Identitäten und kulturellen Zugehörigkeiten und einem gemeinsamen, umfassend herrschaftskritischen Handlungsrahmen auf der Grundlage geschlechterreflektierter Menschenrechte. Im globalen Dialog zwischen Frauen und in den daraus hervorgehenden konkreten Forderungen komme ein umfassendes Verständnis von Geschlechtergerechtigkeit zum Ausdruck, das die von Nancy Fraser thematisierten Dimensionen der Umverteilung, Anerkennung und Repräsentation gleichermaßen aufgreife, ebenso wie die Interdependenz von Rassismus, Kapitalismus und der Diskriminierung von Frauen. Das transformative Potenzial der global agierenden Frauenbewegung liegt Dackweiler zufolge in einer Politik gemeinsam geteilter Werte auf Grundlage einer im globalen und lokalen Dialog erarbeiteten feministischen Vision und Utopie, welche die unterschiedlichen Zugehörigkeiten und Identitäten von Frauen angemessen berücksichtigt.

Der Zusammenhang von geschlechtsspezifischen Ungleichheiten und ökonomischer Globalisierung wird in den Beiträgen von Brigitte Young und Regina Barendt eingehend thematisiert. *Brigitte Young* beschäftigt sich insbesondere mit den geschlechtsspezifischen und ethnischen Dimensionen der Öffnung der globalen Märkte. Young weist nach, dass die von der Weltbank suggerierte positive Korrelation von Marktöffnung und hohem Wirtschaftswachstum mit der Reduzierung von Armut und geschlechtsspezifischer Einkommensungleichheit auf einer einseitig politischen Interpretation statistischer Daten beruht. Durch Änderungen in der statistischen Berechnungsmethode und durch die Definition einer international vergleichbaren „Armutsschwelle" auf der Basis eines Warenkorbes komme es zu einem „Jonglieren mit Daten". Dieses diene einzig der Legitimation einer Politik des Marktfundamentalismus. Innerhalb der Logik der Profitmaximierung würden geschlechtsspezifische Ungleichheiten auf einen Produktivfaktor ökonomischer Entwicklung reduziert, – eine These, die auch durch die Analyse von Barendt untermauert wird. Durch die Liberalisierung und Deregulierung der Märkte entstehen Young zufolge neue Abhängigkeits- und Ausbeutungsverhältnisse, von denen Frauen überproportional betroffen sind (Beispiele sind zunehmende Armut und Verelendung, Arbeitsplatzverlust, Prekarisierung von Arbeit, Reallohnrückgang, Privatisierung öffentlicher Güter). Die zentrale Herausforderung der Gestaltung einer sozial ausgewogenen und nachhaltigen Weltwirtschaft sei deshalb mit der Forderung nach globaler Geschlechtergerechtigkeit unmittelbar verknüpft. Eine sinnvolle Integration des „*Gender Mainstreaming*" in das Regelwerk internationaler Handelsverträge sei notwendig an die Bereitstellung finanzieller und personeller Ressourcen geknüpft, die eine sachgemäße Kontrolle und Evaluation ermöglichen. Für den Abbau von (geschlechtsspezifischen) Diskriminierungen, so lautet Youngs Fazit, reichen reine Marktmechanismen und profitorientierte Argumentationen keineswegs aus. Vielmehr komme es darauf an, unter Berufung auf die Universalität der Menschenrechte den Zugang von freien Subjekten zum Markt zu fordern und damit eine neue Prioritätensetzung vorzunehmen, in der die Logik der Menschenrechte und nicht die Logik der Profitmaximierung den Markt bestimme. Ein freier und geschlechtergerechter Wettbewerb ist nur auf der Grundlage der Anerkennung der universellen Menschenrechte überhaupt denkbar, lautet die überzeugende These von Young.

Die von Brigitte Young vorgetragene Kritik an einer globalisierungsoptimistischen These – Marktöffnung und Globalisierung führten zu mehr sozialer Gerechtigkeit – wird von *Regina Barendt* eindrücklich untermauert. Am Beispiel der Bekleidungsindustrie in mittel- und südosteuropäischen Ländern analysiert sie den Zusammenhang von globalem ökonomischen Strukturwandel, Frauenarbeit und der Prekarisierung von Arbeit. Ihre These lautet, dass es im Zuge der Globalisierung, trotz der vielfachen Ratifizierung der von der Internationalen Arbeitsorganisation (ILO) verabschiedeten sozialen Mindeststandards, vor allem für Frauen zu einer Verbreitung menschenunwürdiger Arbeitsbedingungen kommt. Entscheidenden Einfluss auf den Abbau sozialer Standards nehmen, wie Barendt auf der Grundlage umfangreicher Recherchen in Mittel- und Osteuropa ausführt, vor allem die multinationalen Konzerne und auf der Ebene politischer Regulierung die Europäische Union. Der von der EU forcierte ökonomische Strukturwandel der osteuropäischen Staaten habe zu quasi-kolonialen Abhängigkeiten geführt, die am deutlichsten in der fortschreitenden Prekarisierung der Beschäftigung sichtbar werden. Wie Barendt am Beispiel der Arbeitsbedingungen osteuropäischer Näherinnen zeigt, bedeutet das für die betroffenen Frauen vor allem ungeschützte und deregulierte Arbeitsverhältnisse, Saison-, Teilzeit- und Leiharbeit, die Vorenthaltung eines existenzsichernden Lohnes, gesundheitsschädigende Arbeitsbedingungen und die Behinderung einer gewerkschaftlichen Organisierung. Die „Arbeit in der Weltfabrik" sei für Frauen darüber hinaus bestimmt von Diskriminierungen aufgrund des Geschlechts, des Alters, der ethnischen Abstammung, des Migrantinnenstatus, religiöser und politischer Anschauungen, sowie des geringen sozialen Status. Die Unterbewertung und Entwertung von Frauenarbeit und die zunehmende Abdrängung von Frauen aus betrieblichen und kommunalen Machtpositionen führe zu einer Zementierung hierarchischer Geschlechterverhältnisse. Von den zunehmenden sozialen Differenzen profitiere nur eine kleine Gruppe hoch qualifizierter Frauen oder „skrupelloser Opportunistinnen". Die Geschlechtersegmentation der nationalen Arbeitsmärkte in Mittel- und Osteuropa verschärfe sich, während gleichzeitig das traditionelle Modell des männlichen Alleinernährers zunehmend durch das Modell der Frauen als Alleinverdienerinnen und Familienverantwortliche ersetzt wird. Dies führt unter den Bedingungen prekärer Arbeitsverhältnisse zu einer erheblichen zusätzlichen Belastung für die betroffenen Frauen. Das neoliberale

Konzept der neuen globalen Ökonomie steht, wie Barendts Analyse verdeutlicht, in krassem Widerspruch zur Zielsetzung politischer Gleichheit und Geschlechtergerechtigkeit, wie es insbesondere innerhalb der Mitgliedstaaten der Europäischen Union vertreten wird. Es gelte eine Machtreduzierung der transnationalen Konzerne, die Einhaltung sozialer und geschlechtergerechter Mindeststandards und ein „neues *gender regime*" in der Weltwirtschaft zu fordern.

Während Regina Barendt zeigt, welche gravierenden Folgen die von der Europäischen Union maßgeblich vorangetriebene ökonomische Transformation für die Restrukturierung der Geschlechterverhältnisse in den mittel- und osteuropäischen Staaten mit sich bringt, stellen *Ines Hofbauer und Gundula Ludwig* die Frage, welche sozial- und geschlechterpolitischen Strategien innerhalb der Europäischen Union verfolgt werden. Vertritt die Europäische Union *nach außen* eine Politik rigiden Ökonomismus, so könnte man vor dem Hintergrund der Beiträge von Barendt und Hofbauer/Ludwig fragen, während sie sich *nach innen* dem Prinzip der Gleichstellung von Frauen und Männern verpflichtet fühlt und mit dem Instrument des *Gender Mainstreaming* neue Perspektiven für mehr Geschlechtergerechtigkeit schafft? Hofbauer und Ludwig geht es um die Analyse des emanzipatorischen Potenzials der Strategie des *Gender Mainstreaming* in der Europäischen Union. Auf der Grundlage der Dokumente der Europäischen Kommission untersuchen sie die Vorstellungen von Geschlechtergerechtigkeit im Hinblick auf die Dimensionen Umverteilung und Anerkennung, wie sie in der Strategie des *Gender Mainstreaming* zum Ausdruck kommen. Sie gehen in Anlehnung an Antonio Gramscis Hegemonietheorie (1991-2002) davon aus, dass gesellschaftliche Vorstellungen sozialer Gerechtigkeit sich in Abhängigkeit von sozialen Kämpfen herausbilden und in staatliches Handeln integriert werden. Die Neubestimmung sozialer Gerechtigkeit erscheint damit als ein Merkmal gegenwärtiger „Suchprozesse" nach einer „neuen und stabilen Form des Regierens beziehungsweise von Hegemonie". Frauen- und Geschlechterpolitik werden im Kontext veränderter Staatlichkeit innerhalb der Europäischen Union in den Dienst neoliberaler Umbauprozesse gestellt, so lautet das Ergebnis der Dokumentenanalyse von Hofbauer und Ludwig. Die Thematisierung von Umverteilung erschöpfe sich in der Kritik der Verteilung von Zugangschancen und der Forderung nach „Verbesserung weiblicher Humanressourcen" für den Arbeitsmarkt. Die bestehenden Ungleichheiten zwischen den Geschlechtern werden, wie Hofbauer und Ludwig deutlich machen, auf die Dimension individuellen Wissens und Bewusstseins zurückgeführt und damit grundlegend entpolitisiert. Als zentrales Ziel von *Gender Mainstreaming* werde die erfolgreiche Integration „differenter weiblicher Eigenschaften" definiert und damit einer Naturalisierung von Geschlechterdifferenzen Vorschub geleistet. Die soziale Dimension sowie die Forderung nach Geschlechtergleichheit werden nicht länger als Korrektiv dem Markt entgegengesetzt, sondern selbst zum Element der Marktentwicklung. Eine so verstandene und praktizierte Strategie des *Gender Mainstreaming* besitze allenfalls ein beschränktes emanzipatorisches Potenzial, da es nicht um die kritische Reflexion und strukturelle Veränderung hierarchischer Geschlechterverhältnisse gehe. Für eine kritische Theorie und Praxis der Geschlechtergerechtigkeit ergebe sich daraus die Herausforderung, so lautet das Fazit von Hofbauer und Ludwig, die ursprünglich emanzipatorische Idee des *Gender Mainstreaming* stärker zu betonen und damit die gegenwärtige Umdefinition sozialer Gerechtigkeit zu unterlaufen.

3 Sozialstaatlichkeit im Wandel – Auswirkungen auf die Geschlechterverhältnisse

Die Beiträge des letzten Teils des Bandes illustrieren die Neuverhandlung sozialer Gerechtigkeit in verschiedenen Feldern der Sozial- und Arbeitsmarktpolitik. *Birgit Riegraf* beschäftigt sich mit der Frage, ob und inwiefern der qualitative Wandel der westlichen Wohlfahrtsstaaten unter dem neuen Vorzeichen des „aktivierenden Staates" die Chance auf mehr Geschlechtergerechtigkeit birgt. Am Beispiel der neuseeländischen Reformen des öffentlichen Sektors untersucht sie den grundlegenden Wandel von Staatlichkeit, der mit der Strategie des *New public management* eingeleitet werden sollte. *New Public Management* zielt, wie Riegraf ausführt, vor allem auf die Vermarktlichung öffentlicher Aufgaben im Sinne von effizientem, leistungs- und kundenorientiertem Verwaltungshandeln sowie die Dezentralisierung und Demokratisierung von Entscheidungsverfahren. Diese Strategie ist in der Bundesrepublik Deutschland vor allem im kommunalen Sektor unter dem Begriff des „neuen Steuerungsmodells" (NSM) bekannt. Unter dem Titel „Modernes Verwaltungsmanagement" wird es auch weiterhin explizit in den Zusammenhang des Leitbildes des „aktivierenden Staates" gestellt. In der politikwissenschaftlich-feministischen Forschung werden die Auswirkungen dieser neuen staatlichen Management-Strategie auf die Geschlechterverhältnisse Riegraf zufolge größtenteils pessimistisch gesehen: So bedrohe die „Vermarktwirtschaftlichung der Gesellschaft" die Ziele von Verteilungsgerechtigkeit, Chancengleichheit und Gleichstellungspolitik. Die Aufgabenverlagerung in der Gesellschaft berge das Risiko einer Retraditionalisierung der Geschlechterverhältnisse und schließlich gefährde der Abbau staatlicher Aufgaben vor allem Frauenarbeitsplätze. Diese Befürchtungen lassen sich laut Riegraf auch für das Fallbeispiel Neuseeland im Wesentlichen bestätigen. So sei der neuseeländische politische Diskurs deutlich stärker von ökonomischen Argumentationsmustern als von Begriffen wie Chancengleichheit und Verteilungerechtigkeit geprägt.

Gleichstellungspolitik gerate verstärkt unter ökonomischen Rechtfertigungsdruck. Die Adressaten von Gleichstellungspolitik seien angesichts der Umstrukturierungsprozesse im öffentlichen Sektor zunehmend schwer zu identifizieren. Die dezentralisierte Gleichstellungspolitik beinhalte, so Riegraf, allerdings auch positive Potenziale in Bezug auf mehr Mitsprachemöglichkeiten vor Ort. Insgesamt kommt sie jedoch zu dem Ergebnis, dass die einseitige Orientierung an marktwirtschaftlichen Prinzipien, wie das Beispiel Neuseeland zeigt, „den komplexen und unterschiedlichen Herausforderungen an staatliches Handeln in keiner Weise gerecht" wird. Die Durchsetzung radikaler Varianten des *New Public Management*s berge vielmehr die Gefahr gesellschaftlicher Desintegration, verstärkter sozialer Segmentierung und der Aufrechterhaltung asymmetrischer Geschlechterverhältnisse.

Auch *Clarissa Rudolph* beginnt ihre Analyse der aktuellen Sozial- und Arbeitsmarktpolitik mit einer Kritik am Leitbild des „aktivierenden Staates". Der Workfare-Sozialstaat der Agenda 2010 und der Hartz-Kommission sorge sich insbesondere um eine *effiziente* Verteilung von Selbstregulierungs-, Arbeits- und Wettbewerbsanreizen und damit um die Einführung von Pflichten, die allerdings den Rechten nicht entsprächen. Ausdrücklich sollten „Partner und Familien" mehr Verantwortung übernehmen, um den Sozialstaat zu entlasten. Sie diagnostiziert treffend die Gleichzeitigkeit von „Familialisierung der Solidarität" und „Individualisierung der Problemlagen". So wird beispielsweise das alte, aber dramatisch gestiegene Risiko der Arbeitslosigkeit individualisiert und Arbeitslosigkeit damit als selbstverschuldet dargestellt. Die Auswirkungen des Wandels von Geschlechterrollen und Familienformen sowie die strukturellen Probleme des Arbeitsmarktes würden nicht mehr politisch debattiert und grundsätzlich mit arbeitsmarktpolitischen Instrumenten bearbeitet, sondern von Jobcentern im Einzelfall mit „dem Kunden" diskutiert. Gering Qualifizierten, Angehörigen von Pflegebedürftigen und Erziehenden mit kleinen Kindern beispielsweise sei mit diesen Reformen kaum geholfen. Der oft zitierte Missbrauch der Leistungen des Wohlfahrtsstaates sei als eher marginal einzuschätzen, zumal das Risiko der Erwerbslosigkeit für viele Menschen eine subjektive Belastung bedeute – neben materiellen Problemen bewirke Arbeitslosigkeit und damit die Abhängigkeit von behördlichen Leistungen bei vielen Betroffenen einen Verlust an Selbstwertgefühl.

Die Regelungen zum Arbeitslosengeld II brächten mit der Unterhaltspflicht in Bedarfsgemeinschaften Abhängigkeiten in Partnerschaften und Familien mit sich, die eine Wiedereingliederung eher erschwerten als vereinfachten, prognostiziert Rudolph: Von zuvor erwerbslosen PartnerInnen werde am meisten *gefordert*, während die *Förderung* dieser Gruppe, in der Frauen deutlich überrepräsentiert sind, zu kurz komme und teilweise gar nicht stattfinde. Den Zuwachs an geringfügiger Beschäftigung in Form von Mini- und Midijobs sowie Ich-AGs unter Frauen bewertet Rudolph zwiespältig. Die Flexibilisierung dieser Arbeitsverhältnisse bedeute für viele Frauen Möglichkeiten eines (Wieder-)Einstiegs in den Arbeitsmarkt, der beispielsweise auch mit Erziehungs- oder Pflegeverantwortung zu vereinbaren sei. Die Arbeitsplätze seien aber nicht existenzsichernd und zementierten damit die für Deutschland typische Form des Zweiverdienermodells, in der die Frauen als ‚Zuverdienerinnen' die Hauptverantwortung für Haushalt und Familie behalten und vom Einkommen wie von der sozialen Sicherung des Ehemanns abhängig bleiben. Eine sozial- und geschlechtergerechte Arbeitsmarktpolitik müsse hingegen nicht nur Existenz und Arbeitsqualität sichern, sondern auch die Umverteilung von Erwerbs-, Haus- und Familienarbeit zwischen den Geschlechtern anstreben und die Arbeitsgestaltung und -organisation demokratisieren.

Helga Ostendorf analysiert die neue Arbeitsmarktpolitik vor allem unter dem Blickwinkel der „Kategorie Beruf". Sie problematisiert die wachsenden Qualifikationsanforderungen, die von bestehenden Qualifizierungs- und Beratungsangeboten nicht angemessen berücksichtigt werden. Die geschlechtsspezifische Segmentation der Berufe wird nach Ostendorfs Analyse für Frauen zunehmend zu einem Risiko, da sie vor allem für solche Berufe qualifiziert sind, in denen Beschäftigung eher abgebaut wird, wie beispielsweise im frauendominierten Handel. Andere typische Frauenberufe wie personen- und haushaltsnahe Dienstleistungen würden immer weniger auf regulären Arbeitsplätzen und immer mehr als Mini- oder Midijobs oder über Ich-AGs ausgeübt. Diese Substitutionseffekte verringerten besonders in frauenspezifischen Berufen die Chancen auf den Erhalt eines regulären Arbeitsplatzes. Die Vernachlässigung der Bereiche Qualifizierung, Weiterbildung und Berufsberatung durch die Hartz-Reformen wird auch darin deutlich, dass die Qualifikation derzeit mittelbar auch über die Behandlung durch die Arbeitsagentur entscheide, so Ostendorf: Während gering qualifizierte Frauen am ehesten zu Ein-Euro-Jobs verpflichtet würden und Frauen mit nachgefragter Qualifikation nur mit kürzeren Zeiten der Arbeitslosigkeit zu rechnen hätten, fielen Frauen mit gut verdienenden Partnern durch die Anrechnungspraxis auch aus den Reintegrations- und Weiterbildungsmaßnahmen heraus. Damit würden gerade die Frauen in die Abhängigkeit vom Ehemann verwiesen, die als hoch qualifizierte Arbeitskräfte am ehesten in den Arbeitsmarkt zu integrieren wären. Durch Flexibilisierung und Ausdifferenzierung würden also zwar möglicherweise Arbeitskosten gesenkt, aber keine neuen Arbeitsplätze geschaffen.

Dagmar Baatz und Heidi Schroth belegen diese Substitutionseffekte am Beispiel der frauendominierten Reinigungsbranche. Hier habe geringfügige Beschäftigung in Form von Mini- und Midijobs, Ich-AGs und Leiharbeit besonders stark zugenommen. Eindrücklich schildern Baatz und Schroth prekäre Arbeit als unsichere, geringfügige Beschäftigung mit geringer Entlohnung, ohne Kündigungsschutz und mit mangelnder oder fehlender betrieblicher Mitbestimmung. Prekarität verringere auch die Chancen für die Entwicklung von kollegialer Solidarität. Auch soziale Absicherung im Hinblick auf Alter und Krankheit sei in diesen Arbeitsverhältnissen nur in geringem Maße vorhanden. Den ArbeitnehmerInnen werde hohe zeitliche und örtliche Flexibilität abverlangt. Aufstiegs- und Qualifizierungschancen seien häufig nicht vorhanden. Baatz und Schroth weisen darauf hin, dass zwischen geringfügiger Beschäftigung „als kurzfristiger, mehr oder weniger präferierter Beschäftigungsform und der Verstetigung prekärer Arbeits- und Lebensumstände“ zu unterscheiden sei. Insbesondere dauerhaft prekäre Beschäftigung gefährde die Teilhabe am sozialen Leben durch Verunsicherung und Diskontinuität.

Maria Wersig, Annegret Künzel und Sabine Berghahn unterziehen in ihrem Beitrag das deutsche Unterhaltsrecht insbesondere am Beispiel der Einforderung der solidarischen Teilung von PartnerInneneinkommen bei der Berechnung des Arbeitslosengeldes II einer eingehenden Analyse. Sie kommen dabei zu dem Schluss, dass die Risiken dieser Form der Ehegattensubsidiarität die Chancen überwiegen. Die Gleichstellungseffekte der Erwerbsanreize für Frauen würden durch die gravierende Retraditionalisierung der Familienverhältnisse übertroffen. Die nur beschränkt einklagbare Unterhaltspflicht in Bedarfsgemeinschaften produziere neue Abhängigkeiten, zumal bei den Wiedereingliederungsmaßnahmen der Arbeitsagenturen die Erwerbslosen mit besser verdienenden PartnerInnen unterprivilegiert würden. Die Empfindung der Abhängigkeit betroffener Partner belegen Wersig, Künzel und Berghahn anhand einer von ihnen durchgeführten qualitativ-empirischen Studie, die zeigt, dass es zwar sehr unterschiedliche Bewältigungsweisen für die neuen Abhängigkeiten gebe, dass diese aber mehrheitlich die Anrechnung des PartnerInneneinkommens als schädlich für ihre Partnerschaft interpretierten. Die den Reformen zugrunde liegende Annahme der partnerschaftlich-solidarischen Einkommensteilung stehe im Widerspruch zu individuellen Rechten und staatsbürgerlicher Gleichheit, schließen Wersig, Künzel und Berghahn.

Sigrid Leitner unterscheidet in ihrem Beitrag zu Entwicklung und Perspektiven der Familienarbeit zwischen direkter und indirekter Förderung. Mit direkter Familienförderung wird durch Transferleistungen für innerfamiliäre Altenpflege und Kinderbetreuung Kompensation geleistet. Die indirekte Förderung, die Familien in Form der beitragsfreien Mitversicherung in der Krankenversicherung, der Witwenrente, des Ehegattensplitting und des ‚Familienlohns' gewährt wurde, habe allerdings das für die Bundesrepublik Deutschland typische „starke Ernährermodell“ der Nachkriegszeit finanziell erst ermöglicht. Dieses Modell, das sich durch besonders viele negative Anreize für die Erwerbstätigkeit von Frauen auszeichne, sei durch die trotz allem gestiegene Erwerbstätigkeit der Frauen nun ins Wanken geraten. Auf das Leitbild der Hausfrau und Mutter folgte das „Drei-Phasen-Modell", das davon ausging, dass Mütter nur in der „Kinderphase" aus der Erwerbstätigkeit aussteigen und ansonsten zum Haushaltseinkommen als „Zuverdienerinnen" beitragen. Demgegenüber entspreche die Politik der Vereinbarkeit von Familie und Beruf seit Antritt der rot-grünen Bundesregierung einem deutlichen Richtungswechsel. Nun sollen unter anderem durch das neue Erziehungsgeld auch Müttern kleiner Kinder Anreize zur Erwerbstätigkeit gegeben werden. Gleichzeitig sollen Paare, in denen Väter einen Teil der Erziehungsverantwortung übernehmen, durch zusätzliche Elterngeld-Monate belohnt werden. Auch in diesem Beitrag wird jedoch deutlich, dass dem Wandel der Familien- und Lebensformen und den noch immer ungleichen Startbedingungen von Frauen und Männern auf dem Arbeitsmarkt nicht genügend Rechnung getragen wird. Durch das weiterhin geltende Ehegattensplitting werde nicht die familiale Arbeit selbst, sondern nur das Ernährermodell finanziert, unabhängig davon, ob Pflege- und Betreuungsarbeit auch wirklich geleistet werden. Leitner zeigt, dass der derzeit geplante Ausbau von Kinderbetreuungsangeboten kaum ausreichen wird und damit nicht wesentlich zur Integration bisher nicht erwerbstätiger Mütter in den Arbeitsmarkt beitragen kann. Das für Deutschland typische Modell innerfamiliärer Arbeitsteilung werde damit durch die jüngsten Reformen zwar „angekratzt", gleiche Chancen von Frauen und Männern auf dem Arbeitsmarkt und die gleiche Verteilung von Familienarbeit werden damit jedoch nicht erreicht.

Der Beitrag von *Diana Auth* macht deutlich, dass das Risiko der Pflegebedürftigkeit im Alter durch die für den deutschen Wohlfahrtsstaat charakteristische privatistische Pflegekultur je nach Familienverhältnissen sehr ungleich abgesichert ist. Dieses Risiko steigt dramatisch und damit auch die Kosten, nicht nur für die potenziell Pflegebedürftigen, sondern auch für die (zu ca. 70% weiblichen) Angehörigen, die sich für die Pflege verantwortlich fühlen, so Auth. Sie reduzieren oder unterbrechen für die Pflegearbeit ihre Erwerbsarbeit und gefährden damit ihre berufliche Sicherheit, Aufstiegschancen und damit auch einen Teil ihrer Ansprüche auf soziale Sicherung. Auth weist darauf hin, dass die Vereinbarkeit von Familie und Beruf bislang fast ausschließlich im Hinblick auf die Betreuung von Kindern diskutiert werde, während die Vereinbarkeit der Erwerbsarbeit mit der Pflege von Angehörigen trotz wachsender Bedeutung ein wenig beforschtes und unterschätztes Problem darstelle. Mit dem Pflegegeld werde Pflegearbeit nur symbolisch belohnt. Auch die professionelle Altenpflege ist Auth zufolge eine zwar gesellschaftlich hoch geschätzte, aber gering entlohnte Arbeit. Ebenso wenig wie allein die Umverteilung von Arbeit und Bezahlung anzustreben sei, könne ausschließlich die Anerkennung unbezahlter Sorgearbeit und ihre Beziehungsaspekte betrachtet werden. Geregelte, fair bezahlte und abgesicherte Ausstiegsoptionen aus dem Arbeitsmarkt zugunsten der Altenpflegearbeit wären für eine geschlechtergerechte Altenpflegepolitik im Sinne einer größeren Unabhängigkeit der Fürsorgenden und Fürsorgebedürftigen von ihrer Familie von ebensogroßer Bedeutung wie eine flächendeckende Versorgung mit Altenpflegeinstitutionen in angemessener Qualität, schließt Auth.

Schlussfolgerungen für feministische Forschungen und transformative Politiken

Die in vielen Beiträgen zum Ausdruck gebrachte Notwendigkeit der Akzentuierung von Umverteilungspolitik wirft unserer Meinung nach zwei Fragen auf, die für den Erfolg transformativer feministischer Politik zentral sind. Im Rahmen der inzwischen etablierten Forschungsperspektive feministischer Wohlfahrtsstaatskritik bleibt die Frage nach der inhaltlichen Ausgestaltung eines geschlechtergerechten Wohlfahrtsstaatsmodells unter den Bedingungen der ökonomischen Globalisierung und der politischen Transnationalisierung vorrangig. Darüber hinaus stellt sich in Bezug auf die Zielsetzung der politischen Transformation der Geschlechterverhältnisse die Frage nach Erfolg versprechenden Strategien differenzierter Vernetzung und Beteiligung der AkteurInnen auf allen Ebenen. Hierbei gilt es Hierarchien und Vereinnahmungen innerhalb der politischen Bewegung zu vermeiden und Instrumentalisierungsversuchen durch neoliberale Politiken zu widerstehen.

Für die Entwicklung eines geschlechtergerechten Wohlfahrtsstaatsmodells bedarf es weiterer empirischer Analysen, die ein differenziertes Bild bestehender Ungleichheiten und Ungerechtigkeitserfahrungen sowie ihrer Folgen für Teilhabechancen am öffentlichen Leben liefern. Nur auf dieser Grundlage lässt sich das in den Beiträgen immer wieder thematisierte Verhältnis von hierarchischen Geschlechterverhältnissen und damit der Diskriminierung von Frauen einerseits und den gleichzeitig vorhandenen materiellen Ungleichheiten zwischen Frauen andererseits genauer betrachten. In bewusster Abgrenzung gegen die vorherrschende neoliberale Semantik von Eigenverantwortung, Aktivierung und Chancengerechtigkeit gilt es die strukturellen Ursachen von Ungleichheit hervorzuheben und die damit einhergehenden Folgen für die Betroffenen deutlich zu machen. In diesem Zusammenhang geht es unserer Meinung nach vor allem um die Frage, wie die unterschiedlichen theoretischen Ansätze einer angemessenen Erfassung bestehender, Ungleichheitslagen empirisch operationalisiert werden können, ohne dabei an analytischer Präzision und kritischem Potenzial zu verlieren. Die in diesem Band vorliegenden Analysen zeigen, dass es in den gegenwärtigen Debatten um die Transformation von (Wohlfahrts-)Staatlichkeit aus feministischer Perspektive weiterhin notwendig ist, die Bedeutung des Staates als eines zentralen Akteurs von sozial gerechten und demokratisch legitimierten Umverteilungs- und Anerkennungspolitiken hervorzuheben. Es gilt, das Leitbild eines „aktivierenden Staates“ im Hinblick auf die Zielsetzung demokratischer Gleichheit und sozialer Gerechtigkeit zu problematisieren, das heißt zu verdeutlichen, wo aus der Sicht demokratischer sozialer Gerechtigkeit die Grenzen von Entstaatlichung verlaufen.

Nimmt man die von vielen Autorinnen vertretene These der Interdependenz von Privilegierung und Nichtprivilegierung ernst, dann kann es forschungsperspektivisch nicht allein um die Analyse nationalstaatlicher Transformationsprozesse und die damit einhergehenden Differenzierungen von Ungleichheiten gehen. Der Entstehung neuer globaler und regionaler Abhängigkeitsverhältnisse einschließlich der damit einhergehenden geschlechtsspezifischen Exklusions- und Abgrenzungspolitiken muss stärker Rechnung getragen werden.

Die Forderung nach einer „anderen Zukunft“, nach einem neuen „*gender regime*“ in der Weltwirtschaft verdeutlicht einmal mehr die Notwendigkeit einer konkretisierenden Diskussion um politische Perspektiven. Hierbei stellt sich nicht nur die Frage der inhaltlichen Ausgestaltung und der damit verbundenen Differenzierung für die verschiedenen Arenen politischer Entscheidungsfindung, sondern auch die Frage nach erfolgreichen Politisierungs- und Mobilisierungsstrategien. Legt man die These eines bestehenden „*misframing*“ feministischer Politiken zugrunde, dann bedarf es einer Debatte über Vernetzungsstrategien. So müssten beispielsweise die Chancen von transnationalen Gleichstellungspolitiken kritisch in Bezug auf ihre Durchsetzungsfähigkeit und Instrumentalisierungsmöglichkeiten hinterfragt evaluiert werden. Als prägnantes Beispiel für unzureichende Differenzierung und die Instrumentalisierung von Strategien wird auch in diesem Band das Verfahren des *Gender Mainstreaming* genannt.

Geht man zu guter Letzt von der überzeugenden These der gegenwärtigen Etablierung eines hegemonialen neoliberalen Paradigmas aus, so ist die kritische Reflexion der damit einhergehenden gegenhegemonialen Diskurse zentral. Für feministische Forschungen, das zeigen auch die Beiträge in diesem Band, stellt sich weiterhin die Frage, wie sich herrschaftskritische Analysen von Geschlechterhierarchien mit einer „dekonstruktiven Wachsamkeit“ gegenüber homogenisierenden Vereinnahmungen vereinbaren lassen. Ob eine Konzentration auf die Komplexität von Differenzen letztlich einer neoliberalen Neuverhandlung sozialer Gerechtigkeit in die Hände spielt und damit einer schleichenden Entpolitisierung struktureller geschlechtsspezifischer Ungleichheiten Vorschub leistet, bedarf unserer Meinung nach weiterer Diskussion.

Schließlich bleibt für die Neuverhandlung sozialer Gerechtigkeit unter feministischer Perspektive angesichts der aktuellen Veränderungsprozesse die Notwendigkeit einer stärkeren Vernetzung von feministischer Theoriebildung, kritischer Sozialforschung und transformativer Politik bestehen.

Literatur

Brunkhorst, Hauke/Köhler, Wolfgang R. /Lutz-Bachmann, Matthias (Hrsg.) (1999): Recht auf Menschenrechte. Menschenrechte, Demokratie und internationale Politik. Frankfurt/Main: Suhrkamp

Crenshaw, Kimberlé Williams (1989): Demarginalising the Intersection of Race and Sex: A Black Feminist Critique of Antidiscrimination Doctrine, Feminist Theory and Antiracist Politics. In: The University of Chicago Legal Forum (1989): 139-167

Doetsch, Brigitte (Hrsg.) (2004): Philosophinnen im 3. Jahrtausend. Bielefeld: Kleine-Verlag

Forst, Rainer (1999): Das grundlegende Recht auf Rechtfertigung. Zu einer konstruktivistischen Konzeption von Menschenrechten. In: Brunkhorst/Köhler/Lutz-Bachmann (1999): 66-106

Forst, Rainer (2005): Die erste Frage der Gerechtigkeit. In: APuZ 37 (2005): 24-30

Fraser, Nancy und Axel Honneth (2003): Umverteilung oder Anerkennung? Eine politisch-philosophische Kontroverse. Frankfurt/Main: Suhrkamp

Gramsci, Antonio (1991-2002): Gefängnishefte. Kritische Gesamtausgabe. Hg. vom Deutschen Gramsci-Projekt unter der wiss. Leitung v. Klaus Bochmann und Wolfgang Fritz Haug et al. Hamburg: Argument-Verlag

Kersting, Wolfgang (2000): Theorien der sozialen Gerechtigkeit. Stuttgart; Weimar: Metzler

Krebs, Angelika (2004): Gleichheit ohne Grenzen? Die kosmopolitische Überforderung. In: Information Philosophie 5 (2004): 7-13

Krebs, Angelika (2002): Arbeit und Liebe: die philosophischen Grundlagen sozialer Gerechtigkeit. Frankfurt/Main: Suhrkamp

Laclau, Ernesto/Mouffe, Chantal (2000): Hegemonie und radikale Demokratie. Zur Dekonstruktion des Marxismus. 2. durchges. Aufl. Wien: Passagen

Leitner, Sigrid/Ilona Ostner/Schratzenstaller, Margit (Hrsg.) (2004): Wohlfahrtsstaat und Geschlechterverhältnis im Umbruch. Was kommt nach dem Ernährermodell? Wiesbaden: VS Verlag

Lewis, Jane/Ilona Ostner (1994): Gender and the Evolution of European Social Policies. Working Paper. Bremen: Zentrum für Sozialpolitik der Universität Bremen

Nussbaum, Martha/Sen, Amartya (Hrsg.) (1993): The Quality of Life: A Study Prepared for the World Institute for Development Economics Research (WIDER) of United Nations University. Oxford: Clarendon Press

Nussbaum, Martha (1999): Gerechtigkeit oder das gute Leben. Frankfurt/Main: Suhrkamp

Okin, Susan Moller/Cohen, Joshua/Howard, Matthew/Nussbaum, Martha (Hrsg.) (1999): Is Multiculturalism Bad for Women? Princeton: Princeton University Press

Pauer-Studer, Herlinde (2000): Autonom leben. Frankfurt/Main: Suhrkamp

Sen, Amartya (1992): Inequality Reexamined. Oxford: Clarendon Press

Young, Iris Marion (1990): Justice and the Politics of Difference. Princeton: Princeton University Press

Young, Iris Marion (1997): Intersecting Voices: Dilemmas of Gender, Political Philosophy, and Policy. Princeton: Princeton University Press

I. Theoriediskurse zu sozialer Gerechtigkeit – feministische Interventionen

Mapping the Feminist Imagination: From Redistribution to Recognition to Representation

Nancy Fraser

For many years, feminists throughout the world looked to the United States for the most advanced theory and practice. Today, however, US feminism finds itself at an impasse, stymied by the hostile, post-9/11 political climate. Unsure how to pursue gender justice under current condition's, we are now returning the favor, by looking to feminists elsewhere for inspiration and guidance. Today, accordingly, the cutting edge of gender struggle has shifted away from the United States, to transnational spaces, such as „Europe", where the room for maneuver is greater. The consequence is a major shift in the geography of feminist energies.[1]

What lies behind this geographical shift? And what are its political implications for the future of the feminist project? In what follows, I will propose an account of the historical trajectory of the second-wave feminism aimed at illuminating these matters. My strategy will be to relate geographical shifts in feminist energies to shifts of two other kinds. On the one hand, I will identify some major transformations in the way feminists have imagined gender justice since the 1970s. On the other hand, I will situate changes in the feminist imaginary in the context of broader shifts in the political *Zeitgeist* and in postwar capitalism. The result will be a historically elaborated *Zeitdiagnose* through which we can assess the political prospects of feminist struggles for the coming period.

---

1 This essay originated as a keynote lecture delivered at the conference on "Gender Equality and Social Change," Cambridge University, England, March 2004. A later version was delivered at the conference on "Gender in Motion," University of Basel, March 2005. The article was first published in Constellations 12, 3/2005, pp. 295-307. Thanks to Juliet Mitchell, Andrea Maihofer, and the participants at those conferences who discussed these ideas with me. Thanks, too, to Nancy Naples; although she does not share all of my views, our conversations influenced my thinking greatly, as is clear from our joint project: "To Interpret the World and To Change It: An Interview with Nancy Fraser," by Nancy Fraser and Nancy A. Naples, *Signs: Journal of Women in Culture and Society*, vol. 29, no. 4 (Summer 2004): 1103-1124. I am also grateful to Keith Haysom for efficient and cheerful research assistance and to Veronika Rall, whose German translation ("Frauen, denkt ökonomisch!" in *Die Tageszeitung* 7633 [April 7, 2005] pp. 4-5) so greatly improved on the original that I incorporated some of her phrasings here. Thanks, finally, to the Wissenschaftskolleg zu Berlin, which provided financial support, intellectual stimulation, and an ideal working environment.

In general, then, the point of this exercise is political. By historicizing shifts in the geography of feminist energies, I aim to gain some insight as to how we might reinvigorate the theory and practice of gender equality under current conditions. Likewise, by mapping transformations of the feminist imagination, I aim to determine what should be discarded, and what preserved, for the struggles ahead. By situating those shifts, finally, in the context of changes in postwar capitalism and post-communist geopolitics, I aim to stimulate discussion as to how we might reinvent the project of feminism for a globalizing world.

1 Historicizing Second-Wave Feminism

How should we understand the history of second-wave feminism? The narrative I propose differs importantly from the standard one told in US academic feminist circles. The standard story is a narrative of progress, according to which we have moved from an exclusionary movement, dominated by white, middle-class, heterosexual women, to a broader, more inclusive movement that better allows for the concerns of lesbians, women of color, and/or poor and working-class women (cf. hooks 2000, Rosen 2001, Roth 2004). Naturally, I support efforts to broaden and diversify feminism, but I do not find this narrative satisfactory. From my perspective, it is too internal to feminism. Preoccupied exclusively with developments inside the movement, it fails to situate interior changes in relation to broader historical developments and the external climate. Thus, I will propose an alternative story, which is more historical and less self-congratulatory.

For my purposes, the history of second-wave feminism divides into three phases. In a first phase, feminism stood in a close relation to the various „new-social-movements“ that emerged from the ferment of the 1960s. In a second phase, it was drawn into the orbit of identity politics. In a third phase, finally, feminism is increasingly practiced as a transnational politics, in emerging transnational spaces. Let me explain.

The history of second-wave feminism presents a striking trajectory. Nourished by the radicalism of the New Left, this wave of feminism began life as one of the new social movements that challenged the normalizing structures of post-World War II social democracy. It originated, in other words, as part of a broad effort to transform an economistic political imaginary that had narrowed political attention to problems of class distribution. In this first (new-social-movements) phase, feminists sought to burst open that imaginary. Exposing a broad of range of forms of male dominance, they propounded an expanded view of the political as encompassing „the personal.“ Later, however, as the utopian energies of the New Left declined, feminism's anti-economistic insights were resignified, selectively incorporated into an emerging new political imaginary, which foregrounded cultural issues. Effectively captured by this culturalist imaginary, feminism reinvented itself as politics of recognition. In its second phase, accordingly, feminism became preoccupied with culture and was drawn into the orbit of identity politics. Although it was not often noticed at the time, feminism's identity-politics phase coincided with a broader historical development, the fraying of nationally based social democracy under pressure from global neoliberalism. Under these conditions, a cultural-centered politics of recognition could not succeed. To the extent that it neglected political economy and geopolitical developments, this approach could not effectively challenge either the depredations of free-market policies or the rising tide of rightwing chauvinism that emerged in their wake. US feminism especially was unprepared for the dramatic alteration of the political landscape following 9/11. In Europe and elsewhere, however, feminists have discovered, and are skillfully exploiting, new political opportunities in the transnational political spaces of our globalizing world. Thus, they are reinventing feminism yet again – this time as a project and process of transnational politics. Although this third phase is still very young, it portends a change in the scale of feminist politics that could make it possible to integrate the best aspects of the previous two phases in a new and more adequate synthesis.

That, in a nutshell, is the story I intend to elaborate here. Before I proceed to unpack it, however, I need to introduce two caveats. The first concerns the narrative's highly stylized character. In order to clarify the overall trajectory, I am drawing overly sharp lines between phases that in reality overlapped one another in many places and at many points. The risk of distortion will be worth it, however, if the narrative generates some intellectual and political insights for the period ahead.

My second caveat concerns the geography of feminism's three phases. As I understand it, the first (new-social-movements) phase encompassed North American, and Western European feminisms – and possibly currents elsewhere as well. In contrast, the second (identity-politics) phase found its fullest expression in the United States, although it was not without resonance in other regions. Finally, the third phase is most developed, as its name suggests, in transnational political spaces, paradigmatically those associated with „Europe."

2 Engendering Social Democracy: A Critique of Economism

To understand phase one, accordingly, let's recall conditions in what could then still be meaningfully called „the first world." When second-wave feminism first erupted on the world stage, the advanced capitalist states of Western Europe and

North America were still enjoying the unprecedented wave of prosperity that followed World War II. Utilizing new tools of Keynesian economic steering, they had apparently learned to counteract business downturns and to guide national economic development so as to secure near full employment for men. Incorporating once unruly labor movements, they had built extensive welfare states and institutionalized national cross-class solidarity. To be sure, this historic class compromise rested on a series of gender and racial-ethnic exclusions, not to mention external neocolonial exploitation. But those potential fault lines tended in the main to remain latent in a social-democratic imaginary that foregrounded class redistribution. The result was a prosperous North Atlantic belt of mass-consumption societies, which had apparently tamed social conflict (Hobsbawm 1995: 320-341, 461-518).

In the 1960s, however, the relative calm of this Golden Age was suddenly shattered. In an extraordinary international explosion, radical youth took to the streets – at first to oppose racial segregation in the U.S. and the Vietnam War. Soon thereafter they began to question core features of capitalist modernity that social democracy had heretofore naturalized: sexual repression, sexism, and heteronormativity; materialism, corporate culture, and „the achievement ethic"; consumerism, bureaucracy, and „social control." Breaking through the normalized political routines of the previous era, new social actors formed new social movements, with second-wave feminism among the most visionary (Touraine 1988, Melucci/Keane/Mier 1989, Johnston/Larana/Gusfield 1994).

Along with their comrades in other movements, the feminists of this era recast the political imaginary. Transgressing a political culture that had privileged actors who cast themselves as nationally bounded and politically tamed classes, they challenged the gender exclusions of social democracy. Problematizing welfare paternalism and the bourgeois family, they exposed the deep androcentrism of capitalist society. Politicizing „the personal," they expanded the boundaries of contestation beyond socioeconomic redistribution – to include housework, sexuality, and reproduction (Evans 1980, Echols 1990, Ferree/Hess 1995).

Radical as it was, the feminism of this first phase stood in an ambivalent relation to social democracy. On the one hand, much of the early second wave rejected the latter's *étatism* and its tendency, especially in Europe, to marginalize social divisions other than class and social problems other than those of distribution. On the other hand, most feminists presupposed key features of the socialist imaginary as a basis for more radical designs. Taking for granted the welfare state's solidaristic ethos and prosperity-securing steering capacities, they, too, were committed to taming markets and promoting egalitarianism. Acting from a critique that was at once radical and immanent, early second-wave feminists sought less to dismantle the welfare state than to transform it into a force that could help to remedy male domination.[2]

By 1989, however, history seemed to have bypassed that political project. A decade of Conservative rule in much of Western Europe and North America, capped by the fall of Communism in the East, miraculously breathed new life into free-market ideologies previously given up for dead. Resurrected from the historical dustbin, „neoliberalism“ authorized a sustained assault on the very idea of egalitarian redistribution. The effect, amplified by accelerating globalization, was to cast doubt on the legitimacy and viability of Keynesian steering. With social democracy on the defensive, efforts to broaden and deepen its promise naturally fell by the wayside. Feminist movements that had earlier taken the welfare state as their point of departure, seeking to extend its egalitarian ethos from class to gender, now found the ground cut out from under their feet. No longer able to assume social democracy as a basis for radicalization, they gravitated to newer grammars of political claims making, more attuned to the postsocialist Zeitgeist.

3 From Redistribution to Recognition: The Unhappy Marriage of Culturalism and Neoliberalism

Enter the politics of recognition. If the first phase of postwar feminism sought to „engender“ the socialist imaginary, the second phase stressed the need to „recognize difference.“ „Recognition,“ accordingly, became the chief grammar of feminist claims making in the *fin de siècle*. A venerable category of Hegelian philosophy, resuscitated by political theorists, this notion captured the distinctive character of postsocialist struggles, which often took the form of identity politics, aimed more at valorizing difference than at promoting equality. Whether the question was violence against women or gender disparities in political representation, feminists increasingly resorted to the grammar of recognition to press their claims. Unable to make headway against injustices of political economy, they preferred to target harms resulting from androcentric patterns of cultural value or status hierarchies. The result was a major shift in the feminist imaginary: whereas the previous generation pursued an expanded ideal of social equality, this one invested the bulk of its energies in cultural change (Fraser 1997).

Let me be clear. The project of cultural transformation has been integral to every phase of feminism, including the new-social-movements phase. What distinguished the identity-politics phase was the relative autonomization of the

2 For some examples of this ambivalence, see the essays collected in Gordon 1990, including my own contribution.

cultural project – its decoupling from the project of political-economic transformation and distributive justice.

Unsurprisingly, the effects of phase two were mixed. On the one hand, the new orientation to recognition focused attention on forms of male dominance that were rooted in the status order of capitalist society. Had it been combined with the earlier focus on socio-economic inequalities, our understanding of gender justice would have been deepened. On the other hand, the figure of the struggle for recognition so thoroughly captured the feminist imagination that it served more to displace than to deepen the socialist imaginary. The tendency was to subordinate social struggles to cultural struggles, the politics of redistribution to the politics of recognition. That was not, to be sure, the original intention. It was assumed, rather, by proponents of the cultural turn that a feminist politics of identity and difference would synergize with struggles for social equality. But that assumption fell prey to the larger *Zeitgeist*. In the *fin de siècle* context, the turn to recognition dovetailed all too neatly with a hegemonic neoliberalism that wanted nothing more than to repress all memory of social egalitarianism. The result was a tragic historical irony. Instead of arriving at a broader, richer paradigm that could encompass both redistribution and recognition, we effectively traded one truncated paradigm for another – a truncated economism for a truncated culturalism.

The timing, moreover, could not have been worse. The shift to a culturalized politics of recognition occurred at precisely the moment when neoliberalism was staging its spectacular comeback. Throughout this period, academic feminist theory was largely preoccupied with debates about „difference." Pitting „essentialists" against „antiessentialists," these disputes usefully served to reveal hidden exclusionary premises of earlier theories, and they opened gender studies to many new voices. Even at their best, however, they tended to remain on the terrain of recognition, where subordination was construed as a problem of culture and dissociated from political economy. The effect was to leave us defenseless against free-market fundamentalism, which had meanwhile become hegemonic. Effectively mesmerized by the politics of recognition, we unwittingly diverted feminist theory into culturalist channels at precisely the moment when circumstances required redoubled attention to the politics of redistribution (Fraser 1997a). I shall return to this point shortly.

4 Geographies of Recognition: Postcommunism, Postcolonialism, and the Third Way

First, however, I need to clarify one point. In recounting the shift from phase one to phase two, I have been describing an epochal shift in the feminist imaginary. But the shift was not limited to feminism per se. On the contrary, analogous shifts can be found in virtually every progressive social movement, as well as in the worldwide decline and/or cooptation of trade unions and socialist parties, and in the corresponding rise of identity politics, in both its progressive and chauvinist forms. Linked to the fall of communism, on the one hand, and to rise of neoliberalism, on the other, this „shift from redistribution to recognition" (as I have called it) is part of the larger historical transformation associated with corporate globalization (Fraser 2003).

It might be objected that this *Zeitdiagnose* reflects a limited first-world, American perspective. But I do not believe that is so. On the contrary, the tendency for recognition claims to eclipse distribution claims was quite general, even worldwide, even though the content of such claims differed widely. In Western Europe, the social-democratic focus on redistribution largely gave way in the 1990s to various versions of the Third Way. This approach adopted a neoliberal orientation to labor-market „flexibility," while seeking to maintain a progressive political profile. To the extent that it succeeded in the latter effort, it was by seeking not to mitigate economic inequalities but rather to overcome status hierarchies – through anti-discrimination and/or multicultural policies. Thus, in Western Europe, too, the currency of political-claims making shifted from redistribution to recognition, albeit in a milder form than in the United States.

Analogous shifts also occurred in the former second world. Communism had enshrined its own an version of the economistic paradigm, which shunted political claims into distributive channels, effectively muting recognition issues, which were cast as mere subtexts of „real" economic problems. Postcommunism shattered that paradigm, fueling the broad delegitimation of economic egalitarianism and unleashing new struggles for recognition – especially around nationality and religion. In that context, the development of feminist politics was retarded by its association, both real and symbolic, with a discredited communism.

Related processes, too, occurred in the so-called „third world." On the one hand, the end of bipolar competition between the Soviets and the West reduced flows of aid to the periphery. On the other hand, the U.S.-led dismantling of the Bretton Woods financial regime encouraged the new neoliberal policy of structural adjustment, which threatened the postcolonial developmental state. The result was to greatly reduce the scope for egalitarian redistributive projects in the South. And the response was an enormous surge of identity politics in the postcolony, much of it communalist and authoritarian. Thus, postcolonial feminist movements, too, were forced to operate without a background political culture that guides popular aspirations into egalitarian channels. Caught between downsized state capacities, on the one hand, and burgeoning communalist chauvinisms, on the other, they too felt pressure to recast their claims in forms more in keeping with the postsocialist *Zeitgeist*.

In general, then, the shift in feminism from phase one to phase two occurred within the larger matrix of postcommunism and neoliberalism. Insofar as feminists failed to understand this larger matrix, they were slow to develop the resources needed to fight for gender justice under new conditions.

5 US Gender Politics, Post-9/11

That was especially the case in the United States. There, feminists were surprised to find that, while we had been arguing about essentialism, an unholy alliance of free-marketeers and fundamentalist Christians had taken over the country. Because this development has proved so momentous for the world at large, I want to pause to consider it briefly, before turning to the emergence of phase three.

The decisive issues in the 2004 US election were the so-called „war on terrorism," on one hand, and (to a lesser extent) the so-called „family values" issues, especially abortion rights and gay marriage, on the other. In both cases, the strategic manipulation of gender was a crucial instrument of Bush's victory. The winning strategy invoked a gender-coded politics of recognition to hide a regressive politics of redistribution.

Let me explain. The Bush campaign's strategy painted the „war on terror" as a problem of leadership, which it addressed in explicitly gendered terms. Mobilizing masculinist stereotypes, Bush cultivated the image of a reassuringly steady and determined commander-in-chief, a protector who never doubts and never wavers – in short, a real man. In contrast, the Republicans presented the Democratic challenger, John Kerry, as a „girlie man," to use Arnold Schwarzenegger's memorable phrase, an effeminate „flip-flopper" who could not be trusted to protect American women and children from the crazed violence of bearded fanatics (Rich 2004: 1).

Despite its distance from reality, this gender coded rhetoric proved immensely powerful – to male and female voters alike. So powerful in fact that it appeared to neutralize what everyone agreed was the Bush campaign's weak point: its regressive politics of redistribution, which was bringing significant hardship to many Americans. Already in his first term, Bush had engineered an enormous upward redistribution of wealth to corporate interests and the proper-tied classes.

By eliminating inheritance taxes, and lowering the tax rates of the wealthy, he had obliged the working classes to pay a far greater share of the national budget than before. The effect was to turn the politics of redistribution upside down, to promote increased social *injustice*. But none of that seemed to matter in the face of the „war on terror." Thus, a gender-coded politics of recognition effectively trumped a regressive politics of redistribution (for related – albeit gender-insensitive – analyses, see Frank 2005: 46, Sennett 2004: 34).

A similar dynamic underlay the strategic deployment of „family values" rhetoric in the election campaign. The decisive issue in Ohio, which turned out to be the crucial state in the election, may have been „the defense of marriage." This issue was deliberately chosen by conservatives for a ballot referendum in that state (and others) as a strategy to ensure a high turnout of fundamentalist Christian voters. The theory was that once you got them to the polls to vote against gay marriage, then they would go ahead and also vote for Bush. And it seems to have worked.

In any case, „family values" proved to be a powerful electoral campaign theme. But here lies a major irony. The real tendencies that are making family life so difficult for the working and lower-middle classes stem from the neoliberal, corporate capitalist agenda that Bush supports. These policies include reduced taxes on corporations and the wealthy, diminished social-welfare and consumer protections, and very low wages and precarious employment. Thanks to these and related trends, it is no longer possible to support a family on one paycheck, and often not even on two. Far from being voluntary or supplemental, then, women's wage work is obligatory, an indispensable pillar of the neoliberal economic order. So too is the practice of „moonlighting," whereby working- and lower middle-class family members must work at more than one job in order to make ends meet. Those are the real forces that are threatening family life in the United States (ibid.). Feminists understand this, but they have not succeeded in convincing many who are harmed by these policies. On the contrary, the Right has managed to persuade them that it is abortion rights and gay rights that threaten their way of life. Here, too, in other words, the Republicans successfully used an anti-feminist politics of recognition to conceal an anti-working class politics of redistribution.

In this scenario you can see the whole problem of phase two. Although it was not widely understood at the time, US feminists shifted their focus from redistribution to recognition, just as the Right was perfecting its own strategic deployment of a regressive cultural politics to distract attention from its regressive politics of redistribution. The coincidence was truly unfortunate. The relative neglect of political economy by US feminists and other progressive movements ended up playing into the hands of the Right, which reaped the principal benefits of the cultural turn.

6 Evangelicalism: A Neoliberal Technology of the Self

But why were Americans so easily fooled by this obvious trick? And why were so many American women so susceptible to the Republicans' gender-coded appeals? Many observers have noted that the Right had some success in portraying US feminists as elite professionals and secular humanists, who have nothing but contempt for ordinary women, especially religious and working-class women. At one level, that view of feminism as elitist is patently false, of course, but the fact remains that feminism has failed to reach a large stratum of working- and lower-class women who have been attracted over the past decade to evangelical Christianity. Focused too one-sidedly on the politics of recognition, we have failed to understand how their religious orientation responds to their social class position.

Let me explain. At first sight, the situation of evangelical Christian women in the United States appears contradictory. On the one hand, they subscribe to a conservative ideology of traditional domesticity. On the other hand, these women do not in fact live patriarchal lives; most are active in the labor market and relatively empowered in family life.[3] The mystery is clarified when we understand that evangelicalism responds to the emergence in the United States of new kind of society, which I call „the insecurity society." This society is the successor to the „welfare society" that was associated with social democracy in the previous period. Unlike the latter, the new society institutionalizes increased insecurity in the living conditions of most people. As I noted before, it weakens social welfare protections, even as it institutionalizes more precarious forms of wage labor, including subcontracting, temp work, and non-unionized work, which are low-waged and do not carry benefits. The result is a great sense of insecurity, to which evangelical Christianity responds.

Interestingly, evangelicalism does not actually give people security. Rather, it gives them a discourse and a set of practices through which they can manage insecurity. It says to them: „You are a sinner, you are going to fail, you may lose your job, you may drink too much, you may have an affair, your husband may leave you, your children may use drugs. But that's okay. God still loves you, and your church still accepts you." The effect is in part to convey acceptance but also

3 For accounts of right-wing Christian women, see Griffith 1997, Gallagher 2003 and Ingersoll 2003. Also useful are two early accounts: the chapter on "Fundamentalist Sex: Hitting Below the Bible Belt" in Ehrenreich/Hess/Jacobs 1987 and Stacey 1987.

to prepare people for trouble in hard times. Constantly invoking the likelihood of trouble, evangelicalism stokes its followers' feelings of insecurity, even as it seems to offer them a way of coping with it. Perhaps one needs the late Foucault to understand this: evangelicalism is a care-of-self-technology that is especially suited to neoliberalism, insofar as the latter is always generating insecurity. As I said, many working-class women in the United States are deriving something significant from this ideology, something that confers meaning on their lives. But feminists have not succeeded in understanding what it is and how it works. Nor have we figured out how to talk to them or what feminism can offer them in its place.

I have lingered on this peculiarly American example because I find it emblematic of the larger situation of our historical epoch. All of us are living in an age of declining security, thanks to neoliberal pressures to increase „flexibility" and curtail welfare protections amid increasingly precarious labor markets. For less integrated strata, including immigrants, these pressures are compounded when class inequalities of distribution are overlaid with status inequalities of recognition; and the latter can easily be blamed on „secular feminism." In such cases, it behooves all feminists, in Europe as well as in the United States, to revisit the relationship between the politics of redistribution and the politics of recognition. Today, as we move into a third phase of feminist politics, we need to reintegrate these two indispensable dimensions of feminist politics, which were not adequately balanced in phase two.

7 Reframing Feminism: A Transnational Politics of Representation

Fortunately, something like this is already beginning to happen in those strands of feminist politics that are now operating in transnational spaces. Sensitized to the growing power of neoliberalism, these currents are crafting a new and promising synthesis of redistribution and recognition. In addition, they are changing the scale of feminist politics. Aware of women's vulnerability to transnational forces, they find that they cannot adequately challenge gender injustice if they remain within the previously taken-for-granted frame of the modern territorial state. Because that frame limits the scope of justice to intra-state institutions that organize relations among fellow citizens, it systematically obscures transborder sources of gender injustice that structure transnational social relations. The effect is to shield from the reach of justice all those forces shaping gender relations that routinely overflow territorial borders.

Today, accordingly, many transnational feminists reject the state-territorial frame. They note that decisions taken in one territorial state often impact the lives of women outside it, as do the actions of supranational and international organizations, both governmental and nongovernmental. They also note the force of transnational public opinion, which flows with supreme disregard for borders through global mass media and cybertechnology. The result is a new appreciation of the role of transnational forces in maintaining gender injustice. Faced with global warming, the spread of AIDS, international terrorism, and superpower unilateralism, feminists in this phase believe that women's chances for living good lives depend at least as much on processes that trespass the borders of territorial states as on those contained within them.

Under these conditions, important currents of feminism are challenging the state-territorial framing of political claims making. As they see it, that frame is a major vehicle of injustice, as it partitions political space in ways that block many women from challenging the forces that oppress them. Channeling their claims into the domestic political spaces of relatively powerless, if not wholly failed, states, this frame insulates offshore powers from critique and control. Among those shielded from the reach of justice are more powerful predator states and transnational private powers, including foreign investors and creditors, international currency speculators, and transnational corporations. Also protected are the governance structures of the global economy, which set exploitative terms of interaction and then exempt them from democratic control. Finally, the state-territorial frame is self-insulating; the architecture of the interstate system protects the very partitioning of political space that it institutionalizes, effectively excluding transnational democratic decision-making on issues of gender justice.

Today, accordingly, feminist claims for redistribution and recognition are linked increasingly to struggles to change the frame. Faced with transnationalized production, many feminists eschew the assumption of national economies. In Europe, for example, feminists target the economic policies and structures of the European Union, while feminist currents among the WTO protestors are challenging the governance structures of the global economy. Analogously, feminist struggles for recognition increasingly look beyond the territorial state. Under the umbrella slogan „women's rights are human rights," feminists throughout the world are linking struggles against local patriarchal practices to campaigns to reform international law (Ackerly/Okin 2002, Dickenson 1997, Vargas 2003, Rebick 2002.).

The result is a new phase of feminist politics in which gender justice is being reframed. In this phase, a major concern is to challenge interlinked injustices of maldistribution and misrecognition. Above and beyond those first-order injustices, however, feminists are also targeting a newly visible meta-injustice, which I have called *misframing* (Fraser 2005). Misframing arises when the state-territorial frame is imposed on transnational sources of injustice. The effect is to gerrymander political space at the expense of the poor and despised, who are denied the chance to press transnational claims. In such cases, struggles against maldistribution and misrecognition cannot proceed, let alone succeed, unless they are joined with struggles against misframing. Misframing, accordingly, is emerging as a central target of feminist politics in its transnational phase.

By confronting misframing, this phase of feminist politics is making visible a third dimension of gender justice, beyond redistribution and recognition. I call this third dimension *representation*. As I understand it, representation is not only a matter of ensuring equal political voice for women in already constituted political communities. In addition, it requires reframing disputes about justice that cannot be properly contained within established polities. In contesting misframing, therefore, transnational feminism is reconfiguring gender justice as a three-dimensional problem, in which redistribution, recognition, and representation must be integrated in a balanced way (ibid.).

The developing transnational political space surrounding the European Union promises to be one important site for this third phase of feminist politics. In Europe, the task is to somehow do three things at once. First, feminists must work with other progressive forces to create egalitarian, gender-sensitive social-welfare protections at the transnational level. In addition, they must join with allies to integrate such redistributive policies with egalitarian, gender-sensitive recognition policies that can do justice to European cultural multiplicity. Finally, they must do all that without hardening external borders, ensuring that transnational Europe does not become fortress Europe, so as not to replicate injustices of misframing on a broader scale.

Europe, however, is by no means the only site for this third phase of feminist politics. Equally important are the transnational spaces surrounding the various United Nations agencies and the World Social Forum. There, too, feminists are joining other progressive transnational actors, including environmentalists, development activists, and indigenous peoples, in challenging linked injustices of maldistribution, misrecognition, and misrepresentation. There, too, the task is to develop a three-dimensional politics that appropriately balances and integrates those concerns.

Developing such a three-dimensional politics is by no means easy. Yet it holds out tremendous promise for a third phase of feminist struggle. On the one hand, this approach could overcome the chief weakness of phase two, by rebalancing the politics of recognition and the politics of redistribution. On the other hand, it could overcome the blind spot of both of the previous phases of feminist politics, by explicitly contesting injustices of misframing. Above all, such a politics could permit us to pose, and hopefully to answer, the key political question of our age: how can we integrate claims for redistribution, recognition, and representation so as to challenge the full range of gender injustices in a globalizing world?

Bibliography

Ackerly, Brooke A./Moller Okin, Susan (2002): Feminist Social Criticism and the International Movement for Women's Rights as Human Rights. In: Shapiro/Hacker-Cordon (2002): 134-162

Dickenson, Donna (1997): Counting Women In: Globalization, Democratization, and the Women's Movement. In: McGrew (1997): 97-120

Ehrenreich, Barbara/Hess, Elizabeth/Jacobs, Gloria (1987): Re-making Love: The Feminization of Sex. New York: Anchor Books

Echols, Alice (1990): Daring to Be Bad: Radical Feminism in America, 1967-75. Minneapolis: University of Minnesota Press

Evans, Sara (1980): Personal Politics: The Roots of Women's Liberation in the Civil Rights Movement and the New Left. New York: Vintage

Frank, Thomas (2005): What's the Matter with Liberals? In: The New York Review of Books, 52, 8 (2005): 46

Fraser, Nancy (1990): Struggle over Needs: Outline of a Socialist-Feminist Critical Theory of Late-Capitalist Political Culture. In: Gordon (1990): 205-231

Fraser, Nancy (1997): Justice Interruptus: Critical Reflections on the „Postsocialist" Condition. New York, London: Routledge

Fraser, Nancy (1997a): Multiculturalism, Antiessentialism, and Radical Democracy: A Genealogy of the Current Impasse in Feminist Theory. In: Fraser (1997): 173-88

Fraser, Nancy (2003): Social Justice in the Age of Identity Politics. In: Fraser/Honneth (2003): 7-110

Fraser, Nancy/Honneth, Axel (2003): Redistribution or Recognition? A Political-Philosophical Exchange. Transl. Joel Golb, James Ingram, and Christiane Wilke. London: Verso

Fraser, Nancy/Naples, Nancy A. (2004): To Interpret the World and To Change It: An Interview with Nancy Fraser. In: Signs. Journal of Women in Culture and Society 29, 4 (2004): 1103-1124

Fraser, Nancy (2005): Reframing Justice in A Globalizing World. In: New Left Review 36, 11-12 (2005): 69-88

Gallagher, Sally K. (2003): Evangelical Identity and Gendered Family Life. New Brunswick, NJ: Rutgers University Press

Gordon, Linda (1990): Women, the State and Welfare: Historical and Theoretical Perspectives. Madison: University of Wisconsin Press

Griffith, R. Marie (1997): God's Daughters: Evangelical Women and the Power of Submission. Berkeley CA: University of California Press

Hobsbawm, Eric (1995): The Age of Extremes: A History of the World, 1914-1991. London: Abacus, 1995

Hooks, Bell (2000): Feminist Theory: From Margin to Center. 2nd ed. Boston: South End Press
Ingersoll, Julie (2003): Evangelical Christian Women: War Stories in the Gender Battles. New York: NYU Press
Johnston, Hank/Larana/Enrique/Gusfield, Joseph R. (1994): New Social Movements: From Ideology to Identity. Philadelphia: Temple University Press
Marx Ferree, Myra/Hess, Beth B. (1995): Controversy and Coalition: The Feminist Movement Across Three Decades of Change. New York: Routledge
McGrew, Anthony (Ed.) (1997): The Transformation of Democracy? Globalization and Territorial Democracy. Cambridge: Polity Press
Melucci, Alberto/Keane, John/Mier, Paul (Eds.) (1989): Nomads of the Present: Social Movements and Individual Needs in Contemporary Society. Philadelphia: Temple University Press
Rebick, Judy (2002): Lip Service: The Anti-Globalization Movement on Gender Politics. In: Horizons 16, 2 (2002): 24-26
Rich, Frank (2004): How Kerry Became a Girlie Man. In: The New York Times 153, Issue 52963 (September 5, 2004): section 2
Rosen, Ruth (2001): The World Split Open: How the Modern Women's Movement Changed America. New York: Penguin
Roth, Benita (2004): Separate Roads to Feminism: Black, Chicana, and White Feminist Movements in America's Second Wave. Cambridge, UK: Cambridge University Press
Sennett, Richard (2004): The Age of Anxiety. In: The Guardian, October 23, 2004, 34, (http://books.guardian.co.uk/print/0,3858,5044940-110738,00.html)
Stacey, Judith (1987) Sexism by a Subtler Name? Postindustrial Conditions and Postfeminist Consciousness in the Silicon Valley. In: Socialist Review 96 (1987): 7-28.
Shapiro, Ian/Hacker-Cordon, Casiano (Eds.) (1999): Democracy's Edges. Cambridge: Cambridge University Press
Touraine, Alain (1988): Return of the Actor: Social Theory in Postindustrial Society. Minneapolis: University of Minnesota Press
Vargas, Virginia (2003): „Feminism, Globalization and the Global Justice and Solidarity Movement." In: Cultural Studies 17, 6 (2003): 905-920

Recognition and Voice, Gender and Poverty: The Challenge for Social Justice

Ruth Lister

This chapter begins with an overview of how some of the theoretical literature on social justice has addressed the question: is social justice about distribution or is it about relations of respect, recognition and voice – or a combination of the two? It then turns to its main focus: the recognition paradigm of social justice. An edited collection, *Recognition Struggles and Social Movements*, which addresses the intersections of gender, ‚race'/ethnicity and sexuality explains that „recognition has been grounded in normative political theories of justice, citizenship, and democracy in which inclusion, rights, and membership are the cornerstones" (Hobson, 2003: 2). „Identity is at the core of the recognition paradigm' it states and recognition struggles 'make claims resulting from devalued statuses and misrecognized identities" (2003: 4).

However, as I shall argue, that does not mean that recognition struggles necessarily constitute identity politics. Indeed, the third section of the chapter explores how the recognition paradigm of social justice helps us to make sense of the contemporary politics of poverty, more typically associated with the distributive paradigm and certainly not a form of identity politics. I write as someone who has worked within the distributive paradigm as both a campaigner and academic for most of my adult life. However, through my readings of political, social and feminist theory and also through listening to and reading what people in poverty say about what poverty means to them I have come to believe that a poverty politics of social justice must integrate distributive and recognition perspectives. I have called this „a politics of redistribution and of recognition and respect" (Lister, 2004: 186-8), in acknowledgement of how people with experience of poverty themselves use the language of respect.

From an analytical perspective, to quote Barbara Hobson, the editor of the collection on recognition struggles, „recognition and redistribution become specific lenses for viewing the same struggles, rather than discrete categories" (2003: 2). Anne Phillips, in an epilogue to Hobson's edited collection, reinforces this point. She observes that „struggles for recognition are and have been very much struggles for political voice" (2003: 265), and that understood in this way the struggles are less obviously about a particular *category* of injustice. „Voice" is about the right to a say. It means being listened to and heard in democratic spaces. The chapter will conclude by briefly drawing out some possible policy implications.

1 Theoretical perspectives on the relationship between distribution and recognition

A frequently cited straightforward definition of social justice is that provided by David Miller in „Principles of Social Justice“: „how the good and bad things in life should be distributed among the members of a human society“ (1999: 1). This conceptualises social justice firmly within the distributive paradigm. Nevertheless, Miller does make reference to recognition and cultural identities as „issues of justice in the broad sense“, but explains that „they are not issues of distributional justice“ as understood by political philosophers (1999: 253). He also talks about „social equality“, that is relations of equal recognition and respect, which he characterises as „independent of justice“ (1999: 239). More recently he seems to posit a closer connection in arguing that social justice depends on a culture of equal respect and that the question of voice belongs on the social justice as well as the democratic renewal agenda (Miller, 2005).[1]

Among those who place greater emphasis on recognition, we can identify four broad approaches to conceptualising its relationship to the distributive paradigm. One can be found in an ambitious recent book on equality by John Baker and colleagues (2004). This attempts, in effect, to characterise questions of recognition, respect and voice in distributional terms as dimensions of equality. These dimensions do not, however, lend themselves to quantification in the way that inequalities of material resources do, as the authors acknowledge. Indeed, they also include „love, care and solidarity“ in their account of equality but note that while these are gendered, just as the distribution of material resources is, „it is harder to judge the gender gap in relation to love, care and solidarity, except to note that women demonstrably do much more of the work involved in sustaining these relationships while at the same time experiencing greater degrees of domestic violence“ (2004: 9).

At the opposite extreme, Iris Young, in her most influential work, „Justice and the Politics of Difference“, challenges the reduction of social justice to the distributive paradigm. She does not reject that paradigm outright but she argues

1 However at the seminar at which an earlier version of this chapter was given and at which Miller gave a version of the paper cited here, he reasserted his belief that social justice does not embrace the recognition dimension (ESRC seminar series on social justice and public policy, London School of Economics, 21 March 2005).

for its decentring so that „domination and oppression" i.e. the „institutional constraints" on „self-determination" and „self-development" (1990: 37) rather than „distribution" are taken as „the starting point for a conception of social justice" (1990: 16).

Her argument is two-fold. First, that a focus on the allocation of material goods diverts attention from „the social structure and institutional context that often help to determine distributive patterns" in particular „decision-making power and procedures, division of labour, and culture" (1990: 15). Second, that if the distributive paradigm is metaphorically extended to nonmaterial social goods, such as recognition and respect, it misrepresents „them as though they were static things, instead of a function of social relations and processes" (1990: 16). In treating them as possessions and focusing on outcomes and patterns of possession, it loses sight of social and power *relations* and the cultural meanings in which they are embedded.

A rather different challenge to the distributive paradigm can be found in the work of Axel Honneth. His theory of social justice is rooted in the recognition paradigm, which he argues, is more fundamental than the distributive paradigm to the experience of injustice. „What is needed" he contends „is a basic conceptual shift to the normative premises of a theory of recognition that locates the core of all experiences of injustice in the withdrawal of social recognition, in the phenomena of humiliation and disrespect" (2003: 134).

Rather than counterpoise distributional and recognition conflicts, he argues that distributional conflicts are reducible to recognition conflicts because demands for redistribution cannot be „understood independently of any experience of social disrespect" (2003: 171). „Even distributional injustices must be understood as the institutional expression of social disrespect" (2003: 114). It is the experience of disrespect rather than the distribution of resources as such that fuels political claims for redistribution, he contends.

The starting point for Honneth's theory of social justice is „that the recognition of human dignity comprises a central principle of social justice" (2004: 352). „The justice or wellbeing of a society is measured according to the degree of its ability to secure conditions of mutual recognition in which personal identity formation, and hence individual self-realization, can proceed sufficiently well" (2004: 354).

Honneth has developed his arguments partly through a dialogue with Nancy Fraser, which led to the publication of „a political-philosophical exchange" in „Redistribution or Recognition?" Here, contra Honneth, Fraser argues that problems of distribution cannot be subsumed within a recognition paradigm; nor can the distributive paradigm subsume problems of recognition. Instead, she develops what she calls a „two-dimensional conception of justice [which] treats distribution and recognition as distinct perspectives on, and dimensions of, justice (…) within a broader overarching framework“ (2003: 35).

This framework is rooted in the notion of „parity of participation“. This is a norm of justice that „requires social arrangements that permit all (adult) members of society to interact with one another as peers“. Participatory parity rests on two conditions: the „objective condition“ of a distribution of material resources such as to ensure „independence and ‚voice‘“ and the „intersubjective condition“ of „institutionalized patterns of cultural value [which] express equal respect (…) and ensure equal opportunity for achieving social esteem“ (2003: 36). In her original *New Left Review* article, Fraser made clear that these are analytical distinctions used for heuristic purposes, for in the real world „culture and political economy are always imbricated with one another“ (1995: 70).

2 Recognition, social movements and identity politics

That same article started with the claim that „the ‚struggle for recognition‘ is fast becoming the paradigmatic form of political conflict in the late twentieth century. Demands for ‚recognition‘ of difference fuel struggles of groups mobilized under the banners of nationality, ethnicity, ‚race‘, gender and sexuality“ (Fraser, 1995: 68). These have supplanted social class struggles fuelled by exploitation and the unjust distribution of material resources.

This claim has generated considerable debate among fellow critical and feminist theorists (see, for instance, Young, 1997, Phillips, 1997). Nevertheless, it is clear that it is largely the non-materialist demands of social movements, including feminism, that have helped to underline the importance of recognition and voice to any theory and politics of social justice. This is not, though, to deny the links often made between distributive and recognition claims in both social movement and, more traditional, social class struggles.

Fraser posits a „conceptual spectrum“. Social class stands at one end in the primarily distributive frame of an unjust political economy. Sexuality stands at the other in the recognition frame of an unjust status order, where institutionalised heteronormality has accorded gays and lesbians the status of „a despised sexuality” (1999: 30). In between, she sets gender and ‚race‘ as hybrid ‚bivalent‘ differentiations subject to injustices rooted in both political economy and culture. Gender injustice reflects both the maldistribution of material resources and time between women and men and cultural codes, which privilege traits associated with the ‚masculine‘ and devalue those associated with the ‚feminine‘. The classic example is the devalued status of care work – both paid and unpaid. Care has traditionally been what women ‚do‘ for free in the private sphere and as such has not been recognised as work; this gendered association now carries over to the low pay associated with care work in the public sphere.

Racial injustices, Fraser writes, „include both maldistribution and misrecognition“ (1999: 32). The same is true of disability, which, surprisingly, Fraser virtually ignores in all her work. Yet disability politics provides a prime example of the integration of a politics of redistribution and recognition. Disabled people have been subject to misrecognition, hostility and humiliation as ‘different’ and ‚other‘. Disability pride politics challenge such misrecognition but at the same time disabled people are still much more likely to be in poverty than non-disabled – so their struggle is for greater equality and access as well as recognition of their difference; in other words it is for both material and cultural forms of justice (see also Goodlad and Riddell, 2005; Shakespeare, 2005).

As observed earlier, identity is at the heart of recognition claims. Charles Taylor, a leading recognition theorist, explains the link with identity: „a person’s understanding of who they are, of their fundamental defining characteristics as a human being. The thesis is that our identity is partly shaped by recognition or its absence, often by the *mis*recognition of others, and so a person or group of people can suffer real damage, real distortion, if the people or society around them mirror back to them a confining or demeaning or contemptible picture of themselves“ (1992: 25). This means that recognition is „a vital human need“ (Taylor, 1992: 26).

Taylor is here describing what David Taylor calls „ontological identity“ – a person’s unique sense of self or being (Taylor, 1998). However, all too often recognition politics are conflated with identity politics, which speak to collective, categorical and political identities. As the proliferation of politicised identities associated with identity politics gave rise to divisions and fragmentation in social justice politics, identity politics became increasingly discredited. Many feminist activists and theorists came to repudiate identity politics as representing a dead end for feminism because they reify and freeze group identities and create fixed boundaries between them, thereby closing off the possibility of wider solidarities. This has led some feminist theorists to construct various versions of what might be described as „a politics of solidarity in difference“ (Lister, 2003, 2005). Jodi Dean, for instance, has developed the concept of a reflective feminist solidarity as an alternative to identity politics. By disconnecting solidarity from identity, „reflective solidarity finds the meaning of appeals to solidarity rests in our awareness of and regard for those multiple interconnections in which differences emerge“ (1996: 16). She presents the idea „as that openness to difference which lets our disagreements provide the basis for connection“ (1996: 17).

To return to Nancy Fraser’s thesis: she makes the case for disconnecting a politics of recognition from identity politics on the grounds that what is at issue is not group identity but the status subordination of individual group members, which impedes parity of participation in social life. She also makes clear that recognition claims are not necessarily claims for recognition of difference. The appropriate form of the recognition claim, she argues, depends on the nature of the misrecognition: „in cases where misrecognition involves denying common humanity (…), the remedy is universalist recognition“ (1999: 38).

3 The politics of poverty

This statement provides a bridge to the politics of poverty. Poverty has to be understood as a feminist issue. In most countries women are at greater risk of poverty than men and it is generally women who manage poverty to the detriment of their physical and mental health (Lister, 2004; Women's Budget Group, 2005). Although Fraser does not write about poverty as such, her work is helpful in thinking about social justice and the politics of poverty. The notions of status subordination and participatory parity help cast recognition politics in terms that make sense in the context of poverty. Similarly, the acknowledgement that recognition claims are not necessarily grounded in difference is a crucial move when applying the recognition paradigm to a group of people who most certainly do not want to be treated as different. On the contrary, what people living in poverty want is the universalist recognition of their common humanity and citizenship and of the equal worth that flows from that.

I would though place greater emphasis than Fraser does on the psychological effects of misrecognition. I agree with her that „the wrongness of misrecognition does not depend on the presence of such effects“, as argued by recognition theorists such as Honneth and Taylor (Fraser, 2003: 32). But she contends elsewhere that „when misrecognition is identified with internal distortions in the structure of self-consciousness of the oppressed, it is but a short step to blaming the victim“, thereby seeming „to add insult to injury“ (2001: 27).

I would question this. The case for due emphasis on the psychological dimension can be made using the following quotations from two people with experience of poverty. The first, Moraene Roberts, an activist with the human rights anti-poverty organisation, ATD Fourth World, was speaking at a National Poverty Hearing organised by Church Action on Poverty. „The worst blow of all“ she said „is the contempt of your fellow citizens. I and many families live in that contempt“ (Russell, 1996: 4). The second, an anonymous participant in a UK Coalition against Poverty workshop, described what the loss of selfesteem associated with misrecognition feels like: „You're like an onion and gradually every skin is peeled off you and there's nothing left. All your self esteem and how you feel about yourself is gone – you're left feeling like nothing and then your family feels like that" (UKCAP, 1997: 12).

To acknowledge the psychological pain that these two people are expressing as a result of misrecognition is not in my view „to add insult to injury". Support for this position can be found in an insightful study of poverty in Australia. Mark Peel, the researcher, reflects on the implications of his findings for understandings of social justice. Writing of the people living in poverty to whom he had talked he explains:

> „What mattered to them was acknowledgement of capacity and intelligence. Their justice was distributive and procedural, and intimately connected with dignity and self-determination. Justice was about being respected, trusted and listened to because what you had to say was important. If social justice is a response to poverty, they argued, it must be a response to poverty's psychological and emotional wounds, not just its financial consequences: ‚You can put up with the struggle, you know, just get by, if you get respect and if you're treated right', said Grace." (Peel, 2003: 167).

Similarly, if we look at poverty from the perspective of children, we see how lack of participatory parity and the psychological impact of poverty are intertwined. Tess Ridge analyses the impact of poverty on children in terms of the ability to „fit in" and „join in". She observes that „inner worries, fears of social difference and stigma, and the impact of poverty on selfesteem, confidence and personal security may all exact a high price for children who are in the formative process of developing their self and social identities" (2002: 85). Mothers, as the everyday managers of poverty, may try to shield their children from the stigma but all too often feel guilty and shameful when they fail (Yeandle et al., 2003; Women's Budget Group, 2005). Ridge's research also found that girls developed protective patterns towards their parents, „often moderating their lives to accommodate their parents' perceived needs and concerns" and to shield them from „the painful awareness of how poverty is impacting on their childhood" (Ridge, 2005: 25).

Of course, if our starting point were simply to say that people in poverty have low selfesteem, as if this is somehow innate, then yes it would be to add insult to injury. However, if we analyse such psychological effects as the result of a process of the Othering of „the poor" by the „non-poor", by which people living in poverty are seen and treated as „other", then we can understand these effects in terms of misrecognition (Lister, 2004).

An example of how recognition involves an inter-connection between self-esteem and participatory parity was provided in a British newspaper article about a young carers' project. It quoted a development worker with the project: „the project gives young carers a voice they've never had. If you haven't got recognition, then you can't influence the delivery of services. The confidence and self-esteem of our young people have grown as their skills have been recognised" (*The Guardian*, 11 December 2002).

Reframing the politics of poverty as a politics of recognition as well as redistribution has implications for how people in poverty are represented and treated at all levels of society. This includes the language and images that make up popular discourses of poverty. As a parent living on benefit has put it, „we hear how the media, and some politicians, speak about us and it hurts" (APPGP, 1999: 11). That is one reason why using derogatory terms such as the ‚underclass' or ‚welfare dependant' is so unhelpful.

Stigmatising language is not only harmful to those it describes. By othering those in poverty as different from the rest of society, it also serves to distance ‚us' from ‚them'. The result is that the comfortable are more likely to write ‚the poor' off as beyond the bonds of common citizenship than to respond to appeals to support a concerted attack on poverty.

4 Some policy implications

This leads into some possible broad policy implications of taking on board recognition, respect and voice as part of the social justice and anti-poverty agendas.

First, there is the issue of low pay. On the face of it, demands for improvements in the wages of the low paid represent redistribution claims grounded in the material effects of poverty wages. However, as Majid Yar has observed, „redistributive claims, *as moral claims upon others invoking the terms of justice and injustice*, irredeemably have the character of recognition claims" for they involve „*normative* concepts which are based upon specific self-understandings about what kinds of beings we are, what our worth is, and what kind of treatment we properly deserve" (1999: 295, 294).

This is just a more theoretical way of making the British journalist Polly Toynbee's point, based on her experience of living temporarily on low pay. She observes that „what a person is paid signifies their worth and it is of primary emotional and social importance" (2002: 35). „Low pay is low status (…). Just as pay is a cause for boasting among the fat cats, it is equally a source of daily humiliation for the low paid, seeing how little one hour of their hard work is valued at. [Tax] credits do nothing to improve that brutal fact" (Toynbee 2002: 14). Low paid workers in the UK, involved in what they call a Living Wage Campaign, frame their demands as a claim to dignity. All this points to the need for a wide public debate about the overall distribution of pay and the rewards attached to different kinds of work. This is very much a gendered question, for the value attributed to particular jobs and the skills needed to do them reflects gendered assumptions, particularly those relating to care work, discussed earlier.

Second are the growing demands among people with experience of poverty for a say in decision-making that affects their lives i.e. „voice with influence" (Gaventa, 2002: 2). How to remove the barriers to such participation was the key question addressed by the Commission on Poverty, Participation and Power, half of whose members had direct experience of poverty (and of which I was also a member). The Commission's starting point was the overwhelming message that it received concerning the lack of respect accorded people living in poverty. For many of the people who spoke to the Commission respect is tied in with being listened to. Lack of respect is identified as the main barrier to participation in decision-making and „consultation without commitment and phoney participation without the power to bring about change" is seen as the ultimate disrespect (Commission on Poverty, Participation and Power, 2000: 18; see also del Tufo and Gaster, 2002; Lister, 2002, 2004).

Finally, to return to Iris Young's emphasis on social relations and processes, social justice is not just about outcomes but also about how policy is delivered to marginalised groups. In the same way that professionals and officials are now expected to have an understanding of equal opportunities and non-discrimination, so they need training in poverty-awareness. A project in London is attempting this by involving people with experience of poverty in social work training (Perry, 2005). As one participant put it: „it is about how we are treated, we just want them to treat us the same way they want us to treat them – with respect" (Gupta, 2004).

Bibliography

APPGP (1999): Policy, Poverty and Participation. London: All-Party Parliamentary Group on Poverty

Baker, John/Lynch, Kathleen/Cantillon, Sara/Walsh, Judy (2004): Equality. From Theory to Action. Basingstoke: Palgrave

Commission on Poverty, Participation and Power (2000): Listen Hear. The Right to Be Heard. Bristol: Policy Press

Dean, Jodi (1996): Solidarity of Strangers. Feminism after Identity Politics. Berkeley, Los Angeles, London: University of California Press

del Tufo, Sarah/Gaster, Lucy (2002): Evaluation of the Commission on Poverty, Participation and Power. York: Joseph Rowntree Foundation

Fraser, Nancy (1995): From Redistribution to Recognition? Dilemmas of Justice in a 'Post-Socialist' Age. In: New Left Review 212 (1995): 68-93

Fraser, Nancy (1999): Social Justice in the Age of Identity Politics: Redistribution, Recognition and Participation. In: Ray/Sayer (1999): 25-52

Fraser, Nancy (2001): Recognition without Ethics. In: Theory, Culture and Society 18, 2-3 (2001): 21-42.

Fraser, Nancy (2003): Social Justice in the Age of Identity Politics: Redistribution, Recognition, and Participation. In: Fraser/Honneth (2003): 7-109

Fraser, Nancy/Honneth, Axel (2003) Redistribution or Recognition? A Political-Philosophical Exchange. London: Verso

Gaventa, John: Exploring Citizenship, Participation and Accountability. In: IDS Bulletin 33, 2 (2002): 1-11

Goodlad, Robina/Riddell, Sheila: Social Justice and Disabled People: Principles and Challenges. In: Social Policy and Society 4, 1 (2005): 45-54

Gupta, Anna: Involving families Living in Poverty in the Training of Social Workers. In: SWAP News 7 (2004): 7

Gutmann, Amy (Ed.) (1992): Multiculturalism and the Politics of Recognition, Princeton: Princeton University Press

Hobson, Barbara (2003): Introduction. In: Hobson (2003): 1-17

Hobson, Barbara (Ed.) (2003) Recognition Struggles and Social Movements. Cambridge: Cambridge University Press

Honneth, Axel (2003): Redistribution as Recognition: A Response to Nancy Fraser. In: Fraser/Honneth (2003): 110-197

Honneth, Axel: Recognition and Justice. Outline of a Plural Theory of Justice. In: Acta Sociologica 47, 4 (2004): 351-391

Lister, Ruth (2003): Citizenship: Feminist Perspectives. 2nd ed. Basingstoke: Palgrave

Lister, Ruth (2004): Poverty. Cambridge: Polity Press

Lister, Ruth (2002): A Politics of Recognition and Respect: Involving People with Experience of Poverty in Decision-Making that Affects their Lives. In: Social Policy and Society 1, 1 (2002): 37-46

Lister, Ruth: Being Feminist. In: Government and Opposition 40, 3 (2005): 442-463

Lloyd, Gwynedd (Ed.) (2005): Problem Girls. London: Routledge

Miller, David (1999): Principles of Social Justice. Cambridge, London: Harvard University Press

Miller, David (2005): What is Social Justice? In: Pearce/Paxton (2005): 3-20

Pearce, Nick/Paxton, Will (Eds.) (2005): Social Justice. Building a Fairer Britain. London: Politico's

Peel, Mark (2003): The Lowest Rung. Cambridge: Cambridge University Press

Perry, Nick (2005): Getting the Right Trainers. London: ATD Fourth World

Phillips, Anne (2003): Recognition and the Struggle for Political Voice. In: Hobson (2003): 263-273

Phillips, Anne (1997): From Inequality to Difference: A Severe Case of Displacement? In: New Left Review 224 (1997): 143-153

Ray, Larry/Sayer, Andrew (Eds.) (1999): Culture and Economy: After the Cultural Turn. London: Sage

Ridge, Tess (2002): Childhood Poverty and Social Exclusion. Bristol: Policy Press

Ridge, Tess (2005): Feeling under pressure. In: Lloyd (2005): 23-36

Russell, Hilary (1996): Speaking from Experience. Manchester: Church Action on Poverty

Shakespeare, Tom (2005): Disabling Politics? Beyond Identity. In: Soundings 30 (2005): 156-165.

Taylor, Charles (1992): The Politics of Recognition. In: Gutmann (1992): 25-73

Taylor, David: Social identity and social policy. In: Journal of Social Policy 27, 3 (1998): 329-50

Toynbee, Polly (2002): Hard Work: A Challenge to Low Pay. London: Smith Institute

UKCAP (1997): Poverty and Participation. London: UK Coalition Against Poverty

Women's Budget Group (2005): Women's and Children's Poverty: Making the Links. London: WBG (www.wbg.org.uk)

Yar, Majid (1999): Beyond Nancy Fraser's „Perspectival Dualism". In: Economy and Society 30, 3 (1999): 288-303

Yeandle, Sue/Escott, Karen/Grant, Linda/Batty, Elaine (2003): Women and Men Talking about Poverty. Manchester: Equal Opportunities Commission

Young, Iris Marion: Unruly Categories: A Critique of Nancy Fraser's Dual Systems Theory. In: New Left Review 222 (1997): 147-160

Grenzverschiebungen des Politischen: Zur Artikulation von Staat, Ökonomie und Gesellschaft in der sozialphilosophischen Gerechtigkeitsdebatte

Susanne Lettow

Gegen Ende der 1990er Jahre setzte in der angelsächsischen und deutschsprachigen Sozialphilosophie eine Debatte um das Verhältnis von Gerechtigkeit und Gleichheit ein. Die Offensive ging von den so genannten Antiegalitaristen aus, die gegen die keynesianisch inspirierten Gerechtigkeitstheorien von John Rawls und Ronald Dworkin den Begriff der Gerechtigkeit von dem der Gleichheit abtrennen wollten. Eine schlüssige philosophische Begründung, warum gesellschaftliche Verteilungsmechanismen sich an sozialer Gleichheit orientieren sollten, sei nie geliefert worden, hieß es. Vielmehr habe schon Aristoteles festgestellt, dass Gerechtigkeit eine „Tugend (ist), durch die jeder das Seine erhält" (Rhet. I/9, 1366b9 ff.). Dass Aristoteles' Universum das einer patriarchalen Sklavenhaltergesellschaft war, in dem in der Tat die Vorstellung – abstrakter – Gleichheit, die das politische Denken seit der Aufklärung und der Französischen Revolution geprägt hat, keinen Platz hatte, wurde freilich nicht benannt. Auch die egalitaristischen Antworten richteten das Augenmerk weniger auf die Konzeptionen von Gesellschaft, Staat und Ökonomie, die in antiegalitaristischen Positionen vertreten wurden, sondern unternahmen eine philosophische Reformulierung und Begründung des Gleichheitsbegriffs. Parallel dazu wurden andere Begriffe, insbesondere der der Anerkennung, zentral. Und obgleich die Debatte um Anerkennung und Umverteilung zwischen Nancy Fraser und Axel Honneth nicht explizit auf die Diskussion um Egalitarismus und Antiegalitarismus Bezug nimmt, kreist sie ebenfalls um Fragen der Inklusion und Exklusion unter neoliberalen Bedingungen.

Im Folgenden rekonstruiere ich, wie sich in diesen Debatten Strategien einer diskursiven Politisierung und Entpolitisierung überlagern. Denn um effektiv auf die antiegalitaristischen Herausforderungen zu antworten, ist es wichtig, nicht nur Gegenpositionen zu formulieren, sondern die Anordnung der Debatte zu betrachten und zu verändern. Dies bedeutet, sich darüber zu verständigen, was in den philosophischen Begriffsspielen umkämpft ist. Meine These hierzu ist, dass es in den Debatten zum Gerechtigkeitsbegriff, der seit jeher an den Grenzen von Politik, Ökonomie, Moral und Recht situiert ist, zu einer Neuvermessung des Terrains des Politischen kommt. Es geht um die Grenzen von Staat und Ökonomie, Öffentlichem und Privatem, das heißt um die Frage, was überhaupt Gegenstand politischer, insbesondere sozialpolitischer Regulierung sein kann. Die Konjunktur von Begriffen wie Neid, Anstand und Liebe kann dabei als Indiz für eine diskursive Entpolitisierung und Privatisierung von gesellschaftlichen Problematiken gelten, die sich jedoch an explizit formulierte politische Projekte anlagert. Die gegenwärtige Gerechtigkeitsdebatte wäre somit ein Element jenes „neuen hegemonialen Paradigmas", das durch „die Grenzverschiebung zwischen Ökonomie, Gesellschaft und Familie sowie Staat und politischer Öffentlichkeit" gekennzeichnet ist: „Der Markt expandiert, öffentlich-staatliche Räume schrumpfen und werden zur Unkenntlichkeit privatisiert bzw. dereguliert, während Familie und Privatheit zugleich ‚entgrenzt' werden" (Sauer 2001:7). Weil eine Auseinandersetzung mit den Grenzen des Politischen aber für jedes feministische Projekt von zentraler Bedeutung ist, scheint es mir dringend geboten, die Grenzverschiebungen des Politischen in der sozialphilosophischen Gerechtig-keitsdebatte explizit zu machen und kritisch zu beleuchten.

1 Antiegalitarismus und neoliberale Reorganisation des Staates: Wolfgang Kersting und Angelika Krebs

Wolfgang Kersting und Angelika Krebs, die als zentrale Protagonisten des sozialphilosophischen Antiegalitarismus im deutschsprachigen Raum gelten können, arbeiten beide an einer diskursiven Reorganisation des Staates. Kerstings Projekt besteht darin, eine philosophische Begründung für die Einschränkung sozialstaatlicher Umverteilung zu liefern. Seine Zielvorstellung, die er unter Bezugnahme auf Friedrich August von Hayek formuliert, ist ein „Minimalsozialstaat", dessen „Redistributionsvolumen (...) bei weitem das Sozialbudget unterschreiten [soll], das etwa die bundesrepublikanische sozialstaatliche Wirklichkeit zur ungeschmälerten Selbsterhaltung und Zufriedenstellung der etablierten Verteilungslobby benötigt" (Kersting 2000: 7). Während „der Begriff der sozialen oder distributiven Gerechtigkeit" für von Hayek „eine Bedeutungschimäre, ein semantisches Irrlicht" war (ebd.: 1), nimmt Kersting sich eine Klärung des Begriffs vor, kommt aber schließlich zu dem Ergebnis, dass „von Hayeks Skepsis" gegenüber egalitärer Verteilungsgerechtigkeit „ohne jede Einschränkung berechtigt ist" (ebd.: 376). Ersetzt wird das Konzept der Verteilungsgerechtigkeit bei Kersting durch das so genannte „Suffizienz-Prinzip" der Gerechtigkeit, das Harry Frankfurt zuerst formuliert hat und auf das sich zum Beispiel auch Angelika

Krebs positiv bezieht. Demzufolge ist Gerechtigkeit nicht relational, also im Verhältnis zu anderen, zu bestimmen, sondern nur absolut: „Weniger zu besitzen ist schließlich vereinbar mit dem Besitz einer ganzen Menge, und schlechter abzuschneiden als andere impliziert nicht, schlecht abzuschneiden. (...) Es besteht keine notwendige Verbindung zwischen dem Leben am unteren Rand der Gesellschaft und Armut in dem Sinne, in dem Armut ein ernsthaftes und moralisch unannehmbares Hindernis zu einem guten Leben ist" (Frankfurt 2000: 40). Wichtig ist für Kersting vor allem, dass der Staat die Individuen „marktbereit" hält (Kersting 2000: 392). Sofern es für dieses Ziel erforderlich ist, ist durchaus an die „Bereitstellung der für die Aufrechterhaltung einer anständigen, bürgerlichen und sozial integrierten Existenz notwendigen und hinreichenden Güter" gedacht (ebd.: 391). Umverteilung bleibt somit zwar eine staatliche Kernkompetenz, unterliegt jedoch, indem sie an den Imperativen des Marktes ausgerichtet wird, nicht nur einer quantitativen, sondern auch einer qualitativen Veränderung. Sie wird dadurch zum Element einer neoliberalen Reorganisation von Gesellschaft.

Dementsprechend korreliert denn auch Kerstings Gesellschaftsauffassung mit dem Konzept des Minimalsozialstaats. Gesellschaft funktioniert bei ihm schlicht über zwei Mechanismen sozialer Positionierung, nämlich Natur und Markt. Das bedeutet, dass die „Naturausstattung der Individuen, ihre Begabungen, Talente und Fähigkeiten", als „Grundlage für den Erwerb legitimer Verdienstansprüche" gelten (ebd.: 367). Was nicht der Logik von Kauf, Verkauf und Gewinn unterliegt, verfällt dem Verdikt der Natur. In diesem Konstrukt verschwinden alle gesellschaftlichen Verhältnisse und Tätigkeiten, durch die die Individuen werden, was sie sind, in denen sie Talente, Begabungen, Fähigkeiten usw. entwickeln. Sie erscheinen auf dem Markt als von Natur aus Begabte und Talentierte oder eben nicht – Geschlechterverhältnisse sind hier genauso entnannt wie Klassenverhältnisse und kulturell codierte Herrschaftsverhältnisse. Dabei ist „Natur" bei Kersting mal theologisch, mal genetisch artikuliert; in jedem Fall bezeichnet sie das Jenseits politischer Regulation. Dabei funktioniert der Naturbegriff so, dass der Wohlfahrtsstaat in der Umkehrung als „unnatürlich" erscheint. Dieser maße sich, heißt es, „eine Art Zweitschöpfung" an, die „die Versäumnisse der Begabungsverteilung der Erstschöpfung" zu korrigieren trachte (ebd.: 253). Er lasse jenen „sozialstaatlichen Takt" vermissen, der darin bestehe, „die Natur außer Acht zu lassen" und nicht „unterschiedliche, kontingente genetische Ausstattungen" kompensieren zu wollen (ebd.: 254). Diese Naturalisierung von Sozialem ist gleichbedeutend mit einer Verdrängung gesellschaftlicher Problematiken ins Private. Entsprechend ist Familie in dieser Anordnung ganz traditionell als nicht-politisch und a-gesellschaftlich artikuliert. „Alles Innere", heißt es, „die natürliche Beschaffenheit, die Welt der Gedanken und Gefühle, die gesellschaftsentzogene Privatheit und die häuslich-familiäre Sphäre, ist dem ordnenden Zugriff entzogen" (ebd.: 385). Gleichwohl hängt Kersting, indem er die Grenzen zwischen Privatheit und Öffentlichkeit festschreibt, keinem rückwärtsgewandten Traditionalismus an. Denn an die Stelle des fordistischen Hausfrau-Ernährer-Modells rückt bei ihm die Wettbewerbs-Familie. Schließlich verlangt „der faire Wettbewerb" Kersting zufolge „eine Änderung der Familie, verlangt, dass jenseits der biologisch prädisponierten Reproduktionsfunktion geschlechtsumgreifende Arbeitsteilung herrscht, die dem ‚*assimilationist or androgynous ideal*' verpflichtet ist" (ebd.: 362). Was hier avisiert wird, ist eine Umgestaltung von Familienstrukturen durch die Imperative von Markt und Konkurrenz, die zwar durchaus mit einer Erweiterung der Handlungsspielräume für Frauen verknüpft ist, jedoch nur um den Preis neuer Zwänge und Abhängigkeiten, die als solche nicht benannt werden. Kerstings Entwurf zielt denn auch keineswegs auf die Herstellung von gesellschaftlichen Zusammenhängen, in denen individuelle und kollektive Lebensweisen selbstbestimmt entwickelt werden könnten, sondern auf die marktförmige Durchdringung dessen, was ihm als „Enklave konventioneller weiblicher Selbstentfaltung" erscheint (ebd.). So arbeitet er gleichzeitig an einer Aufrechterhaltung bzw. Re-etablierung der Grenzen zwischen Öffentlichkeit und Privatheit und einer marktförmigen Zurichtung des Privaten.

Ebenso wie Kersting arbeitet auch Angelika Krebs an einer neoliberalen Reorganisation von Markt, Staat und Privatheit. Auch sie stützt sich auf das Suffizienz-Prinzip und definiert Gerechtigkeit im Anschluss an die aristotelische Formel, Gleiches gleich, Ungleiches ungleich zu behandeln: „Gerecht ist danach eine Handlung, die jedem das gibt, was ihm zukommt" (Krebs 2002: 105).[1] Hinsichtlich der Neuvermessung des Politischen ist vor allem ihr Buch *Arbeit und Liebe. Die sozialphilosophischen Grundlagen sozialer Gerechtigkeit* (2002) interessant, in dem sie das Projekt einer Entlohnung von Familienarbeit verfolgt. Das Hauptproblem sozialer Gerechtigkeit besteht ihr zufolge in der „Trittbrettfahrerei der Singles und Dinks (double income no kids/SL)" (ebd.: 69), die aus der Familienarbeit anderer einen, wie es heißt, „unfairen Vorteil" extrahieren. Krebs geht davon aus, dass „Familientätige, indem sie Kinder groß ziehen und Alte sowie Kranke pflegen, öffentliche Güter (produzieren), und dafür verdienen sie gesellschaftlich-ökonomische Anerkennung" (ebd.). Was zunächst wie eine Neuauflage der feministischen „Lohn für Hausarbeit"-Debatte erscheint, erweist

1 Das Konzept proportionaler Gerechtigkeit, demzufolge Gerechtigkeit (*dikaiosyne*) darin besteht „das Seinige zu tun" formuliert bereits Platon (vgl. *Politeia* IV/10, 433a). Bei Aristoteles, auf den in der Debatte immer wieder Bezug genommen wird, da er Gerechtigkeit zum Gegenstand der Ethik gemacht hat (vgl. *Nikomachische Ethik*, Buch 5), heißt es ganz ähnlich, Gerechtigkeit sei „eine Tugend, durch die jeder das Seine erhält" (Rhet. I/9, 1366b9 ff.).

sich jedoch als bevölkerungspolitisches Kosten-Nutzen-Kalkül. „Kinder sind, wie es die Ökonomen ausdrücken, unser ‚Humankapital'", weiß Krebs (ebd.: 62). Daher kommt es vor allem auf die Qualität des Nachwuchses an, wobei freilich auch eine „Überschussproduktion" wie etwa in China (ebd.: 87) zu vermeiden sei. Diskutiert wird der Einwand, dass „Kinder, die nicht zu tragenden Mitgliedern der Gesellschaft heranwachsen, sondern als Drogensüchtige, Arbeitsverweigerer oder Straffällige der Gesellschaft gar zu Last fallen, (...) nichts von einem öffentlichen Gut an sich" hätten (ebd.). Warum also sollte „die Allgemeinheit bereit sein, für eine ‚Leistung' zu zahlen, die vielleicht gar nicht erbracht wird?" (ebd.). Krebs entkräftet diesen Einwand mit dem Hinweis darauf, dass „schon heute vielfältige Kontrollmechanismen für Familienarbeit existieren, vom Jugendamt über den Kindergarten, die Schule, die Ärzte, die Pfarrer bis hin zu den Nachbarn" (ebd.).

Deutlich wird hier, dass die neoliberale Zurückweisung sozialstaatlicher Sicherungs- und Umverteilungspolitiken durchaus mit einer Erweiterung staatlicher Kontrolle zusammengeht. Diskursiv wird eine solche Erweiterung durch eine sprachliche Entgrenzung des Staates hergestellt. Systematisch verwendet Krebs die Begriffe „die Gesellschaft" oder „die Allgemeinheit" als Synomyme für „Staat", was zu einer strukturellen Ausblendung demokratietheoretischer Fragen führt – beziehungweise zur Produktion einer theoretischen Leerstelle, in die Vorschläge für staatliche Zwangsmaßnahmen einrücken. So erwägt Krebs einen, wie es heißt, „pädagogisch motivierten Sozialdienst für junge Menschen" in der Familienarbeit nach dem „Modell des Militär- und Zivildienstes" (ebd.: 65). Dieser „Familiendienst" wird jedoch letztlich als unvereinbar mit „moralischem Respekt vor der Autonomie und Besonderung von Menschen", vor allem aber als unpraktikabel verworfen, da es, so Krebs, „die Qualität sozialer Dienstleistungen in der Regel empfindlich beeinträchtigt, wenn sie unter Zwang und ohne Berufung vollzogen werden" (ebd.: 64). Wo staatlicher Zwang an die Grenzen der Durchsetzungsfähigkeit stößt wie bei der Entscheidung dafür, sich fortzupflanzen, wird eine moralische Verpflichtung etabliert. Der Appell erfolgt über die Klage, vielen stehe der „Doppelcharakter ihrer Verpflichtung", nämlich nicht nur Sozialversicherungsbeiträge zu leisten, sondern sich auch fortzupflanzen, „nicht mehr vor Augen" (ebd.: 61). Dieser Gedanke, nämlich dass Zeugen und Gebären politisch-moralische Pflichten sind, findet sich auch bei Kersting. Für ihn ist „Kinderunwilligkeit einseitig verdeckte Vertragskündigung" (W. Kersting 2000: 380). Antifeministisch ist diese Argumentation nicht erst da, wo die Figur der kinderlosen Karrierefrau auftritt und sich, so Kersting, „die kindererziehende Mutter (…) um eine Karriere gebracht [sieht], die der kinderunwilligen Freundin, Schwester oder Nachbarin ökonomischen Erfolg, ethische Befriedigung und überdies eine Rentenanwartschaft einbringt" (ebd.). Männer tauchen in diesem *setting* erst gar nicht auf, geschweige denn hierarchische Geschlechterverhältnisse. Begrenzung sozialstaatlicher Umverteilung sowie Erweiterung staatlicher und sozialer Kontrollmechanismen, flankiert durch moralisch-verpflichtende Anrufungen, sind also in den antiegalitaristischen Ansätzen eng miteinander verbunden.

Zudem sind beide Positionen, sowohl die von Kersting als auch die von Krebs, explizit partikularistisch, das heißt auch ihre minimalisierten Gerechtigkeitsstandards gelten überhaupt nur für „Mitglieder (...) [einer] Gemeinschaft, (…) nicht Fremde" (ebd.: 383) beziehungsweise für „Angehörige einer nationalen Kultur" (Krebs 2004: 4). Fragen der globalen Gerechtigkeit werden somit prinzipiell ausgespart und was Kersting entlang der Differenz von „Gemeinschaft" und „Fremden" als „Binnensolidarität" (ebd.: 396) konstruiert,[2] vereindeutigt Krebs noch einmal, so dass bestehende rassistische Hierarchien sozioökonomisch festgeschrieben werden. Denn sofern die „Angehörigen einer nationalen Kultur", wie Krebs hervorhebt, nicht deckungsgleich sind mit den Angehörigen der „politischen Organisationseinheit Staat, welche mehrere oder auch keine nationale Kulturen umfassen kann" (ebd.), werden Teile der Bevölkerung auch aus den minimalisierten Formen ökonomischer Absicherung entlassen, während sich auf der anderen Seite für die Inkludierten auch noch die immer knapper bemessenen Gratifikationen als Prämie und Privileg kultureller Zugehörigkeit darstellen.

2 Egalitaristische Antworten: Martha Nussbaum und Herlinde Pauer-Studer

Was setzen egalitaristische Konzeptionen diesem neoliberalen Antiegalitarismus entgegen? Zwei prominente egalitaristische Positionen, die gleichwohl aus sehr unterschiedlichen philosophischen Argumentationen resultieren, sind der Fähigkeiten-Ansatz, den Amartya Sen und Martha Nussbaum entwickelt haben (Nussbaum/Sen 1993), und der „freiheitsfunktionale Liberalismus" von Herlinde Pauer-Studer (1999). Nussbaums Projekt ist das einer moralischen Fundierung des Sozialstaats, wobei auch sie auf Aristoteles zurückgreift. Allerdings wird dieser

2 Dass „die Fremden" nicht nur entlang kultureller, ethnischer und religiöser Unterschiede definiert werden, zeigt Susanne Krasmanns Analyse zum Konzept des Feindstrafrechts des Bonner Strafrechtlers Günther Jakobs. Dieser entwirft eine „post-soziale Kriminologie", in deren Zentrum die Figur des Feindes steht, der „mit dem Institut des Ausnahmerechts bekämpft werden [muss], denn er ist per definitionem fremd, anders, nicht dazugehörig". Mit dem Konzept des Feindes, das das des Verbrechers ersetzt, wird Strafrecht in der Sprache des Kriegsrechts reformuliert, (Krasmann 2005).

hier nicht als Neoliberaler, sondern als Sozialdemokrat gedeutet, so dass nicht sein Konzept der proportionalen Gerechtigkeit, sondern der Begriff des guten Lebens ins Zentrum rückt. „Eine staatliche Ordnung“, so Nussbaum, muss „auf einer bestimmten Auffassung vom guten menschlichen Leben beruhen und (…) [das] Ziel darin bestehen, dieses gute Leben herzustellen“ (Nussbaum 1999: 29). Ihre Argumentation ist explizit essentialistisch (ebd.: 178) und zielt darauf, eine Liste der grundlegenden Bedürfnisse und Fähigkeiten anzulegen, die allgemein als Voraussetzung für ein menschliches Leben gelten. Jeder sollte das erhalten, heißt es, „was er oder sie braucht, um fähig zu sein, ein reiches und im vollen Sinne menschliches Leben zu führen, soweit es die natürlichen Möglichkeiten zulassen“ (ebd.: 45).

Obwohl Nussbaums Intervention explizit egalitaristisch und transkulturell ist, teilt sie mit dem anti-egalitaristischen Suffizienz-Prinzip das Anliegen, einen minimalen Lebensstandard festzuschreiben, der für sie in der „menschlichen Natur“ begründet ist. Das Konzept einer „menschlichen Natur“ entpolitisiert jedoch sowohl gesellschaftliche Kämpfe um Umverteilung als auch all jene sozialen Mechanismen, die soziale Ungleichheit systematisch hervorbringen. In dieser Anordnung gibt es den Staat als Distributionsinstanz auf der einen, bedürftige Individuen auf der anderen Seite.

Auf die Definition ihrer Bedürfnisse haben letztere keinen Einfluss und letztlich auch nicht auf ihre Inklusion oder Exklusion in die beziehungsweise aus der Gruppe der Menschen. Denn auch bei Nussbaum – wie so oft in der philosophischen Tradition – ist die „menschliche Natur“ exklusiv. Das Konzept des Menschen produziert das des Un-Menschen. „Welches Leben”, fragt denn auch Nussbaum, „ist so verarmt, dass es nicht zu Recht ein menschliches Leben genannt werden kann?“ (ebd.: 198) In der Antwort auf diese Frage tauchen Alte, Behinderte und verwahrloste Kinder und Jugendliche auf. So sind „viele Lebensformen (…), die am Ende eines Menschenlebens eintreten“, wenn nämlich „die Fähigkeit, geliebte Menschen zu erkennen, zu denken und zu urteilen, unwiderruflich über einen bestimmten Punkt hinaus verfallen ist“ (ebd.: 199), Nussbaum zufolge nicht als „menschliches“ Leben zu betrachten. Auch „bestimmte schwerstbehinderte Kinder” sind für sie „keine menschlichen Wesen (...), auch wenn sie von menschlichen Eltern abstammen“; „die seltenen Fälle von Kindern, die außerhalb der menschlichen Gesellschaft oder in einem zutiefst gestörten Zuhause aufgewachsen sind, sodass es ihnen völlig an Sprach- und Denkvermögen fehlt oder ihre sozialen Fähigkeiten auf eine extreme und irreparable Weise unterentwickelt sind“ bilden eine „umstrittene Gruppe“ (ebd.). Der Egalitarismus dieser Konzeption ist also begrenzt durch die essentialistische Definition des Menschlichen, die immer schon aufs Unmenschliche verweist. Den antiegalitaristischen Ansätzen kann diese Position daher kaum etwas entgegensetzen, sondern weist in entscheidenden Punkten strukturelle Ähnlichkeiten mit ihnen auf.

Eine andere Kritik des Antiegalitarismus formuliert Herlinde Pauer-Studer. Ihr Ausgangspunkt ist das Konzept der Autonomie und die Einsicht, dass „autonom zu leben“ materiell voraussetzungsvoll ist. Dabei kritisiert sie das Suffizienz-Prinzip, das sie für einen „zu niedrig angesetzten Standard“ hält (Pauer-Studer 2000: 53). „Moralisch gesehen scheint es schwerlich vertretbar, Menschen zwar das Recht zuzusprechen, nicht verhungern zu müssen und eine Unterkunft zu haben, aber für Güterzuteilungen oberhalb dieser Grenze nicht offen zu sein, wenn eine Gesellschaft sich weitergehende Verbesserungen leisten kann“ (ebd.). Um ein Konzept distributiver Gleichheit zu verteidigen, konstruiert Pauer-Studer eine Ordnung der Werte. Sie geht von „zwei demokratischen Grundwerten, nämlich Freiheit und Gleichheit“, aus (ebd.: 7), die sodann hierarchisch angeordnet werden. Indem sie die Werte „Freiheit“ und „Autonomie“ dem Wert der Gleichheit überordnet, knüpft sie an die antiegalitaristische Behauptung, Gleichheit sei kein „inhärenter und unabgeleiteter moralischer Wert“ (Frankfurt 2000: 38) an. „Distributive Gleichheit“, so Pauer-Studer, „ist ein Mittel, um Freiheit herzustellen“ (Pauer-Studer 2000: 9) und private Autonomie zu sichern. Die Wertehierarchie dieser Argumentation ist durchaus komplex. So sind „die Gründe, warum Freiheit und Gleichheit Werte darstellen, (…) im übergeordneten Prinzip universeller Achtung und Anerkennung zu suchen. Universelle Achtung und Anerkennung bedingt den Wertstatus der Freiheit, und der Wert der grundlegenden sozialen Freiheit erklärt, warum der (strikten) Gleichheit der grundlegenden Rechte und der Chancengleichheit an gesellschaftlichen Grundgütern Wert zukommt“ (ebd.: 55). In diesem Universum der Werte hat so zwar alles seine Ordnung, doch indem die Auseinandersetzung um Gerechtigkeit als Problem einer Ordnung der Werte artikuliert wird, gerät die gesellschaftlich-politische Problematik aus dem Blick.

So werden auch in dieser Argumentation die Ursachen von Ungleichheit völlig entpolitisiert. Ähnlich wie bei den Antiegalitaristen werden individuelle Verantwortung und, wie es heißt, „natürliches Pech“ angeführt (ebd.: 30), wo es gälte, gesellschaftliche Strukturzusammenhänge zu analysieren. Dementsprechend sind Menschen „für gewisse Ungleichheiten, die sich aus ihren freiwilligen Entscheidungen ergeben, selbst verantwortlich und verdienen – abgesehen von einer Mindestversorgung im Notfall – keine Entschädigung (…). Geraten aber Personen infolge von Pech und nicht von freien Entscheidungen in Situationen struktureller Ungleichheit, so entsteht ein Anspruch auf Entschädigung“ (ebd.). Allein die Rede von „Entschädigungen“ macht deutlich, dass hier keine Veränderung von Macht- und Herrschaftsverhältnissen, Transformationen, die die Ursachen sozialer Ungleichheit untergraben würden, vorgesehen sind, sondern als unausweichlich betrachtete „Schäden“ kompensiert werden sollen. Auch das Persönliche und Private, das feministische Theorie und Politik einmal als politisch verstanden hatte, in dem Sinne, dass hier gesellschaftliche Macht- und Herrschaftsverhältnisse etabliert und reproduziert werden, ist bei Herlinde Pauer-Studer entpolitisiert zum Raum individuell-autonomer Entscheidungen. „Freiheit“ und „Autonomie“ sind immer schon auf *rational choice* reduziert, das heißt die Fähigkeit und Möglichkeit „aus einer Menge von Optionen jene zu wählen, für die aus der Sicht des eigenen Lebensplanes gute Gründe sprechen“ (ebd.: 13). So stehen sich auch hier „die Gesellschaft“ oder „der Staat“ auf der einen und, um ihrer persönlichen Autonomie willen, bedürftige Individuen auf der anderen Seite gegenüber. In der Reduktion des Staates auf eine Distributionsinstanz und der Individuen auf Empfänger werden aber die Zusammenhänge und umkämpften Grenzen zwischen Staat und Ökonomie, Öffentlichem und Privatem ausgeblendet und Individuen nicht als in gesellschaftlichen Verhältnissen Tätige, sondern als rein passiv aufgefasst. Dem politisch-ökonomischen entspricht ein demokratietheoretisches Defizit.

3 Anerkennung zwischen Politisierung und Entpolitisierung: Axel Honneth und Nancy Fraser

Um dieses doppelte Defizit oder positiv formuliert: den Zusammenhang von ökonomischer Umverteilung, politischer Partizipation und kultureller Anerkennung kreist die Debatte zwischen Axel Honneth und Nancy Fraser. Deren theoretische Anordnungen unterscheiden sich insofern, als Honneth von „Anerkennung“ als einem „fundamentalen, übergreifenden Moralbegriff“ ausgeht (Fraser/ Honneth 2003: 9), Fraser hingegen von einem „perspektivischen Dualismus“, der Anerkennungs- und Umverteilungspolitiken analytisch trennt. Doch handelt es sich nicht nur um Differenzen im Theorie-Design, sondern wiederum um unterschiedliche Strategien diskursiver Politisierung und Entpolitisierung.
Insbesondere in Honneths *Kampf um Anerkennung* (1992), in dem er das Hegelsche Theorem der Anerkennung vor dem Hintergrund neoliberaler Desintegrationstendenzen aktualisiert,[3] wird deutlich, dass die Form sozialer Kohäsion, um die es ihm geht, Fragen der Ökonomie und der politischen Partizipation gleichermaßen außer Acht lässt. Honneth konzipiert ein dreistufiges Modell der Anerkennung, wobei die Liebe beziehungsweise ihre ursprüngliche Form, die Mutterliebe, als Fundament sozialer Kohäsion fungiert. Schließlich ist die Erfah-

3 Obwohl Honneth seine Konzeption am gleichen Material, nämlich Hegels Jenaer *Philosophie des Geistes,* herausarbeitet, wie Habermas sein Kommunikationsparadigma, bricht er dessen abstrakten Universalismus auf, vgl. Lettow 2002

rung des Geliebtwerdens für Honneth „eine notwendige Voraussetzung der Teilnahme am öffentlichen Leben“ (Honneth 1992: 66). Dabei ist davon auszugehen, „dass alle Liebesbeziehungen von der unbewussten Rückerinnerung an jenes Verschmelzungserlebnis angetrieben werden, das die ersten Lebensmonate von Mutter und Kind geprägt hatte“ (ebd.: 169). In der Figur der Mutter konzentriert sich hier die „Utopie“ aggressiv zu sein ohne Aggressivität zu erfahren. Indem die Mutter, wie es heißt, „die aggressiven Attacken ohne die Rache des Liebesentzugs erduldet“ (ebd.: 167), sorgt sie dafür, „dass das Kind im Schatten ihrer intersubjektiven Verlässlichkeit zugleich auch ein Vertrauen in die soziale Erfüllung seiner eigenen Bedürfnisansprüche“ entwickeln kann (ebd.: 168). Dies ist die Grundlage dafür, in Verhältnissen verallgemeinerter Konkurrenz zu bestehen. Denn die höchste Form der Anerkennung, die „soziale Wertschätzung“, ist eine agonale und leistungsbezogene. Die Individuen werden hier nach ihren „Fähigkeiten und Leistungen“ beurteilt, danach, „in welchem Maße sie“, wie es heißt, „an der Umsetzung der kulturell definierten Werte mitwirken können“ (ebd.: 198). Wie aber kommt eine kulturelle „Definition von Werten“ zustande? Wer wird unter welchen Bedingungen zu ihrer „Umsetzung“ ermächtigt? Honneth stellt weder die meritokratische Ideologie, derzufolge soziale Ränge nach Leistung und Verdienst vergeben werden, in Frage, noch problematisiert er die Annahme einer homogenen „Wertegemeinschaft“. Sie ist vielmehr der Rahmen, in dem das „gefühlsmäßige Vertrauen [darein] (...), Leistungen zu erbringen oder Fähigkeiten zu besitzen, die von den übrigen Gesellschaftsmitgliedern als ‚wertvoll‘ anerkannt werden“ (ebd.: 209) überhaupt entfaltet werden kann.

Zwischen dieser höchsten Form der Anerkennung und der basalen Form der Liebe steht allein das Recht als das Residuum sozialer Gleichheit, die auf diese Weise formal bleibt. Da der Ansatz nur Individuen kennt, die – durch Erfahrungen des Geliebtwerdens gestützt – auf der Basis rechtlicher Gleichheit um soziale Anerkennung konkurrieren, werden ökonomische Verhältnisse, aber auch Politik sowohl im Sinne staatlicher Regulierung als auch zivilgesellschaftlicher Einmischung ausgeblendet. Mit dem Konzept der Liebe werden die Bedingungen gesellschaftlicher Partizipation ins Emotionale verlagert und letztlich in die Verantwortung der Mütter abgeschoben. Die leitende Perspektive von Honneths dreistufiger Konzeption sozialer Gerechtigkeit besteht vor allem darin, „Chancen der individuellen Identitätsbildung“ nicht zu beeinträchtigen. Wo distributive Gerechtigkeit überhaupt in den Blick gerät, wird sie diesem Ziel untergeordnet und als Spezialfall der „sozialen Wertschätzung“ behandelt. „Verteilungskonflikte“, heißt es, sind als „spezifische Art von Anerkennungskämpfen zu interpretieren, in denen um die angemessene Bewertung der sozialen Beiträge von Individuen oder Gruppen gestritten wird“ (Honneth 2003: 202). Wenn Honneth dann in seiner Kritik an Nancy Fraser auf der kulturellen Dimension von „Distributionskämpfen“ besteht (ebd.: 177 ff.), so ist ihm darin zwar Recht zu geben, doch sein „monistisches“ Modell der Anerkennung ist wenig geeignet dieser Dimension gerecht zu werden, da Distribution und erst recht Produktion in seiner Anordnung gar keinen systematischen Ort haben.

Frasers Konzeption zeichnet sich jedoch dadurch aus, den Zusammenhang von ökonomischer und politischer Partizipation ins Zentrum der Debatte zu stellen. Ihrem Konzept der „partizipatorischen Parität“ zufolge „erfordert die Gerechtigkeit gesellschaftliche Vorkehrungen, die allen (erwachsenen) Gesellschaftsmitgliedern erlauben, miteinander als Ebenbürtige zu verkehren“ (Fraser 2003: 54f., vgl. auch Fraser in diesem Band). Politiken der Umverteilung und der Anerkennung sollen die „objektiven“ und „intersubjektiven Bedingungen“ dafür herstellen (ebd.). Dualistisch ist Frasers Argumentation, insofern sie sozioökonomische und kulturelle oder symbolische Gerechtigkeit als zwei analytisch zu unterscheidende Paradigmen betrachtet, denen die beiden politischen Strategien Umverteilung und Anerkennung entsprechen. Dass dieser Dualismus durchaus problematisch ist, zeigt die entsprechende Aufteilung sozialer Bewegungen. Während Kollektive, die sich um „verachtete Sexualitäten“ bilden, um Anerkennung kämpfen, geht es am anderen Ende der Skala „ausgebeuteten Klassen“ um ökonomische Veränderungen. In der Mitte befinden sich feministische und antirassistische Kämpfe, in denen es sowohl um Umverteilung als auch um Anerkennung geht.[4]

Doch trotz dieser problematischen Unterscheidungen weist Frasers Konzeption in entscheidender Hinsicht über die bisherigen Ansätze hinaus. Durch ihre Orientierung an transformativen Strategien vermeidet Fraser sowohl den politischen Autoritarismus der meisten Gerechtigkeitstheorien als auch statische Identitätspolitiken. So geht es zum einen um eine „transformative Umverteilung“, die dahin tendiert, die „Klassendifferenzierung zu untergraben“ (Fraser 2001: 53) und die eine „gründliche Umstrukturierung der Produktionsverhältnisse“ (ebd.: 55) einschließt. Zum anderen rekurriert das Konzept einer „transformativen Anerkennung“ nicht auf fixe Identitäten und eine vermeintlich gegebene „Wertegemeinschaft“. Vielmehr geht es um eine Dekonstruktion der „Sedimentierung und Verhärtung von Gender-Differenz, wie sie in einer geschlechtsspezifisch ungerecht organisierten politischen Ökonomie auftritt“ (ebd.: 60). Im Gegensatz zu allen anderen bisher diskutierten Positionen werden hier Prozesse der Produktion

4 In der Kontroverse mit Honneth wird diese Polarisierung abgemildert, auch wenn der Dualismus von Anerkennung und Umverteilung methodisch zentral bleibt. „Vom praktischen Gesichtspunkt“, heißt es, „können mithin fast alle real existierenden, zu Benachteiligung führenden Prozesse als zweidimensional charakterisiert werden: Sie implizieren ökonomische Benachteiligung nicht minder als mangelnde Anerkennung“ (Fraser 2003: 40). Zur Kritik von Iris Marion Young und Judith Butler an Frasers Dualismus vgl. Lettow 2002.

von Ungleichheit, die sich an kulturellen oder religiösen Differenzen, an sexuellen Orientierungen und Geschlechtszugehörigkeiten festmachen genauso wie jene, die aus den „ökonomischen Systemmechanismen“ und den „Herrschaftsstrukturen des globalen Kapitalismus“ resultieren (Faser 2003: 247), überhaupt thematisiert und Gegenstand politischer Veränderung. Eine Neuvermessung der Grenzen des (National-)Staats und des Politischen wird bei Fraser zur theoretischen und praktisch-politischen Aufgabe, mit der sich nicht zuletzt auch ein „antihegemonialer Block sozialer Bewegungen“ konfrontiert sieht (ebd.: 119). Denn angesichts der „hervorstechenden Rolle transnationaler als auch subnationaler Prozesse kann der Staat nicht mehr als die einzige Einheit und als das einzige Feld der Gerechtigkeit gelten“ (ebd.: 121). Strategien sozialer Gerechtigkeit, die, wie der traditionelle Keynesianismus, den Grenzen des Nationalstaats verhaftet bleiben, verfehlen unter diesen Bedingungen systematisch ihr Ziel. (vgl. ebd.: 126). Der Staat, so Fraser, ist vielmehr „trotz seiner fortwährenden Bedeutung ein Rahmen unter anderen innerhalb einer neu entstehenden Struktur mit vielerlei Ebenen“ (ebd.). Dies bedeutet, dass die Frage, „welche Angelegenheiten wirklich national, welche lokal, regional oder global“ (ebd.) sind, sowie die nach entsprechenden Formen der Partizipation für jedes politische Projekt sozialer Gerechtigkeit zentral sind. Welche Antworten hier gegeben und welche Formen erfunden werden, ist weitgehend offen, doch Fraser kommt das Verdienst zu, Fragen der Gerechtigkeit überhaupt als politische zu stellen und das heißt als Fragen der Artikulation von Bedürfnissen, der Partizipation an politischen und ökonomischen Entscheidungen und der Transformation von gesellschaftlichen Verhältnissen, die systematisch soziale Ungleichheit hervorbringen.

4 Gerechtigkeit und Kritik

Diese Skizze der sozialphilosophischen Gerechtigkeitskonzepte macht deutlich, welche unterschiedlichen und gegensätzlichen politisch-ethischen Projekte mit dem Begriff der Gerechtigkeit artikuliert werden können. Das heißt, dass es dort, wo mit dem Begriff der Gerechtigkeit operiert wird, um Kritik, aber auch um die Etablierung oder Festschreibung höchst ungerechter Verhältnisse gehen kann. Eine kritische politische Theorie sollte daher nicht so sehr auf eine „richtige“ Definition und Begründung von Gerechtigkeit zielen, sondern darauf, die antagonistischen Reklamationen, die Umkämpftheit des Begriffs und seine politischen Artikulationen explizit zu machen. Dies bedeutet nicht zuletzt, die gegenwärtige Konjunktur von Ethik- und Moraldiskursen zum Gegenstand zu machen. Denn im Anschluss an Foucault lässt sich festhalten, dass moralische Problematisierungen meist nicht dort stattfinden, wo die gesellschaftlichen Ge- und Verbote am strengsten sind, sondern dort, wo sie am wenigsten selbstverständlich sind. Die Intensivierung und Vervielfältigung der Äußerungen zum Thema Gerechtigkeit wäre demnach als Indiz für die Auflösung etablierter Kompromissstrukturen zu verstehen. Vergleichbares zeichnet sich in den Diskussionen zum ‚gerechten Krieg' und in den bioethischen Debatten ab (vgl. Lettow 2004). Auch dort werden im Medium von Ethik und Moralphilosophie politische und juridische Standards neu vermessen.

Sich dies vor Augen zu halten bedeutet nicht, das Terrain von Ethik und Moral beziehungsweise den Begriff der Gerechtigkeit aufzugeben. Es bedeutet vielmehr, ihn politisch-ethisch so zu artikulieren, dass er als Kritik und Negation von Herrschaftsverhältnissen funktioniert. Statt eines normativen Begriffs, der festzuschreiben trachtet, wer unter welchen Bedingungen Bedürfnisansprüche anmelden darf und wie damit zu verfahren sei, geht es in dieser Perspektive darum, eine politische Sprache zu finden, die es ermöglicht, Erfahrungen von Ungerechtigkeit, Analysen der Ursachen und Bedingungen sowie Möglichkeiten der Veränderung zu artikulieren. Gerechtigkeit in diesem Sinne steht somit nicht für Normen und ‚Ideale', die einer vermeintlich positivistisch bestimmbaren Wirklichkeit entgegengehalten werden, sondern für die Perspektive der Veränderung ungerechter Verhältnisse. Demnach ist weder ist die Bedeutung von Gerechtigkeit jemals jenseits politisch-ethischer Stellungnahmen zu fixieren und still zu stellen, noch kann sie ohne die Anstrengung bestimmter Negation gewonnen werden. Gerechtigkeit im Sinne horizontaler Vergesellschaftung und Geschlechterverhältnisse aber wäre somit als Resultat oder Synergieeffekt vielfältiger politischer Praxen, die die Hierarchien von „Rasse", Klasse und Geschlecht untergraben, zu begreifen. Ein feministisches Politikverständnis, das sich über staatliche Transferleistungen hinaus an gesellschaftlichen, das heißt sozialen, ökonomischen und kulturellen Veränderungen orientiert, kommt dem entgegen und könnte sich für eine Kritik und Überwindung des Postkeynesianismus als entscheidend erweisen.

Literatur

Aristoteles (1995): Rhetorik. Übers. v. Franz G. Sieveke. 5. Aufl. Stuttgart: UTB/Wilhelm Fink

Christensen, Birgit/Baum, Angelica/Blättler, Sidonia/Kusser, Anna/Marti, Irene Maria/ Brigitte Weisshaupt (Hrsg.) (2002): Wissen Macht Geschlecht. Philosophie und die Zukunft der „condition féminine". Zürich: chronos

Doetsch, Brigitte (Hrsg.) (2004): Philosophinnen im 3. Jahrtausend. Bielefeld: Kleine-Verlag

Frankfurt, Harry (2000): Gleichheit und Achtung. In: Krebs (2000): 38-49

Fraser, Nancy (2001): Die halbierte Gerechtigkeit. Frankfurt/Main: Suhrkamp

Fraser, Nancy/Honneth, Axel (2003): Umverteilung oder Anerkennung? Eine politisch-philosophische Kontroverse. Frankfurt/Main: Suhrkamp

Honneth, Axel (1992): Kampf um Anerkennung. Zur moralischen Grammatik sozialer Konflikte. Frankfurt/Main: Suhrkamp

Kersting, Wolfgang (2000): Theorien der sozialen Gerechtigkeit. Stuttgart: J.B. Metzler

Krasmann, Susanne (2005): Der Feind an den Grenzen des Rechtstaats. Vortrag auf der Tagung „Endlich Ordnung in der Werkzeugkiste. Zum Potenzial der Foucaultschen Diskursanalyse" am Otto-Suhr-Institut für Politikwissenschaft der Freien Universität Berlin vom 2.-30. April 2005. Unveröff. Manuskript

Krebs, Angelika (2004): Gleichheit ohne Grenzen? Die kosmopolitische Überforderung. In: Information Philosophie 5 (2004): 7-13

Krebs, Angelika (2002): Arbeit und Liebe. Die philosophischen Grundlagen sozialer Gerechtigkeit. Frankfurt/Main: Suhrkamp

Krebs, Angelika (Hrsg.) (2000): Gleichheit oder Gerechtigkeit. Texte der neuen Egalitarismuskritik. Frankfurt/Main: Suhrkamp

Lettow, Susanne (2002): Anerkennung, Geschlechterverhältnisse und der Kampf um eine 'neue Kultur'. Bemerkungen zu einigen begrifflichen Verschiebungen auf dem Feld der Politischen Philosophie. In: Christensen et al. (2002): 468-475

Lettow, Susanne (2004): Das Dispositiv der Bioethik. Elemente einer feministischen Kritik. In: Doetsch (2004): 153-173

Nussbaum, Martha (1999): Gerechtigkeit oder das gute Leben. Frankfurt/Main: Suhrkamp

Pauer-Studer, Herlinde (2000): Autonom leben. Frankfurt/Main: Suhrkamp

Sauer, Birgit (2001): Öffentlichkeit und Privatheit revisited. Grenzverschiebungen im Neoliberalismus und die Konsequenzen für Geschlechterpolitik. In: Kurswechsel 4 (2001): 5-11

Soziale Gerechtigkeit, Konturen einer „guten Gesellschaft" und radikal-politische Kritik: Zum utopischen Realismus von Anthony Giddens

Heike Kahlert

Die Rede über soziale Gerechtigkeit ist wieder ganz oben auf der sozialtheoretischen und -politischen Agenda – trotz oder wegen des jähen Zerfalls der staatssozialistischen Regime Osteuropas 1989/90 und des damit ausgerufenen Todes des Sozialismus einerseits und angesichts der zunehmend aufbrechenden Widersprüche des Neoliberalismus andererseits. In der zeitgenössischen politischen Theorie finden sich neben einem neoliberal oder auch neokonservativ geprägten „Boom der Egalitarismuskritik" (Heimann 2001: 711) zugleich liberal-egalitaristisch inspirierte Stimmen. Sie betonen in diesen fortgeschrittenen postsozialistischen Zeiten des sich globalisierenden, vermeintlich alternativlosen, jedenfalls aber erstarkenden Kapitalismus erneut die Werte der bürgerlichen Revolutionen der Moderne: Freiheit, Gleichheit und Solidarität. Unter dem Eindruck einer sich radikal und global wandelnden Welt steht dabei unter anderem zur Diskussion, welches Verständnis von sozialer Gerechtigkeit und Gleichheit das politische Handeln leiten, wie das Politische verstanden und wie die Wohlfahrtsstaatlichkeit restrukturiert werden soll.

Zu den Vertretern einer modernisierten liberal-egalitaristischen Position gehört der britische Soziologe Anthony Giddens, dessen Ansatz der Politik des dritten Wegs im Mittelpunkt dieses Beitrags steht. Dabei geht es nicht darum, die konkrete Umsetzung der Politik des dritten Wegs zu evaluieren (vgl. z.B. Meyer/Minzenbach 1999; Hirscher/Sturm 2001; Giddens 2001c; Schmidtke 2002; Lewis/Surender 2004), sondern ihre sozial- und geschlechtertheoretischen Grund-lagen zu diskutieren. Hierzu skizziere ich einleitend die Politik des dritten Wegs. Zum Verständnis der sozialtheoretischen Basis dieses Entwurfs wird im Anschluss Giddens' Standpunkt des „utopischen Realismus" (Giddens 1996: 190) diskutiert. Damit ist der methodologische Boden bereitet, um die politisch-theoretische Basis der Politik des dritten Wegs zu erörtern. Politisches Denken muss nach Giddens' Ansicht die Fragen klären, „in welcher Gesellschaft wir gerne leben möchten und mit welchen konkreten Mitteln wir auf sie hinarbeiten können" (Giddens 1999: 12). Dabei geht es um die normative Fundierung der „guten Gesellschaft" (Giddens 1996: 192), die bei Giddens eine sozial gerechte und geschlechtergerechte Gesellschaft ist und durch restrukturierte Wohlfahrtsstaatlichkeit konstituiert wird. Seine gerechtigkeitsorientierten Ausführungen münden in die Formulierung eines neuen Gesellschaftsvertrags, der, so lassen sich seine Überlegungen weiterführen, auch ein neuer Geschlechtervertrag ist. Die Herstellung der „guten Gesellschaft" ist für Giddens schließlich auch eine Frage nach den konkreten Mitteln der „radikal-politischen Kritik" (Giddens 1997) und für unterschiedliche Politikverständnisse, deren verschiedene Formen abschließend im Horizont des utopischen Realismus erörtert werden.

1 Die Politik des dritten Wegs

Giddens zeigt sich überzeugt davon, dass politisches Denken an der Schwelle zum 21. Jahrhundert „Jenseits von Links und Rechts" (ebd.), also jenseits von Sozialismus und Konservatismus, operieren muss und hat sich jüngst mit seinen Ideen zur Zukunft sozialer Demokratie und den zugehörigen Vorstellungen zu einer Politik des dritten Wegs in diese Debatte eingemischt (vgl. ebd.: 104, Giddens 1999, 2001a, 2001b, 2001c). Dabei plädiert er für einen „philosophischen Konservatismus" und eine dazugehörige „radikal-politische Kritik" (Giddens 1997). Giddens kommt aus (sozial-)politisch-praktischer Sicht eine überaus bedeutende Rolle zu, denn seine Überlegungen finden unmittelbare Verwendung in sozialdemokratischer Programmatik oder gar sozialdemokratischem Regierungshandeln. Um nur einige Beispiele zu nennen: Er berät die britische *New-Labour*-Regierung und gilt als Tony Blairs ‚Guru', und gegenwärtig engagiert er sich auf der Ebene der Europäischen Union, in deren Auftrag er einen Bericht zur Zukunft des Europäischen Sozialmodells vorbereitet (vgl. Giddens/Gardels 2005).

Schwerpunkte der Politik des dritten Wegs sind „Chancengleichheit, persönliche Verantwortung und die aktive Beteiligung von Bürgern und Gemeinschaften" (Giddens 2000a: 10). Es sind sechs Grundpfeiler, die die Politik des dritten Wegs aus Giddens' Sicht ausmachen (2001a: 60-64): 1. die Bemühungen um die politische Mitte, 2. die Notwendigkeit, dass die drei Kernbereiche der Macht (Staat, Wirtschaft und die Gruppierungen der Zivilgesellschaft) sich im Interesse gesellschaftlicher Solidarität und sozialer Gerechtigkeit gegenseitig in die Schranken weisen; 3. die Vereinbarung eines neuen Gesellschaftsvertrags auf der Basis des Prinzips „keine Rechte ohne Pflichten"; 4. die Entwicklung einer umfassend angebotsorientierten Wirtschaftspolitik, die Marktwirtschaftlichkeit und Wohlfahrtsstaatlichkeit miteinander verknüpft; 5. die Verwirklichung einer pluralistischen Gesellschaft auf der Grundlage egalitärer Prinzipien; 6. das Ernstnehmen der Globalisierung.

Nun ist der Begriff einer Politik des dritten Wegs keineswegs eine originäre Schöpfung von Giddens oder der britischen *New-Labour*-Partei. Er taucht in der politischen Geschichte des 20. Jahrhunderts im Zusammenhang mit Ideen von ‚neuer Fortschrittlichkeit‘ bzw. ‚neuer Zeiten‘ auf, die in Reaktion auf sozialen Wandel in unterschiedlichen Politikkontexten, vor allem aber in der Sozialdemokratie oder im Sozialismus, entstanden sind (Giddens 1999: 37f.; Gallus/ Jesse 2001; kritisch dazu: Dahrendorf 1999). Giddens (1999: 36) geht es dabei nicht um den Begriff als solchen – die Bezeichnung sieht er nicht einmal als „das eindeutig beste Etikett“ (Giddens 2000a: 17) an –, sondern um die dahinter stehende Idee: Er will eine sozialdemokratische Politik der Modernisierung entwerfen, die eine andere Modernisierung als die der 1960er Jahre ist und die auf die sozialen Veränderungen in der Spätmoderne antwortet.

Giddens betont in seinen Schriften immer wieder, dass seine Empfehlungen zur Politik des dritten Wegs ein Ausdruck des von ihm so benannten Standpunkts des utopischen Realismus seien. Diesen versteht er als ein Kennzeichen der von ihm entwickelten „kritische[n] Theorie“ (Giddens 1984: 196, 1992) der modernen Gesellschaft. Weit entfernt davon, die Möglichkeiten einer Suche nach einer neuen politischen Utopie des 21. Jahrhunderts für erschöpft zu erklären, bestimmt Giddens seinen Leitsatz für dieses Vorgehen wie folgt: „Ohne Ideale ist keine Politik zu machen, aber Ideale sind leer, wenn sie sich nicht auf realisierbare Möglichkeiten beziehen“ (Giddens 1999: 12). Diese spezifische Verknüpfung von (normativer) Theoriebildung, Gesellschaftsanalyse und politischem Handeln wird nun methodologisch reflektiert.

2 Der Standpunkt des utopischen Realismus: philosophischer Konservatismus und radikal-politische Kritik

Giddens ist in den Sozialwissenschaften wesentlich wegen der in den 1970er und frühen 1980er Jahren von ihm vorgelegten Sozialtheorie der Strukturierung (vgl. v.a. Giddens 1979, 1984, 1995) und wegen seiner Analysen zur spätmodernen Gesellschaft (vgl. Giddens 1991, 1992, 1993, 1996, 1997) bekannt geworden. Nur wenige Rezipienten und Rezipientinnen versuchen, Verbindungslinien zwischen den auf sehr unterschiedlichen theoretischen und analytischen Niveaus angelegten Arbeiten aufzuzeigen (z.B. Lamla 1999, 2003). Dabei erscheint mir genau dieser Rezeptionsweg als der viel versprechendere, denn er ermöglicht unter anderem, Giddens’ gesellschaftsanalytische Studien zur Spätmoderne strukturierungstheoretisch zu fundieren. So deutet sich auch die in diesem Abschnitt interessierende und den neueren modernisierungstheoretischen Schriften entstammende Idee des utopischen Realismus bereits in den Ausführungen zur Sozialtheorie der Strukturierung an.

Die Kategorie Geschlecht hat bisher keinen systematischen Ort in der Strukturierungstheorie, kann aber in sie eingeschrieben werden (Kahlert 2005, 2006), sodass diese Theorie auch für die Frauen- und Geschlechterforschung interessant ist. Eines ihrer unbestrittenen Verdienste ist, dass sie ermöglicht, die analytisch unterschiedenen Perspektiven von Struktur und Handlung als untrennbar miteinander verknüpft und aufeinander verwiesen zu erfassen. Ausgehend von der sozialen Praxis erscheint die Struktur zugleich als eine Voraussetzung des Handelns und als solche diesem vorgängig wie in diesem selbstverständlich enthalten sowie als ein Produkt des Handelns und als solches aus diesem hervorgehend. Struktur und Handlung stehen in der Theorie der Strukturierung also als zwei konstitutive Seiten sozialer Praktiken unzertrennlich und nicht aufeinander reduzierbar nebeneinander.

Diese Theoriearchitektur enthält auch die Option, die Gleichzeitigkeit von Stabilität und Wandel des Sozialen begreifen zu können und diese weder nur in subjektiven Bedingungen noch nur in objektiven Verhältnissen zu suchen, sondern in den komplexen Verschränkungen der beiden Faktoren. Darin liegt das zweite große Verdienst der Strukturierungstheorie. An diesem Punkt werden das sozialkritische Anliegen, die politische Haltung und das damit verbundene analytische Leistungsvermögen der Strukturierungstheorie auch für die Frauen- und Geschlechterforschung deutlich: Da Handelnde potenziell fähig sind, Aspekte existierender Strukturen im Prozess zu modifizieren, indem sie die Strukturen reproduzieren und dabei sukzessiv verändern, lässt sich mit dieser Sozialtheorie unter anderem das Potenzial für kritische Aktivitäten von Frauen innerhalb von gesellschaftlich gegebenen Zwängen erfassen.

Die Intention, eine kritische Theorie der modernen Gesellschaft zu entwickeln, findet sich in Giddens' gesamtem Werk ebenso wie in Ausführungen zu ihrer Programmatik:

> „Sie muß *soziologisch aufgeschlossen* sein und wachsam auf die immanenten institutionellen Umgestaltungen achten, die die Moderne ständig der Zukunft bahnt; sie muß sich in politischer, ja geo*politischer* Hinsicht *taktisch* verhalten, indem sie anerkennt, daß moralische Bindungen und ‚Gutgläubigkeit' in einer Welt folgenreicher Risiken ihrerseits potentiell gefährlich sein können; sie muß *Modelle der guten Gesellschaft* entwerfen, die weder auf den Bereich des Nationalstaats noch auf bloß eine der institutionellen Dimensionen der Moderne beschränkt sind; ferner muß sie erkennen, daß eine Verbindung nötig ist zwischen *emanzipatorischer Politik* und *ei-*

> *ner Politik der Lebensführung* bzw. einer Politik *der Selbstverwirklichung.*“ (Giddens 1996: 192, Herv.i.O., Übers. geändert H.K., vgl. 1992: 18f.)[1]

In diesem Zitat sind zentrale Elemente von Giddens’ kritischer Theorie benannt, die für die interessierende Frage nach den sozial- und geschlechtertheoretischen Grundlagen der Politik des dritten Wegs relevant sind. Dabei ist zunächst der Standpunkt des Sozialwissenschaftlers beziehungsweise der Sozialwissenschaftlerin von näherem Interesse. Die Frage nach dem Standpunkt erscheint bei Giddens zum Beispiel in der oben zitierten Forderung nach sozialwissenschaftlicher Wachsamkeit gegenüber normativen Orientierungen bei gleichzeitig kosmopolitisch-intellektuellem Engagement: Sozialwissenschaften gestalten nach Giddens auf nationaler, transnationaler beziehungsweise globaler Ebene und mit mehrdimensionalem Bezug auf die Institutionen der Moderne die Gesellschaftsentwicklung mit. Giddens spitzt diesen Standpunkt auf den Begriff des ‚utopischen Realismus‘ zu und erläutert diesen wie folgt:

> „Der utopische Realismus ist in der von mir befürworteten Gestalt das Kennzeichen einer kritischen Theorie ohne Garantien. ‚Realistisch‘ heißt diese Einstellung, weil eine solche kritische Theorie und eine solche radikal-demokratische Politik soziale Prozesse begreifen müssen, um Ideen und Strategien vorzuschlagen, die in die Tat umgesetzt werden können. ‚Utopisch‘ heißt sie aus folgendem Grund: In einer Gesellschaft, die von sozialer Reflexivität immer stärker durchdrungen wird und in der mögliche Zukunftsabläufe nicht nur ständig gegen die Jetztzeit abgewogen werden, sondern die Gegenwart mitprägen, können Modelle dessen, was möglich ist, das, was eintreten wird, unmittelbar beeinflussen.“ (Giddens 1997: 333f.)

Unverkennbar ist, dass Giddens’ Denkhaltung des utopischen Realismus normativ ist und zugleich davon ausgeht, dass sozialwissenschaftliche Analysen praxisrelevant werden und Einfluss auf gesellschaftliche Entwicklungen nehmen können. Dabei bezieht er sich mit der Perspektive des Realismus auf die gesellschaftliche Erfahrung in Gestalt empirisch beobachtbarer und gestaltbarer sozialer Prozesse. Die Perspektive des Utopischen geht darüber hinaus und betont das von Giddens angenommene verantwortliche und die Gesellschaft mitgestaltende Potenzial der Sozialwissenschaften. Von besonderer Bedeutung ist hier seine

---

1 Der von Giddens entwickelte Begriff der „life politics“ hieße wörtlich übersetzt „Lebenspolitik“ und findet sich in dieser Form auch in einigen deutschsprachigen Giddens-Übersetzungen. Da dieser Begriff zwar wortgetreu ist, aber doch etwas unglücklich klingt und Giddens’ Intention nicht unbedingt gerecht zu werden scheint, schlagen einige Autoren vor, auf eine Übersetzung zu verzichten und verwenden den englischen Originalbegriff (z.B. Berger 1995; Lamla 2003). Ich halte die ebenfalls im Deutschen gebräuchliche Übersetzung „Politik der Lebensführung“ für präziser und verwende diese durchgängig. Zitate, die ich daraufhin geändert habe, sind als solche gekennzeichnet.

Idee der „doppelten Hermeneutik“ (Giddens 1998: 195), mit der er die spezifische wechselseitige Durchdringung der Sozialwissenschaften und der sozialen Welt beschreibt, die beide in beständigem Austausch stünden.[2] Diese permanente spiralförmige Verschränkung der verschiedenen Erkenntnisebenen sozialen und sozialwissenschaftlichen Wissens bezeichnet Giddens als „soziale Reflexivität“ (1997: 26). Vor diesem Hintergrund beinhaltet der Standpunkt des utopischen Realismus also die Aufforderung an die Sozialwissenschaften, die Gleichzeitigkeit von Stabilität und Wandel des Sozialen aufzuzeigen und dabei aufmerksam für zukünftig mögliche Modelle und Veränderungen zu sein, die sich im Zusammenwirken von Stabilität und Wandel andeuten. Wichtige Impulsgeber für diese zukünftig umsetzbaren möglichen Modelle und Veränderungen sind in Giddens' Theorie vor allem die sozialen Bewegungen, aber auch die gesellschaftlichen Institutionen und Organisationen.

Lamla (1999: 226f.) weist zu Recht darauf hin, dass der Standpunkt des utopischen Realismus methodologisch weiter ausgearbeitet werden müsse. Dabei müssten beispielsweise die Bedingungen aufgezeigt werden, unter denen die nach Giddens in der Spätmoderne gesteigerte Reflexivität gesellschaftliche Entwicklungen in die eine oder andere Richtung wahrscheinlich werden lasse:

> „Aus einer gesellschaftlichen Verantwortung der Sozialwissenschaften heraus gilt es für ihn [Giddens, H.K.], die normativ gehaltvollen Möglichkeiten der realen spätmodernen Transformationsdynamik zu verstärken, weil unter der Zunahme von Kontingenzbewusstsein im gesellschaftlichen Leben kontrafaktische Zukunftsentwürfe bereits durch ihre ‚bloße Propagierung zu ihrer Verwirklichung beitragen‘ können (...). Die Realität der Widersprüche spätmoderner Strukturprinzipien und universelle empirische Trends der kritischen Reaktion bilden hier die *Legitimationsfolie* und den *Maßstab* für ein Verständnis ‚kritischer Theorie‘, mit dem sich Konturen einer postmodernen Ordnung in normativer Absicht utopisch zuspitzen lassen.“ (Ebd., Herv.i.O.)

2 Giddens sieht die Sozialwissenschaften damit immer schon als einen Bestandteil der sozialen Praxis, der dieser nicht vorgelagert, wohl aber von dieser institutionell separiert ist. Der Weg des sozialen Wissens in die Sozialwissenschaften und zurück ist folglich keine Einbahnstraße, sondern ein kontinuierlicher spiralförmiger Prozess der Übersetzung zwischen verschiedenen sozialen Sprachen und ihren Begrifflichkeiten. Dabei legt Giddens wesentlichen Wert auf das Einmünden sozialwissenschaftlicher Erkenntnisse in die soziale Praxis, während ihm die umgekehrte Richtung und die etwaig damit verbundenen Einflüsse der sozialen Praxis auf die Revision der Sozialwissenschaften und ihrer Begriffe kaum in den reflektierenden Blick gerät. Ähnliche Überlegungen, die die angedeutete Leerstelle etwas befriedigender zu füllen vermögen, finden sich in den Forschungen von Ulrich Beck und Wolfgang Bonß (1989) zur Verwendung sozialwissenschaftlichen Wissens.

In den Arbeiten zur Politik des dritten Wegs finden sich auch nähere Ausführungen zur Werthaltung des utopischen Realismus, die Giddens als „philosophischen Konservatismus“ bezeichnet, womit er „eine auf Schutz, Bewahrung und Solidarität bedachte Haltung“ (Giddens 1997: 30) meint, die ihren Ausgang wesentlich von ökologischen Themen nehme und Affinitäten zum altkonservativen Denken beanspruche, *de facto* aber eine Vielzahl von Neuerungen ins Spiel bringe (ebd.: 52):

> „‚Konservatismus‘ (...) hat nur eine entfernte Verwandtschaft mit dem, was die politische Rechte darunter verstanden hat. Er plädiert für eine pragmatische Einstellung bei der Bewältigung des Wandels; ein nuanciertes Bild von Wissenschaft und Technik, das deren zweideutigen Folgen Rechnung trägt; Respekt vor der Vergangenheit und der Geschichte; und schließlich, im Umweltbereich, eine Übernahme des Vorsorgeprinzips wo immer möglich.“ (Giddens 1999: 84)

Dieser dergestalt bestimmte philosophische Konservatismus bildet die Hintergrundfolie für die radikal-politische Kritik und die politischen Dimensionen des utopischen Realismus.

3 Ein neuer Gesellschafts- und Geschlechtervertrag: Soziale Gerechtigkeit als Hauptanliegen der Politik des dritten Wegs

Der utopische Realismus ist unter anderem durch eine normative Orientierung an Gleichheit und Gerechtigkeit zwischen den Geschlechtern geprägt: Giddens bestimmt die Gleichheit der Geschlechter als „das erste Prinzip der Demokratie“ (Giddens 2000b: 56f.) und die soziale Gerechtigkeit als Hauptanliegen der Politik des dritten Wegs (Giddens 1999: 81). Die „gute Gesellschaft“ ist ihm zufolge eine sozial- und geschlechtergerechte, ökologisch modernisierte, befriedete und demokratisierte Gesellschaft. Doch welches Gerechtigkeitsverständnis liegt dem utopischen Realismus zugrunde?

Soziale Gerechtigkeit bewegt sich nach Giddens im Spannungsfeld von Gleichheit und Freiheit: „Gleichheit und individuelle Freiheit können in Konflikt geraten, doch erweitern Maßnahmen zum Abbau der Ungleichheiten oftmals den Handlungsspielraum des einzelnen“ (ebd.). Seine Rede über soziale Gerechtigkeit bezieht sich auf verschiedene gesellschaftliche Ungleichheitsdimensionen – Generationen, Geschlechter, Familien – und auf die Frage nach Armut und Reichtum. Giddens (ebd.: 118) sieht, dass die wachsende Ungleichheit strukturelle Ursachen hat und der ökonomischen Dynamik des sich globalisierenden Kapitalismus zu verdanken ist. Gleichheit, Pluralismus und ökonomische Dynamik seien nicht immer miteinander vereinbar.

Im Horizont der Politik des dritten Wegs ist Giddens der Ansicht, dass „[m]an (...) neue Wege beschreiten [müsse, H.K.], um soziale Gerechtigkeit zu erreichen" (Giddens 2000a: 22). Wir müssten uns nicht mit einer Gesellschaftsordnung abfinden, in der alle Hoffnungen auf mehr Gleichheit gescheitert seien, doch müsse die Gleichheit „neu verstanden werden" (Giddens 1997: 257). Dieses neue Verständnis „bestimmt Gleichheit als *Inklusion* und Ungleichheit als *Exklusion*" (Giddens 1999: 120, Herv.i.O.). In seiner allgemeinsten Bedeutung meint Inklusion nach Giddens (ebd.: 120-123) die bürgerlichen und politischen Rechte und Pflichten, die jedes Mitglied der Gesellschaft nicht nur formal, sondern in seiner Lebenswirklichkeit haben sollte. Sie erstrecke sich neben wirtschaftlichem Ausschluss auch auf Chancengleichheit, öffentliche Mitsprache und physische Belange. Exklusion bedeute, „an Möglichkeiten, die der Mehrheit offen stehen, nicht teilhaben zu können" (Giddens 2001a: 117) und beziehe sich

> „(...) auf äußere Umstände, die mehr oder weniger das ganze Leben eines Menschen betreffen, nicht nur Teilaspekte. Wie in anderen Zusammenhängen, so gilt allerdings auch hier, daß ausgeschlossen zu sein nicht unbedingt heißt, man könne an seinen Lebensbedingungen nichts ändern. Die sozialen und ökonomischen Faktoren, die möglicherweise zu Exklusion führen, wirken sich nämlich immer nur indirekt, durch den Filter individueller Problemlösungsstrategien, auf den einzelnen aus." (Ebd.: 118)

In modernen Gesellschaften können nach Giddens zwei Exklusionsmechanismen unterschieden werden: Am unteren Ende der Gesellschaft beinhalteten sie den Ausschluss derjenigen, die vom Gros der von der Gesellschaft angebotenen Chancen abgeschnitten seien. Am oberen Ende der Gesellschaft finde sich ein freiwilliger Ausschluss, nämlich der Rückzug reicherer Gruppen aus den öffentlichen Institutionen, etwa dem Bildungs- und Gesundheitswesen, und damit einem vom Rest der Gesellschaft abgeschirmten Leben. Exklusionen am unteren und am oberen gesellschaftlichen Ende stünden miteinander in „einem kausalen Zusammenhang" (Giddens 1999: 123), denn beide seien ein Ausdruck von Ungleichheitsmechanismen, die bewirkten, dass sich Bevölkerungsgruppen vom Gros der Gesellschaft trennten. In- und Exklusion sind also aus dieser Perspektive nicht nur an ökonomische Faktoren und die Zugangsmöglichkeiten zu Ressourcen gekoppelt, sondern auch an die Bindung an Rechte und Pflichten. Damit scheint es Giddens weniger um die materielle Gleichheit als um die Beförderung der Idee von Gemeinschaft zu gehen, wie Steven Loyal (2003: 171, ähnlich McRobbie 2000: 103) argumentiert. Als ein Ergebnis davon sei es schwer, Gleichheit im herkömmlichen Sinn zu erkennen.

In diesem Zusammenhang ist Giddens' ambivalente Orientierung an der Chancengleichheit von besonderem Interesse. Die Position, dass Meritokratie allein heute Gleichheitsvorstellungen prägen sollte, bezeichnet er als unhaltbar, denn eine meritokratische Gesellschaft führe zu extremen Ungleichheiten und bedrohe damit den gesellschaftlichen Zusammenhalt. Eine konsequent meritokratische Gesellschaft sei nicht nur nicht realisierbar, sondern eine sich selbst widersprechende Idee, denn in einer solchen sozialen Ordnung seien Privilegierte in der Lage, etwa ihren Kindern Vorteile zu verschaffen – und dadurch die Meritokratie zu zerstören (Giddens 1999: 119f.). Dennoch seien für Gleichheit meritokratische Prinzipien nicht unwichtig. Folglich tritt Giddens für die Entwicklung eines dynamischen, an Lebenschancen orientierten Konzepts von Gleichheit ein, dessen Schwerpunkt auf Chancengleichheit liegt, wobei das Gleichheitsverständnis mit Pluralismus und der Vielfalt der Lebensstile in Einklang gebracht werden müsse (Giddens 2001a: 96). Um die Lebenschancen generationenübergreifend neu zu ordnen und auch die wachsende Zahl von Menschen mit beschränkten Möglichkeiten zu inkludieren, die ansonsten auf der Strecke blieben, seien allerdings ökonomische Umverteilungsmechanismen notwendig: „Chancengleichheit in den Vordergrund zu stellen, dies sei ausdrücklich betont, setzt nach wie vor eine Umverteilung von Wohlstand und Einkommen voraus“ (ebd.: 100).

Soziale Gerechtigkeit ist hier demnach, anders als in neoliberalen Positionen, der „Inbegriff der Gleichheit“ (Ladwig 2000: 588), wobei Gleichheit als Inklusion neu definiert wird und mit Pluralismus einhergeht. In diesem „dynamisch verstandenen Egalitarismus“ (Giddens 2001a: 134) wird versucht, auf die Veränderung von Faktoren, die Ungleichheit verursachen, ebenso angemessen zu reagieren wie darauf, dass Ungleichheit selbst einem Wandel unterliege. Kurz: „Gleichheit muß zur Vielfalt beitragen, statt sie zu behindern“ (ebd.: 118). Kernelemente des Pluralismus seien nicht nur die persönliche Entscheidungsfreiheit, sondern genauso die Mannigfaltigkeit der Kulturen und Gruppen, denen jeder einzelne angehöre (ebd.: 99).

Damit ist die Brücke zur Freiheit geschlagen, die in Spannung zur Gleichheit steht. Freiheit bedeutet bei Giddens die „Befreiung von Abhängigkeiten“ vom Wohlfahrtsstaat und ist nahezu identisch mit der „Überwindung der Abhängigkeiten vom Produktivismus“ (1997: 261), und sie bedeutet die Freiheit zu „selbstbestimmte[m] Handeln“ (1999: 81). Für dieses Freiheitsverständnis greift Giddens auf das Konzept von Amartya Sen (1992) zurück, das soziale Fähigkeiten als „die Befähigung von Personen“ definiert, „ihr Wohlergehen auch im Sinne einer Verwirklichung selbst gesteckter Ziele aus eigener Kraft zu mehren“ (Giddens 2001a: 59). Dieses Konzept versteht Gleichheit beziehungsweise Ungleichheit nicht als das schiere Vorhandensein sozialer und materieller Güter wie Ausbildung, Lese- und Schreibfähigkeit, Gesundheit, die Möglichkeit, seine Meinung frei zu äußern, zu wählen und ohne Furcht vor Gewalt oder Verfolgung zu leben. Vielmehr geht es darum, dass der Einzelne diese Fähigkeiten sinnvoll gebrauchen können müsse.

> „Maßnahmen zur Förderung der Gleichheit sollten an dem von Sen so genannten ‚Bündel von Fähigkeiten' ansetzen – an der allgemeinen Freiheit eines jeden Menschen, für sein eigenes Wohlergehen zu sorgen. Umgekehrt sollte Benachteiligung als ‚Fähigkeitenmangel' definiert werden, nicht nur als Mangel an Ressourcen also, sondern als Beschneidung der Freiheit, um diese vorteilhaft für sich zu nutzen." (Ebd.: 98f.)

Giddens (ebd.: 144f.) stimmt mit Sen darin überein, dass sich der Fortschritt eines Landes am besten befördern lasse, indem man die bürgerlichen und politischen Rechte der Bürger stärke und in das Gesundheits- und Bildungswesen investiere.

Ein reformierter Wohlfahrtsstaat muss nach Giddens (1999: 59) den Kriterien sozialer Gerechtigkeit genügen, aber ebenso die aktive Wahl von Lebensformen anerkennen und einbeziehen, mit ökologischen Strategien abgestimmt und für neue Risikoszenarien gewappnet sein. Giddens propagiert die Idee des sozialinvestiven Wohlfahrtsstaats, der so weit wie möglich in Humankapital investiert und auf positiver individueller wie sozialer Wohlfahrt aufbaut. Dazu gehört auch eine nachdrückliche Arbeitsmarktreform, worunter Giddens die Schaffung einer „neue[n] Balance zwischen Deregulierung und Regulierung" (2000b: 26) versteht, und die Schaffung von Arbeitsplätzen. Die Ausgaben für diese positive Wohlfahrtsgesellschaft sollen nach Giddens (ebd.: 149) nicht ausschließlich vom Staat, sondern vom Staat in Zusammenarbeit mit anderen Akteuren, unter anderem der Wirtschaft, erbracht werden. Franziska Wiethold (2000: 49) hat in diesem Zusammenhang zu Recht eingewendet, dass Giddens das Hauptproblem dieser Idee systematisch ausblende, nämlich die Frage, wie das Angebot an Arbeitsplätzen entstehen soll. Giddens setze zu sehr auf die Eigendynamik des Marktes und die Freiwilligkeit der Unternehmen, so ihre Kritik.

Giddens ist sich jedoch darüber im Klaren, dass der ökonomische Bereich nicht alles regeln kann, sondern durch den Staat und den Non-profit-Bereich ergänzt werden muss. Wohlfahrt im „verantwortlichen Kapitalismus" (Giddens 2000b: 55) mit regulierten Märkten beinhaltet folglich einen Pakt zwischen Staat und Markt, der die „vorsorgende Nachsorge" als Hauptmittel der Risikobewältigung ansieht und eine daran anknüpfende Neuorganisation der Sozialsysteme betreibt. Dieser Pakt solle „über den Produktivismus hinausreichende Lebensbelange einbeziehen", „eine Politik der zweiten Chancen entwickeln" und „eine Reihe sozialer Abmachungen oder Verträge formulieren, die nicht nur das Verhältnis zwischen den Klassen, sondern auch das zwischen weiteren Bevölkerungsgruppen oder -kategorien betreffen" (Giddens 1997: 246). Wohlfahrt basiert in der entstehenden postmodernen Ordnung also auf einem gewandelten Vertrag zwischen Individuum und Staat, dessen zentrale Anliegen die Selbstbestimmung des Einzelnen und die Entfaltungsmöglichkeiten der Person sind (Giddens 1999: 149):

> „Wir müssen lernen, für uns selbst zu sorgen, denn wir können nicht mehr darauf vertrauen, daß uns die großen Institutionen dies abnehmen. Die Politik muß heute ihren Schwerpunkt von der Umverteilung des Wohlstands darauf verlagern, die Schaffung von Wohlstand zu stimulieren. Statt Subventionen zu verteilen, sollte die Regierung für Bedingungen sorgen, unter denen Firmen Innovationen vornehmen und Arbeitnehmer in der globalen Wirtschaft effizienter werden können.“ (Giddens 2001a: 10)

Giddens formuliert damit Grundzüge eines neuen Gesellschaftsvertrags, in dem Globalisierung und Individualisierung Hand in Hand gehen. Dieser neue Vertrag müsse Rechte und Pflichten der Bürgerinnen und Bürger gleichermaßen betonen. Seine Regel basiert auf einem neuen oder doch revidierten Grundsatz und lautet „keine Rechte ohne Verpflichtungen“ (ebd.: 62, 182). Sie gilt für alle Individuen und Gruppen. Aus dieser Sicht dürfen Menschen also von der Gemeinschaft nicht nur profitieren, sie müssen ihr auch etwas zurückgeben. Und obwohl der Staat in vielen Bereichen auch weiterhin eine regulierende Funktion haben müsse, sollte er doch so weit wie möglich als Förderer auftreten, der den Bürgerinnen und Bürgern die Mittel an die Hand gibt, um selbst Verantwortung für die Folgen ihres Handelns übernehmen zu können. „‚Keine Rechte ohne Pflichten‘ schließt kollektive Pflichten ein, die Pflichten der Regierung wie die derjenigen, die direkt von der Großzügigkeit des Wohlfahrtssystems profitieren.“ (Giddens 2000a: 22) Die so konturierte Wohlfahrtsgesellschaft erfordert folglich einen starken Staat, der den Wert der Gleichheit wahrt, die Schwachen und Verletzlichen schützt, Freiheit als selbstbestimmtes Handeln fasst und radikal demokratisch sowie kosmopolitisch pluralistisch organisiert ist (Giddens 1999: 82). Sie ist eine aktive und reflexive Gesellschaft (Giddens 1997: 135), die auf einem „hohe[n] Maß an Selbstorganisation“ (Giddens 1999: 96) ihrer Mitglieder basiert.

Der Verweis auf Rechte und Pflichten in diesem neuen Gesellschaftsvertrag verdeutlicht, dass dieser als „‚Leistungsvertrag‘ (...) auf die Veränderungen des Lebensstils ausgerichtet“ (Giddens 1997: 262) ist beziehungsweise ein „Lebensstilabkommen zur Förderung der generativen Gleichheit“ (ebd.: 330) darstellt, das „soziale ‚Schlichtungsabkommen‘“ (ebd.: 265) zwischen Arm und Reich und insbesondere zwischen den Geschlechtern enthalten muss (ebd.: 331). Nach Giddens ist die zunehmende Gleichstellung der Geschlechter und die Emanzipation der Frauen ein „Grundzug der Globalisierung“ (2000a: 15) und der Individualisierung (vgl. Giddens 1993). Ein wesentliches Prinzip des von ihm skizzierten neuen Gesellschafts- und Geschlechtervertrags stellt folglich die Gleichheit zwischen den Geschlechtern dar: „Zunächst und grundsätzlich müssen wir vom Prinzip der Gleichheit zwischen den Geschlechtern ausgehen, von dem es kein Zurück mehr geben kann." (Giddens 2001a: 111) Dies hat weit reichende Konsequenzen, denn, so Giddens (2000b: 57), wenn man vom Prinzip der Gleichheit der Geschlechter ausginge, müsse man sowohl die Familie als auch die Arbeit entsprechend verändern. Die traditionelle Familie, die auf der Dominanz der Männer und dem Fehlen legaler Rechte für die Kinder beruhte, hätte keine Zukunft, denn sie fände keine soziale Akzeptanz mehr.

Lamla bezeichnet diesen neuen Gesellschaftsvertrag als einen „schwierigen Spagat" (1999: 230). Giddens versuche deutlich zu machen, dass für die Entfaltung der zivilen, solidarischen und innovativen Ressourcen der aktiven Gesellschaft neue und starke Verbindlichkeiten auch auf der Seite des Staates institutionalisiert werden müssten und keine Abkehr von sozialstaatlichen Prinzipien der Umverteilung angezeigt sei. Allerdings müsse es mehr um die Umverteilung von Möglichkeiten und (zweiten) Chancen gehen, bei der die Grenze von Inklusion und Exklusion – jenseits der alten arbeitsgesellschaftlichen Inklusionsnorm – neu definiert werde. Ob der Spagat gelinge, lasse sich erst an der konkreten reflexiven Ausgestaltung der lokalen und globalen Machtdiffusionsprozesse – hin zu neuen institutionellen Strukturprinzipien komplexer Governance-Strukturen und kosmopolitischer Demokratie – beurteilen, das heißt an der Neustrukturierung und -verteilung von Regel- und Ressourcenkomplexen und deren Auswirkung auf die Praktiken des gesellschaftlichen Lebens.

Giddens' Ausführungen zur sozialen Gerechtigkeit und der Restrukturierung von Wohlfahrtsstaatlichkeit sind noch rudimentär und bedürfen erheblicher konzeptueller Konkretisierungsanstrengungen, insbesondere im Hinblick auf ihre Übersetzung in praktische Politik. Sie verdeutlichen aber doch, dass seine Idee des dritten Wegs wohlfahrtsstaatliche Werte nicht zugunsten einer Orientierung an ökonomischen Sachzwängen verabschiedet, wie ihm verschiedentlich vorgeworfen wird (z.B. Mahnkopf 2000a, 2000b), sondern den Versuch unternimmt, diese unter veränderten ökonomischen, politischen und kulturellen Bedingungen der Spätmoderne zu reformulieren. Die explizite Bezugnahme auf und die Offenheit für Fragen der Geschlechtergerechtigkeit in Giddens' Entwurf ist aus geschlechtertheoretischer und -politischer Perspektive uneingeschränkt als positiv zu bewerten.

Dabei fallen Korrespondenzen zu Nancy Frasers Modell der dreidimensionalen (Geschlechter-)Gerechtigkeit auf (vgl. Fraser 2002 sowie in diesem Band): Wie Fraser tritt Giddens für eine *Umverteilung* nicht nur durch Einkommenstransfers ein, sondern auch durch eine Neuverteilung von Arbeit, Veränderung in den Besitzstrukturen und Demokratisierung von Investitionsentscheidungen (vgl.

Fraser 2002: 54). Auch Frasers zweite Gerechtigkeitsdimension der Politik der *Anerkennung*, „die Unterdrückung beseitigt, indem sie die mißachtete Fraktion der Gesellschaft als volles Mitglied der Gesellschaft betrachtet, fähig zur gleichberechtigten Teilhabe an ihren Prozessen“ (ebd.: 58), kann in Giddens' Überlegungen identifiziert werden, nämlich in Gestalt seines Versuchs, Inklusion neu und als aktive Partizipation an gesellschaftlichen Prozessen zu formulieren. Schließlich findet sich bei Giddens ebenfalls, wenn auch etwas anders konturiert als bei Fraser, die Gerechtigkeitsdimension der *Repräsentation*, sowohl im klassischen Sinn als ordentliche Vertretung in der offiziellen Politik als auch im eher unkonventionellen Sinn als gleichberechtigte Teilhabe an den zivilgesellschaftlichen Arenen.

Dass die Verwirklichung von sozialer Gerechtigkeit in der „guten Gesellschaft“ von einem starken Wohlfahrtsstaat abhängt, ist bereits deutlich geworden. In Giddens' Theorie ist der Wohlfahrtsstaat zwar ein zentraler und bedeutsamer politischer Akteur, aber Politik umfasst bei ihm weit mehr als nur die offizielle Arena staatlichen Handelns. Damit bin ich bei der Erörterung der verschiedenen Verständnisse und Formen von Politik in Giddens' utopischem Realismus angekommen und nähere mich der Antwort auf die Frage, mit welchen Mitteln die „gute Gesellschaft“ realisiert werden kann.

4 Radikal-politische Kritik im Horizont des utopischen Realismus

Giddens erfasst die politischen Dimensionen des utopischen Realismus in zwei Achsen: Die eine Achse wird gebildet durch die Beziehung zwischen emanzipatorischer Politik und der Politik der Lebensführung, die andere Achse durch die Beziehung zwischen der Politisierung des Lokalen und der Politisierung des Globalen (1996: 193).

Von besonderer Bedeutung ist hier die Unterscheidung zwischen emanzipatorischer Politik und der Politik der Lebensführung (vgl. ausf. Kahlert 2005: 149-153). Die emanzipatorische Politik ist nach Giddens die ältere der beiden Politiken und eng mit den Anfängen und Grundlagen der Moderne verknüpft. Emanzipatorische Politik ist eine Politik der Gerechtigkeit, Gleichheit und Partizipation, ihre Orientierung ist die der Befreiung von etwas, um davon frei und unabhängig handeln zu können (Giddens 1991: 211f.). Sie ist eine Politik der Lebenschancen und ihrer Umverteilung. Die Politik der Lebensführung löst die emanzipatorische Politik nicht einfach ab, sondern beide stehen in Beziehung zueinander. Denn die Politik der Lebensführung fokussiert das, was möglich wird, wenn Individuen einen bestimmten Grad an Emanzipation und Handlungsautonomie erreicht haben. Sie ist eine „Politik der Wahl“ (ebd.: 214, Übers. H.K.) und der

Identität (Giddens 1997: 132), eine Politik der Freiheit zu Lebensstilen und -entscheidungen und in diesem Sinne eine Politik der Anerkennung und in ihrer Orientierung an partizipatorischen Werten auch eine Politik der Repräsentation. Doch geht es eben nicht nur um die (Anerkennung der) Freiheit der beziehungsweise des Einzelnen, sondern um „Formen radikalen Engagements, die bestrebt sind, die Möglichkeiten eines erfüllenden und befriedigenden Lebens für alle zu fördern“ (Giddens 1996: 193). Die Ethik der Politik der Lebensführung orientiert sich folglich daran, wie Menschen künftig in einer postmodernen Ordnung ‚gut‘ leben wollen. Und das ‚gute‘ Leben kann eben auch Um-verteilung zugunsten derjenigen bedeuten, die die Freiheit nicht oder nicht genügend nutzen können, um ihre Fähigkeiten vorteilhaft für sich und die Gemeinschaft einzusetzen.

Giddens unterscheidet auch zwischen einem engen und einem weiten Sinn von Politik: Der enge bezieht sich auf Entscheidungsprozesse in der Regierungssphäre des Staates, der weite bezieht sich auf jegliche Entscheidungen, die in Debatten oder Konflikten zu finden sind, in denen gegensätzliche Interessen oder Werte aufeinander treffen. Die Politik der Lebensführung ist beides: Politik im engen und Politik im weiten Sinn, denn sie betrifft Fragen, die den Nationalstaat und seinen Regierungsapparat aufrechterhalten, und sie bezieht sich auf alle Bereiche des sozialen Lebens in der Spätmoderne (Giddens 1991: 226-228). Zudem beinhaltet sie mit ihrem Eintreten für die Demokratisierung aller sozialen Beziehungen auf lokaler, nationaler, transnationaler und globaler Ebene die Politisierung des Lokalen und die Politisierung des Globalen (Giddens 2001a: 175-179).

An dieser Stelle möchte ich ein Fazit zu den politisch-theoretischen Grundlagen der Politik des dritten Wegs wagen. Vielleicht am bemerkenswertesten ist, dass Giddens sich nach dem Zerfall der staatssozialistischen Regime Osteuropas 1989/90 und dem damit ausgerufenen Tod des Sozialismus und jenseits der postmodernen Erschöpfungen utopischen Denkens nicht scheut, erneut eine „Sehnsucht nach dem ‚ganz Anderen‘, nach dem, was noch nicht ist“ (Benhabib 1993: 26) zu formulieren und in politisches Denken und Handeln zu ‚übersetzen‘. Man mag sich an der normativen Aufladung seiner Ausführungen und der manchmal darin anklingenden Naivität stoßen, doch stellt, wie Seyla Benhabib (ebd.) zu Recht postuliert, „utopisches Denken immer noch einen praktisch-moralischen Imperativ dar. Ohne ein solches regulatives Prinzip Hoffnung“, so fährt sie fort, „wird nicht nur die Moral undenkbar, sondern auch jede radikalen Umwälzung.“ Möglicherweise ließen sich so ja auch die von Ingrid Kurz-Scherf (1997) beklagte „Kopfkrise“ und der Utopieverlust in der Geschlechterforschung und -politik überwinden?

Jenseits der Sympathie für utopisches Denken kann jedoch auch gefragt werden, wie realitätstauglich Giddens’ Theorie und Politik des dritten Wegs ist.

Zumindest Steven Loyal lässt keinen Zweifel daran, dass er sie nicht als Synthese von Utopie und Realismus, von links und rechts, sieht, sondern als einen „radikalen Utopismus" (2003: 173, Übers. H.K.): Giddens' Politik des dritten Wegs sei nicht „Jenseits von Links und Rechts", sondern wahrscheinlich jenseits jeglicher Realisierung. Doch ist es der Job kritischer Intellektueller, praktische Lösungen für die Tagespolitik vorzuschlagen (McRobbie 2000: 100)?

Giddens selbst scheint davon überzeugt zu sein. Er selbst sieht seine Einmischung in die praktische Politik als konsequente Fortführung des utopischen Realismus und als sozialwissenschaftliches Experiment im Hinblick auf die Praxistauglichkeit seiner Gesellschaftsanalysen an. Dabei bewegt er sich jenseits von vertrauten konservativen oder auch sozialistischen Politikideen, füllt die damit verbundenen alten Begriffe neu und vor dem Hintergrund gängiger Zuordnungen in befremdlicher Weise. Insbesondere mit seinen Überlegungen zur Neubestimmung von sozialer Gerechtigkeit, zur Restrukturierung des Wohlfahrtsstaats und den in diesem Umfeld skizzierten Vorschlägen für praktisch-politisches Handeln begibt er sich jedoch auf dünnes Eis, denn in den ‚Niederungen der politischen Praxis' geht bisher viel von seiner theoretischen Inspiration und seinem analytischen Potenzial verloren. Wenngleich Giddens' Vorstellung vom neuen Gesellschaftsvertrag also noch einer deutlicheren Konturierung, auch im Hinblick auf seine politische Realisierung, bedarf, so ist ein zentrales Verdienst doch die darin enthaltene gesellschaftsanalytische Aufmerksamkeit für den Wandel in den Geschlechterverhältnissen und die klare Positionierung, dass eine „gute Gesellschaft" ohne verwirklichte Demokratie zwischen den Geschlechtern und ohne Geschlechtergerechtigkeit nicht denkbar ist.

Literatur

Aulenbacher, Brigitte/Bereswill, Mechthild/Löw, Martina/Meuser, Michael/Mordt, Gabriele/Schäfer, Reinhild/Scholz, Sylka (Hrsg.) (2006): FrauenMännerGeschlechterforschung. State of the Art. Münster: Westfälisches Dampfboot

Beck, Ulrich/Bonß, Wolfgang (1989): Verwissenschaftlichung ohne Aufklärung? Zum Strukturwandel von Sozialwissenschaft und Praxis. In: Beck/Bonß (1989): 7-45

Beck, Ulrich/Bonß, Wolfgang (Hrsg.) (1989): Weder Sozialtechnologie noch Aufklärung? Analysen zur Verwendung sozialwissenschaftlichen Wissens. Frankfurt/Main: Suhrkamp

Benhabib, Seyla (1993): Feminismus und Postmoderne. Ein prekäres Bündnis. In: Benhabib et al. (1993): 9-30

Benhabib, Seyla/Butler, Judith/Cornell, Drucilla/Fraser, Nancy (1993): Der Streit um Differenz, Feminismus und Postmoderne in der Gegenwart. Frankfurt/Main: Fischer

Berger, Peter A. (1995): „Life politics". Zur Politisierung der Lebensführung in nachtraditionalen Gesellschaften. In: Leviathan 23, 3 (1995): 445-458

Brodozc, André/Schaal, Gary S. (Hrsg.) (1999): Politische Theorien der Gegenwart. Eine Einführung. Opladen: Leske und Budrich

Dahrendorf, Ralf (1999): Ein neuer Dritter Weg? Reformpolitik am Ende des 20. Jahrhunderts. Tübingen: Mohr Siebeck

Flassbeck, Heiner/Giddens, Anthony/Wiethold, Franziska et al. (Hrsg.) (2000): Ein dritter Weg in das dritte Jahrtausend. Von der Standort- zur Zukunftsdebatte. Hamburg: VSA

Fraser, Nancy (2002): Soziale Gerechtigkeit in der Wissensgesellschaft: Umverteilung, Anerkennung, Teilhabe. In: Heinrich-Böll-Stiftung (2002): 50-63

Gallus, Alexander/Jesse, Eckhard (2001): Was sind Dritte Wege? Eine vergleichende Bestandsaufnahme. In: Aus Politik und Zeitgeschichte 51, B 16-17 (2001): 6-15.

Giddens, Anthony (1979): Central Problems in Social Theory. Action, Structure and Contradiction in Social Analysis. London, Basingstoke: Macmillan

Giddens, Anthony (1984): Interpretative Soziologie. Eine kritische Einführung. Frankfurt/Main, New York: Campus.

Giddens, Anthony (1991): Modernity and Self-Identity. Self and Society in the Late Modern Age. Cambridge, Oxford: Polity

Giddens, Anthony (1992): Kritische Theorie der Spätmoderne. Wien: Passagen

Giddens, Anthony (1993): Wandel der Intimität. Sexualität, Liebe und Erotik in modernen Gesellschaften. Frankfurt/Main: Fischer

Giddens, Anthony (1995): Die Konstitution der Gesellschaft: Grundzüge einer Theorie der Strukturierung. 2. Aufl. Frankfurt/Main, New York: Campus

Giddens, Anthony (1996): Konsequenzen der Moderne. Frankfurt/Main: Suhrkamp

Giddens, Anthony (1997): Jenseits von Links und Rechts. Die Zukunft radikaler Demokratie. Frankfurt/Main: Suhrkamp

Giddens, Anthony (1999): Der dritte Weg. Die Erneuerung der sozialen Demokratie. Frankfurt/Main: Suhrkamp

Giddens, Anthony (2000a): Die Politik des Dritten Weges. In: Flassbeck et al. (2000): 12-25

Giddens, Anthony (2000b): Replik auf die KritikerInnen des „Dritten Weges". In: Flassbeck et al. (2000): 53-59

Giddens, Anthony (2001a): Die Frage der sozialen Ungleichheit. Frankfurt/Main: Suhrkamp

Giddens, Anthony (2001b): Introduction. In: Giddens (2001c): 1-21

Giddens, Anthony (Hrsg.) (2001c): The Global Third Way Debate. Cambridge, Oxford, Malden: Polity

Giddens, Anthony/Gardels, Nathan (2005): French Riots Show Need for Reform of European Social Model. An Interview with Anthony Giddens. In: New Perspectives Quarterly 22, 4 (2005) (http://digitalnpq.org/articles/global/33/11-09-2005/anthony_giddens, 30.12.2005)

Harders, Cilja/Kahlert, Heike/Schindler, Delia (Hrsg.) (2005): Forschungsfeld Politik. Geschlechtskategoriale Einführung in die Sozialwissenschaften. Wiesbaden: VS Verlag für Sozialwissenschaften

Heimann, Horst (2001): Mehr Ungleichheit wagen? Zum anhaltenden Boom der Egalitarismuskritik. In: Blätter für deutsche und internationale Politik 46, 6 (2001): 711-718
Heinrich-Böll-Stiftung (Hrsg.) (2002): Gut zu Wissen. Links zur Wissensgesellschaft. Münster: Westfälisches Dampfboot
Hirscher, Gerhard/Sturm, Roland (Hrsg.) (2001): Die Strategie des „Dritten Weges“. Legitimation und Praxis sozialdemokratischer Regierungspolitik. München: Olzog
Kahlert, Heike (2005): „Das Private ist politisch!“ Die Entgrenzung des Politischen im Kontext von Anthony Giddens' Strukturierungstheorie. In: Harders et al. (2005): 147-173
Kahlert, Heike (2006): Geschlecht als Struktur- und Prozesskategorie. Eine Re-Lektüre von Giddens' Strukturierungstheorie. In: Aulenbacher et al. (2006)
Kurz-Scherf, Ingrid: Kopfkrise in der Frauenforschung? In: Die Frau in unserer Zeit 26, 4 (1997): 41-48
Ladwig, Bernd (2000): Gerechtigkeit und Gleichheit. In: Prokla 121, 4 (2000): 585-610
Lamla, Jörn (1999): Die politische Theorie der reflexiven Modernisierung: Anthony Giddens. In: Brodozc/Schaal (1999): 213-237
Lamla, Jörn (2003): Anthony Giddens. Frankfurt/Main, New York: Campus
Lewis, Jane/Surender, Rebecca (Hrsg.) (2004): Welfare State Change. Towards a Third Way? Oxford, New York: Oxford University Press
Loyal, Steven (2003): The Sociology of Anthony Giddens. London, Sterling/Virginia: Pluto Press
Mahnkopf, Birgit (2000a): Formel 1 der neuen Sozialdemokratie: Gerechtigkeit durch Ungleichheit. Zur Neuinterpretation der sozialen Frage im globalen Kapitalismus. In: Prokla 121, 4 (2000): 489-525
Mahnkopf, Birgit (2000b): Viele Wege führen ins dritte Jahrtausend. In: Flassbeck et al. (2000): 26-41
McRobbie, Angela (2000): Feminism and the Third Way. In: Feminist Review 22, 64 (2000): 97-112
Meyer, Thomas/Minzenbach, Josef (Hrsg.) (1999): Dritter Weg und Neue Mitte – Leerformeln oder Leitbegriffe einer neuen Politik? Kongreß der Friedrich-Ebert-Stiftung am 18. Mai 1999 in Bonn. Bonn: Friedrich-Ebert-Stiftung
Schmidtke, Oliver (Hrsg.) (1999): The Third Way Transformation of Social Democracy. Normative Claims and Policy Initiatives in the 21st Century. Burlington: Ashgate
Sen, Amartya (1992): Inequality Reexamined. Oxford: Clarendon
Wiethold, Franziska (2000): Giddens' Welt der „harmonischen Widersprüche“. In: Flassbeck et al. (2000): 42-52

Postkoloniale feministische Theorie und soziale Gerechtigkeit

María do Mar Castro Varela

> „The persistent critique of what one must inhabit, the persistent consolidation of claims to founding catachreses, involve an incessant recoding of diversified fields of value". (Spivak 1993: 61)

Postkoloniale Theorie gilt als ein komplexes Theoriefeld, welches sich insbesondere für die Wirkmächtigkeit kolonialer Diskurse auf aktuelle sozio-politische und ökonomische Entwicklungen interessiert. Der feministische Zweig richtet dabei sein Augemerk ausdrücklich auf die Situation von Frauen unter Bedingungen von Neokolonialismus und Rekolonialisierung. Die vertretenen Ansätze und Analysen aus dieser Richtung sind äußerst heterogen. Einigkeit besteht allerdings in der Infragestellung essentialistischer Kategoriebildungen und der kritischen Beobachtung unreflektierter Repräsentationspolitiken. Als eines der Ziele gilt, den Prozess der Dekolonialisierung in Gang zu halten und soziale Ungerechtigkeiten nicht nur beständig transparent zu machen, sondern auch die globalen Interdependenzen derselben seit dem kolonialen Zeitalter herauszuarbeiten (vgl. Castro Varela/Dhawan 2005).

Im Folgenden werden verschiedene theoretische Zugänge zu einem Verständnis der Komplexität sozialer Ausgrenzungen dargestellt und diese ergänzt durch postkoloniale Perspektiven und Strategieentwicklungen. Intersektionalitätsansätze sind hier von besonderer Bedeutung, versuchen diese doch politischen Aktivismus nicht nur auf eine einzelne Agenda zu beschränken, sondern stattdessen eine *multi-issues*-Politik zu etablieren, die Macht und Herrschaft als komplex, interdependent und elastisch begreift. Soziale Gerechtigkeit kann dann beispielsweise nicht mehr nur als eine ‚Frauenfrage' beschrieben werden, denn eine Bäuerin, die in der so genannten Dritten Welt verortet ist, hat nur wenig mit einer europäischen Bankangestellten gemein, auch wenn beide aufgrund sexistischer Herrschaftsstrukturen verletzlich sind.

Seit ihren Anfängen sah sich die feministische Bewegung immer wieder mit dem Vorwurf der Ausgrenzung von Minderheiten aus ihren eigenen Reihen konfrontiert. Proletarische Frauen fühlten sich nur selten repräsentiert in einem Projekt, das fast ausnahmslos von bürgerlichen Frauen bestimmt wurde. Schwarze

Frauen machten auf die Auslassung von Rassismus in der feministischen Herrschaftskritik aufmerksam, jüdische Frauen vermissten die kritische Auseinandersetzung mit Antisemitismus, Migrantinnen verwiesen kritisch auf die Stereotypen nicht-deutscher Frauen, die innerhalb feministischer Theorie vermittelt wurden, lesbische und bisexuelle Frauen, Transgender, Intersexuelle und Transsexuelle zeigten auf, dass feministische Politik das heteronormative Projekt zuweilen stabilisiert, und Frauen mit Behinderungen hinterfragten die Ausgrenzung auf Grund körperlicher und geistiger Möglichkeiten, die nur selten innerhalb feministischer Theorie und Praxis zum Thema gemacht wurde. Kurzum: Die feministische Bewegung als politische Identitätsbewegung stand immer schon auf fragilem Grund. Das ‚Wir Frauen' konnte nur eine Minderheit innerhalb der Bewegung ungebrochen verteidigen. Unkritische essentialistische Argumentationen innerhalb feministischer Rhetorik, so wurde nur allzu bald deutlich, wirken herrschaftsstabilisierend und erzeugen kontinuierlich Ausgrenzungspraxen. Identitätspolitiken standen Kimberlé Crenshaw zufolge deswegen immer schon in einer Spannung gegenüber dominanten Vorstellungen sozialer Gerechtigkeit (vgl. Crenshaw 1994: 93).

Auf diese notwendige Infragestellung und deutliche Kritik hat die westliche feministische Theoriebildung sehr unterschiedlich reagiert. Auf der einen Seite wurden Angriffe abgewehrt, Argumente vereinnahmt oder abgewiesen. Auf der anderen Seite führten theoretische Auseinandersetzungen und experimentelle Praxen zu interessanten Versuchen, den Essentialismus in feministischer Theorie und Praxis zu dekonstruieren beziehungsweise auf die Produktion von Kontingenzen bei der Theorieproduktion aufmerksam zu machen und auch inklusivere Modelle feministischer Politiken zu entwerfen. Die Geschichte der feministischen Bewegung ist mithin nicht nur eine Geschichte interner Kämpfe, sondern auch der Versuch mit den Aporien, den unlösbaren Widersprüchen, die jeder Widerstand mit sich bringt, Auseinandersetzungsformen zu finden. So entstehen die Subjekte des Widerstands erst beim Widerstehen und produzieren dabei unweigerlich neue Formen der Ausgrenzung, während eine Kritik, die eine ‚falsche Repräsentation' angreift, fatalerweise im gleichen Atemzug essentialistisch argumentiert. Denn die Idee einer ‚falschen Repräsentation' impliziert, es gäbe eine ‚authentische Repräsentation'. Tatsächlich ist Selbstrepräsentation beständig dilemmatisch.

Iris Marion Young (1990) vertritt die anregende These, dass es wichtig sei Gruppenrechte zu achten. Gleichheit wird bei ihr als relationaler Begriff verstanden, der Identität voraussetzt. Da Identität im Plural auftritt, zieht sie die normative Konsequenz, dass unter Gleichen, die durch unterschiedliche Zugehörigkeiten bestimmt sind, die Gleichheit als Recht nur als Recht auf Ungleichheit vermittelt werden kann. Young spricht in diesem Zusammenhang von einem „demokratisch kulturellen Pluralismus“:

> „In this vision the good society does not eliminate or transcend group difference. Rather, there is equality among socially and culturally differentiated groups, who mutually respect one another and affirm one another in their differences.“ (Ebd.: 163)

Kategorien, die Unterdrückung beschreiben, sind Young folgend: Ausbeutung, Marginalisierung, Machtlosigkeit, kultureller Imperialismus und Gewalt (ebd. 64). Und es sind patriarchale und rassistische Mechanismen von Vergesellschaftung, die dafür Sorge tragen, dass diejenigen, die in spezifischer Weise attribuiert werden, Ausgrenzung, Stigmatisierung und Gewalt erleiden, aber eben auch bestimmten Gruppen zugehören oder eben nicht. Nur Kollektive können Young zufolge soziale Ausgrenzung beschreiben, da eine immer weitere Verfeinerung von Kollektivbeschreibungen letztlich in eine nicht wünschenswerte individualistische Analyse mündet (Young 1997: 20). Identität und Differenz sind in dieser Sichtweise zwar kontingent, aber gleichwohl unumstößliche soziale Realität. Tatsächlich ist es so, dass beim Sprechen über Differenzen einer der befreienden Sätze oft lautet: „Im Endeffekt sind wir doch alle Menschen!“ Meist erledigt sich mit diesem Satz eine weitere Diskussion um Diskriminierung und soziale Gerechtigkeit. Der Anfang der Debatte wird gewissermaßen zum Schlusspunkt der politischen Auseinandersetzung.

Anne Phillips (2005) weist im Rahmen einer Debatte um kulturelle Gruppenrechte auf das Dilemma hin, dass Gruppenrechte nicht selten mit dem Recht und der Würde verletzlicher Gruppenmitglieder und/oder DissidentInnen innerhalb dieser Gruppen kollidieren. Anders gewendet: Rechtliche Zugeständnisse an eine sozial diskriminierte Gruppe können Diskriminierungen innerhalb der Gruppe begünstigen.

> „In particular, actions designed to strengthen the position of a cultural or religious minority within the larger society may simultaneously strengthen the power over of cultural or religious leaders over dissidents within their group. Women and young people will often bear the brunt of this.“ (Ebd.: 113)

Zur Illustrierung führt Phillips die auch in Deutschland aktuelle Debatte um ‚Zwangsverheiratungen‘ an. Sie zeigt hier auf, wie sich auf der einen Seite die britische Regierung aus der Affäre zieht, indem sie diese Praxis als eine kulturelle Praxis beschreibt und wie gleichzeitig auf der anderen Seite Feministinnen südasiatischer Herkunft dies in Frage stellen und dabei ungewollt gewaltsame Migrationsregime stabilisieren und rassistischen Diskursen in die Hände spielen (ebd.: 129ff.; vgl. auch Castro Varela/Dhawan im Erscheinen). So haben die in England bereits seit Jahren geführten politischen Auseinandersetzungen um ‚Zwangsverheiratungen' zu einer weiteren Verschärfung der Einwanderungsgesetzgebung geführt, die ganz und gar nicht im Sinne der feministischen Akteurinnen war. Doch Toleranz im Sinne eines Gewährenlassens scheint zumindest nicht sogleich ein Mittel für mehr Demokratisierung zu sein, opfert diese doch häufig die Schwächeren auf dem Altar der Konfliktvermeidung.

Nancy Fraser (1997) wiederum spricht von der Notwendigkeit, neben den identitätstheoretischen Fragestellungen auch die ökonomische Seite von Exklusion nicht unberücksichtigt zu lassen (vgl. auch Fraser in diesem Band). Folgerichtig befürwortet sie eine Politik der Umverteilung *und* Anerkennung, die das „Umverteilungs-Anerkennungs-Dilemma" feministischer Theoriebildung der 1980er und 1990er Jahre zu umschiffen trachtet (ebd.: 63). Ihre ernsthaften und theoretisch versierten Versuche, die sich verhärtenden Debatten innerhalb der ‚Linken', die entweder Umverteilung oder eben Anerkennung als den Königsweg zu mehr sozialer Gerechtigkeit beschreiben, konstruktiv zu bearbeiten, sind theoretisch und politisch aufschlussreich. Hervorzuheben ist der Versuch, die ökonomische Seite sozialer Ungleichheit zu betrachten, ohne die Frage nach der (kulturellen) Differenz außer Acht zu lassen. Denn lange drehten sich die Diskussionen lediglich um kulturelle Differenzen und/oder Identitätsprozesse, während ökonomische Fragen unglücklicherweise ausgespart blieben. In den 1980er und 1990er Jahren wurden beispielsweise kaum Studien über die Ausgrenzung von Menschen aufgrund von Klassen- beziehungsweise Schichtzugehörigkeiten angefertigt.

> „In der Hochzeit der Individualisierungsthese", waren plötzlich „die Klassen und Klassengesellschaft verschwunden und ersetzt durch Lebensstile, Lebenslagen und Milieus. Und statt soziale Ungleichheit auch als Ungerechtigkeit zu kritisieren, kam in der Ungleichheitsforschung (…) Freude über die bunte Vielfalt in der Gesellschaft auf." (Frerichs/Steinrücke 1997: 13)

Dies ändert sich mit der zunehmenden Verarmung von Menschen auch im Westen. Armut wird nach den ‚satten' 1980er Jahren auch im Westen wieder zu einem politischen Thema (vgl. etwa Russo/Linkon 2005). Dies befördert unter anderem eine Rückbesinnung auf marxistische Theorie, die ebenso auf die kontinuierlich zunehmende Rezeption postkolonialer Theorie zurückzuführen ist. Interessanterweise schien es in Zeiten des fordistischen Wohlfahrtsstaats einfacher, über die Armut in der ‚Dritten Welt' zu philosophieren, als über Klassenunterschiede und Deklassierungen oder gar die eigene Beteiligtheit an sozialer Ungleichheit nachzudenken. So analysiert Beverley Skeggs (2004) sehr richtig, dass die westlichen Sozialwissenschaften seit den 1990er Jahren die so genannte

‚Lebenswelt' der akademischen Elite fast unbemerkt zum Referenzpunkt ihrer theoretischen Debatten und Konzeptbildungen gemacht haben. Skeggs legt zum Beispiel dar, inwieweit etwa die Debatten um ‚Mobilität' lediglich das bürgerliche Subjekt betrachten:

> „The arguments for mobility (...) suggest that the ‚new' theory has become orientative and regulative: it describes what exists for a privileged few and then suggests this is a perspective that applies for many others." (Skeggs 2004: 48)

Das ‚Gerede' von erhöhter Mobilität und einem gelebten Nomadentum bezeichnet sie deswegen als „grausamen Nonsense" [Übers. M.C.V.], ist Mobilität doch zweifelsfrei eine Ressource, zu der nicht alle Zugang haben (ebd.: 49). Durch den fortschreitenden Abbau sozialer Sicherungssysteme geraten immer Menschen in die Situation, sich innerhalb der Metropolen kaum bewegen zu können, weil sie sich beispielsweise die ständig steigenden Fahrtkosten innerhalb des öffentlichen Nahverkehrs nicht leisten können. Während gleichzeitig Mobilität zu einem Merkmal von Leistung und Modernität gerät, können einige wenige Mobilität als Freiheitsgewinn feiern. Für diejenigen indes, die von Mobilität ausgeschlossen bleiben, bedeutet dieses Jubilieren eine zusätzliche symbolische Exklusion. Ein konkretes Beispiel ist hier die viel zitierte „ethnische Unterschichtung"[1] des Arbeitsmarktes und die Deklassierung und Dequalifizierung migrantischer Arbeitskräfte, deren qualifizierende Abschlüsse zum Teil keine Anerkennung finden. Diese Prozesse gehen Hand in Hand mit der sich ausweitenden Regulierung von Migration und der Verschärfung von Einwanderungsgesetzgebungen bei gleichzeitiger Deregulierung des Arbeitsmarktes. Soziale und ethnische Herkunft formieren sich im Zuge dessen gleichsam zu einem sozialen ‚Schicksal'. Auch bei der Sozialhilfequote ist ein beträchtlicher Unterschied zwischen Menschen deutscher und nicht-deutscher Herkunft erkennbar. Sie lag Ende 2002 für MigrantInnen bei 8,4% gegenüber 2,8% bei der deutschen Bevölkerung. Gleichzeitig preist das damalige Bundesinnenministerium für Wirtschaft und Arbeit (2005a) in seiner Schrift „Hartz IV - Menschen in Arbeit bringen" zynischerweise Ein-Euro-Jobs für „Menschen mit Migrationshintergrund und Vermittlungshindernissen" an, für die diese „Zusatzjobs", wie es heißt, beson-

---

1 Das Konzept der „ethnische Unterschichtung" lenkt die Aufmerksamkeit auf die Tatsache, dass seit Beginn der Anwerbung migrantischer Arbeitskräfte diese vor allem in den untersten Rängen der beruflichen Hierarchie zu finden sind. Nach wie vor sind MigrantInnen überproportional in besonders belastenden und gering entlohnten Berufen vertreten. Dies betrifft insbesondere Menschen aus Drittländern wie etwa der Türkei. Eine der Folgen davon ist ein deutlich höheres Armutsrisiko derselben in Relation zur Gesamtbevölkerung. Dem 2. Armuts- und Reichtumsbericht der Bundesrepublik Deutschland zufolge ist dieses sogar von 1998 bis 2003 von 19,6% auf 24% gestiegen (Bundesministerium für Wirtschaft und Arbeit 2005b: 166).

ders geeignet seien (ebd.: 74). Die Reformierung des Arbeitsmarktes sorgt für ein weiteres Herausdrängen von (weniger qualifizierten) Migrantinnen und Migranten aus den staatlichen Sicherungsnetzen. Die aktuellen restriktiven Migrationsregimes entlarven sich durch eine transparente Doppelstrategie: Auf der eine Seite sollen möglichst viele hoch qualifizierte Fachkräfte aus den Peripherien des Kapitalismus[2] angelockt werden, auf der anderen Seite wird eine weiter gehende ethnische Unterschichtung durch kurzfristige Saisonarbeiten, aber auch Minijobs und Ein-Euro-Jobs forciert. So stellt die Juristin Dorothee Frings richtig fest:

> „Die Ausrichtung der Hartz-Gesetze auf eine schnelle Vermittlung von Arbeitslosen in den Niedriglohnsektor des Arbeitsmarktes statt auf eine langfristige Qualifizierung der Arbeitskräfte (Erhöhung des Humankapitals) grenzt die nachwachsende Generation mit Zuwanderungshintergrund aus der Entwicklung des ‚Standorts Deutschland' aus und weist ihr ihren Platz im informellen Sektor zu." (Frings 2005: 21)

Zu diesem Szenario gehört auch, dass hingenommen wird, dass Migrantinnen und Migranten in Deutschland undokumentiert leben und vor allem arbeiten, weil sie als billige und ausbeutbare Arbeitskräfte insbesondere in der Landwirtschaft und in Privathaushalten unverzichtbar geworden sind. Gleichzeitig gelten Flüchtlinge als Sicherheitsrisiko und werden dementsprechend mit allen Mitteln abgewehrt. Nur so lässt sich ein quasi-normalisierter irregulärer Arbeitsmarkt etablieren. Wie groß dieser mittlerweile ist, darüber kann nur spekuliert werden. Sicher ist jedoch, dass den ca. 40.000 angemeldeten sozialversicherungspflichtigen Arbeitsverhältnissen in privaten Haushalten Millionen Haushalte in Deutschland gegenüberstehen, die Dienstleistungen von undokumentierten Arbeitskräften und PendelmigrantInnen in Anspruch nehmen. Undokumentierte Arbeitskräfte stellen eine alles andere als unbedeutende ökonomische Größe dar. Sie arbeiten für wesentlich weniger Geld, die Abgaben für die Sozialversicherungen entfallen und sie sind zudem leicht erpressbar. Für migrantische Arbeitskräfte vor allem aus postkolonialen Ländern bedeutet dies, dass sie (geschlechts-) spezifischen Ausbeutungen ausgesetzt sind, die auf kolonialen hetero-patriarchalen Strukturen aufliegen. So arbeiten undokumentierte Frauen gänzlich unabhängig von ihren Qualifikationen überwiegend als ‚Putzfrauen' und ‚Dienstmädchen' in Privathaushalten und als Prostituierte in der Sexindustrie. Heute können auch weniger begüterte Familien hoch qualifiziertes Dienstpersonal für wenig Geld beschäftigen. Vielen Frauen eröffnet dies das zweifelhafte Privileg ein ‚Dienstmädchen' anzustellen, damit sie sich ganz ihrer Karriere widmen können.

2 Das gilt im Übrigen auch für Studierende aus dem Süden. Europäische Universitätsabschlüsse entwickeln sich mehr und mehr zu einem lukrativen Geschäft.

Privathaushalte wandeln sich in Folge zu ethnifizierten Arbeitsnischen für undokumentierte Migrantinnen aus dem Süden der Welt und dem Osten Europas. Die Frau aus Polen, die die Mutter versorgt oder den kranken Ehemann pflegt, gehört in Deutschland mittlerweile zum Alltag. Es findet nur wenig Beachtung, dass dies historische imperiale Verhältnisse reproduziert und stabilisiert. Am vorläufigen Ende dieses Prozesses entsteht eine neue ‚Unterklasse' von Arbeiterinnen auf Zeit, die in Form von Turborotationsverfahren zu einem Kommen und Gehen gezwungen werden und sich in einer kontinuierlich prekären Existenzlage einrichten (müssen).

Die verschärfte Ungleichheit schmiegt sich dabei an bereits strukturell vorhandene und etablierte Ungleichheitsstrukturen an. Rassismus, Sexismus und Klassismus fungieren gleichsam als exzellente Instrumente zur fortgeführten Legitimation (kolonialer) Ausbeutungsverhältnisse, die den symbolischen und materiellen Wohlstand der westlichen Mittel- und Oberschichten sichern. So erweist sich etwa der gleichzeitige Anspruch von Karriere und Familie für Frauen aus der Mittel- und Oberschicht als immer weniger paradox, sind doch die dequalifizierten und deklassierten Frauen aus dem pauperisierten Süden und Osten zur Stelle, um die ansonsten entstehenden sozialen Spannungen zu lösen und den ‚Geschlechterkrieg' zu unterlaufen. In ähnlicher Weise wie Arzthelferinnen sich zu Praxismanagerinnen wandelten – auch wenn sie weiterhin schlecht bezahlt werden - wurden aus berufstätigen Hausfrauen *multitasking*-Managerinnen, die im ‚Heim' und im Beruf ihren ‚Mann stehen'.[3] Gleichzeitig hat der „class-based gap" zwischen einer, wie Chandra Talpade Mohanty schreibt, vitalen Frauenbewegung auf der einen und feministischen Theoretisierungen auf der anderen Seite zumindest teilweise zur Etablierung eines „careerist academic feminism" geführt (Mohanty 2003: 6).

> „(...) whereby the boundaries of the academy stand in for the entire world and feminism becomes a way to advance academic careers rather than a call for fundamental and collective social and economic transformation." (Ebd.)

In den oben zitierten Ansätzen – so divergent sie auch sein mögen – werden immer unterschiedliche Formen von Diskriminierung gleichzeitig betrachtet. Deswegen behandeln sie BürgerInnenrechte und Staatsbürgerschaft, Demokratie

---

3 Saskia Sassen weist darauf hin, dass unter anderem die immer weitere Verschuldung postkolonialer Länder dazu geführt hat, dass Regierungen wie etwa jene der Philippinen sich am ‚Export' weiblicher Arbeitskräfte als Pflegerinnen, Dienstmädchen, Sexarbeiterinnen und Heiratsmigrantinnen beteiligen, indem sie beispielsweise bis 1989 die Etablierung von Organisationen zuließen, die Frauen für den westlichen Heiratsmarkt rekrutierten. In den letzten Jahren haben philippinische Migrantinnen durchschnittlich eine Milliarde US-Dollar jährlich in die Philippinen zurück gesendet (vgl. Sassen 2004: 101ff.).

und Demokratisierung, Diskriminierung und Antidiskriminierungspolitiken, Identität und Differenz etc. Warum, so ließe sich fragen, wird die Emanzipation der einen auf Kosten der Würde und Dequalifikation der anderen hingenommen? Ausgehend von der Beobachtung und Analyse faktisch bestehender sozialer Ungerechtigkeiten und der Widersprüche, die diese produzieren, werden Theorien entworfen, die die Heterogenität von Macht- und Herrschaftsverhältnissen nicht nur beschreibbar machen, sondern es zudem erlauben, mit politischen Gegenstrategien zu experimentieren.

1 Intersektionalität

Nachdem Kämpfe innerhalb der feministischen Bewegung bei vielen Akteurinnen zu einer gewissen Politikmüdigkeit und einem partiellen Utopieverlust geführt haben, entwickeln gleichzeitig seit den 1990er Jahren[4] Theoretikerinnen Modelle, die der Herausforderung der Heterogenität von sozialen Möglichkeiten und sozialen Verletzlichkeiten gerecht werden sollen. Ziel ist hier, die Komplexität von Ausgrenzung und Unterdrückung beschreibbar zu machen und damit effektivere Instrumente und Strategien gegen soziale Ungerechtigkeit zu entwerfen. Das wohl international prominenteste Konzept ist das der Intersektionalität (vgl. etwa Crenshaw 1989; Essed 1996). Intersektionalität bezeichnet ein dynamisches Modell, welches versucht, die unterschiedlichen Formen von Zugehörigkeiten und Machtsystemen in ihren Bedeutungen füreinander verstehbar zu machen. So wird etwa eine Analyse von Armutsverhältnissen nicht nur aufzeigen, dass Frauen über weniger ökonomische Ressourcen verfügen als Männer, sondern darüber hinaus auch darlegen, dass Armut in bestimmten Regionen häufiger vorkommt und dort spezifische Frauen trifft. Es geht also darum zu zeigen, wie Regierungshandeln und aktuelle politische Situationen an bestimmten Orten zur Verarmung spezifischer Gruppen führen. Die multidimensionale Analyse trägt daneben dazu bei, ebensolche Strategien zu entwickeln. Das Modell der Intersektionalität stellt sich mithin der theoretischen wie auch politischen Herausforderung, die sich überkreuzenden Machtachsen und die Überlappung verschiedener sozialer Prozesse von Privilegierung und Marginalisierung verstehbar zu machen. Fragen sind etwa: Wie hängen Klassismus und Rassismus zusammen? In welcher Form begünstigt die heteronormative Norm die Ausbeutung spezifischer Frauen? Wie profitieren Frauen im Westen von der körperli-

4 Die 1990er Jahre werden in der Bundesrepublik insbesondere mit heftigen Auseinandersetzungen zu Rassismus und Antisemitismus in feministischen Räumen assoziiert. Fortwährend kam es hier zu erbitterten Kämpfen um Repräsentation und unhinterfragte Privilegien (vgl. etwa beiträge zur feministischen theorie und praxis 27, 1990).

chen Ausbeutung der Frauen in und aus der so genannten Dritten Welt? Inwieweit sind die Prozesse der Dekolonialisierung aufs engste verknüpft mit Genderregimes? Oder auch: Wie werden revolutionäre Subjekte erzeugt? Solche Modellierungen von Machtstrukturen und -bewegungen haben den Vorteil, dass sie Diskriminierungen, Ausgrenzungen und Stigmatisierungen in ihren Dynamiken auch zu- und gegeneinander zu erfassen suchen. Damit wird es möglich, auch der Geschmeidigkeit und Flexibilität von Ausgrenzungsmechanismen nachzugehen, die sich immer wieder neu an aktuelle Kontexte anpassen. Problematisch für den politischen Kampf sind hingegen die starke Abstraktion und Komplexität dieser Modelle.

Trotz dieser bedeutsamen Begrenzung votiere ich innerhalb feministischer Theorie für intersektionelle Ansätze und zwar insbesondere für jene, die in Anlehnung an Davina Cooper, die soziale Verortung in den Mittelpunkt der Betrachtung stellen, um soziale Ungleichheit zu theoretisieren (Cooper 2004: 40). Cooper bedient sich zur Entwicklung ihres eigenen Modells explizit der feministischen Theorie, weil diese es ihrer Meinung nach vermeidet, das Denken über Ungleichheit lediglich auf die Beziehung zwischen Subjekten zu reduzieren (ebd.: 41). Besonders inspiriert zeigt sie sich von den frühen Ansätzen eines sozialistischen Feminismus:

> „For although marginalised and discarded in the 1990s thanks to growing influence of poststructuralism, the debates that configured around socialist feminism offer a rich seam from which to think about inequality and oppression.“ (Ebd.: 43)

Unter anderem erinnert sie an die frühen Versuche von Zillah Eisenstein, die bereits Ende der 1970er Jahre versucht hat, ein Modell für das Zusammenspiel von Kapitalismus und Patriarchat zu entwickeln und das prominent gewordene *Combahee River Collective*, das im selben Zeitraum in seiner politischen Analyse eine Bandbreite von Unterdrückungsmomenten gleichzeitig fokussierte (vgl. ebd.: 43f.).[5] Cooper hebt hervor, dass das Selbstverständnis, Denken und Urteilen westlicher Gesellschaften sich relevant durch „gender, race and class“ strukturiert und geprägt zeigt (ebd.: 42).

Die Kanadierin Sherene H. Razack, die in eine ähnliche Richtung wie Cooper argumentiert, merkt zudem kritisch an, dass Ansätze, die ein additives Modell zur Beschreibung der vielfältigen Diskriminierungen bevorzugen, erneut Personen nach ‚Rasse‘ und ‚Geschlecht‘ kategorisieren (Razack 1998). Diese

5 Spannenderweise lassen sich in den 1970er und 1980er Jahren einige Ansätze finden, die komplexere Modelle zur Beschreibung sozialer Ungleichheit entwerfen (etwa Meulenbelt 1988). Interessant ist dies deswegen, weil es anzeigt, dass die Diskussionen um unterschiedliche Machtachsen nicht erst in 1990er Jahren, sondern schon viel eher begonnen haben.

essentialisierende theoretische Bewegung negiert die Komplexität der Situationen, in der sich diskriminierte Personen befinden. Konkret: Die Kategorisierung von Menschen als dreifach diskriminiert verhindert ein Verständnis der Effekte unterdrückender Strukturen. Deswegen plädiert Razack für eine Verdeutlichung der multiplen Erzählungen, die das Leben schreibt. Dazu gehört auch, die Interdependenz von sozial Priviligierten und Unterprivilegierten aufzuzeigen. In Razacks eigenen Worten:

> „(…) to see that women are socially constituted in different and unequal relation to one another. It is not only that some women are considered to be worth more than other women, but that the status of one woman depends on the subordinate status of another woman in many complex ways.“ (Razack 1998: 158)

Die materiellen und ideologischen Arrangements von Patriarchat, Klassenausbeutung und „weißer Vormachtsstellung“ (*white supremacy*), so Razack weiter, „combine in uneven ways to structure relations among women“ (ebd.: 159). Darum ist es nicht möglich, die ‚Probleme' der armen schwarzen Frauen zu lösen, ohne zu verstehen, dass die reichen weißen Frauen einen wesentlichen Aspekt des ‚Problems' darstellen. Hierbei geht es Razack nicht um eine *politics of blame* (Edward Said), sondern darum aufzuzeigen, dass Diskriminierung immer zwei Seiten hat, die nicht getrennt voneinander betrachtet werden können, ohne dabei Einbußen in Schärfe und Effektivität der gegendiskursiven Strategien hinnehmen zu müssen. Eine feministische Politik bedarf vielmehr der couragierten Sicht der einzelnen Akteurinnen auf die eigene soziale Position. So ist auch Nikita Dhawans Ruf gegen die „Subalternisierung der intellektuellen Migrantin“ zu verstehen. Sich auf Spivak beziehend mahnt sie an, dass anstatt „Postkolonialität zu zelebrieren“ es viel dringlicher sei, „die *‚sanctioned ignorance'* der postkolonialen Feministin einer Betrachtung zu unterziehen und den eigenen Anteil für das Nicht-Gelingen der DeKolonisierung dabei zu analysieren“ (Dhawan 2005: 86; Hervorhebungen im Text).

Auch das Modell der Verletzlichkeit (vgl. Castro Varela/Dhawan 2003) versucht die Komplexität und die sich stetig verändernden Dynamiken von Diskriminierungen begreifbar zu machen. Hier wird versucht, ein essentialisierendes Argumentieren zu vermeiden, wohl wissend, dass es bis zu einem gewissen Grad nicht möglich ist, wie Spivak treffend bemerkt, *nicht* essentialistisch zu sein (vgl. Landry/MacLean 1996: 7). Deswegen spricht letztere sich für einen strategischen Essentialismus aus, der nach einem „strategic use of positivist essentialism in a scrupulously visible political interest“ (Spivak 1996b: 214) ruft. Nur der bewusste Umgang mit essentialistischen Kategorien kann schließlich hegemoniale Machtentfaltungen zügeln. Ein solcher Umgang verlangt freilich nach einer Spivak'schen dekonstruktiven Wachsamkeit, die die Fallen der eigenen Argumentationen und politischen Taktiken aufzeigt und nicht vernebelt.

Das Konzept der Verletzlichkeit beschreibt deswegen soziale Ausschlüsse als eingebettet in sich überlappende Machtfelder. Denn wie Avtar Brah sehr richtig schreibt:

> „(…) a discourse may be primarily about gender and, as such, it may centre upon gender-based binaries (although, of course, a binarised construction is not always inevitable). But this discourse will not exist in isolation from others, such as those signifying class, 'race', religion or generation. The specifity of each is framed in and through fields of representation of the other." (Brah 1996: 185)

Die durch Ausschließungsprozesse entstandenen relevanten Kategorien wie etwa „Alter", „Hautfarbe", „sexuelle Orientierung", „Herkunft", „Geschlecht" etc. produzieren in unterschiedlichen Kontexten spezifische Effekte, weshalb es politisch relevant erscheint, zu untersuchen, „how these signifiers slide into one another in the articulation of power" (ebd.). Die bediente Metaphorik ist dabei eine räumlich-strukturelle, die es eher erlaubt, einige der Fallen von Identitätspolitik zu umgehen. Spivak beispielsweise, die Repräsentation als ein Problem beschreibt, welches keine einfachen Lösungen zulässt, schreibt, dass sie große Schwierigkeiten habe mit Fragen nach „Identität" und „Stimme". Sie zeigt sich stattdessen mehr interessiert an Fragen des Raums,

> „(…) because identity and voice are such powerful concept-metaphors, that after a while you begin to believe that you are what you're fighting for (…) Whereas, if you are clearing a space, from where to create a perspective, it is a self-separating project, which has the same politics, is against territorial occupation, but need not bring in questions of identity, voice, what am I, all of which can become very individualistic also." (Spivak 1996: 21)

Das Konzept der Verletzlichkeit spricht nun von sozialen Positionen, man könnte auch Räume sagen, die von Subjekten besetzt beziehungsweise bewohnt werden und thematisiert, welche Möglichkeiten und Behinderungen damit einhergehen. Welchen Verletzlichkeiten sind etwa Subjekte ausgesetzt, die als weiblich kodiert werden und denen die Zugehörigkeit zur Nation nicht unhinterfragt gewährt wird? Wer hat Zugang zum Feld der Normalität? Und welche Formen von Unwissenheit sind in welchen Räumen erlaubt oder gar erwünscht? Verletzlichkeitsräume ergeben sich aus dem historisch gewordenen geopolitischen Kontext, der sozio-ökonomischen Position und der Zughörigkeit zu askribierten Gruppen. So dass etwa der soziale Raum, den Afrikanerinnen in Deutschland besetzen, ein anderer ist als der, den Jüdinnen in Deutschland bewohnen. Spezifische Verletzlichkeitsräume produzieren spezifische Subjekte, die mehr oder weniger und in unterschiedlicher Weise verletzlich sind. Die sozialen Räume erweisen sich dabei als regulierte Räume, das heißt, dass ein Ein- und Austritt nicht einer individuellen und freien Entscheidung unterliegt, sondern zugewiesen wird. Betrachten wir beispielshalber den aktuellen antiislamischen Rassismus, so zeigt sich, dass es weniger um gelebte Religiosität geht, als vielmehr darum, dass bestimmte Menschen als zu bestimmten Gruppen zugehörig beschrieben werden – ob sie wollen oder nicht. Sie werden mehrheitlich als ‚unterdrückt' wahrgenommen, wenn sie gleichzeitig als ‚weiblich' attribuiert werden, als ‚bedrohlich', wenn sie als ‚männlich' definiert werden, als mutig', wenn sie als ‚homosexuell' festgelegt werden und als ‚exotisch', wenn sie als ‚weiblich' wahrgenommen werden und über erheblich finanzielle Ressourcen verfügen.

So genannte Machtachsenmodelle stellen sich verschiedene Machtformationen als Achsen vor, die sich an einzelnen Punkten überkreuzen. Solche Modelle verzichten gleichwohl nicht auf festlegende Dualismen und Polarisierungen (‚schwarz/weiß‘; ‚männlich/weiblich‘; ‚homosexuell/heterosexuell‘ etc.) und verkennen damit, wie Cooper bemerkt, dass

> „(…) at any given historical moment some identities may be better understood as lying *along* a race/class/gender continuum rather than at its polarities or, indeed, is unintelligible within such terms. Jewish, Irish or multi-ethnic identities, for instance, fit uneasily within a bipolar model of race.“ (Cooper 2004: 47)

Demgegenüber erweisen sich Raummodelle als erklärungsstärker, weil es nicht möglich ist, Kategorien wie ‚Klasse', ‚Geschlecht', ‚Alter' oder auch ‚Ethnizität' ohne Konsequenzen als ‚rein' und ‚unberührt' darzustellen. Die Vernachlässigung der Verquickung und Interdependenz führt dagegen zu einer beständigen Produktion von Polarisierungen und gewalttätigen Subjektivierungen, bei denen die Subjekte, die durch die Modelle erst geschaffen werden, im Nachhinein als *a priori* existierend und authentisch festgelegt werden. Was letztlich die Unmöglichkeit gemeinsamen politisch-strategischen Handelns bedeutet. Anders gesagt: Die konstruierte Differenz erweist sich nun als real nur schwer überwindbar.

2 Allianzpolitiken und transnationaler Feminismus

> „Transnational feminism is neither revolutionary tourism, nor mere celebration of testimony. It is rather through the route of feminism that economic theories of social choice and philosophical theories of ethical preference can be complicated by cultural material.“ (Spivak 1993: 284)

Wer einer minorisierten Gruppe angehört weiß, dass Gewalt nicht mit körperlicher Gewalt beginnt, sondern bereits mit den Bildern, die die Mehrheit über sie verbreitet. Bilder, die gewaltvolle Verhältnisse stabilisieren. ‚Die türkische Frau als Opfer' ist ein solches Bild, welches durch erfolgreiche, karrierebewusste Frauen türkischer Herkunft in der Bundesrepublik Deutschland kaum ins Schlingern gebracht wird. Im Gegenteil, Frauen türkischer Herkunft, die eine berufliche Karriere verfolgen, werden als Ausnahmen wahrgenommen, die die Regel bestätigen. Interessant ist dabei, wie vehement sich bestimmte Vorstellungen halten, wie sehr sie den Alltag von Majorisierten und Minorisierten prägen und die Grenzziehung zwischen den ‚Einen' und den ‚Anderen' beständig nachziehen. Uma Narayan spricht in diesem Zusammenhang von einem „Pseudopartikularismus“, das heißt die hegemonialen Repräsentationen partikularer Kulturen „mask the reality that they are problematic generalizations about complex and internally differentiated contexts“ (Narayan 2000: 98). Hier scheint es sinnvoll, ein weiteres Mal an das Problem der Repräsentation zu erinnern, welches in der postkolonialen Debatte verständlicherweise einen breiten Raum einnimmt. In Anlehnung an Spivak, die an dieser Stelle Marx bemüht, kann Repräsentation als ein Prozess von „Vertretung“ *und* „Darstellung“ verstanden werden (Spivak 1990: 14ff.). Vertretung versteht Spivak dabei als Form politischer Repräsentation, als ein Sprechen *für* Andere also, während Darstellen etymologisch von *‚dahin stellen'* stammt und damit einen Prozess des *Fest*stellens darstellt.

> „Now, the thing to remember is that in the act of representing politically, you actually represent yourself and your constituency in the portrait sense, as well“. (Spivak 1990: 108)

Politische und soziale Verhältnisse sind historisch gewordene und immer komplizierter, als wir das häufig wahrhaben wollen. Und so erfüllt die Darstellung der ‚Anderen' nicht nur die Funktion, diese zu beschreiben, sondern auch das mythische ‚Wir' festzulegen und zu reifizieren: ‚Wir-die-Europäerinnen', ‚Wir-die-Westeuropäerinnen', ‚Wir-die-Weißen' etc. Die positive Selbstbeschreibung benötigt die negative Projektionsfläche, von der sie sich abheben kann. Die Selbstbeschreibung wird dadurch zu einer einfachen, lustvollen und gleichzeitig subtilen Praxis. Weniger lustvoll wäre sie, wenn die Brüche im Selbst zum Thema gemacht würden, wenn die Gewalt, die jede nationale Bestimmung impliziert, benannt würde. Repräsentation ist im Spivakschen Sinne ein politisches Problem, welches weder durch die Forderung nach Selbstrepräentation noch in Form der politischen Repräsentation ausgegrenzter Gruppen durch die Intellektuellen – die glauben es besser zu wissen – bequem zu lösen ist. Denn:

> „It is not a solution, the idea of the disenfranchised speaking for themselves, or the radical critics speaking for them; this question of representation, self-representation, representing others, is a problem.“ (Spivak 1990: 63)

Es kann kaum politisch sinnvoll sein, dies zu leugnen oder das Problem so zu umgehen, dass Formen sozialer Gewalt immer in möglichst großer Entfernung vom eigenen Kontext identifiziert werden. Ein solches Vorgehen bringt üblicherweise zwei Strategien zum Einsatz: Entweder es wird von Gruppen gesprochen, die angeblich *ganz anders* als die eigene Gruppe sind. Hierbei wird nicht gesehen, dass diese Gruppen im selben Atemzug konstruiert werden und diese Konstruktion wertvoll für die Konstituierung des eigenen Selbst ist (zum Beispiel ‚die unterdrückte Muslima‘). Oder es wird beständig von der Armut, Korruption, Ungerechtigkeit und den allgemeinen Ungeheuerlichkeiten der ‚Dritten Welt‘ gesprochen, ohne dass die Verknüpfung zwischen dem eigenen Reichtum und der am ‚anderen Ort‘ aufscheinenden Armut gesehen wird. Es wird also so getan, als lägen die Verantwortlichkeiten stets bei anderen, während eine nicht-interdependente Perspektive eingenommen wird.

Deswegen wird häufig gegen die Fortführung einer immer brutaler werdenden internationalen Arbeitsteilung in Folge von Globalisierung schnell ein transnationaler Feminismus beschworen und zum Entwurf übergreifender Allianzpolitiken aufgerufen. Dies ist ein verständlicher und auch logisch erscheinender Appell. Allerdings liegt das Problem darin, dass notwendige Schritte übersprungen werden, die eine Allianzpolitik und eine transnationale feministische Praxis tragbar machen würden. Wie Spivak konstant mahnt, muss die Interdependenz von Privilegien zu Ausbeutungsstrukturen nicht nur erkannt, sondern auch transparent gemacht werden.

Chandra Talpade Mohanty hält es, ähnlich argumentierend, für notwendig, die eigenen Erfahrungen zu theoretisieren. „I suggest“, so Mohanty, „that historicizing and locating political agency is a necessary alternative to formulations of the ‚universality‘ of gendered oppression and struggle“ (Mohanty 2003: 107). Die eigene Erfahrung zu verorten in einer Geschichte, die durchzogen ist von Ausbeutung und Genoziden des Westens gegen den „Rest“ – um eine Wendung von Stuart Hall zu bemühen - , wird hier zu einem wirksamen ersten Schritt in Richtung auf mehr soziale Gerechtigkeit. Ein zweiter wäre, das eigene Handeln dem radikalen Reden gegenüberzustellen und die Widersprüche darin aufzudecken und zu benennen. „Verlernen“ im Spivakschen Sinne bedeutet dann nicht Geschichte zu vergessen, sondern all das, was als *normal* beschrieben wird oder in essentialistischer Manier einer ‚Kultur‘ zugeschrieben wird (zum Beispiel die Gleichheit von Mann und Frau als ursprünglich europäische Errungenschaft), zu hinterfragen und die Kämpfe, Ungleichzeitigkeiten und Aporien dahinter freizulegen. Wenn beispielsweise von vier Millionen Analphabeten in Deutschland gesprochen wird, von wachsender Armut, von einem rassistisch und klassistisch wirksamen Schulsystem etc., ist es nicht mehr so leicht, eine Politik des Mitleids gegenüber der ‚Dritten Welt' zu verfolgen. Diese kann ohnehin leicht als Fortsetzung einer kolonialen „Zivilisierungsmission" decouvriert werden (vgl. hierzu Castro Varela/Dhawan 2005). Und schließlich ist es notwendig, Bezeichnungen von Menschen (etwa ‚Frau aus der ‚Dritten Welt') als eingebettet in (post-) koloniale Bedeutungskonstitutionen zu erkennen und die Verwobenheit der eigenen Geschichte und auch aktueller politischer Strategiebildung mit kolonialer Ausbeutung und nationalsozialistischer Gewaltherrschaft zu erfassen. Und so schreiben auch die postkolonialen Feministinnen Inderpal Grewal und Caren Kaplan in Anbetracht einer raschen unhinterfragten Affirmation transnationaler feministischer Praxen in aller Deutlichkeit:

> „Thus, if we speak of transnational circuits of information, capital, and labor, we critique a system founded on inequality and exploitation. It would be impossible for us to advocate a transnational feminism as an improved or better or cleaned up kind of international or global feminism. Transnational feminism, for example, is not to be celebrated as free of these oppressive conditions. In fact, there IS NO SUCH THING as a feminism free of asymmetrical power relations. Rather, transnational feminist *practices*, as we call them, involve forms of alliance, subversion, and complicity within which asymmetries and inequalities can be critiqued." (Grewal/Kaplan 2005; Herv. i. Orig.)

Transnationaler Feminismus kann erst sinnvoll agieren, wenn die eigene Position problematisiert wird, die politischen Praxen einer persistenten Kritik ausgesetzt werden, die aufzeigt, dass das Gegenteil von ‚gut' oft ‚gut gemeint' ist. Eine feministische Politik, die getragen ist von „dekonstruktiver Wachsamkeit", wie Spivak fordert, ist eine, die manches Mal zwei Schritte zurück denken muss, bevor sie vorschnell mit zwei großen Schritten voraneilt. Und sie ist zwangsläufig eine Politik, die den Status von ‚ExpertInnen' hinterfragt und sich damit einer radikalen Herrschaftskritik bedient:

> „This is the greatest gift of deconstruction: to question the authority of the investigating subject without paralyzing him, persistently transforming conditions of impossibility into possibility". (Spivak 1996b: 210)

Literatur

Brah, Avtar (1996): Cartographies of Diaspora. Contesting Identities. London/New York: Routledge

Bundesministerium für Wirtschaft und Arbeit (2005a): Hartz IV – Menschen in Arbeit bringen. Berlin

Bundesministerium für Wirtschaft und Arbeit (2005b): Lebenslagen in Deutschland. Der 2. Armuts- und Reichtumsbericht der Bundesregierung. Berlin

Castro Varela, María do Mar/Dhawan, Nikita (2004): Horizonte der Repräsentationspolitik – Taktiken der Intervention. In: Roß (2004): 205-226

Castro Varela, María do Mar/Dhawan, Nikita (2005): Postkoloniale Theorie. Eine kritische Einführung. Bielefeld: transcript

Castro Varela, María do Mar/Dhawan, Nikita (2006 i.E.): Das Dilemma der Gerechtigkeit. Migration, Religion und Geschlechtergewalt. In: Das Argument 48 (2006): „Frauen im Aufbruch und Migrationsräume"

Cohen, Joshua/Howard, Matthew/Nussbaum, Martha C. (Hrsg.) (1998): Is Multiculturalism Bad for Women? Susan Moller Okin with Respondents. Princeton: Princeton University Press

Cooper, Davina (2004): Challenging Diversity. Rethinking Equality and the Value of Difference. Cambridge: Cambridge University Press

Crenshaw, Kimberlé Williams (1989): Demarginalising the Intersection of Race and Sex: A Black Feminist Critique of Antidiscrimination Doctrine, Feminist Theory and Antiracist Politics. In: The University of Chicago Legal Forum (1989): 139-167

Crenshaw, Kimberlé Williams (1994): Mapping the Margins: Intersectionality, Identity Politics, and Violence Against Women of Color. In: Fineman/Mykitiuk (1994): 93-118

Dhawan, Nikita (2005): Die verzwickte Position der postkolonialen Feministin – gegen eine Subalternisierung der intellektuellen Migrantin. In: Müller-Funk/Wagner (2005): 77-99

Eisenberg, Avigail/Spinner-Halev, Avigail (Hrsg.) (2005): Minorities within Minorities. Equality, Rights and Diversity. Cambridge: Cambridge University Press

Essed, Philomena (1996): Diversity: Gender, Color and Culture. Amherst: University of Massachusetts Press

Fineman, Martha Albertson/Mykitiuk, Roxanne (Hrsg.) (1994): The Public Nature of Private Violence. New York: Routledge

Fraser, Nancy (1997): Die halbierte Gerechtigkeit. Schlüsselbegriffe des postindustriellen Sozialstaates. Frankfurt/Main: Suhrkamp

Frerichs, Petra/Steinrücke, Margareta (1997): Klasse und Geschlecht. Forschungskonzeption und Ergebnisse eines empirisch-theoretischen Forschungsprojekts. In: Dies. (1997): 12-46

Frerichs, Petra (Hrsg.) (1997): Klasse, Geschlecht, Kultur. Dokumentation eines Workshops anlässlich des 25jährigen Bestehens des Instituts zur Erforschung sozialer Chancen ISO am 08. November 1996 in Köln. Köln: ISO Eigenverlag

Frings, Dorothee (2005): Arbeitsmarkt und Zuwanderungsrecht – Auswirkungen für Migrantinnen und Migranten. Juristische Expertise. Hrsg. von M.A.R.E. (Migration und Arbeit Rhein-Main). Frankfurt/Main: Stadt Frankfurt/Main

Geteilter Feminismus. Rassismus, Antisemitismus, Fremdenhaß. beiträge zur feministischen theorie und praxis 27 (1990)

Grewal, Inderpal/Kaplan, Caren (2005): Postcolonial Studies and Transnational Feminist Practices (http://social.chass.ncsu.edu/jouvert/v5i1/grewal.htm, 14.03.2006)

Landry, Donna/MacLean, Gerald (Hrsg.) (1996): The Spivak Reader. New York, London: Routledge

Landry, Donna/MacLean, Gerald (1996): Introduction: Reading Spivak. In: Landry/ MacLean (1996): 1-13

Meulenbelt, Anja (1988): Scheidelinien. Über Sexismus, Rassismus und Klassismus. Reinbek bei Hamburg: Rowohlt

Mohanty, Chandra Talpade (2003). Feminism without Borders. Decolonizing Theory, Practicing Solidarity. Duke: Duke University Press

Müller-Funk, Wolfgang/Wagner, Birgit (Hrsg.) (2004): Eigene und andere Fremde. „Postkoloniale" Konflikte im europäischen Kontext. Wien: turia + kant

Narayan, Uma (2000): Essence of Culture and a Sense of History: A Feminist Critique of Cultural Essentialism. In: Narayan/Harding (2000): 80-100

Narayan, Uma/Harding, Sandra (Hrsg.) (2000): Decentering the Center: Philosophy for a Multicultural, Postcolonial, and Feminist World. Bloomington/Indianapolis: Indiana University Press

Phillips, Anne (2005): Dilemmas of gender and culture: the judge, the democrat and the political activist. In: Eisenberg/Spinner-Halev (2005): 113-134

Razack, Sherene H. (1998): Looking White People in the Eye: Gender, Race, and Culture in Courtrooms and Classrooms. Toronto: University of Toronto Press

Russo, John/Linkon, Sherry Lee (Hrsg.) (2005): New Working-Class Studies. Ithaca: Cornell University Press

Sassen, Saskia (2004): Counter-geographies of Globalization: Feminization of Survival. In: Saunders (2004): 89-104

Saunders, Kriemild (Hrsg.) (2004): Feminist Post-Development Thought. Rethinking Modernity, Post-Colonialism and Representation. New Delhi: Zubaan

Skeggs, Beverley (2004): Class, Self, Culture. London, New York: Routledge

Spivak, Gayatri Chakravorty. (1990). The Postcolonial Critic: Interviews, Strategies, Dialogues. New York, London: Routledge

Spivak, Gayatri Chakravorty (1993): Outside in the Teaching Machine. New York, London: Routledge

Spivak, Gayatri Chakravorty (1996a): Bonding in Difference. Interview with Alfred Arteaga. In: Donna Landry/Gerald MacLean (Hrsg.): The Spivak Reader. New York, London: Routledge. 15-28

Spivak, Gayatri Chakravorty (1996b): Deconstructing Histeriography. In: Landry/ MacLean (1996): 203-235

Young, Iris Marion (1990): Justice and the Politics of Difference. Princeton: Princeton University Press

Young, Iris Marion (1997): Intersecting Voices: Dilemmas of Gender, Political Philosophy, and Policy. Princeton: Princeton University Press

Hegemonie und Gegenhegemonie im globalen Kapitalismus

Friederike Habermann

„Wie Anfang der 80er Jahre komme ich mir hier vor – während des gesamten Wochenendes fiel keinmal das Wort Patriarchat", resümiert eine Teilnehmerin ein Vorbereitungstreffen in Hamburg für Proteste gegen den G8-Weltwirtschaftsgipfel. Die Reaktion darauf ist desillusionierender als keine Antwort: Sehr wohl müssten die Arbeitsbedingungen in den Weltmarktfabriken in den Blick genommen werden, meint eine andere langjährige Aktivistin, ihr vermeintlich zustimmend. Das Geschlechterverhältnis als Nebenwiderspruch der Produktionsverhältnisse – das war mit Patriarchat gerade nicht gemeint gewesen. Dabei war dieses Treffen ausdrücklich auf der Grundlage einer Ablehnung „aller Herrschafts- und Diskriminierungssysteme" einberufen worden – Anfang der 1980er Jahre wäre es wohl auf die Abschaffung des Kapitalismus beschränkt geblieben. MigrantInnen sind aber auch hier – wie in der Linken üblich – deutlich unterrepräsentiert.

Kurze Zeit später in Köln. Auf der Suche nach einer feministischen Ökonomie im Sinne eines basisdemokratisch organisierten, bedürfnisorientierten und vorsorgenden Wirtschaftens haben sich die Feministinnen um die Stiftung Fraueninitiative von einer separaten Organisierung inzwischen entfernt, und auf ihrem internationalen Workshop ist die Beteiligung von Männern eine Selbstverständlichkeit. Patriarchat bleibt jedoch als Thema im Hintergrund; auch, wie es mit Kapitalismus zusammenhängt, wird nicht diskutiert. Und die 90jährige Aktivistin Grace Lee Boggs aus Detroit stößt bei aller Begeisterung für ihr Engagement in Sachen Selbstorganisierung mit der Betonung ihres Kampfes innerhalb der Schwarzen Bewegung in den USA auf keinen Widerhall.

Nächster Ortswechsel: Berlin. Hier spricht eine Teilnehmerin der Herbsttagung der Assoziation Kritische Gesellschaftsforschung (AKG) offen aus, dass das Thema *whiteness* für Deutschland doch keine Bedeutung habe. Haben die zum Mitmachen eingeladenen *Kanak-Attack*-AktivistInnen diese Reaktion vorausgesehen, als sie abwinkten?[1] Dabei ist es eines der Hauptziele der AKG,

1 *Kanak Attack* ist ein Zusammenschluss von Menschen mit dem Ziel, die Zuweisung von ethnischen Identitäten zu durchbrechen.

inhaltliche Grenzen zu überwinden, die einer gemeinsamen kritischen Wissensproduktion im Wege stehen. Das Schwerpunktthema „Feministische Perspektiven und Kritische Theorien", dem sich die Tagung widmet, soll solche Grenzziehungen wie auch mögliche Ansätze zu ihrer Überwindung diskutieren. Ausgehend von der Geschlechterforschung werden Ansätze vorgestellt, die sich um die Vermittlung von Kategorien wie Geschlecht, Klasse und *race* beziehungsweise Ethnizität bemühen und in grundsätzlicher Weise die Frage verfolgen, wie sich Herrschaftsverhältnisse, die bisher oftmals getrennt voneinander behandelt wurden, als miteinander verknüpfte denken lassen. Im Zentrum der Diskussionen an diesem Tag stehen verschiedene Vermittlungslogiken wie Intersektionalität, Interdependenz und Artikulation. Bei den etwas Älteren – Männern vor allem – steht das Bemühen im Vordergrund, sich für die Bedeutung aller Unterdrückungsformen zu öffnen, oft lässt sich aber auch der Widerstand dagegen heraushören. Bei den etwas Jüngeren scheint das Bewusstsein für die Einbeziehung aller Aspekte gegeben. Doch dann fragt einer: „Sind Kategorien wie Geschlecht oder *race* für heutige Verhältnisse nicht viel zu starr? Kommt es nicht zu einer Entgrenzung von Ungleichheit, da doch zunehmend die eigene Leistung zählt?"

Diese drei Beispiele aus dem Herbst 2005 verbildlichen die Ambivalenz der Diskussionen: *Zum einen* wird im Kontext der Globalisierung die Einsicht, Ökonomie nicht unabhängig von Geschlechterverhältnissen analysieren zu können, immer mehr zur Selbstverständlichkeit. Wesentlich langsamer zeichnet sich ähnliches für Rassismus ab: Flüchtlinge versuchen zunehmend, sich Gehör in der Bundesrepublik zu verschaffen – wenn auch oft vergeblich. Die aus den USA kommende Diskussion um *whiteness* wird wahrgenommen – doch die eigene Verwobenheit nicht reflektiert. Aber immerhin: Die Ablehnung aller Diskriminierungsformen gehört zum guten Ton. *Zum anderen* allerdings gerät der Versuch, identitätspolitische Zusammenhänge zu berücksichtigen und sich gleichzeitig der Bedeutung der Ökonomie zu stellen, offensichtlich in Gefahr, ‚andere' Herrschaftsverhältnisse dem Kapitalismus wieder unterzuordnen. Da die rechtliche Gleichstellung der Geschlechter in den westlichen Ländern Fortschritte gemacht hat, die Bildungswege sich angleichen und immer mehr Frauen erwerbstätig sind, erscheinen gerade hier unterschiedliche Einkommen und Lebensverhältnisse als Folgen individueller Entscheidungen oder Fähigkeiten.

Die gesellschaftlichen Entwicklungen sind tatsächlich widersprüchlich. Bestimmte Frauen (besonders hoch qualifizierte Frauen aus den reichen Industrienationen) erhalten neue Möglichkeiten, sich Eintritt in qualitativ hochwertige Beschäftigungen zu verschaffen. Dieser Zugang ist an eine gewisse Akzeptanz von und Affinität zu den hegemonialen Handlungsmöglichkeiten gekoppelt:

beispielsweise der ‚dreifachen Freiheit'[2], welche die Freiheit von Reproduktionsarbeiten für andere mit einschließt. Letzteres heißt ‚Verzicht' auf Kind(er) und damit die Annäherung an ein traditionell männliches Lebensmodell und/oder der Rückgriff auf andere Frauen – meist Migrantinnen –, die diese Arbeiten übernehmen (Young 1999/2000; Brenssell/Habermann 2001).

Solchen Entwicklungen wird ein Verständnis von Sexismus, Rassismus und Kapitalismus als angeblich voneinander unabhängigen Phänomenen nicht gerecht. Damit, schlechte Arbeitsbedingungen von Frauen und MigrantInnen in die Betrachtung mit einzubeziehen, ist es nicht getan. Aber auch die Vorgehensweise der Intersektionalität läuft auf das Nebeneinanderstellen von Patriarchat, Kapitalismus und Rassismus als unverbundene Herrschaftsverhältnisse hinaus und bleibt analytisch wenig ergiebig. Nach Cornelia Klinger (2003:34) beispielsweise sind die verschiedenen Aspekte der ‚Andersheit'-Konstruktionen lediglich additiv zu verstehen, als in einem Subjekt vorfindbare Schnittstellen.[3] Diese Vorstellung von sauber trennbaren Herrschaftsverhältnissen impliziert, dass auch Lebensweise und Identitäten trennbar wären.

Gerade postkoloniale Feministinnen argumentieren dagegen, dass es nicht nur im Subjekt zu Überschneidungen kommt, sondern bereits auf der Ebene der diskursiven Konstruktion desselben (Charusheela 2003). Dies bedeutet Geschlecht – und Identitäten überhaupt – nicht als Ausgangspunkt von Analyse zu verstehen, sondern als Ergebnis eines Prozesses, den es zu untersuchen gilt (Patel/Habermann 2001).

Mit anderen Worten: Kapitalismus, Rassismus und Sexismus sind – wie alle Herrschaftsverhältnisse – über unsere Identitäten miteinander verwoben. Identitäten sind nicht als addierbare Verhältnisse im Sinne abtrennbarer Einzelerscheinungen verstehbar, sondern als im Wechselverhältnis entstanden und untrennbar miteinander verknüpft. Anne McClintock bezeichnet „gender, race and class" als artikulierte Kategorien: „they come into existence *in and through* relation to each other" (McClintock 1995: 5, Hervorh. i. Orig.).[4] Doch bislang lassen sich Ansätze einer solchen fundamentalen Verknüpfung kaum finden. Trotz einer zunehmenden gleichzeitigen Berücksichtigung verschiedener Herrschaftsverhältnisse

---

2 Im Anschluss an Marx' doppelte Freiheit des Lohnarbeiters: der Freiheit von Produktionsmitteln und der Freiheit, die Arbeitskraft zu verkaufen.

3 Klinger erstellt eine Tabelle im folgenden Muster:
+Klasse +Rasse +Geschlecht à reich weiß männlich
+Klasse +Rasse –Geschlecht à reich weiß weiblich
+Klasse –Rasse +Geschlecht à reich schwarz männlich
Klinger fügt hinzu, es sei zweifellos davon auszugehen, dass sich die „Benachteiligungssituation mit der Anzahl der Überschneidungen von Negativfaktoren verschärft" (Klinger 2003: 34).

4 Zum Begriff der Artikulation vgl. den Abschnitt zur Theorie Ernesto Laclaus und Chantal Mouffes.

fehlen die verbindenden Elemente. Für deren Erfassung bedarf es eines Zugangs, der die bisherigen Verkrustungen zwischen den Denkrichtungen zu überwinden sucht. Es braucht eine Theorie, die Machtverhältnisse sowohl in ihren materialistischen als auch in ihren subjekttheoretischen Aspekten zu erfassen vermag.

Dafür wird ein Werkzeug benötigt, welches sowohl die Vielfältigkeit der Machtstrukturen erkennt als auch für Wechselwirkungen offen ist und der Komplexität der Beziehungen gerecht wird. Der Hegemoniebegriff bildet dafür eine geeignete Grundlage – Hegemonie nicht einfach als Vorherrschaft verstanden, sondern im Sinne Antonio Gramscis sowohl Zwang als auch Konsens sowie beständigen Machtkampf implizierend (Gramsci 1991ff). Der Hegemoniebegriff ermöglicht zum einen materialistisch begründete Machtbeziehungen zu erfassen, ohne in ein ökonomistisches Verständnis zu verfallen, wonach sich alles aus der kapitalistischen Produktionsweise ergäbe. Da er nicht nur die Vorteile der Gruppe in Führung, sondern auch die partielle Einbeziehung und Teilhabe weiterer gesellschaftlicher Gruppen berücksichtigt, erlaubt er zum anderen, die Vielfalt der Herrschaftsverhältnisse und die damit verbundenen Interessen in den Blick zu nehmen.

Theoretisch zumindest. Denn obwohl der Begriff der Hegemonie im Gramscianischen Verständnis als Resultat eines Ringens zwischen Kräften imstande ist, Herrschaftsverhältnisse besser zu fassen als traditionelle Machttheorien, weist er in seiner praktischen Anwendung ähnliche Schwächen auf. Hier sollen zwei Aspekte hervorgehoben werden: Da Gramsci (wie auch die meisten seiner Anhänger) davon ausging, dass Hegemonie in der Fabrik entspringt und da er die Mikroprozesse, welche in den Kräfteverhältnissen wirken, ungenügend behandelt, verleitet der Hegemoniebegriff erneut zu einer verkürzten und damit einseitigen Analyse von Macht. Zudem lässt er die Frage des Subjekts weitgehend außen vor, was wiederum zu einer Vernachlässigung von anderen Widersprüchen als dem kapitalistischen führt.

Die poststrukturalistische Ausarbeitung der Hegemonietheorie durch Ernesto Laclau und Chantal Mouffe hilft, die in ihr angelegten Möglichkeiten auszufüllen. Darum soll dieser Ansatz – nach einer kurzen Darstellung der Grundgedanken von Gramscis Hegemonietheorie und ihrer Defizite in der regulationstheoretischen Verwendung – vorgestellt werden, um in einem letzten Abschnitt mit Bezug auf aktuelle Entwicklungen zu skizzieren, wie ein erweiterter Hegemonie-Begriff die Verwobenheit von Herrschaftsverhältnissen aufzuzeigen vermag.

1 Der Hegemoniebegriff bei Antonio Gramsci

Gramsci unterscheidet zwischen Hegemonie und Herrschaft: Jede stabile Herrschaft müsse sich auf Hegemonie stützen, keine Gesellschaft könne nur durch Zwang aufrechterhalten werden. Er versteht demnach unter Hegemonie die Führung einer Klasse, welche versucht, so weit wie möglich einen gesellschaftlichen Konsens herzustellen, um auf diese Weise ihre Vormachtstellung abzusichern; Zwang wird so wenig wie nötig zu diesem Zweck eingesetzt (Gramsci 1991:783).

Erweist sich eine Klasse als führungsfähig, das heißt, beruht ihre hegemoniale Stellung auf Zustimmung und Konsens seitens derer, auf die sie sich erstreckt, so kann von einem historischen Block gesprochen werden. Ein solcher ist somit das gesellschaftliche Bündnis von bestimmten sozialen und politischen Kräften, von Regierenden und Regierten, mit einer bestimmten ideologischen Ausrichtung, verwurzelt in den realen gesellschaftlichen Strukturen.

Den Herrschenden muss es dafür gelingen, möglichst viele an der Herrschaft nicht direkt Beteiligte möglichst stark an sich zu binden, indem Gemeinsamkeiten mit ihnen konstruiert werden. Reine Ideologie wird hierfür jedoch nicht immer ausreichen, so dass auch Zugeständnisse gemacht werden. Darüber hinaus übt die Hegemonie eine geistig-ideologische Dominanz und Attraktionswirkung aus. Die hegemoniale Gruppe übernimmt die Diskursführerschaft und definiert damit die Situation, setzt ‚Wirklichkeit' und legitimiert sich dadurch selbst; der Diskurs wird selbstimmunisierend. Auch Gruppen, deren Interessenlagen dazu im Widerspruch stehen, werden diskursiv in den ideologischen Sog gezogen. Der hegemoniale Diskurs entfaltet seine konsensstiftende Legitimationsfunktion und sedimentiert sich in einem gruppenübergreifenden Alltagsverstand einer Gesellschaft. Hegemonie reproduziert sich in den Denkweisen der Menschen und wird so von diesen getragen.

Der Ausgang des Ringens um Hegemonie und damit um den Alltagsverstand der Menschen ist abhängig von den Kräfteverhältnissen im zivilgesellschaftlichen ‚Stellungskrieg' und demnach offen. Da keine Ideologie es vermag, den Alltagsverstand völlig zu vereinheitlichen und dieser einen eklektischen, fragmentarischen und unsystematischen Charakter aufweist, ist er prinzipiell ‚aufgeschlossen' gegenüber (Re-)Orientierungseinflüssen und -offensiven von ‚außen'. Entsprechend dieser Analyse, dass sich der Alltagsverstand als das Ergebnis von Kämpfen um Hegemonie bildet, kann nach Gramsci ‚Wahrheit' in einer Gesellschaft immer nur Gegenstand, Mittel und Resultat historischer und aktueller Kämpfe sein. Die Definition von Merkmalen des Objektiven oder Wahren ist demnach eine umstrittene Machtfrage. Was als Wahrheit begriffen wird, hat aber Auswirkungen auf die Praxis: Hegemonie wird nach Gramsci ein „aktiver Konsens der Regierten" in der Gestalt von Alltagshandeln und -bewusstsein

(Gramsci 1991ff: 411; 1376) In ihrem alltäglichen Handeln reproduzieren Menschen, was als ‚normal' anerkannt wird.

2 Der Hegemoniebegriff in der regulationstheoretischen Verwendung

Wie können gegenwärtige gesellschaftliche Entwicklungen mit Hilfe des Hegemoniebegriffs erfasst werden? Die in Frankreich aus dem strukturalistischen Erbe des Althusserschen Marxismus entstandene Regulationstheorie zeichnet sich durch den Versuch aus, ökonomisch-historische Entwicklungsphasen durch qualitative Veränderungen im kapitalistischen Reproduktionsprozess zu erklären. Die von Joachim Hirsch im deutschen Kontext geprägte Ausrichtung nimmt Antonio Gramscis Hegemonieverständnis als analytische Grundlage (Hirsch 1994).

Demnach wurde im keynesianischen Wohlfahrtsstaat – in der so genannten Phase des ‚Fordismus' – aus dem Klassenkampf ein Klassenkompromiss: Die arbeitende Klasse war materiell gut abgesichert. Der historische Block beruhte somit auf stark konsensualen Elementen. Dies wurde unter anderem durch die ungleichen Handelsbeziehungen mit dem globalen Süden ermöglicht und bildete zugleich eine Absicherung gegen das nominell-sozialistische System, in welchem (bei aller Kritik) eine Basisversorgung gesichert war.[5]

Ende der sechziger Jahre geriet der Wohlfahrtsstaat in die Krise: Je mehr sich dieses Klassenkräfteverhältnis festigte und institutionalisierte, desto deutlicher wurde es zu einer Schranke der Kapitalverwertung, da die in der tayloristischen Arbeitsorganisation liegenden Produktivitätsspielräume sich zu erschöpfen begannen. Hirsch erklärt die Krise des Fordismus damit „im Kern" aus einem „strukturellen Rückgang der Kapitalrentabilität in allen kapitalistischen Metropolen" (Hirsch 1995: 84).

Die darauf folgenden Entwicklungen werden anders begründet: Wesentlich besser als den in Folge der Studentenunruhen von 1968 entstehenden Neuen Sozialen Bewegungen sei es neoliberalen *think-tanks* gelungen, die Kräfteverhältnisse und damit staatliche Politiken zu verändern. So bestand der Ausweg aus der Krise letztlich in einer grundlegenden Umstrukturierung der Arbeits- und Klassenverhältnisse im globalen Maßstab. Im Westen erfolgte nach und nach der Wechsel hin zu einer weitgehenden Flexibilisierung und Deregulierung nicht nur der internationalen Waren-, Finanz- und Kapital-, sondern auch der Arbeitsmärkte. Dies wiederum schuf die Voraussetzungen für die Einführung neuer Produk-

5 Auch im Osten kann von einer Form des Fordismus gesprochen werden, wenngleich es sich hier um eine staatsmonopolistische Variante handelte, die nicht zuletzt daran scheiterte, dass die Ausbildung einer Zivilgesellschaft und damit des konsensualen Moments behindert wurde; der Zwang überwog (Altvater 1991).

tionstechnologien. Hirsch führt aus, „dass die Globalisierung des Kapitalismus als Strategie zur Überwindung der in den siebziger Jahren ausgebrochenen Weltwirtschaftskrise betrachtet werden muss" (Hirsch 1998: 28).

Als zentrale Kritikpunkte am Hegemoniebegriff, wie er in der Regulationstheorie verwendet wird, lassen sich folgende Aspekte herausstellen:

Zwar liegt die Stärke des Begriffs der Hegemonie gerade darin, verschiedene Kräfteverhältnisse erfassen zu können, doch scheint er in der Regulationstheorie immer wieder dahin zu führen, Macht als kohärentes, als einseitiges Verhältnis zu verstehen. Während die Krise im Kern ökonomistisch erklärt wird, wird im Gegensatz dazu der Ausweg aus der Krise als Lösungsstrategie und damit als Ergebnis intentionaler Handlung dargestellt (Borg 2000: 66). Damit kommt es entweder zu einer Reproduktion des alten Basis-Überbau-Schemas oder, durch die absolute Machtzuschreibung einer kapitalistischen Elite in Umbruchssituationen, zu einer tendenziell verschwörungstheoretischen Komponente (Scherrer 1995: 466).

In beiden Fällen, Funktionalismus und Voluntarismus, bedeutet dies: Eine geschlossene Macht unterwirft als machtlos verstandene Subjekte. Damit bleibt die Frage nach dem Subjekt unbefriedigend beantwortet. Entweder werden Menschen auf Träger von Funktionen reduziert, oder das einheitliche, geschlossene Subjekt der Aufklärung zugrunde gelegt, wobei in diesem Fall die Identität als ein für alle mal gegeben und von der Gesellschaft unabhängig angesehen wird.

Die sowohl mit dem funktionalistischen als auch mit dem geschlossenen Subjektbegriff verbundene Vernachlässigung von Identität hat Folgen für den Stellenwert von Antagonismen jenseits von Kapital und Arbeit. Zwar wird formuliert, es handele sich bei diesen nicht um Nebenwidersprüche, da der Kapitalismus ohne sie nicht existieren könne. Erst Anja Ruf (1990) füllte diese Leerstelle, indem sie den Fordismus als eine entfaltete Stufe des weißen Patriarchats bezeichnet, da er weiße Männer zu den einkommensstarken und damit mächtigen Schichten der Lohnarbeitenden gemacht habe, während weiße Frauen und *people of colour* (in den USA, aber auch in Europa) eher der ökonomischen und sexuellen Ausbeutung ausgesetzt gewesen seien – wenn auch auf sehr ungleiche Art und Weise (ebd.: 134f.). Kolonialismus, billige migrantische Arbeit, Frauenarbeit und Zwangsarbeit (im Dritten Reich) – und nicht so sehr männliche, weiße Lohnarbeit, wie es der Mythos glauben machen wolle – seien die wesentlichen Grundlagen der kapitalistischen Entwicklung seit Ende des 19. Jahrhunderts gewesen. Erst eine Verknüpfung der Ausbeutung nach ‚Rasse', Klasse und Geschlecht habe die fordistische Entwicklung ermöglicht: In der weißen Lohnarbeiterklasse reproduzierten sich Rassismus und Sexismus nicht nur, sondern bildeten eine Grundlage der Existenz dieser Klasse: Weiße Männer partizipierten auch in der Arbeiterklasse. Den Regulationstheoretikern fehle in ihrer Interpretation des Fordismus als „Klassenkompromiss" ein grundlegendes Verständnis dieser Ausbeutungsverhältnisse (ebd.: 187f., 230ff.).

Hinzuzufügen ist selbstverständlich, dass nicht nur weiße Männer, sondern alle Weißen und alle Männer aus der „patriarchalen und weißen Dividende" (in Anlehnung an Robert Connell), das heißt aus ihrer relativ privilegierten Position in der Gesellschaft, Nutzen zogen. Doch auch davon abgesehen bleibt Anja Rufs Analyse unbefriedigend. Nicht nur liegt ihr Lösungsansatz in einer essentiellen Gemeinsamkeit aller Frauen, einer *Sisterhood*, begründet, die nur durch den Weltmarkt gespalten sei. Darüber hinaus werden weder bei Ruf noch bei ihren Kollegen rassistisch oder sexistisch motivierte Kämpfe um Hegemonie als verändernde Kraft berücksichtigt. Zwar wird in der Regulationstheorie auf die Bedeutung dieser Herrschaftsverhältnisse immer wieder mal verwiesen, diese dann in der Analyse jedoch negiert, denn: Sämtliche Dynamik der Gesellschaft wird aus der kapitalistischen Produktionsweise erklärt. Somit kommt es lediglich zu einer Überformung traditioneller sexistischer beziehungsweise rassistischer Strukturen. Dies schreibt Sexismus und Rassismus eine ahistorische bis biologistische Grundlage zu, und fragt gerade nicht nach den darin implizierten Machtverhältnissen. Lippenbekenntnisse zur Bedeutung von Sexismus und Rassismus helfen gegen diese Interpretation nicht, sondern allein die Anerkennung dieser Herrschaftsverhältnisse als Kräfte im Kampf um Hegemonie.

Dieser undifferenzierte Umgang mit Antagonismen und Interessenskonflikten ist nur möglich durch das verkürzte Verständnis von Diskurs als herrschender Ideologie. Der Einfluss der Hegemonie und des Alltagsverstandes auf die Konstruktion der Wirklichkeit wird auf ökonomische Kursveränderungen beschränkt; vernachlässigt werden die Ausformungen von Interessen und von Interessengruppen sowie die Wechselbeziehungen zu Identität. Dagegen beschreibt Gramsci Hegemonie eben nicht als monolithische Struktur, sondern als dezentral und nicht strikt verortbar: „questo governo è incorporeo, funziona attraverso milioni e milioni di legami spirituali" – „die Regierung ist unkörperlich und funktioniert durch Abermillionen geistiger Zusammenhänge".[6] Heute ist man versucht, „legami spirituali" mit „Diskursen" zu übersetzen. Zudem legt die theoretisch unbefriedigende Konzeption der Regulation auf der Ebene des Subjekts den Rückgriff auf poststrukturalistische Theorien nahe, da diese weder von autonomen noch von gänzlich unterworfenen Subjekten ausgehen und diskursive Subjektbildungsprozesse erfassen.[7]

6 Ordine Nuovo 1919-20, S. 69ff. = Q13:1; zit. n.. Jablonka 1998:32; eigene Übersetzung.

7 Noch immer muss betont werden: Poststrukturalismus ist nicht mit den postmodernen Theorien von Jean-Francois Lyotard, Paul de Man oder Jean Baudrillard zu verwechseln. Poststrukturalismus baut auf dem französischen Strukturalismus auf, versucht aber, über dessen deterministische Implikationen hinauszugehen.

3 Die Hegemonietheorie von Ernesto Laclau und Chantal Mouffe

Chantal Mouffe und Ernesto Laclau entwickeln in ihrem Buch *Hegemonie und radikale Demokratie* (engl. Original 1985) ihre Theorie „in the twilight world between Gramsci and Derrida“ (Yanarella 1993: 94), um eine diskurstheoretische Neuformulierung einer Politik der Hegemonie zu entwickeln. Die Bindung des Hegemoniebegriffs an die Ökonomie sei inkonsequent; dementsprechend glauben Laclau und Mouffe den Hegemoniebegriff erst konsequent zu entfalten. Bei Gramsci dürfe es letztendlich in jeder hegemonialen Formation immer nur ein *einziges* vereinheitlichendes Prinzip geben, und dies könne nur eine Klasse sein: Auf ein Scheitern der Hegemonie der Arbeiterklasse könne nur eine Rekonstituierung der Macht der Bourgeoisie folgen. Damit aber seien hegemoniale Kämpfe zum einen auf Klassenkämpfe, zum anderen auf ein Nullsummenspiel reduziert: Gewinnt die eine Klasse nicht, gewinnt die andere (Laclau/Mouffe 1985: 105).

Laclau und Mouffe übernehmen Gramscis Ansatz, Politik als Artikulation zu begreifen, das heißt als Verbindung verschiedener Kräfteverhältnisse zur hegemonialen Stellung eines historischen Blocks, und denken ihn auf poststrukturalistischer Grundlage weiter. Dabei verstehen sie unter Artikulation eine Praxis, Knotenpunkte zwischen Elementen zu etablieren, wobei deren Identität als Resultat modifiziert wird (ebd.: 151). Poststrukturalistischen Grundgedanken entsprechend sind für Laclau und Mouffe die Grenzen zwischen den sozialen Identitäten nie endgültig bestimmt, sondern werden aufgrund hegemonialer Verschiebungen stets neu definiert. Die Konstruktion kollektiver Willen und Identitäten sei damit absolut instabil und kontingent. Erst wenn gesellschaftliche Identitäten und Interessen nicht auf jeweils ‚objektive' Bezugsgrößen fixiert würden, sei eine Artikulation denkbar. Der Begriff des „Stellungskrieges“ beinhalte genau diesen Prozesscharakter einer radikalen Transformation.

Da es keine gesellschaftlichen Identitäten gibt, die völlig geschützt vor ihrem diskursiven Äußeren sind (Was ist ein Mann? Was ist eine Frau?), verlieren sowohl die Identitäten als auch die Beziehungen zwischen ihnen ihren zwangsläufigen Charakter (ebd.: 148). Andersherum kann auch kein Element gänzlich unfixiert sein, denn dann hätte es eine in sich geschlossene, vom diskursiven Außen unabhängige Identität; der Essentialismus des Ganzen wäre durch einen Essentialismus der Fragmente und die absolute Notwendigkeit durch absolute Kontingenz ersetzt worden (ebd.: 25). Die Übernahme des Althusserschen Begriffs der Überdeterminierung steht einem solchen Verständnis entgegen: Diskurse und diskursiv konstituierte Identitäten können nicht stabil sein, aber sie sind nicht einfach unfixiert, sondern durch Anrufungen überdeterminiert. Da nie nur eine Anrufung als eine bestimmte Identität besteht, können Elemente, die beispielsweise nicht in der Anrufung als Arbeitskraft enthalten sind, zum Diskurs gehören, der die Geschlechterrolle prägt. Das heißt, die Instabilität und Überdeterminierung von Diskursen folgt daraus, dass Diskurse immer das Ergebnis von Artikulationen sind. Das geht zwangsläufig mit einer Modifizierung ihrer Identität einher, da diese sich aus der relationalen Struktur überhaupt erst ergibt. Die Transformation vom (unfixierten) Element zum (artikulierten) Moment kann jedoch niemals vollendet werden; seine Identität und damit auch die des gesamten Diskurses ist nie gänzlich fixiert, da jedes Element auch Teil eines anderen Diskurses sein kann. Die Diskurse untergraben sich permanent gegenseitig. Nur so werden überhaupt Prozesse der Artikulation und hegemonialer Veränderungen ermöglicht, da nur so Verschiebungen im Diskurs möglich sind (ebd.: 175ff.). Jeder Diskurs stellt dabei einen Versuch dar, das Feld der Diskursivität zu beherrschen, das Fließen der Differenzen aufzuhalten, ein Zentrum zu konstruieren – mit anderen Worten: hegemonial zu werden.

Insofern bestimmt die Logik der Hegemonie als eine Logik der Artikulation und Kontingenz auch die Identität der hegemonialen Subjekte (ebd.: 124). Hieraus folgt zum einen, dass sich Interessen und Identitäten erst durch ihre Artikulation innerhalb des hegemonialen Feldes ergeben. Umgekehrt wird hegemoniale Praxis durch diese Instabilitäten, durch diese Veränderlichkeiten erst ermöglicht. Macht wird damit nicht als eine äußerliche Beziehung gedacht, die sich zwischen zwei prä-konstituierten Identitäten abspielt, sondern Macht konstituiert die Identitäten.

4 Hegemonie als vielschichtiges und vielseitig umkämpftes Verhältnis

Die poststrukturalistische Erweiterung von Antonio Gramscis Hegemonietheorie durch Ernesto Laclau und Chantal Mouffe ermöglicht, über das Nullsummenspiel zwischen zwei Klassen hinauszukommen, welches sich in der üblichen Verwendung des Hegemoniebegriffs ergibt. Rassismus und Sexismus haben darin nur Platz als Auswirkungen eben dieses kapitalistischen Herrschaftsverhältnisses. Die Zustimmung von männlichen Gewerkschaftern zu Kontinuitäten von ökonomischer Diskriminierung in Form von Frauenlohngruppen (früher), Leichtlohngruppen (später) hin zu subtileren Formen (heute) hat darin keinen Platz (Habermann 1999). Privilegien wie die Partizipation der Arbeiterklasse an der wirtschaftlichen Ausbeutung des globalen Südens erscheinen als Zugeständnisse ‚des Kapitals' an die ‚Arbeiterklasse', nicht aber als Ergebnis eines Ringens um Hegemonie im Sinne der Sicherung von Vorteilen einer dazu quer liegenden Gruppe – beispielsweise ‚den Deutschen'. Bezogen auf den Ausbau der EU zu einer ‚Festung Europa' kann dies nicht nur als reine Kapitalstrategie angesehen werden, sondern auch als Sicherung der in der Kolonisation entstandenen – insbesondere, aber nicht nur wirtschaftlichen – Privilegien von EuropäerInnen.

All diese Beispiele verweisen darauf, dass sich Hegemonie nicht auf eine führende Klasse oder Gruppe reduzieren lässt. Laclaus und Mouffes Ansatz einer Verschiebung von Identitäten im Ringen um Hegemonie lässt eine Interpretation dieser sich in der Globalisierung überlagernden Herrschaftsverhältnisse zu, welche deren Verknüpfung aufzeigt. Privilegien, die sich entlang ethnisierter oder vergeschlechtlichter Identitäten ergeben, spielen genauso eine Rolle. Insgesamt kann eine neu gewendete Hegemonietheorie Folgendes ermöglichen:

- Hegemonie dient nicht nur als Erklärungsansatz für die bürgerliche Gesellschaft, sondern für jede soziale Entität und für jedes Herrschaftsverhältnis.
- Das Ringen um Hegemonie findet nicht nur als Ausdruck des kapitalistischen Verhältnisses statt, sondern tendenziell in allen Sphären der Gesellschaft und zwischen allen Formen von Identitäten.
- Privilegien lassen sich nicht auf Vorteile durch die Mehrwertproduktion reduzieren, sondern umfassen viel mehr: sei es der Zugriff auf den weiblichen Körper, eine angenehme Arbeitsteilung oder schlicht das gute Gefühl, zu den *tops* zu gehören.[8]
- Das Streben nach Hegemonie impliziert stets die Abgrenzung einer Identität zu einer oder mehreren anderen – hegemonisierten – Identität(en).
- Durch diesen Prozess werden sowohl die Identitäten und deren Interessen als auch der gesellschaftliche Kontext mit verändert.
- Gegenhegemonie bedeutet das Streben nach Emanzipation. Dies kann zweierlei Gestalt annehmen: Während es meist zunächst auf die Gleichberechtigung innerhalb der gegebenen Verhältnisse zielt, wird eine wirkliche Aufhebung nur in einem Prozess möglich sein, der sowohl die hegemonialen als auch die hegemonisierten Identitäten ihrer binären, das heißt in Abgrenzung zueinander entstandenen, Konstruktionen enthebt. Auch dies impliziert die Veränderung des Kontextes, der nicht unabhängig von den Formen der Identitäten zu denken ist.

Um die Möglichkeiten der Zukunft erahnen zu können, braucht es ein Verständnis der Veränderungen in der Vergangenheit. Dabei zeigt sich, dass Kapitalismus, Sexismus und Rassismus eben über unsere Identitäten miteinander verwo-

---

8 Was mit Menschen geschieht, die völlig willkürlich als *bottoms* definiert werden, beziehungsweise wie unterschiedlich ihr Selbstwertgefühl und ihr Befinden ist, selbst wenn von einem Tag auf den anderen die Rolle von *tops* und *bottoms* getauscht wird, zeigt seit Jahrzehnten in Workshops die US-Amerikanerin Jane Elliot; dokumentiert in dem Film ‚Blue Eyed – Blauäugig' (Deutschland 1996).

ben sind: Kapitalismus und die modernen Nationalstaaten basieren auf der Identität des weißen, männlichen Bourgeois. Dessen theoretischer Ausdruck ist der *homo oeconomicus*. Heute stellt dieser mehr denn je das hegemoniale Ideal dar – wenn auch mit einigen *soft skills* angereichert. An anderer Stelle führe ich aus, wie der *homo oeconomicus* als Grundlage der heutigen Wirtschaftstheorie nicht nur ausschließlich das Stereotyp des weißen, heterosexuellen, gesunden, jungen (etc.) Mannes als Wirtschaftssubjekt abbildet, sondern auch welcher diskursive Zusammenhang zwischen diesem Entwurf und der Konstruktion des Subjekts im Kapitalismus besteht (Habermann 2004). Als Ausschließungen damit verbunden sind die Konstruktionen der ‚Anderen'. Doch heißt das gerade nicht, dass alle weißen Männer Gewinner der Globalisierung wären oder dass Frauen, Schwarze oder Homosexuelle keine Karriere machen könnten – im Gegenteil ist die hegemoniale Bedeutung des *homo oeconomicus* als Rollenmodell so stark geworden, dass er auch für Frauen und *people of colour* Gültigkeit erlangt hat: unabhängig zu sein, flexibel und erfolgreich.

Der *homo oeconomicus* ist zum hegemonialen Leitbild für alle geworden, doch da er in Interaktion mit der Konstruktion des weißen, männlichen Bourgeois entstanden ist, bleibt es für Mitglieder dieser Identität leichter, erfolgreich zu sein. Daraus entstehen Paradoxien. So ist es nicht zufällig, wenn weiße Männer sich tendenziell besser in der Gesellschaft behaupten können, während andererseits Beispiele für den erfolgreichen Aufstieg von Frauen und *people of colour* vorhanden sind.

Das Ideal des rationalen, flexiblen und effizienten Individuums, befreit von reproduktiver Arbeit, gilt nun auch für Frauen. Um ihm aber überhaupt entsprechen zu können, müssen sie zumindest ihre Verantwortlichkeit für Reproduktionstätigkeiten abgeben – denn wenn diese auch nicht mehr zum Ideal der Frau gehören, so werden sie im Postfordismus wie alles, was nicht vom Markt erfasst wird, in die Unsichtbarkeit abgeschoben. In Umkehr zum fordistischen Hausfrauenideal wird so getan, als sei es jeder gut organisierten ‚Familienbetriebsleiterin' möglich, sieben Kinder locker mit einem Doppelberuf zu vereinen.[9] Schaf-

9 Bei den Porträts der Familienministerin Ursula von der Leyen werden auffallend selten ihre Hausangestellten miterwähnt und ebenso wenig, dass sie ihren Beruf als Ärztin schon lange nicht mehr ausführt. Dass Frau von der Leyen die Tochter des ehemaligen niedersächsischen Ministerpräsidenten Ernst Albrecht ist, verweist darüber hinaus auf den öffentlich kaum thematisierten Aspekt einer Häufung von Verwandtschaftsbeziehungen zwischen PolitikerInnen – und damit der Vererbung von Ämtern innerhalb einer Klasse. Ähnlich wie das Phänomen, dass Top-Manager überwiegend von Top-Managern abstammen, ist hier neben dem ‚Vitamin B' sicher der Aspekt des erlernten Habitus beziehungsweise des verkörperlichten kulturellen Kapitals im Sinne Pierre Bourdieus ausschlaggebend. Zudem sind finanzielle Ressourcen notwendig, um den Restriktionen des weiblichen Geschlechts entkommen zu kommen. Der Zusammenhang mit Klasse als sozialer Kategorie ist hier offensichtlich.

fen Frauen dieses Kunststück nicht, und wollen sie trotzdem Karriere machen, so müssen sie jemanden finden, der beziehungsweise die ihre Reproduktionstätigkeiten gegen Bezahlung übernimmt und gleichzeitig weniger verdient als sie selber – sonst lohnt es sich nicht.[10]

Bridget Anderson (2000) weist in ihrer Untersuchung über die Situation von migrantischen Hausangestellten auf ein erschreckendes Phänomen hin: Selbst die Frauen, welche soeben erst von den Reproduktionstätigkeiten befreit wurden, werten diese Form von Arbeit ab. Weiter argumentiert Anderson, dass die hierarchische Beziehung durch die Ethnisierung als ‚natürlicher' empfunden wird – vergleichbar mit der Beziehung zwischen einer ‚Putzfrau' und einem Mann, was auch in diesem Fall häufig als ‚natürliche' Arbeitsteilung angesehen wurde. Arbeitsverhältnisse zwischen Frauen derselben ethnischen Verortung und/oder Nationalität verursachen ein größeres Unbehagen über die im Lohnunterschied implizierte Hierarchie. Eine Hausangestellte, ob als ‚Putzfrau' oder ‚Kindermädchen', reproduziert bei ihrer täglichen Arbeit auch den überlegenen Status ihrer Arbeitgeberin als bürgerlich, sauber und – je mehr diese ethnische Arbeitsteilung zum gesellschaftlichen Faktor wird – weiß. Gleichzeitig reproduziert sie sich selbst dabei als Gegenbild: als Arbeiterin, als dreckig und unterlegen (Anderson 2000: 19f).

Dies zeigt, wie Interessen sich in der Artikulation verschieben können. Aber es zeigt darüber hinaus, wie sich Identitäten in diesen Prozessen herausbilden. Früher wurden Frauen und *people of colour* als nicht rational definiert, heute wird ihnen die Form von Rationalität zugesprochen, die früher ausschließlich für Männer galt. Dahinter steht oft die Vorstellung, die heutigen Identitäten seien als ‚wahre' zu verstehen, während die historischen hegemonialen Vorstellungen ‚falsch' gewesen seien. Tatsächlich sind unsere Identitäten aber nicht vom gesellschaftlichen Kontext und von unseren Beziehungen untereinander unabhängig zu denken.

---

10 Wenn es die gutgebildete Frau ist, deren Situation hier als Beispiel dient, so soll dies nicht den Eindruck erwecken, als seien Frauen nicht auch vielfach Verliererinnen der Globalisierung, da sie nach wie vor überwiegend auf schlecht bezahlte Stellen abgedrängt werden. So gehört es auch zu den Erfahrungen des Herbstes 2005, dass Medizin-StudienanfängerInnen in Essen gegenüber – wie mir eine von ihnen erzählte – der überproportionale Anteil von Frauen (aufgrund ihrer besseren Abiturnoten) problematisiert wird, da diese später dem Arbeitsmarkt nicht voll zur Verfügung stünden. Dagegen zeugt die Tatsache, dass die Mittelstandsfrau in der Literatur in den Blickpunkt geraten ist (u.a. Young 1999/2000, Anderson 2000, Hess/ Lenz 2001), vor allem von der nach wie vor gegebenen Ignoranz von Männern, sich mit ihrer eigenen Verstrickung in Herrschaftsverhältnisse überhaupt nur zu beschäftigen; Standard ist stattdessen der feministische ‚Extra-Keks' in Veröffentlichungen oder auf Konferenzen, womit selbst heute noch nicht nur eine Frau, sondern immer noch oft genug die einzige beauftragt wird (Koller-Tejeiro 2003; Brenssell/Habermann 2001).

Laclau und Mouffe liefern solche Ausführungen allerdings nicht mit. Sie bleiben in ihren Überlegungen abstrakt, anstatt aufzuzeigen, wie das Ökonomische diskursiv und politisch-hegemonial konstituiert wird und in Beziehung zu anderen Diskursen tritt (Scherrer 1995). Stuart Hall, der sich ebenfalls auf den Artikulationsbegriff bezieht, buchstabiert diese Mikroprozesse in vielen Beispielen seiner Cultural Studies aus, indem er auf kulturelle Praktiken als Orte der mikropolitischen Umsetzung hegemonialer Kämpfe fokussiert. Leider beruft er sich allerdings auf eine frühere Version des Artikulationsbegriffs von Ernesto Laclau (1977), welcher den identitätsverschiebenden Aspekt noch nicht impliziert (u.a. Hall 1985).

Die Auslassungen bei Laclau und Mouffe sind ganz wesentlich darauf zurückzuführen, dass ihre Diskurstheorie vornehmlich auf Kontingenz ausgerichtet ist und trotz gegenteiliger Bekundungen jegliche Form von Stabilität unterbelichtet bleibt, insbesondere in Bezug auf Identitäten. Das Anliegen materialistischer Theorie besteht jedoch gerade darin, durch eine gesamtgesellschaftliche Betrachtungsweise zu klären, warum durch kontingentes Handeln immer wieder Variationen derselben Notwendigkeiten und Strukturen neu produziert und bestätigt werden. Die Betonung der Instabilität bei Laclau und Mouffe widerspricht der empirisch wahrzunehmenden Langlebigkeit vieler Phänomene, auch entlang der Linien Geschlecht und *race*. So entstehen neue und bleiben alte blinde Flecke. Judith Butlers Erklärung unserer Identitäten als nicht essentialistisch, aber auch nicht willkürlich wechselbar, füllt hier eine Leerstelle in Laclaus und Mouffes Ansatz (Butler/Laclau/Žižek 2000).

Patriarchat, Kapitalismus und *whiteness* verschränken sich demnach nicht nur als unabhängige Variablen einer Gleichung, sondern dieses Patriarchat, dieser Rassismus und dieser Kapitalismus werden erst in ihrer Artikulation konstituiert – genauso wie unsere Identitäten. Dieser Gedanke birgt utopisches Potenzial. Wenn Geschlecht eine Geschichte hat, wenn die ‚menschliche Natur' eine Geschichte hat, dann gibt es auch eine Zukunft, die völlig anders aussehen kann.

„Wir müssen die Welt nicht erobern, es reicht, sie neu zu erschaffen" – mit diesem Aufruf der Zapatistas aus Chiapas in Mexiko, gerichtet gerade an marginalisierte Identitäten – Indigene, Frauen, Alte, Homosexuelle, etc. –, wurden emanzipatorische Bewegungen aus allen Erdteilen zusammen gerufen und so der Beginn der Globalisierungsbewegung eingeleitet. Die Menschen, die hier aktiv geworden sind, glauben nicht mehr daran, dass alles gut würde und wir noch dieselben blieben, wenn wir nur an die Macht kämen, um den Kapitalismus abschaffen zu können. Es ist eine neue Bewegung, die aus der Geschichte gelernt hat und die sich der Unterdrückungsmechanismen untereinander bewusst ist. Wir glauben, dass wir uns miteinander entwickeln müssen, um die Welt verändern zu können. Wenn wir aber in unseren Diskussionen in Gefahr stehen, die Verquickung von Herrschaftsverhältnissen wieder aus dem Blick zu verlieren, dann zeugt dies davon, dass die Theorien hinter den bereits gelebten Praktiken zurückbleiben. Es ist höchste Zeit, die Hegemonien und Gegenhegemonien in ihrer Verwobenheit theoretisch zu erfassen.

Literatur

Altvater, Elmar (1992): Die Zukunft des Weltmarktes. Ein Essay über die Regulation von Geld und Natur nach dem Scheitern des ‚real existierenden Sozialismus'. 2. durchges. Aufl. Münster: Westfälisches Dampfboot

Anderson, Bridget (2000): Doing the Dirty Work? The Global Politics of Domestic Labour. London , New York: Zed Books

Borg, Erich (2001): Projekt Globalisierung. Soziale Kräfte im Konflikt um Hegemonie. Hannover: Offizin

Brenssell, Ariane/Habermann, Friederike (2001): Von Keksen und Kapitalismus. Intervention gegen ‚männlichen' Universalismus in Theorien zum Neoliberalismus. In: Candeias/Deppe (2001): 241-264

Butler, Judith/Laclau, Ernesto/Žižek, Slavoj (2000): Contingency, Hegemony, Universality. Contemporary Dialogues on the Left. London, New York: Verso

Candeias, Mario/Deppe, Frank (Hrsg.) (2001): Ein neuer Kapitalismus? Akkumulationsregime – Shareholder Society – Neoliberalismus und Neue Sozialdemokratie. Hamburg: VSA

Charusheela, S. (2004): Postcolonial Thought, Postmodernism, and Economics. Questions of Ontology and Ethics. In: Zein-Elabdin/Charusheela (2004): 40-58

Connell, Robert W. (1999): Der gemachte Mann. Konstruktion und Krise von Männlichkeiten. Opladen: Leske und Budrich

Esser, Josef/ Görg, Christoph/ Hirsch, Joachim (1994): Politik, Institutionen und Staat. Zur Kritik der Regulationstheorie. Hamburg: VSA

Gramsci, Antonio (1991-2002): Gefängnishefte. Hrsg. v. Klaus Bochmann u. Wolfgang Fritz Haug (it. Orig. 1926-1937). Hamburg, Berlin: Argument

Habermann, Friederike (1999): Mythen in Lohntüten. Frauenarbeit gilt immer noch als „Zuverdienst" und wird entsprechend niedrig bewertet. In: MännerWirtschaft. Dossier der Jungle World Nr. 10 vom 3. März 1999: 15-16

Habermann, Friederike (2004): Economic Man – Superstar. Identities, Hegemonies and Economic Theory. Vortrag gehalten auf der Konferenz „Central and Eastern Europe: A feminist economic dialogue on transition and EU-enlargement" der International Association for Feminist Economics (IAFFE) am 4.-7. August 2005 in Oxford

Hall, Stuart (1985): Postmoderne und Artikulation. Ein Interview mit Stuart Hall. Zusammengestellt von Lawrence Großberg. In: Hall (2000): 52-77.

Hall, Stuart (2000): Cultural Studies. Ein politisches Theorieprojekt. Ausgewählte Schriften, Bd. 3. Hrsg. von Nora Räthzel. Hamburg: Argument

Hantel-Quitmann, Wolfgang /Kastner, Peter (Hrsg.): Der globalisierte Mensch. Wie die Globalisierung den Menschen verändert. Gießen: Psychosozial-Verlag

Hess, Sabine/Lenz, Ramona (2001): Das Comeback der Dienstmädchen. Zwei ethnographische Fallstudien in Deutschland und Zypern über die neuen Arbeitgeberinnen im Privathaushalt. In: Hess/Lenz (2001): 128-161

Hess, Sabine/Lenz, Ramona (2001): Geschlecht und Globalisierung. Ein kulturwissenschaftlicher Streifzug durch transnationale Räume. Königstein: Ulrike Helmer

Hirsch, Joachim (1994): Politische Form, politische Institutionen und Staat. In: Esser/Görg/Hirsch (2003): 157-211

Hirsch, Joachim (1995): Der nationale Wettbewerbsstaat. Staat, Demokratie und Politik im globalen Kapitalismus. Berlin: ID-Archiv

Hirsch, Joachim (1998): Vom Sicherheitsstaat zum nationalen Wettbewerbsstaat. Berlin: ID-Archiv

Hirschfeld, Uwe (Hrsg.) (1998): Gramsci-Perspektiven. Berlin, Hamburg: Argument

Jablonka, Frank (1998): War Gramsci ein Poststrukturalist ‚avant la lettre'? Zum linguistic turn bei Gramsci. In: Hirschfeld (1998): 23-36

Jones, John P. et al. (Hrsg.) (1993): Postmodern Contentions. Epochs, Politics, Space. New York, Cambridge, Oxford: Guildford Press

Klinger, Cornelia (2003): Ungleichheit in den Verhältnissen von Klasse, Rasse und Geschlecht. In: Knapp/Wetterer (2003): 14-39

Knapp, Gudrun-Axeli/Wetterer, Angelika (Hrsg.) (2003): Achsen der Differenz. Gesellschaftstheorie und feministische Kritik II. Münster: Westfälisches Dampfboot

Koller-Tejeiro, Yolanda (2004): Die Folgen der Globalisierung aus Gender-Perspektive. In: Hantel-Quitmann/Kastner (2004): 67-93

Laclau, Ernesto (1977): Politik und Ideologie im Marxismus. Kapitalismus – Faschismus – Populismus. Berlin: Argument

Laclau, Ernesto/Mouffe, Chantal (2000): Hegemonie und radikale Demokratie. Zur Dekonstruktion des Marxismus. 2. durchges. Aufl. Wien: Passagen

McClintock, Anne (1995): Imperial Leather. Race, Gender and Sexuality in the Colonial Conquest. London, New York: Routledge

Patel, Rajeev/Friederike Habermann (2001): Fashion, Models and Colorblindness in Feminist Economics" (http://www.voiceoftheturtle.org/raj/Fashion,models&colorblindness.pdf., 05.05.2006)

Ruf, Anja (1990): Frauenarbeit und Fordismus-Theorie. Frankfurt/Main (Diss.).

Scherrer, Christoph (1995): Eine diskursanalytische Kritik der Regulationstheorie. In: Prokla 25 (1995): 457-482

Yanarella, Ernest J. (1993): Whither Hegemony? Between Gramsci and Derrida. In: Jones (1993): 65-98

Young, Brigitte (1999/2000): Die Herrin und die Magd. Globalisierung und die Re-Konstruktion von ‚class, gender and race'. In: Widerspruch 19 (1999/2000): 47-59

Zein-Elabdin, Eiman O./Charusheela, S. (Hrsg.) (2004): Postcolonialism Meets Economics. London, New York: Routledge

Was heißt globale Gerechtigkeit aus feministischer Perspektive?[1]

Regina Kreide

Der Lebensstandard von Frauen weltweit unterscheidet sich noch erheblich von dem der Männer. 70% aller Armen in der Welt sind Frauen, in den Parlamenten der Welt sitzen im Durchschnitt nur 16,4% weibliche Abgeordnete, zwei Drittel aller Analphabeten sind weiblich und nach Schätzungen der UN werden jährlich mindestens zwei Millionen Mädchen und Frauen genital verstümmelt (Uta Ruppert 2003). Diese Daten sind symptomatisch für Ungerechtigkeiten, denen Frauen immer noch weltweit ausgesetzt sind – so zumindest könnte man argumentieren. Schnell aber stößt man dabei auf Vorbehalte. Denn man müsste näher bestimmen können, was *globale* Gerechtigkeit heißt und was dies aus *feministischer* Per-spektive bedeutet. Schon diese Fragen aber werden bei nicht wenigen Gerech-tigkeitstheoretikerInnen Stirnrunzeln und bei vielen Feministinnen allenfalls ein müdes Lächeln hervorrufen.

Welchen Sinn hat eine Theorie globaler Gerechtigkeit, wenn sie gegenüber den beteiligten Parteien nicht ‚neutral' ist, sondern durch eine spezifische Perspektive eingeschränkt wird? Und welchen Sinn macht eine universalistische Theorie, die den Blick für die unterschiedlichen Lebenssituationen und die vielfältigen Handlungspotenziale von Frauen verstellt? Und drittens muss man sich fragen, was normative Theorien leisten, die nahezu ‚machtvergessen' durchaus wünschenswerte gesellschaftliche Zustände legitimieren, dann aber recht vage bleiben, wenn es um die ‚Implementierung' dieser Vorstellungen in der realen Welt geht.

Schon allein diese drei Einwände wiegen schwer. Dennoch werde ich hier versuchen, die genannten Kritikpunkte auszuräumen und die Umrisse einer Konzeption feministischer globaler Gerechtigkeit zu skizzieren, die diese Einwände entkräftet. Dabei werde ich zunächst Positionen diskutieren, die sich gegen spezifisch *feministische* Gerechtigkeitsansätze richten und dann im Anschluss daran

---

1 Allen TeilnehmerInnen der Tagung des Arbeitskreises Politik und Geschlecht „Soziale Gerechtigkeit im Zeichen gesellschaftlichen und politischen Strukturwandels – feministische Perspektiven" danke ich für die hilfreichen kritischen Rückfragen und Anmerkungen, Ursula Degener und Beate Rosenzweig darüber hinaus noch für ihre wertvollen schriftlichen Hinweise und weiterführenden Kommentare.

jene, die eine *globale* Ausrichtung von Gerechtigkeit für unplausibel erachten. Vor dem Hintergrund dieser Weichenstellungen werde ich drittens einen Vorschlag unterbreiten, wie man globale Gerechtigkeit aus feministischer Perspektive verstehen kann – und meiner Meinung nach verstehen sollte. Eine prozedurale, *gender-sensitive* Gerechtigkeitskonzeption, die sensibel ist für negative Auswirkungen politischer und globaler ökonomischer Verhältnisse, denen besonders Frauen und andere soziale Minderheiten ausgesetzt sind, ist für diese Anforderungen, so werde ich zeigen, besonders gut gewappnet.

1 Warum keine *feministische* Perspektive globaler Gerechtigkeit?

Ein Teil der ‚GegnerInnen' einer *feministischen* globalen Gerechtigkeitstheorie argumentiert nicht unbedingt gegen die *globale* Ausrichtung einer Gerechtigkeitstheorie, ist aber der Ansicht, dass es keiner wie auch immer verstandenen *feministischen*, für ‚spezifische' Unterdrückungen einer gesellschaftlichen Gruppe sensitiven Sicht auf Gerechtigkeit bedürfe. Eine solche ‚spezielle' Gerechtigkeitskonzeption schwäche nur die Idee einer ‚neutralen' Bewertung von Gerechtigkeitsproblemen und mache die Konstruktion verallgemeinerbarer Gerechtigkeitsprinzipien unmöglich. Schließlich sei dem Begriff der Gerechtigkeit die Bedeutung inhärent, die Interessen aller Beteiligten gleichermaßen zu berücksichtigen. Darin drücke sich gleicher, wechselseitiger Respekt füreinander aus – eine ganz entscheidende Errungenschaft der Aufklärung.[2] Meine Vorbehalte stellen nicht die Bedeutung wechselseitigen Respekts als normative Grundlage der Gesellschaft in Frage, aber sie richten sich gegen eine ‚geschlechtsneutrale' Deutung der Gerechtigkeitstheorie.

Eine erste Kritik betrifft die unterstellten wissenschaftstheoretischen Annahmen. Wenn man Gerechtigkeitstheorien aus ‚feministischer Perspektive' betrachtet, kann man dies auf mindestens zweierlei Weise tun. Zum einen kann die gesellschaftliche Situation von Frauen zum *Objekt* der Forschung werden. Für eine Gerechtigkeitstheorie bedeutet dies, dass die Kriterien dafür, was in den Bereich der Gerechtigkeit fällt und was nicht, und nach welchen Prinzipien Institutionen als gerecht oder ungerecht beurteilt werden, von einem unvoreingenommenen Standpunkt aus entwickelt werden sollten. Die Interessen von Frauen, Armen, Angehörigen ethnischer und anderer Minderheiten werden dann neben anderen auch berücksichtigt.

2 Prominent und in Abgrenzung zu feministischen Gerechtigkeitskonzeptionen hat Ruth Anna Putnam die Position einer ‚neutralen' Gerechtigkeitskonzeption in ihren Arbeiten vertreten (Putnam 2000)

Zum anderen kann eine ‚feministische Perspektive' in der Gerechtigkeitstheorie auch bedeuten, von Anbeginn an eine *Subjektperspektive* einzunehmen und mit einem *gender-sensitiven Blick* (der auch sensibel ist für Klasse, ethnische Herkunft, sexuelle Vorlieben und religiöse Überzeugungen) gesellschaftliche Probleme zu analysieren – einem Blick, der geübt ist im Aufspüren öffentlicher und privater asymmetrischer Macht- und Herrschaftsverhältnisse. Dabei spreche ich hier nicht von einer Perspektive, die das Subjekt im ‚objektivierenden Visier' hat. Vielmehr bleibt die Analyse der Ungerechtigkeit auf die Erfahrungen der Betroffenen angewiesen.

Ein zentrales Argument gegen die erste Auffassung, die sich vor allem im Kontraktualismus findet, wurde bereits vor einiger Zeit vorgebracht: In der hypothetischen Begründungssituation des Kontraktualismus wird die Grenzziehung zwischen dem Privaten und dem Öffentlichen festgeschrieben, so dass kei-ne Möglichkeit besteht, die Forderung nach mehr oder anderen Öffentlichkeiten zu realisieren (vgl. Benhabib 1992). Die geschlechtsneutrale kontraktualistische Position leidet unter einer ‚Unsensibilität' für bestehende Macht- und Unterdrückungsverhältnisse, die zu Lasten einiger sozialer Gruppen geht.

Ein zweiter Einwand knüpft unmittelbar an das zuvor Gesagte an und betrifft die häufig in Politikwissenschaft und Philosophie anzutreffende ‚Arbeitsteilung' zwischen einer deskriptiven sozialwissenschaftlichen Darstellung einerseits und der normativen philosophischen Bewertung bestehender Macht- und Herrschaftsverhältnisse andererseits. Diese Aufgabentrennung hat erhebliche Nachteile. Damit verliert die normative Theorie den Bezug zu den wandelbaren, faktisch auftretenden Unterdrückungs- und Dominanzverhältnissen, und gleichzeitig geht der empirischen Forschung ein expliziter, begründeter Maßstab zur Beurteilung ihrer Untersuchungen verloren. Eine kritische feministische Gerechtigkeitstheorie sollte daher idealerweise die entsprechenden begrifflichen und methodischen ‚Werkzeuge' besitzen, um sowohl die interne Perspektive sozialer Akteurinnen, ihre Erzählungen und Einschätzungen als auch die existierenden makroökonomischen und politischen Verhältnisse, denen Frauen weltweit unterworfen sind, rekonstruieren und analysieren zu können. Und sie sollte zugleich gerechtfertigte, überprüfbare Kriterien der Beurteilung dieser Verhältnisse anbieten, die es erlauben, gesellschaftliche Zustände als gerecht oder ungerecht zu identifizieren.

Es ist daher vor allem die zweite Perspektive, die für eine kritische Analyse pluraler Lebenssituationen von Frauen unter Gerechtigkeitsgesichtspunkten relevant ist. Sie verbindet die subjektive Erfahrungsperspektive mit der Analyse struktureller Effekte politischer und wirtschaftlicher Rahmenbedingungen.

Bevor ich näher auf eine sozialwissenschaftlich fundierte Rekonstruktion globaler Herrschafts- und Unterdrückungsverhältnisse eingehe, möchte ich zunächst ein wesentliches Argument der Gegnerinnen einer *globalen* Gerechtigkeitsperspektive diskutieren.

2 Was spricht gegen eine *globale* Gerechtigkeitskonzeption?

Im Zuge der Globalisierungsprozesse, die die internationale Ordnung und unsere alltägliche Lebenswelt verändern, hat sich auch die Gerechtigkeitstheorie ‚globalisiert'. Gerechtigkeit wurde lange Zeit ausschließlich im nationalstaatlichen Rahmen diskutiert – vor dem Hintergrund einer überschaubaren Bevölkerungsgröße, eines klar definierten Staatsangehörigkeitsrechts, der Annahme geteilter Werte und Normen und einigermaßen funktionierender Institutionen, die Rechtsansprüche auf gleichberechtigte politische Mitbestimmung, auf soziale Sicherheit, Zugang zu Ämtern und Versorgungsinstanzen verwirklichen können. Mittlerweile ist die Gerechtigkeitsdebatte um die transnationale Komponente erweitert worden. Gerechtigkeitstheorien müssen nun nicht mehr nur eine Antwort auf die Frage geben, was innergesellschaftliche Gerechtigkeit bedeutet und wie sie hergestellt werden kann. Hinzugekommen sind Überlegungen, wie gerechte Beziehungen zwischen Staaten und deren Bürgern sowie zwischen den Bürgern verschiedener Staaten aussehen sollten. Mit anderen Worten: Es geht nicht mehr nur um die Frage, was in Abgrenzung zur Moral in den Bereich der Gerechtigkeit fällt (Recht, Institutionen, Ressourcenverteilung) und auch nicht mehr nur um die inhaltliche Ausrichtung einer Gerechtigkeitstheorie (Gesundheit, Bildung und Erziehung, ökonomische Güter, politische Partizipation, etc.). Vielmehr steht nun auch der Bezugsrahmen zur Diskussion und die Frage, ob Gerechtigkeitsprinzipien transnationale Reichweite haben sollten, wer welche Gerechtigkeitsansprüche geltend machen darf und, analog dazu, wer die Verpflichtung besitzt, diese Ansprüche zu erfüllen (vgl. Fraser 2005).

In den letzten Jahren sind eine Reihe Studien verfasst worden, in denen verschiedene Ansätze *globaler Gerechtigkeit* vorgeschlagen werden (O'Neill 2000, Pogge 2002). Sie teilen, bei allen Unterschieden, die Diagnose, dass Menschen nicht allein innerhalb ihrer Rechtsgemeinschaft den unterschiedlichsten Ausprägungen ungerechtfertigter Beherrschung ausgesetzt seien, sondern dass dies ebenso durch internationale ökonomische und politische Regelsysteme geschehe. Entsprechend gehen die AutorInnen von der Annahme aus, dass es normativ sinnvoll sei, eine Gerechtigkeitskonzeption mit universellem Geltungsanspruch zu verteidigen: In einer ungerechten institutionellen Umgebung könne es keine gerechten innergesellschaftlichen Verhältnisse geben. Die Idee universeller Gerechtigkeitsprinzipien und -verpflichtungen hat erheblichen Widerstand in der akademischen Welt hervorgerufen. Ich möchte mich auf einen besonders prominenten Einwand gegen die Vorstellung globaler Gerechtigkeit konzentrieren.

Inzwischen ist die These des „radikalen Feminismus", dass jede gegenüber Frauen verübte Unterdrückung und Diskriminierung auf universell patriarchale Gewalt zurückzuführen sei (Morgan 1984), überzeugend durch Ansätze postkolonialer Theorien widerlegt. Diese machen geltend, dass die Unterdrückung von Frauen viele Ursachen haben kann: das postkoloniale Erbe erzwungener Anpassung an westliche Normen ebenso wie die anhaltende neokoloniale Bevormundung auf ökonomischem, politischem, sozialem, kulturellem und wissenschaftlichem Gebiet, die sich auch in externer, ‚westlicher' feministischer Kritik an ‚nicht-westlichen' kulturellen Praktiken ausdrückt (vgl. Kerner 2005).

Ausgehend von dieser Einsicht hat inzwischen ein Ansatz an Popularität gewonnen, der die Nachteile einer globalen neokolonialen Perspektive zu umgehen glaubt, ohne auf eine Kritik an kulturell verankerten diskriminierenden Praktiken verzichten zu müssen. Diese Herangehensweise, die ich hier *Ungerechtigkeit durch lokale Kultur und Politik* nennen möchte, wird durch die ansonsten so unterschiedlichen Autorinnen wie Susan Moller Okin, Elisabeth Beck-Gernsheim und Necla Kelek vertreten (Okin 1989, 1999; Beck-Gernsheim 2004, Kelek 2005, kritisch dazu Jaggar 2005). Gemeinsam ist diesen Theoretikerinnen die These, dass das Leiden von Frauen in Entwicklungsländern maßgeblich auf kulturelle Praktiken und deren Duldung oder sogar Förderung durch nationalstaatliches Recht zurückzuführen sei beziehungsweise in Ländern des Nordens auf aus kulturellen, von Immigranten „importierte" demütigenden und Autonomie raubenden Praktiken resultiere, die ebenfalls von staatlicher Seite ignoriert wer-den (‚Einschließen', Zwangsverheiratung). Mit diesem Ansatz sind zwei Schwierigkeiten verbunden:

Zum einen sind Kulturen keine vollständig abgeschlossenen Gebilde, sondern Normen- und Wertesysteme, die in Interaktionsprozessen mit dem „Anderen" entstehen und sich auf diese Weise verändern (Benhabib 1995: 26ff.). Sie sind daher nur schwer eindeutig als *lokal* auszumachen. Vielmehr ist ihre Herkunft nicht immer klar zu bestimmen, und nicht selten wurden bestimmte Praktiken als Mittel des politischen Widerstandes gegen das herrschende koloniale Regime erst wiederbelebt. (Rommelspacher 2002: 117). Und wenn beispielsweise chinesische Unternehmen auf dem Weltmarkt damit werben, dass ‚asiatische' Frauen leicht zu führen, hart arbeitend, genügsam und willig seien, ist schwer zu sagen, ob dies tatsächlich einem *spezifisch* kulturell geprägten Vorurteil entspringt (Jaggar 2005: 52).

Zum anderen erscheint es unzureichend, die Unterdrückung von Frauen in erster Linie kulturellen Traditionen zuzuschreiben. Viele Anzeichen sprechen dafür, dass *ökonomische Systemerfordernisse* wichtige Faktoren darstellen –

Faktoren zudem, die ebenfalls nicht vollständig in nationalstaatlichen Regelungen aufgehen. Daher scheint es angebrachter, hier von einer Kultur *globaler ökonomischer Repression* zu sprechen. Es sind *internationale* Regeln und Normen, die einen entscheidenden und häufig unterschätzten Einfluss auf die innergesellschaftliche Ordnung und die Lebenssituation von Frauen haben. Die Ausweitung der Exportwirtschaft der Entwicklungsländer etwa, vorangetrieben durch Strukturanpassungsprogramme, macht kleine landwirtschaftliche Betriebe unrentabel und entzieht den vorwiegend weiblichen Kleinbauern die Subsistenzgrundlage (Elson 2002: 92-95; Young 2003, 111ff.).

Feministische Theoriebildung bedarf der kritischen Analyse internationaler Regelsysteme, der damit ausgeübten politischen Herrschaft und der Auswirkungen auf das Leben von Frauen weltweit. Dafür ist die Beschreibung der Unterdrückungsverhältnisse, der Marginalisierung und Diskriminierung von Frauen durch die ungerechte internationale Ordnung vonnöten. Diese Darstellungen müssen bei den Betroffenen beginnen; nur aus ihrer Perspektive erhalten wir ein angemessenes Bild von erlebten Ungerechtigkeiten.[3]

3 Aspekte einer globalen Gerechtigkeitstheorie

Über welche Formen globaler Ungerechtigkeit wir hier eigentlich sprechen, möchte ich zumindest tentativ anhand von vier gender-sensitiven Ungerechtigkeitsaspekten skizzieren. Die Arbeit von Iris Marion Young (1996) hat hierbei Patin gestanden. Unterdrückungsformen sollen vor dem Hintergrund einer globalisierten Welt und aus der Perspektive der Gerechtigkeit analysiert werden. Dabei werde ich mich auf sozialwissenschaftlich fundierte Rekonstruktionen von Ungerechtigkeitserfahrungen stützen, deren Ursachen auch in internationalen Regelsystemen zu suchen sind. Die Ungerechtigkeitsanalysen sollen sowohl Aufschluss über die Stratifizierung des gesellschaftlichen Kontextes und die Effekte internationaler Finanz- und Wirtschaftsregeln auf die innergesellschaftlichen Verhältnisse geben als auch Einblicke in die subjektiven Einschätzungen dieser Auswirkungen und deren Verarbeitung im langjährigen politischen Kampf der Frauen vor Ort.

---

3 Vgl. Chandra Talpade Mohantys methodologischen Ansatz in „'Under Western Eyes' Revisited..." 2003, 231-236. Ihrer Meinung nach besitzen die von negativen Globalisierungsprozessen betroffenen Frauen einen epistemisch privilegierten Zugang zu den marginalisierten Gemeinschaften, in denen sie leben.

3.1 Gender-sensitive Ungerechtigkeit

Die hier vorgeschlagene ‚Liste' geschlechtsspezifischer Ungerechtigkeiten beansprucht keineswegs, vollständig zu sein; vielmehr bedürfte sie der Erweiterung und der tiefer gehenden empirischen Sättigung der einzelnen Aspekte. Nichtsdestotrotz führt sie offenkundige Ungerechtigkeiten vor Augen, die als Folge verschiedener Facetten der Globalisierung auftreten: ökonomische Ausbeutung, verlustreiche Mobilität, kulturelle Unsichtbarkeit und politische Marginalisierung.

3.1.1 Ökonomische Ausbeutung

Der marxistischen Lehre zufolge versteht man unter Ausbeutung, dass sich die Eigentümer der Produktionsmittel durch Verkauf des hergestellten Produktes auf Kosten der Arbeiter bereichern, da diese nur für die entrichtete Arbeit entlohnt und nicht am Gewinn beteiligt werden. Die kapitalistische Gesellschaft lässt sich demnach als inhärent ungerecht verstehen, da manche Menschen keine andere Alternative besäßen, als ihre Fähigkeiten allein für die Ziele und Vorteile anderer zu entwickeln und einzusetzen (Young 1996: 113). Die neoliberale Ideologie wirtschaftlicher Entwicklung, die seit dem *Washington Consensus* von den internationalen Wirtschafts- und Finanzorganisationen propagiert und zum Leitfaden für Kreditvergabe und Entwicklungshilfe wurde, bereitet den Boden für die systematische Ausbeutung, die wir gegenwärtig beobachten können:

Ein aggressiver Konkurrenzkampf der Konzerne um Marktanteile, Aktiengewinne und den Marktwert des Unternehmens, der neben den Produkten selbst zur Handelsware geworden ist (Plumpe 2005: 15), lässt trotz der teilweise enormen Ausgaben für werbewirksame Aktionen und der viel diskutierten hohen Managergehälter die Gewinne kräftig steigen (Erklärung von Bern 2004: 4-5). Für die Arbeiterinnen, etwa in den textilverarbeitenden Fabriken Südostasiens, Lateinamerikas oder Chinas, bedeutet der unerbittliche Wettbewerb eine Erhöhung von Produktionsvorgaben in schneller Abfolge, Zwangsüberstunden, damit Bestellungen termingerecht für den Export erfüllt werden können und einen Stundenlohn, von dem sie nicht die nötigsten Grundbedürfnisse befriedigen können (Emcke 2004: 85).

Zwar schuf auf der einen Seite die Öffnung der Märkte zahlreiche Jobs im Niedriglohnbereich, für die bevorzugt Frauen angeworben wurden (Young 2003: 108f.). Andererseits trafen die verordneten Einschnitte im Erziehungs- und Gesundheitswesen, bei der Transport- und Verkehrssubventionierung und der Wasserversorgung vor allem Frauen der Unterklasse und Angehörige von ethnischen

Minderheiten, die der umfassenden zeitlichen Kontrolle ihres Arbeitgebers ausgeliefert sind und den Löwenanteil an Haus- und Fürsorgearbeit leisten (Bakker/Gill 2003: 32ff.; Young 2003: 109). Als Folge davon wuchs die Ungleichheit zwischen privilegierten Frauen, die auf eine private Haushalts-, Kinderbetreuungs- und Altenpflegehilfe zurückgreifen können und jenen Frauen, die auf dem arbeitsrechtlich unsicheren Gebiet der privatisierten Fürsorge ihre Arbeitskraft anbieten müssen (Lenz/Schwenken 2002: 152).

Zudem setzte mit der rapide ansteigenden Staatsverschuldung eine vermehrte Abhängigkeit der Entwicklungsländer vom Import konvertierbarer Währungen ein. Die Entwicklung einer ‚globalen Service-Industrie' (Sassen 2000, Young 2003: 116) ließ die Arbeit von MigrantInnen – hauptsächlich Frauen – im wohlhabenden Ausland für das jeweilige Land besonders attraktiv werden.[4] MigrantInnen, die illegal und unsichtbar ihre Leistungen anbieten, wurden nicht nur zu einem entscheidenden Faktor in der Kosten- und Zeitkalkulation gut situierter Familien mit doppeltem Einkommen. Für die Herkunftsstaaten tragen sie auch zur Verbesserung der internationalen Wettbewerbsfähigkeit des Staates bei, da sie Devisen erwirtschaften und zugleich indirekt dazu beitragen, die wohlfahrtsstaatlichen Kürzungen auf einem erträglichen Niveau zu halten: in den Industrieländern, indem sie als billige Fürsorgekräfte arbeiten und in den Herkunftsländern, indem sie Geld für noch billigere private Kinder- und Altenbetreuung in ihren Familien bereitstellen. Diese „internationale Fürsorgekette" (Parreñas 2001), an deren Ende die Kinder der Ärmsten der Armen völlig ohne Betreuung bleiben müssen, weist eine höchst ungleiche Lastenverteilung auf, die durch die neoliberale Politik der Wirtschafts- und Finanzinstitutionen zwischen den Geschlechtern, aber auch zwischen privilegierten Frauen und jenen, die sich aus sozialer oder ethnischer Sicht in einer verletzbaren Position befinden, noch verstärkt wird. Sie zeigt, in welchem Ausmaß internationale Regeln Handlungsoptionen vorgeben und beeinträchtigen.

3.1.2 Verlustreiche Mobilität

Das führt uns zu einem zweiten Aspekt globaler Ungerechtigkeit, den negativen Begleiterscheinungen geforderter geographischer Mobilität, denen sich nicht nur Wirtschaftseliten, sondern auch ArbeiterInnen ausgesetzt sehen. Die in den Industrieländern eine Zeit lang gefeierte biographische Freiheit verkehrt sich zusehends in einen Zwang zur Ungebundenheit. Ein global fast einheitliches Anfor-

4 65% aller MigrantInnen aus Indonesien sind Frauen, ähnlich hoch liegt der Anteil der Frauen bei philippinischen MigrantInnen im Unterhaltungsbereich und in der Hausarbeit (Young 2003: 116).

derungsprofil verlangt, dass Ortswahl, Art der Arbeit, Bezahlungsvorstellungen und zeitliche Arbeitsbelastungen flexibel gehandhabt werden, was Freundschaften, Liebesbeziehungen, Familiengründungen und deren Pflege einem enormen Belastungsdruck aussetzt (Hartmann/Honneth 2004).

So genannte ‚Solo-Selbstständige' scheinen den Flexibilitätsanforderungen auf den ersten Blick gut gewachsen zu sein, da sie über Zeit und Wohnsitz ‚frei' entscheiden und der ‚Arbeit folgen' können. Untersuchungen haben aber ergeben, dass sie einer erheblichen Entgrenzung von privatem und beruflichem Lebensbereich ausgesetzt sind und unter Einsatz ihrer finanziellen, kommunikativen und emotionalen Ressourcen ihr Projektziel erreichen müssen (Kreide 2003). Besonders drastisch zeigt sich dieses Phänomen an den Millionen Dienstleisterinnen, unter ihnen allein 6,5 Millionen Philippininnen, die als Haushaltshilfen und Kinderfrauen in privaten Haushalten in den USA, Europa, Hongkong oder Saudi-Arabien arbeiten. In den meisten Fällen lassen sie ihre eigene Familie im Herkunftsland zurück und sorgen durch ihre Arbeit im Ausland für den Unterhalt der Kinder und den Rest der Familie. In den Jahren der Fürsorge für die Kinder des Arbeitgebers leiden sie unter der Entfremdung von ihren eigenen Kindern, die sie als Touristinnen und, nach Ablauf des Visums, als sich illegal im Land aufhaltende Immigrantinnen, nicht mitbringen konnten. Da der Umgang mit den Kindern ihres Arbeitgebers sie an ihre eigenen erinnert, ‚übertragen' sie die Fürsorge auf die fremden Kinder – was für die aufnehmende Familie ein Glücksfall, für die Kinderfrauen ein Alptraum ist (Hochschild 2000). Ausbeutung, so zeigt dieses Beispiel, hat nicht in jedem Fall nur eine rein ökonomische Seite. Ausgebeutet werden kann nicht nur die physische Arbeitskraft unter den Bedingungen alternativloser Marktzwänge, sondern können auch die emotionalen Ressourcen, die zum ‚Mehrwert' angebotener Fürsorgearbeit werden.

3.1.3 Kulturelle Unsichtbarkeit

Symptomatisch für ungerechte Zustände ist drittens auch eine beschränkte symbolische Präsenz von Frauen, Mädchen und Angehörigen anderer Minderheiten sowohl im innergesellschaftlichen als auch im internationalen Diskurs. Kulturell marginalisierte Personen erfahren sich als unsichtbar in der gesellschaftlichen symbolischen Repräsentation. Formell und informell erbrachten Leistungen von Frauen wird entweder eine zu geringe Würdigung entgegengebracht oder sie werden, wie bei der Fürsorgearbeit, so gut wie gar nicht gesellschaftlich anerkannt. Außerdem sehen sich Frauen in der Öffentlichkeit einer symbolischen Repräsentation ausgesetzt, die ihrem Selbstbild widerspricht und die häufig demütigend ist. Im politischen und ökonomischen internationalen Diskurs werden sie in aller Regel auf ihr Dasein als Immigrantinnen, Fabrikarbeiterinnen, Haushaltshilfen, Tagesmütter und Sexarbeiterinnen, oder auch als Flüchtling, hungernde Mutter und Opfer von Kriegsverbrechen reduziert. Und obwohl Frauen dies alles auch sind, wird übersehen, dass sie ebenfalls Mütter, Arbeiterinnen, Unternehmerinnen und auch Täterinnen in Kriegshandlungen sind (Mohanty 2003: 248).

An dieser Stelle könnte man einwenden, dass wir es hier zwar mit Phänomenen der Missachtung und herabwürdigenden Verhaltensweisen zu tun haben, in denen sich Verletzungen von moralischen Pflichten ausdrücken. Dazu gehört etwa die Pflicht, dem Anderen respektvoll zu begegnen. Aber fraglich ist, ob wir hier über Ungerechtigkeiten sprechen. Diese nämlich müsste an bestehenden Normen, Prinzipien und Regeln einer gesellschaftlichen Ordnung und deren Effekten aufgezeigt werden. Auf der Suche nach den Ursachen der verdrängten symbolischen Repräsentation von Frauen stoßen wir durchaus auf *institutionell* verankerte Wertmuster, die Frauen und Mädchen daran hindern, als Gleichberechtigte am gesellschaftlichen Leben teilzunehmen (Fraser 2003: 43-46). Neuralgische Bereiche, in denen institutionelle Barrieren auftreten, sind der Zugang zum Arbeitsmarkt und zur politischen Partizipation, die beide durch kulturelle Wertevorstellungen überformt sind. International etwa ist eine gleichberechtigte Partizipation stets noch durch eine gender-spezifische Einkommenspolitik erschwert, die zulässt, dass Frauen durchschnittlich nur 78% des männlichen Einkommens verdienen (Elson 2003: 83). Flexible und sehr lange Arbeitszeiten, denen kein erzwingbares Arbeitsrecht Einhalt gebietet, haben den Zeitdruck auf Frauen erhöht, die sich neben ihrem Job der unbezahlten Fürsorgearbeit widmen müssen.[5] Und bei marktbedingten Preiserhöhungen von Wasser, Nahrungsmitteln und Gesundheitsversorgung als Folge von Privatisierungsmaßnahmen sind hauptsächlich Mädchen und Frauen dem Risiko ausgesetzt, ihre Grundbedürfnisse nicht mehr angemessen befriedigen zu können (so auch Elson 2003: 96).

3.1.4 Politische Marginalisierung

Die institutionell festgeschriebene kulturelle Unsichtbarkeit von Frauen verhindert nicht nur eine gleichberechtigte ökonomische Integration, sondern steht auch der politischen Partizipation im Wege. Politisch marginalisiert sind dieje-

5 In den westlichen Industrieländern werden immer noch zwei Drittel bis drei Viertel aller Haushaltsarbeiten von Frauen geleistet, in den Transformations- und Entwicklungsländern liegt der Anteil noch höher. Die Doppelbelastung der Frauen führt zudem dazu, dass sie wesentlich weniger Zeit haben, sich politisch zu engagieren (bspw. in Gewerkschaften) (Uta Ruppert 2003: 109, 111, 104)

nigen, die selten oder nie in der Position sind, selbst politische Macht auszuüben und sich meist Anordnungen anderer unterwerfen müssen. Hindernisse bei der von Nancy Fraser geforderten „partizipatorischen Parität" (Fraser 2005: 87) lassen sich auf mehreren Gebieten ausmachen: wenn der Zugang zu institutionell verankerten Mitbestimmungschancen intransparent ist oder Frauen ganz verwehrt wird, bei fehlender Arbeitsautonomie und innerbetrieblicher Mitbestimmung, beschränkten Ausdrucksmöglichkeiten in politischen Öffentlichkeiten und fehlenden Kompetenzen im Umgang mit Bürokratien und Behörden.
Eine effektive Einflussnahme in den beratenden Gremien internationaler Organisationen oder bei *public-private partnerships* gestaltet sich aus feministischer Perspektive zumindest schwierig. Die Skepsis bezieht sich hier nicht auf *global-governance*-Praktiken insgesamt, sondern auf den Erfolg ‚feministischer' Nichtregierungsorganisationen, die sich von dem diagnostizierten staatlichen Souveränitätsverlusts einen zusätzlichen Mechanismus zur Ordnung und Steuerung internationaler Beziehungen versprochen und zugleich eine Enthierarchisierung internationaler Interaktionsprozesse erwartet haben. Die Erwartungen wurden bitter enttäuscht. Lobbygruppen mit ‚feministischem Blick' haben bislang frauenspezifische Themen wie Migration, Flucht, Frauenhandel oder Prostitutionstourismus auf der internationalen Agenda nicht längerfristig etablieren können. Ihnen fehlen die notwendigen Ressourcen, durch die eine nachhaltige normative Wirkungskraft und lokale soziale Bindung erzeugt werden könnten (Ruppert 2000: 60).

Erschwert wird die Möglichkeit politischer Partizipation auch dadurch, dass inzwischen private kollektive Akteure zum politischen Subjekt avancieren. Sie kreieren internationales Wirtschaftsrecht (*lex mercatoria*) und bringen den Staaten mit der Produktionsniederlassung das entsprechende Arbeits- und Sozialrecht gleich mit (Günther 2001). Zugleich erscheint die private Selbstregulierung als viel versprechende Möglichkeit, transnationale Unternehmen an Verhaltenskodizes zu binden, die beispielsweise die Einhaltung von Arbeits- und Umweltstandards festlegen. Aber auch dies ist nicht allzu euphorisch einzuschätzen. Mit zunehmender Entscheidungskompetenz privater kollektiver Akteure wird ein grundlegendes demokratisches Prinzip auf den Kopf gestellt: Der Verfassungs- und Gesetzgebungsmacht des Volkes sollen alle anderen Macht habenden Instanzen, Personen und Assoziationen untergeordnet sein. Doch die Entscheidungshoheit des demokratischen Souveräns ist gegenwärtig international nicht gegeben. Dies wird, so warnen Repräsentanten der Internationalen Arbeitsorganisation (ILO), privates, nicht erzwingbares Recht stärken und zu einer weiteren Pluralisierung internationaler Arbeitsstandards führen, da Unternehmen ihr eigenes normatives Regelsystem entwerfen. Nach dem ILO-Abkommen hingegen sind auch Unternehmen verpflichtet, universelle Normen zu respektieren.

3.2 Gerechtigkeit als Verfahren

Die Analyse globaler Machtverhältnisse und deren Auswirkungen auf die Lebenssituation von Frauen markiert institutionelle Arrangements als ungerecht. Ungerecht können die *Effekte* bestehender Regeln sein, da sie Frauen in unzumutbare Arbeitsverhältnisse zwingen, sie emotionalen Belastungsproben aussetzen, die zu anhaltenden Stressfaktoren werden können und ihre Bedürfnisse und Interessen unter der Dominanz kulturell männlich dominierter, institutionalisierter Wertevorstellungen unsichtbar werden lassen. Schließlich ist ein Verstoß gegen Gerechtigkeit auch darin zu sehen, dass die gleichberechtigte Partizipation bei der innerstaatlichen Regelsetzung und in internationalen Organisationen (repräsentiert durch Staatenrepräsentanten und NGO-VertreterInnen) (noch) nicht hinreichend gewährleistet ist.

Man kann sich an dieser Stelle fragen, wieso eine gender-sensitive Kategorisierung global auftretender Ungerechtigkeiten auf der Basis empirischer Rekonstruktionen für die Entwicklung einer feministischen Gerechtigkeitstheorie nicht ausreicht. Wieso bedarf es darüber hinaus noch der Rechtfertigung von Gerechtigkeitsprinzipien beziehungsweise der Verfahren ihres Zustandekommens? Wissen die Betroffenen nicht am besten, welche Zustände und Regeln ungerecht sind und welche Alternativen überzeugen?

Für die Beantwortung dieser Frage muss man sich darüber im Klaren sein, was mit einer sozialwissenschaftlichen Beschreibung von Ungerechtigkeiten auf Basis der Rekonstruktion von Erfahrungen eigentlich geleistet werden kann und was nicht. Eine *negative* Vorgehensweise der Beschreibung verschiedener Unterdrückungsformen ermöglicht zunächst einmal nur, die charakteristischen Merkmale einer ungerechten internationalen Ordnung herauszuarbeiten. Nichts aber ist bis dahin darüber gesagt, aus welchen *Gründen* die Kritik an den beschriebenen Regelsystemen und den entsprechenden Lebensumständen moralisch gerechtfertigt ist. Mit einem negativen Deskriptivismus allein kann man zwar angeben, *dass* man einen Zustand als gerecht oder ungerecht einstuft, man kann aber nichts darüber sagen, *warum* man ihn so bewertet. Dafür bedarf es der *positiven Begründung* eines normativen Bezugsrahmens, das heißt eines moralischen Prinzips, einer Idee der Gerechtigkeit oder des guten Lebens.[6] Analysen globaler Machtverhältnisse, die die Lebenssituation von Frauen stark beein-

---

6 Siehe für die Unterscheidung des „deskriptiven Negativismus" von normativer Begründung die Ausführungen von Axel Honneth zu Avishai Margalits Buch „Politik der Würde" von 1999, vor allem 261ff. Honneth weist in diesem Zusammenhang darauf hin, dass sich zu Margalits deskriptivem Negativismus mehrere Begründungsvorschläge anbieten. Margalit verteidigt eine negative Begründungsvariante auf Basis des negativen Prinzips der Vermeidung von Grausamkeit.

trächtigen, bilden die Grundlage für die normativen Forderungen, die darauf abzielen, die bestehenden Verhältnisse zu verändern. Die Unrechtserfahrungen stellen eine nicht hintergehbare Ressource dar, aus denen sich Gründe für verbindliche Gerechtigkeitsprinzipien speisen. Ohne sie bliebe eine Gerechtigkeitstheorie ein ‚weltvergessenes' Unternehmen.

Im Anschluss an die vier diagnostizierten Aspekte lassen sich Umrisse einer gender-sensitiven Begründung globaler Gerechtigkeitsprinzipien entwickeln, die Aufschluss darüber geben können, aus welchen Gründen die skizzierten Erfahrungen ungerecht sind. Die Aufgabe einer solchen Begründungsleistung besteht zum einen darin, die normativen Bedingungen festzulegen, unter denen es zur Rechtfertigung der Gerechtigkeitsvorstellung kommen sollte.

In Anlehnung an die Moral- und Rechtstheorie von Jürgen Habermas hat Rainer Forst ein zweistufiges Begründungsverfahren vorgeschlagen, bei dem auf einer ersten Stufe die moralische Rechtfertigung der Verfahren zur Bestimmung der Gerechtigkeitsprinzipien stattfindet. Auf einer zweiten Ebene der politischen Rechtfertigung werden Prinzipien zur Bewertung der politischen Grundstruktur einer Rechtsgemeinschaft entwickelt. Die moralische Rechtfertigung geht der politischen logisch voraus (Forst 1999: 151). In einem ersten Schritt ist das Verfahren im moralischen Kontext lokalisiert, das heißt, die hypothetische Gemeinschaft aller Menschen einigt sich auf moralische und prozedurale Prinzipien, denen diese dann unterworfen sein werden. Diese Prinzipien umfassen zum einen die Verfahrensbedingungen des Rechtsetzungsprozesses, aber auch moralische Normen und moralische Menschenrechte, die dann Ergebnis diskursiver Praxis sind.

Im Rechtfertigungsverfahren erlangen all jene Gründe Geltung, die zwei Kriterien erfüllen: Sie müssen zum einen *reziprok* gerechtfertigt sein, das heißt, Gründe müssen für die Betroffenen einsehbar sein. Und zum anderen müssen Gründe *allgemein* sein. Das bedeutet, dass sie gegenüber all jenen vorgebracht werden müssen, die von dem Ergebnis des Diskurses betroffen sind. Die beiden Kriterien, die ein gerechtes Rechtfertigungsverfahren auszeichnen sollten, fasst Forst als „Rechtfertigungsprinzip" zusammen. Dieses grundlegende moralische Prinzip räumt jedem Einzelnen ein „Vetorecht" gegenüber nicht einsehbaren Gründen ein und verpflichtet gleichzeitig, Prinzipienvorschläge gegenüber den Beteiligten zu erklären (vgl. Forst 1999: 153ff).

Auf einer zweiten Stufe kommt es zum Perspektivenwechsel: Ausgehend von den moralisch gerechtfertigten Prinzipien wird das Konstruktionsverfahren im Kontext einer politischen Rechtsgemeinschaft situiert. Ziel ist in diesem Fall nicht, sich auf moralische Prinzipien zu einigen, sondern auf eine politische Grundstruktur, also auf Regeln, die das Zusammenleben in pluralen Gesellschaften koordinieren. Dazu gehören Verfassungsrechte ebenso wie Regeln, die die soziale Gerechtigkeit oder kulturelle Entwicklungsmöglichkeit betreffen.

Der politische Kontext, der hier interessiert, ist der der internationalen Beziehungen zwischen Staaten sowie zwischen Staaten und anderen, transnational agierenden privaten und politischen Akteuren. Einem *minimalen Gerechtigkeitsprinzip* (Forst 2002: 230) zufolge besitzen die Bürger aller Staaten einen moralischen Anspruch auf jene Ressourcen, die nach Rawls für die Etablierung einer internationalen politischen Grundstruktur notwendig sind: Sie besteht aus einer gerechten demokratischen innerstaatlichen Ordnung und gerechten transnationalen Verfahren. Dieses Geflecht aus Menschenrechten und internationalen Wirtschafts- und Finanzbeziehungen soll die Staaten und andere internationale Akteure zu gleichberechtigten politischen und ökonomischen Teilnehmern werden lassen (Forst 2002: 230). Vor dem Hintergrund einer gerechten partizipativen Ordnung lassen sich dann alle weiteren Gerechtigkeitsprinzipien in den verschiedenen politischen Bezugsrahmen (Staaten, zwischenstaatliche Beziehungen, Organisationen) und für die unterschiedlichen inhaltlichen Dimensionen bestimmen, zu denen historische Gerechtigkeit (Kolonialgeschichte, Kriegserfahrungen), ökologische Fragen (Verteilung von sauberer Luft und Wasser, unbelasteten Nahrungsmitteln und unberührter Natur), die Legitimation humanitärer Intervention, die Armutsbekämpfung und die Geschlechtergerechtigkeit gehören.

Es ist durchaus ein Vorteil des diskurstheoretischen Ansatzes, dass der Weg zum Ziel, das Ziel selbst ebenso wie die verschiedenen Etappen auf dem Weg dorthin von allen Beteiligten ‚freihändig' begangen wird, ohne dass weitere inhaltliche Vorgaben dem Prozess des wechselseitigen Austauschs von Argumenten vorgegeben sind. Das erlaubt die notwendige Kontextsensibilität bei der Konstruktion eines verbindlichen Gerechtigkeitsmaßstabs. Allerdings reicht dies zur Verwirklichung einer gender-sensiblen Gerechtigkeitstheorie nicht aus. Denn es bleibt, auch in dem Forstschen Ansatz, die Frage, *welche* Gründe denn überhaupt als reziprok einsehbar anerkannt werden und welche den Kriterien der Reziprozität und der Allgemeinheit entsprechen. An dieser Stelle setzt die geforderte *Gendersensitivität* an. Sie verlangt, gezielt jene Machtverhältnisse und die daraus resultierenden Konsequenzen zu berücksichtigen, von denen besonders Frauen (und andere soziale Minderheiten) betroffen sind. Wenn unter fairen Partizipationsbedingungen im Prozess der wechselseitigen Rechtfertigung von Gerechtigkeitsprinzipien die politische Grundstruktur ausbuchstabiert wird, sollte dies aus ‚feministischer Sicht' geschehen. Das bedeutet, dass sich die Verteilung von Ressourcen, die Errichtung internationaler Finanz- und Wirtschaftsinstitutionen sowie die Begründung und Etablierung von Menschenrechten an den *Effekten*, die sie für das Leben von Frauen und anderen Minderheiten haben *und* an der Beschränkung bzw. Ermöglichung politischer gleichberechtigter Partizipation messen lassen müssen. Im Prozess der Rechtfertigung von Gerechtigkeitsprinzipien sind Institutionen daraufhin zu bewerten, ob sie ökonomische und emotionale Ausbeutung, kulturelle Unsichtbarkeit und politische Marginalisierung zulassen, ermöglichen oder sogar fördern. Die Ungerechtigkeiten der internationalen Ordnung zeigen sich erst in der empirisch-rekonstruktiven Analyse – die entsprechenden Gerechtigkeitsprinzipien liegen diesen Erfahrungen unmittelbar auf, da der Rechtfertigungsprozess auf substantielle Darstellungen von Ungerechtigkeiten angewiesen ist. In ihm werden sie zu Gründen.

Zusammenfassend lässt sich festhalten, dass eine gender-sensitive globale Gerechtigkeitstheorie weder zu voraussetzungsreiche normative Annahmen unterstellt, noch von einem abstrakten Gerechtigkeitsbegriff ausgeht, der die lokalen und die internationalen Begebenheiten ausblendet. Vielmehr fließen die lokalen Machtbedingungen ebenso in die Analyse ungerechter Zustände mit ein wie die makro-ökonomischen und internationalen politischen institutionellen Verflechtungen, die die gegenwärtigen misslichen Verhältnisse entscheidend prägen.

Literatur

Bakker, Isabella/Gill, Stephen (Hrsg.) (2003): Power, Production and Social Reproduction. Human In/security in the Global Political Economy. New York: Palgrave Macmillan

Bakker, Isabella/Gill, Stephen (2003): Ontology, Method, and Hypotheses. In: Bakker/Gill (2003): 17-43

Benhabib, Seyla (1992): Models of Public Spaces: Hannah Arendt, the Liberal Tradition, and Jürgen Habermas. In: Calhoun (1992): 73-98

Benhabib, Seyla (1995): Selbst im Kontext. Frankfurt/Main: Suhrkamp

Brückner, Margrit/Meyer, Birgit (Hrsg.) (1994): Die sichtbare Frau. Die Aneignung der gesellschaftlichen Räume. Freiburg: Kore Edition

Brunkhorst, Hauke/Köhler, Wolfgang R. /Lutz-Bachmann, Matthias (Hrsg.) (1999): Recht auf Menschenrechte. Menschenrechte, Demokratie und internationale Politik. Frankfurt/Main: Suhrkamp

Calhoun, Craig (Hrsg.) (1992): Habermas and the Public Sphere. Boston: MIT Press

Cohen, Joshua/Howard, Matthew/Nussbaum, Martha (Hrsg.) (1999): Is Multiculturalism Bad for Women? Susan Moller Okin with Respondents. Princeton, New Jersey: Princeton University Press

Elson, Diane (2002): Gender Justic, Human Rights, and Neo-Liberal Economic Policies. In: Molyneux/Razavi (2002): 78-115

Emcke, Carolin (2004): Von den Kriegen. Briefe an Freunde. Frankfurt/Main: Fischer

Erklärung von Bern (2004) (Hrsg.): Prêt-à-Partager. Erste Marktanalyse zum öko-sozialen Engagement in der Modebranche. Bern (http://www.evb.ch/p25003162.html, 04.05.2006)

Føllesdal, Andreas/Pogge, Thomas (Hrsg.) (2005): Real World Justice. Grounds, Principles, and Social Institutions. Dordrecht: Springer

Forst, Rainer (1999): Das grundlegende Recht auf Rechtfertigung. Zu einer konstruktivistischen Konzeption von Menschenrechten. In: Brunkhorst/Köhler/Lutz-Bachmann (1999): 66-106

Forst, Rainer (2002): Zu einer kritischen Theorie transnationaler Gerechtigkeit. In: Schmücker/Steinvorth (2002): 215-233

Fraser, Nancy/Honneth, Axel (2003): Umverteilung oder Anerkennung? Eine politisch-philosophische Kontroverse. Frankfurt/Main: Suhrkamp

Fraser, Nancy (2005): Reframing Justice in a Globalizing World. In: New Left Review 36 (2005): 69-88

Günther, Klaus (2001): Rechtspluralismus und universaler Code der Legalität. Globalisierung als rechtstheoretisches Problem. in: Günther/Wingert (2001): 539-568

Günther, Klaus/ Wingert, Lutz (Hrsg.) (2001): Die Öffentlichkeit der Vernunft und die Vernunft der Öffentlichkeit. Festschrift für Jürgen Habermas. Frankfurt/Main: Suhrkamp

Harders, Cilja/Kahlert, Heike/Schindler, Delia (Hrsg.) (2005): Forschungsfeld Politik. Geschlechtskategorien. Einführung in die Sozialwissenschaften. Wiesbaden: VS Verlag für Sozialwissenschaften

Hartmann, Martin/Honneth, Axel (2004): Paradoxien des Kapitalismus. In: Berliner Debatte Initial 15, 1 (2004): 4-18

Hauchler, Ingomar/Messner, Dirk/Nuscheler, Franz (Hrsg.) (2003): Globale Trends 2004/ 2005. Frankfurt/Main: Fischer

Hochschild, Arlie Russel (2000): Globale Betreuungsketten und emotionaler Mehrwert. In: Hutton/Giddens (2000): 156-176

Holland-Cunz, Barabara/Ruppert, Uta (2000): Frauenpolitische Chancen globaler Politik. Verhandlungsverfahren im internationalen Kontext. Opladen: Leske und Budrich

Honneth, Axel (1999): Die zerrissene Welt des Sozialen. Sozialphilosophische Aufsätze. Frankfurt/Main: Suhrkamp

Honneth, Axel (1999): Eine Gesellschaft ohne Demütigung? Zu Avishai Margalits Entwurf einer „Politik der Würde". In: Honneth (1999): 248-278

Hutton, Will/Giddens, Anthony (2000): Die Zukunft des globalen Kapitalismus. Frankfurt/Main, New York: Campus

Jaggar, Alison (2005): „Saving Amina": Global Justice for Women und Intercultural Dialogue. In: Føllesdal/Pogge (2005): 37-65

Kelly, Rita Mae/Bayes, Jane H./Hawkesworth, Mary/Young, Brigitte (Hrsg.) (2001): Gender, Globalization and Democratization, Lanham: Rowman and Littlefield

Kerner, Ina (2005): Forschung jenseits von Schwesternschaft. Zu Feminismus, postkolonialen Theorien und Critical Whiteness Studies. In: Harders/Kahlert/Schindler (2005): 217-238

Kreide, Regina (2003): Self-Employment of Women and Welfare-State Policies. In: International Review of Sociology 13 (2003): 205-218

Lenz, Ilse/Lutz, Helma/Morokvasic-Müller, Mirjana/Schöning-Kalender, Claudia/Schwenken, Helen (Hrsg.) (2002): Crossing Borders and Shifting Boundaries. Vol. II: Gender, Identities and Networks. Opladen: Leske und Budrich (Schriftenreihe der internationalen Frauenuniversität „Technik und Kultur", Bd. 11)

Lenz, Ilse/Schwenken, Helen (2002): Feminist and Migrant Networking in a Globalising World. In: Lenz et.al. (2002): 147-179

Mohanty, Chandra Talpade (2003): Feminism without Borders. Decolonizing Theory, Practicing Solidarity. Durham, London: Duke University Press

Moller Okin, Susan: Feminism and Multiculturalism: Some Tensions. In: Ethics 108 (1989): 661-684

Moller Okin, Susan (1999): Is Multiculturalism Bad for Women? In: Cohen/Howard/Nussbaum (1999): 7-27

Molyneux, Maxine/Razavi, Shahra (2002): Gender Justice, Development and Rights. Oxford: Oxford University Press

Morgan, Robin (Hrsg.) (1984): Sisterhood is Global: The Internatonal Women´s Movement Anthology. Garden City, New York: Anchor Press/Doubleday

Nagl-Docekal, Herta/Pauer-Studer, Herlinde (Hrsg.) (1996): Politische Theorie. Differenz und Lebensqualität. Frankfurt/Main: Suhrkamp

O´Neill, Onora (2000): Bounds of Justice. Cambridge: Cambridge University Press

Parreñas, Rhacel Salazar (2001): Servants of Globalization. Women, Migration, and Domestic Work. Stanford/California: Stanford University Press

Plumpe, Werner (2005): Das Ende des deutschen Kapitalismus. In: Westend 2 (2005): 3-27

Pogge, Thomas (2002): World Poverty and Human Rights. Oxford: Polity Press

Putnam, Ruth Anna (2000): Warum keine feministische Theorie der Gerechtigkeit? In: Deutsche Zeitschrift für Philosophie 48 (2000): 171-205

Rommelspacher, Birgit (2002): Anerkennung und Ausgrenzung. Deutschland als multikulturelle Gesellschaft. Frankfurt/Main, New York: Campus

Ruppert, Uta (2000): Global Governance: Das Ende der Illusion oder ein neues Ideal internationaler Frauenpolitik. In: Holland-Cunz/Ruppert (2000): 45-67

Ruppert, Uta (2003): Geschlechterverhältnisse und Frauenpolitik. In: Hauchler/Messner/Nuscheler (2003): 99-117

Sassen, Saskia (2000): Women's Burden: Counter-Geographies of Globalization and the Feminization of Survival. In: Journal of International Affairs 53 (2000): 503-24

Schmücker, Reinold/Steinvorth, Ulrich (Hrsg.) (2002): Gerechtigkeit und Politik. Philosophische Perspektiven (Deutsche Zeitschrift für Philosophie. Sonderband 3). Berlin: Akademie Verlag

Young, Brigitte (2001): Globalization and Gender: A European Perspective. In: Kelly et al. (2001): 27-47

Young, Brigitte (2003): Financial Crises and Social Reproduction: Asia, Argentinia and Brazil. In: Bakker/Gill (2003): 103-124

Young, Iris Marion (1996): Fünf Formen der Unterdrückung. In: Nagl-Docekal/Pauer-Studer (1996): 99-140

II. Soziale Gerechtigkeit im Zeichen von Globalisierung und europäischer Integration

Geschlechter(un)gleichheit und Öffnung der globalen Märkte

Brigitte Young

Der im Juli 2004 veröffentliche UNDP Human Development Report 2004 kommt zu der erschütternden Bilanz, dass in vielen Teilen der Welt der Lebensstandard heute niedriger ist als im Jahr 1990. Oder anders ausgedrückt, die Not in vielen Ländern ist größer als 1990. Nach dem *Human Development Index (HDI)*[1] eines Landes, der die durchschnittliche Lebenserwartung, Gesundheit und Bildungsstand der Bevölkerung erfasst, ist seit 1990 weltweit in zwanzig Ländern ein Entwicklungsrückschritt eingetreten. Beim derzeitigen Entwicklungstempo wird die Einhaltung der im Jahr 2000 von den 184 Staats- und Regierungschefs der damaligen Mitgliedsstaaten der Vereinten Nationen beschlossenen Milleniumsziele[2] verfehlt. Das Ziel, die grundlegende Schulbildung für alle Kinder bis 2015 zu ermöglichen, wird voraussichtlich erst im Jahr 2129 erreicht und die Senkung der Kindersterblichkeit um zwei Drittel im Jahr 2106 (UNDP-HDR 2004).

Bereits die Weltbank hat in ihrem *World Development Report 2000/2001* angemahnt, dass die Anzahl der Menschen in extremer Armut zwischen 1987 und 1998 zugenommen hat. Der Bericht wurde noch von Joseph Stiglitz als Chefökonom der Weltbank und Ravui Kanbur, Direktor des *World Development Report 2000/2001* verfasst. Nach dem Rücktritt der beiden kritischen Ökonomen und dem Amtsantritt ihres neoliberalen Nachfolgers David Dollar (Autor von *Globalization, Growth and Poverty* 2002) sind diese Erkenntnisse aus den offiziellen Statistiken verschwunden. Der neue Chefökonom suggeriert, dass die Anzahl der Menschen in extremer Armut zwischen 1980 und 1998 abgenommen hat. Mit veränderter Statistik und Berechnungsmethode verkündet die Weltbank

---

1 Der im Jahre 1990 von der UNDP eingeführte HDI ist ein zusammengesetzter Index, der die durchschnittlichen Errungenschaften eines Landes nicht nur in Bezug auf das Einkommen, sondern darüber hinaus auch in den beiden grundlegenden Bereichen menschlicher Entwicklung, Gesundheit und Wissen erfasst.

2 Zu den konkreten Zielen zählt es unter anderem. bis 2015 den Anteil der absolut Armen an der Weltbevölkerung zu halbieren, für universelle Grundbildung zu sorgen, Gleichberechtigung durchzusetzen, die Ausbreitung von HIV/AIDS, Malaria und anderen Krankheiten zu bekämpfen und den Anteil der Menschen zu halbieren, die keinen Zugang zu sauberem Trinkwasser haben.

Jahr für Jahr Erfolge im Kampf gegen die Armut und präsentiert die Öffnung der globalen Märkte als besten Weg zur Armutsreduzierung (Wade 2002). Somit verändern sich nicht nur die Daten und die Berechnungsmethoden mit den Chefökonomen und den Bedürfnissen der Weltbank. Problematisch ist vor allem, dass die Statistiken für politische Zwecke instrumentalisiert werden. „Data provided by a monopoly that is then used to judge the performance of the monopoly is doubly unreliable“ (Wade 2002: 32).

Es stellt sich die Frage, wie diese unterschiedlichen Bewertungen zwischen der Diagnostizierung einer dramatischen Verschärfung sozialer und wirtschaftlicher Ungleichheit wie auch der Verelendung ganzer Bevölkerungen (Amin 2004) einerseits und der positiven Berichterstattung der Weltbank über den Zusammenhang zwischen Globalisierung und sinkender Armut andererseits erklärt werden können? Diese Diskussion ist für den Diskurs über die Geschlechtergleichheit in der Globalisierung insofern von Bedeutung, als sich die Weltbank unter der soeben beendeten Präsidentschaft von James Wolfensohn die Armutsreduzierung mit dem Motto „Unser Traum ist eine Welt ohne Armut“ auf ihre Fahnen geschrieben hat.

Dass die Armut demgegenüber nicht reduziert worden ist, zeigt nicht nur der UNDP-Human Development Report 2004. Dies wird auch von vielen WissenschaftlerInnen bestritten, die im derzeitigen „neoliberalen Fundamentalismus“ die totale Herrschaft der transnationalen Logik des Kapitalismus sehen, unter der die Menschen nichts anderes als zu Marktlogik selbst werden (Amin, 2004: 815). Wie man die heutige Form des Kapitalismus auch bezeichnen mag, als „neoliberalen Fundamentalismus“ (Hobsbawm 2002), „kapitalistischen Genozid“ (Amin 2004) oder die „kannibalische Ordnung der globalisierten Weltordnung“ (Altvater 2004), sie ist nicht das Ergebnis einer in die Irre geführten Besonderheit des Kapitalismus, sondern essenzieller Bestandteil des heutigen Marktfundamentalismus. Hierbei überrascht es nicht, dass diese Art von weltweiter ökonomischer Apartheid insbesondere geschlechtsspezifische und ethnische Dimensionen aufweist.

1 Statistiken lügen nicht, oder doch?

Die Minderheitenvoten (CDU/CSU sowie FDP) im Schlussbericht der Enquete-Kommission des Deutschen Bundestages „Globalisierung der Weltwirtschaft“ (2002) greifen die ideologisch manipulierten Daten der Weltbank auf und kommen zu dem Ergebnis, dass die Öffnung der Märkte zu mehr Wachstum führt und damit zu mehr Wohlstand in solchen Ländern, die sich bewusst dem internationalen Wettbewerb stellen und ihre eigenen Grenzen öffnen. Globalisierung biete nicht nur Chancen für alle – nach dieser ideologischen Interpretation führt Globalisierung auch zu mehr individueller Freiheit, Entscheidungsvielfalt und Wohlstand für Entwicklungsländer. Der freie Handel mit Gütern und Dienstleistungen sei nicht nur im Interesse der ärmsten Entwicklungsländer. Außerdem wird die Tatsache begrüßt, dass die Globalisierung Grenzen für das souveräne Recht auf eine schlechte Wirtschaftspolitik auch für Industrieländer mit sich bringt und vermeidet, dass diese Länder die Konsequenzen einer schlechten Wirtschaftspolitik ungestraft exportieren können. Dass die Wirtschaftsliberalen in der Enquete-Kommission die Koppelung von Sozial-, Umwelt- und Genderstandards mit handelspolitischen Vereinbarungen unter dem Dach der WTO grundsätzlich ablehnen und nur die weitere Marktöffnung als Allheilmittel gegen Armut propagieren, ist nicht überraschend (Deutscher Bundestag 2002: 509).[3] Befremdend wirkt, dass trotz der offensichtlichen, desaströsen Folgen des herrschenden Kapitalismus die Propaganda des Neoliberalismus weiterhin den globalen Diskurs in der Weltbank, im Internationalen Währungsfonds, in der Welthandelsorganisation, in der Europäischen Zentralbank und die internationalen G-Treffen der ‚Herren des Universums' beherrscht.

Die These, dass Globalisierung zur Armutsreduzierung beitrage, wird empirisch mit dem Datenmaterial der Weltbank untermauert. So verkündet die Weltbank, dass die Anzahl der Menschen in extremer Armut (die mit weniger als einem Dollar auskommen müssen – gemessen an dem „Kaufkraftdollar", *purchasing power parity*) in den letzten zwei Dekaden zum ersten Mal in mehr als über 150 Jahren von 1,4 Milliarden im Jahr 1980 auf 1,2 Milliarden im Jahr 1998 gesunken sei. Diese Umkehrung des bisherigen Trends führt die internationale Institution auf die zunehmende Globalisierung zurück. Ausschlaggebend für diesen Rückgang seien die „neuen *globalisers*", Länder, die sich gegenüber den *„non-globalisers"* öffneten und daher höhere Wachstumsraten verzeichnen könnten als Länder, die sich abschotteten. Hier wird ein statistischer Zusammenhang zwischen der Öffnung der Märkte und einer Zunahme von Handel, der sich in einem steigenden Bruttosozialprodukt ausdrückt, suggeriert. Diese Argumentation lässt sich nicht schlüssig begründen. China und Indien können durchaus ein relativ hohes ökonomisches Wachstum über die letzten zehn (Indien) beziehungsweise über zwanzig Jahre (China) vorzeigen. Die Weltbank kommt zu dem Fazit, dass hier ein Zusammenhang zwischen der zunehmenden Öffnung der Märkte zwischen 1977-98 und dem ökonomischen Wachstum dieser Länder besteht. Dass aber gerade China und Indien ihre Märkte durch Handelsprotektionismus, Kapitalverkehrskontrollen und andere Restriktionen bisher weitgehend abgeschottet haben, widerspricht der Argumentation von einem kausalen Zu-

3 Minderheitenvoten der FDP.

sammenhang zwischen totaler Marktöffnung und einem hohen Wirtschaftswachstum. Die Frage stellt sich, ob das beachtliche ökonomische Wachstum in China und Indien durch die alleinige Marktöffnung eingetreten ist oder dadurch, dass diese beiden Länder ihre Märkte auch gleichzeitig abschotteten? Diese Antwort bleiben uns die Weltbank und andere neoliberale Ökonomen schuldig.

Robert Hunter Wade, Professor an der *London School of Economics and Political Science* und ehemaliger Berater der Weltbank, hat acht zentrale Gründe hervorgehoben, die die statistischen Behauptungen der Weltbank über den Zusammenhang zwischen Globalisierung und Armutsreduzierung konterkarieren (Wade 2002). Einer der wichtigsten Punkte, warum diese Statistiken keine Aussagekraft haben, hat damit zu tun, dass zwischen 1980 und 1998 die Bank ihre statistische Methodenerhebung geändert und nur die Daten bis 1987 mit der neuen Methode zurückkalkuliert hat. Somit wissen wir überhaupt nicht, wie die Zahlen von 1980 aussähen, wenn sie mit der neuen Methode berechnet werden würden. Zu behaupten, dass eine historische Armutsreduzierung zwischen 1980 und 1998 eingetreten ist, entbehrt deshalb jeglicher Grundlage. Zweitens hat die Weltbank das bis dahin herangezogene Basisjahr von 1985 für die Kalkulation der „Ein-Dollar-Regel" (als ‚arm' werden demnach Menschen bezeichnet, die mit weniger als einem Dollar am Tag auskommen müssen) 1993 mit einer neuen Kaufkraftparität (*purchasing power parity*) bemessen. Dies führte dazu, dass sich die Anzahl der extrem Armen in Lateinamerika von 23,5%, gemessen an der Kaufkraftparität von 1985, mit der neuen Berechnung von 1993 auf 15,3% reduzierte. Im Vergleich ist die extreme Armutsrate im südlichen Afrika in diesem Zeitraum von 39,1 auf 49,7% angestiegen. Diese enormen Schwankungen fußen aber nicht auf solider Grundlage. „Changes of this size risk swamping real changes, and it seems impossible to make statements about changes in world poverty when the ground underneath one's feet is changing in this way" (Deaton 2002: 128, zit. n. Wade 2002).

Nicht nur die Änderungen in der Berechnungsmethode der Armutsstatistiken stellen das Datenmaterial der Weltbank in Frage, sondern auch die Berechnung der international vergleichbaren monetären Armutslinie in Kaufkraftdollar. Eine nationale Armutsschwelle wird errechnet auf der Basis eines ‚Warenkorbs', der aber nicht nur den durchschnittlichen täglichen Kalorienbedarf eines Erwachsenen ermittelt. Berechnet werden auch Dienstleistungen, die im Gegensatz zu Nahrungsmitteln in Entwicklungsländern zwar vergleichsweise kostengünstig zu kaufen sind, für Arme jedoch keinerlei Bedeutung haben (zum Beispiel Massagen). Wade schätzt, dass ein Warenkorb, der die „Armutsschwelle" nach Grundbedürfnissen definiert, sich also vornehmlich auf Nahrungsmittel und Unterkunft stützen würde, die Armutslinie in US-Dollar um 25-50% erhöhen könnte (Wade 2002: 4).

Das Jonglieren mit Daten betrifft auch die geschlechtsspezifischen Aussagen der Weltbank. Anders als andere internationale Institutionen (WTO, IWF, OECD) berücksichtigt die Weltbank geschlechtsspezifische Aspekte in ihren entwicklungspolitischen Ansätzen. Gestützt auf die feministischen Arbeiten von Makroökonominnen (Diane Elson, Nilufer Cagatay, Isabella Bakker, Caren Grown, Caroline Moser, Stephanie Seguino und andere) betont die Weltbank eine positive Korrelation zwischen Wirtschaftswachstum und Einkommensgleichheit. Änderungen zum Beispiel im Handelsbereich durch Liberalisierung von Gütern affizieren die Gender-Verhältnisse, aber umgekehrt wird davon ausgegangen, dass Gender-Verhältnisse den Handel beziehungsweise die Handelsposition eines Landes beeinflussen. Beide Wirkungsrichtungen können positive oder negative Ausprägungen aufweisen. Hätten alle Regionen im Jahr 1960 gleiche geschlechtliche Ausgangsraten beim Schulbesuch gehabt wie die Wachstumsregion Ostasien und hätten sich diese Ausgangsraten bis 1992 auch im gleichen Maße verbessert wie hier, so wäre die Pro-Kopf-Wachstumsrate nach Aussagen der Weltbank in Subsahara-Afrika um 0,7% jährlich, in Südasien um 1,7% jährlich und in Nordafrika und im Mittleren Osten sogar um 2,2% höher gewesen (Worldbank 2001: 90f.).

In ihrer hervorragenden quantitativen Studie hat die feministische Ökonomin Stephanie Seguino diese ‚win-win'-Annahmen der Weltbank anhand von Asien empirisch grundsätzlich widerlegt. Gerade die geschlechtspezifischen Ungleichheiten haben eine entscheidende Rolle im asiatischen Entwicklungsmodell gespielt. „Low female wages have spurred investment and exports by lowering unit labor costs, providing the foreign exchange to purchase capital and intermediate good" (Seguino 2000: 27). Somit erklären in asiatischen Ländern die geschlechtsspezifischen Einkommens*un*gleichheiten am Arbeitsmarkt, nicht jedoch die Einkommensgleichheit, wie dies von der Weltbank betont wird, den enormen Wachstumsschub in Asien.

Unverantwortlich ist nicht nur das politische Jonglieren der Ökonomen mit dem scheinbar unpolitischen Datenmaterial, sondern die damit erzeugten unfundierten Glaubensbekenntnisse einer positiven Entwicklung zwischen Globalisierung (Öffnung der Märkte) und Reduzierung der extremen Armut. Dass wir uns in die falsche Richtung bewegen, wird nicht nur von globalisierungskritischen Stimmen der NGOs verkündet.

> „If the number of people in extreme poverty may not be falling and if global inequality may be widening (in terms of several plausible measures, and emphatically in terms of absolute income gaps) we cannot conclude that globalisation – the spread of free-market relations within the current framework – is moving the world in the right direction, with Africa's poverty as a special case for international attention.

The balance of probability is that – like global warming – the world is moving in the wrong direction.“ (Wade 2004: 182)

2 Logik der Profitmaximierung und Logik der Menschrechte

Der Imperativ der Kapitalverwertung drängt nicht nur auf die Erschließung neuer Märkte, sondern ins Visier geraten zunehmend auch die öffentlichen Dienste und die Daseinsvorsorge. Besonders das WTO-Dienstleistungsabkommen (GATS) beweist aufs Neue die Unvereinbarkeit der Logik der Profitmaximierung mit den Bedürfnissen der Menschen nach sozialer Sicherheit und anderen öffentlichen Gütern wie einer intakten Umwelt, Wasser, Gesundheitsversorgung, Bildung oder Infrastruktur. Seit ihrer Gründung im Jahr 1995 wird das Mandat der WTO zunehmend auf Bereiche außerhalb des internationalen Waren- und Güterhandels ausgeweitet. Die Politik der WTO, die durch eine Erhöhung des Wettbewerbs und der Liberalisierung, Deregulierung und Informalisierung gekennzeichnet ist, hat weltweit durchaus verschiedene, oft gegenläufige Auswirkungen auf Frauen und Männer. Die zunehmende Überlagerung von Klassen- und Geschlechterverhältnissen, von Migration und rassistischer Diskriminierung bringt unter dem Druck der Globalisierung vollkommen neue Abhängigkeits- und Ausbeutungsverhältnisse hervor (Young/Hoppe 2002). Durch die Privatisierung lebensnotwendiger Bereiche des täglichen Lebens, wie Wasser und Energie, wird, wie Vandana Shiva argumentiert, die Nutzung natürlicher Ressourcen in Diebstahl umdefiniert. Das Wort „Dienstleistungen“ bedeutet im bisherigen globalen Verständnis, „etwas zu geben oder etwas für jemanden zu tun aus Liebe“. Doch die Privatisierung der Dienste ist das Gegenteil, nämlich, jemandem etwas gewaltsam wegzunehmen (Shiva 2003: 18).

Besonders die Liberalisierung der Finanzmärkte seit dem Zusammenbruch des Bretton Woods Systems hat zu instabilen Finanzmärkten geführt, bei denen sich auch die soziale Reproduktion der Arbeitskraft, die *Care*-Ökonomie, und damit die Situation für Frauen und Kinder gravierend verschlechtert hat. Untersuchungen aus den Philippinen, Indonesien, Thailand, Südkorea, Argentinien und Brasilien haben gezeigt, dass zunehmende Armut und Verelendung durch den Abbau von staatlichen Subventionen und Fürsorgeleistungen die menschliche Sicherheit und die Überlebenschancen der am unteren Ende der Globalisierung befindlichen Bevölkerungsschichten gefährdet. Besonders die genderspezifischen Auswirkungen der Finanzkrisen zeigen, dass Frauen in größerem Umfang als Männer durch Finanzkrisen ihre Arbeitsplätze in der formalen Ökonomie verlieren oder unterbeschäftigt werden und verstärkt informelle, prekäre Tätigkeiten annehmen müssen (vgl. u.a. Barendt in diesem Band). Des Weiteren wurde der Sozialbereich durch die auferlegten Strukturanpassungsprogramme und deren rigide Sparpolitik stark gekürzt, beziehungsweise es wurden Gebühren für ehemalige öffentliche Güter wie zum Beispiel Bildung und Krankenpflege erhoben. Auch fielen die Subventionen von Nahrungsmitteln, Transportdienstleistungen und anderen Serviceleistungen oftmals dem Sparkurs der öffentlichen Haushalte zum Opfer. Frauen waren folglich besonders belastet, zum einem mit einem starken Reallohnrückgang und/oder der Prekarisierung ihrer Arbeit und dem Anstieg der Nahrungsmittelpreise, zum anderen mit der Tilgung von Schulden und einer zunehmend negativen Beurteilung der Kreditwürdigkeit von Frauen (Young 2003).

3 Globalisierung der Inklusivität

Die Bekämpfung der Armut in Entwicklungsländern ist unmittelbar verbunden mit einem auf Entwicklung ausgerichteten globalen Handels- und Finanzsystem, damit an den Globalisierungsgewinnen und Chancen auch diejenigen Gruppen und sozialen Schichten teilhaben können, die derzeit eher zu den VerliererInnen der neuen Weltwirtschaftsordnung gehören. Die Gestaltung der Welthandelsordnung im Sinne einer sozial ausgewogenen und nachhaltigen Weltwirtschaft ist somit eine der zentralen Herausforderungen der kommenden Jahrzehnte. Eine Aufgabe, deren Gelingen unzweifelhaft auch eng mit der Frage der Geschlechtergerechtigkeit im Sinne des von den Vereinten Nationen zum Leitmotiv erklärten *Gender Mainstreaming* verbunden ist. Nicht zuletzt deshalb, weil die Mehrheit der in Armut lebenden Menschen Frauen sind. Wie zahlreiche Studien belegen, sind Welthandel und Handelspolitik eben *kein* gender-neutrales Terrain (Çağatay 2001; Williams 2003; UNCTAD 2004; World Commission 2004; UNDP 2003).

Die Forderung, Geschlechtergerechtigkeit in internationale Verhandlungen zum Welthandel aufzunehmen, ist demnach ein zentraler Eckpfeiler der Bemühungen für eine *Globalisierung der Inklusivität*. Oder, wie dies die *World Commission on the Social Dimension of Globalization* in ihrem Bericht artikuliert, eine Globalisierung, die auf Menschen ausgerichtet ist und die universalen Werte der menschlichen Würde und Gleichheit aller Menschen betont (World Commission 2004). Zweifelsohne ist die Forderung und Verankerung von Frauenrechten als Menschenrechten zunehmend in vielen UN-Chartas sowie weiteren internationalen Konventionen und Deklarationen eine hart erkämpfte Errungenschaft der dezentral strukturierten und lokal organisierten globalen Frauenbewegungen und Frauen-NGOs (Goetz 2003).

Die Frage der Geschlechtergerechtigkeit hat multiple Implikationen und Auswirkungen auf die ökonomische, gesellschaftliche, politische und kulturelle Sphäre einzelner Staaten. Dies hat damit zu tun, dass Frauen als wichtige ökonomische Akteurinnen agieren. Sie fungieren als *caretakers* von Familien, übernehmen Verantwortung für gemeinnützige Aktivitäten und sind in der Wirtschaft (inklusive der Landwirtschaft) sowie auch im öffentlichen Dienst tätig. Die geschlechtergerechte Teilnahme von Frauen im ökonomischen wie auch im politischen Leben wird aber gleichzeitig in vielen Gesellschaften durch die tradierten Normen und Geschlechterstereotype begrenzt. Dadurch wird die gesellschaftliche Ungleichheit zwischen Frauen und Männern in zweifacher Hinsicht perpetuiert: Einerseits kann der Mangel an Verwirklichungschancen (*capabilities*) zu einem bedeutend niedrigeren Einkommen für Frauen und Familien führen, andererseits kann ein geringes Einkommen Hindernis für ein ‚erstrebenwertes' Leben sein. Für den Nobelpreisträger der Ökonomie Amartya Sen ist Armut nicht bloß Ausdruck eines niedrigen Einkommens, sondern sie ist vor allem auf der Basis mangelnder Verwirklichungschancen von Menschen zu beurteilen (Sen 2000: 110).

4 Eine *Gender-Agenda* für die WTO?

Eine zentrale Fragestellung ergibt sich aus den hier kurz skizzierten Überlegungen, ob die Liberalisierung des weltweiten Handels die existierenden Geschlechterungleichheiten eher perpetuiert, akzentuiert oder erodiert und ob eine *Gender-Agenda* in der WTO sinnvoll und eventuell notwendig erscheint. Hierzu gibt es aber keine einheitliche Position von Frauen-Nichtregierungsorganisationen (NGOs) oder auch von internationalen Frauenbewegungen. Wie die Diskussion auf einer Public Panel Diskussion der Friedrich-Ebert-Stiftung zeigte, die unter dem Motto „Between Reform and Rejection: Can a Gender Agenda be integrated in the WTO?" am 12. September 2003 in Cancún am Rande der 5. Ministerkonferenz der WTO stattfand, besteht selbst bei vielen Frauen-NGOs aus dem Süden wie aus dem Norden eine gewisse Skepsis über die Wirksamkeit einer *Gender-Agenda*. Auch viele Entwicklungsländer lehnen die Implementierung einer *Gender-Agenda* in der WTO ab. Ihre Einwände lassen sich in drei Kategorien unterteilen:

- Erstens wird von den Neoklassikern argumentiert, dass die Institutionen der Welthandelsorganisationen ausschließlich dem Abbau von Handelshemmnissen dienen und daher keine ‚handelsfernen' Ziele wie Sozial- oder Umweltstandards oder auch eine *Gender-Agenda* in das Regelwerk aufzunehmen sind (vgl. Bhagwati 2004).

- Zweitens wird neben diesem prinzipiellen Standpunkt auf strategischer Basis von einigen Entwicklungsländern sowie vom UNCTAD-Bericht „Gender and Trade" gegen eine Integration geschlechtsspezifischer Themen in das formale Regelwerk der WTO argumentiert. Viele Entwicklungsländer befürchten, dass geschlechtsspezifische Themen für protektionistische Maßnahmen der Industriestaaten missbraucht werden können (UNCTAD 2004: 74).
- Drittens herrscht bei vielen NGOs und Frauenorganisationen Skepsis darüber, inwieweit die WTO überhaupt reformierbar ist. Des Weiteren wird eine Mitwirkung von Frauen in der WTO als ein Schritt zur Legitimierung der WTO gesehen. Einige Akteurinnen lehnen jedoch grundsätzlich eine Mitarbeit in internationalen Institutionen (wie zum Beispiel der Weltbank, dem IWF und der WTO) ab, da diese als Verkörperung der nördlichen Interessen angesehen werden.[4]

Wiederum andere Frauen-NGOs, Gewerkschaften und politische Parteien unterstützen die Integration einer *Gender-Agenda* in das bestehende Regelwerk und fordern einen *Gender Desk* innerhalb der WTO, um die Auswirkungen der Handelsverträge auf die Situation von Frauen in unterschiedlichen Sektoren und Regionen zu verfolgen und dementsprechend Alternativen innerhalb der WTO zu entwickeln. Seit langer Zeit wird in der politikwissenschaftlichen Forschung unter dem Begriff des *state feminism* auf den Zusammenhang zwischen faktischer Mitbestimmungsmöglichkeit in Entscheidungsprozessen, politischer Verantwortung und der Implementierung von neuen Regeln und Regelwerken hingewiesen (McBride Stetson/Mazur 1995; Eisenstein 1990). Die ablehnende Haltung vieler feministischer Netzwerke aus dem Süden beruht eher auf der Befürchtung einer Kooptation von genderspezifischen Themen durch die WTO. Sie befürworten stattdessen den Druck ‚von außen' durch Informationskampagnen, durch Berichterstattungen über die Verhandlungen in der WTO über elektronische Newsletter sowie durch die Präsenz vieler NGOs auf den Ministerialkonferenzen, verbunden mit Gegendarstellungen zur offiziellen Berichterstattung vor Ort.

Kontrovers bleibt in dieser Diskussion, ob die WTO der richtige Ort für die Etablierung einer *Gender-Agenda* ist oder überhaupt sein kann. Konsens herrscht in feministischen Kreisen darüber, dass die Handelspolitik gender-differenzierte Auswirkungen hat und dass umgekehrt Genderungleichheiten die Handelsleis-

4 Eigene Notizen von B. Young, die als Referentin auf dem Panel der Friedrich-Ebert-Stiftung in Cancún, Mexiko, teilnahm.

tung und die Wohlfahrt eines Landes beeinträchtigen können. Deshalb beschränken sich NGOs wie zum Beispiel DAWN[5], International Gender and Trade Network (IGTN)[6] und WIDE[7] nicht nur auf die Kritik der WTO in Bezug auf Gendergerechtigkeit, sondern sie stützen sich auf den universalistischen Menschenrechtsdiskurs, wie er in der Allgemeinen Erklärung der Menschenrechte zu finden ist und in weiteren Deklarationen und Konventionen wie beispielsweise in den Beschlüssen der Kommission für Menschenrechte, dem Internationalen Pakt über bürgerliche und politische Rechte, dem Internationalen Pakt über wirtschaftliche, soziale und kulturelle Rechte, dem Human Development Report 2000 sowie der Aktionsplattform der UN-Weltfrauenkonferenz von Peking aus dem Jahr 1995. In dieser von 189 Nationen unterzeichneten Erklärung wurde festgehalten, dass Frauenrechte Menschenrechte sind. Deswegen seien die WTO und ihre Mitgliedstaaten gefordert, „to ensure that national policies related to international and regional trade agreements do not adversely impact women's new and traditional economic activities" (UN 1996, para. 176). Ziel dieser Forderungen ist, *Gender Mainstreaming* in das Regelwerk der Handelsverträge aufzunehmen und Menschenrechte als Anspruch zu einem „set of social arrangements – norms, institutions, laws, an enabling economic environment – that can best secure enjoyment of these rights" (UNDP 2000: 73) in Handels- und Finanzverhandlungen sowie internationalen Verträgen zu verankern.

Die renommierte Makroökonomin und UN-Beraterin zu Gender und Handel, Nilüfer Çağatay, weist in einem Bericht zu „Trade, Gender and Poverty" (2001) mit Recht darauf hin, dass die Einführung der Kategorie Gender in Handelsanalysen allein unzureichend ist. Ohne institutionelle Infrastruktur, die mit der erforderlichen politischen Verpflichtung, Unterstützung und entsprechenden Ressourcen der jeweiligen Mitgliedstaaten der WTO verbunden ist, kann Geschlechtergerechtigkeit nicht erreicht werden. Auf der nationalen Ebene müssten bereits die Handelsministerien ihre Kapazitäten ausbauen, um eine Gender-Analyse in alle politischen Maßnahmen und Programme, die den Handelsbereich tangieren, zu integrieren und diese Maßnahmen mit dem Frauenministerium zu koordinieren. Eine Aufgabe, deren Gelingen mit der Aufwertung der meist marginalisierten Frauenministerien bezüglich ihrer finanziellen Ressourcen, sachlichen Expertise und ihres politischen Status einhergehen muss, damit die Integration von Gender in Handelsverträgen sachgemäß überprüft, evaluiert und kontrolliert werden kann. Nilüfer Çağatay geht von der überzeugenden Annahme aus, dass Genderungleichheiten erstens multidimensional sind. Zweitens findet

5 DAWN ist ein Akronym für Development Alternatives with Women for a New Era, http://www.dawn.org.
6 http://www.igtn.org
7 WIDE ist ein Frauennetzwerk, Women in Development Europe, http://www.wide-network.org

die Handelsliberalisierung nicht als isolierte ökonomische Aktivität in der Globalisierung statt und lässt sich nicht nur auf die Arbeitsmärkte (Lohndumping, prekäre und informelle Arbeitsbedingungen) reduzieren, sondern ist integraler Bestandteil von neoliberaler Marktderegulierung, globalen Privatisierungsprozessen und staatlicher Finanzkonsolidierung. Genderungleichheiten umfassen ein breites Spektrum von Ungleichheiten, die von den geschlechtsspezifischen Eigentumsrechten über Zugang zu Krediten bis zur Verfügung über die eigenen Zeitressourcen und Freizeit, Bildungschancen und Gesundheit reichen. Erst wenn zur Kenntnis genommen wird, dass Menschenrechte gewissermaßen dem Verwertungsprozess von Waren vorgelagert sind, die wir konsumieren, können wir, nach Çağatay, eine menschliche Welthandelsordnung und Gesellschaft verwirklichen (2001: 35). Vorrang müssten aber soziale und Geschlechtergerechtigkeit, Umweltschutz und Menschenrechte vor Handelsrecht und der Kommerzialisierung von Versorgung haben.

5 Feministische Makroökonomie und Menschenrechte

Die Annahme, dass ein funktionierender Markt eine Vielzahl von nichtmarktförmigen Praxen voraussetzt, macht es möglich, die derzeit parallel verlaufenden Diskurse zu Menschenrechten und Makroökonomie zu verbinden. Dies bedeutet, dass feministische Politökonomie sich nicht defensiv auf Chancengleichheit und Nichtdiskriminierung in Bezug auf ihren wirtschaftlichen Nutzen beschränken darf. Sie kann sich auf den Charakter der universellen Menschenrechte als Geburtsrecht aller Menschen, ihren Schutz und ihre Förderung durch Regierungen nach gleichberechtigter Teilnahme an der Erarbeitung von makro- und mikroökonomischen Politiken berufen. Mit den internationalen Verträgen und Konventionen zu Menschenrechten insbesondere seit der „Allgemeinen Erklärung der Menschenrechte" aus dem Jahre 1948 ist ein international verbindliches Regelwerk geschaffen worden, um Diskriminierung politisch zu beseitigen. In der Präambel der Charta der Vereinten Nationen und in Artikel 2 sind die Gleichberechtigung von Mann und Frau ausdrücklich erwähnt. Des Weiteren wird in Artikel 28 darauf hingewiesen, dass „Jeder Anspruch auf eine soziale und internationale Ordnung [hat], in der die in dieser Erklärung verkündeten Rechte und Freiheiten voll verwirklicht werden können."[8] Verbunden mit Artikel 22 wird in dieser Charta über die Ebene der individuellen Rechte hinausgegangen und eingefordert, die Rahmenbedingungen so zu gestalten, dass die Men-

8 www.unhchr.ch/udhr/lang/ger/pdf (abgerufen am 20.06.2005).

schenrechte realisiert werden können (*enabling environment*). Artikel 22 besagt nämlich:

> „Jeder hat als Mitglied der Gesellschaft das Recht auf soziale Sicherheit und Anspruch darauf, durch innerstaatliche Maßnahmen und internationale Zusammenarbeit sowie unter Berücksichtigung der Organisation und der Mittel jedes Staates in den Genuss der wirtschaftlichen, sozialen und kulturellen Rechte zu gelangen, die für seine Würde und die freie Entwicklung seiner Persönlichkeit unentbehrlich sind.“

Rechte sind somit an politische Verpflichtungen von Regierungen gebunden, Rahmenbedingungen so zu gestalten, dass sie den mangelnden Zugang zu Bildung und Ausbildung, Einstellung und Bezahlung, den diskriminierenden Zugang zu Produktivressourcen wie Land, Kapital, Güter und Dienstleistungen, Beschäftigungsmöglichkeiten, Märkten und zum Handel, sowie die ungleiche Verteilung der Verantwortung im Rahmen von Gremien wie Handels- und Finanzministerien, Wirtschaftskommissionen, Wirtschaftsforschungsinstituten und die ungleiche Mitwirkung in internationalen Organisationen wie der WTO, dem Internationalen Währungsfonds und der Weltbank, beseitigen. Drei Viertel der Mitgliedstaaten der Vereinten Nationen haben in der Zwischenzeit die Konvention über die Beseitigung jeder Form der Diskriminierung von Frauen unterzeichnet (CEDAW). Diese Konvention fordert Regierungen auf, jegliche Verletzung der Menschenrechte von Frauen zu unterlassen und aktiv auf die Förderung und den Schutz dieser Rechte hinzuwirken. Des Weiteren hat die Weltkonferenz über Menschenrechte in Wien im Jahre 1993 eindeutig bekräftigt, dass die Menschenrechte der Frau während ihres ganzen Lebens ein unveräußerlicher, integraler und unteilbarer Bestandteil der allgemeinen Menschenrechte sind.[9] Dass die Rechte der Frau Menschenrechte sind und „[d]ass die Machtgleichstellung der Frau und ihre gleichberechtigte und volle Teilhabe an allen Bereichen der Gesellschaft, so auch ihre Teilhabe an den Entscheidungsprozessen und ihr Zugang zu Macht, für die Herbeiführung von Gleichberechtigung, Entwicklung und Frieden von grundlegender Wichtigkeit sind“[10] wurde dann in der *Platform for Action and the Beijing Declaration* auf der 4. Weltfrauenkonferenz, vom 4.-15. September 1995 in Beijing, China verankert. In dieser *Platform for Action* werden strategische Ziele und Aktionen für zwölf Bereiche[11] formuliert, die als notwendig angesehen werden, um Geschlechterdiskriminierung global zu beseitigen.

---

9 www.unhchr.ch/huridocda/huridoca.nsf/(Symbol)/A.CONF.157.23.En? (abgerufen am 20.06.2005).

10 www.womnet.de/content/peking/index-peking.html (abgerufen am 20.06.2005)

11 1. Women and poverty; 2. Education and training of women; 3. Women and health; 4. Violence against women; 5. Women and armed conflict; 6. Women and the economy; 7. Women in power and decision-making; 8. Institutional mechanism for the advancement of women; 9.

Die Garantie der Menschenrechte besteht bereits seit 1948 mit dem Recht auf politische Rahmenbedingungen für den Abbau von Diskriminierung. Dies stützt die Argumentation, dass reine Marktmechanismen nicht ausreichen, um Diskriminierung abzubauen. Die neoklassische Wirtschaftstheorie definiert den Markt als einen Warentausch zwischen freien Subjekten. Wenn Frauen aber aufgrund ihres Geschlechts keinen freien Zugang zum Markt haben und dadurch diskriminiert werden, dann wird gegen die Grundprinzipien des Marktes verstoßen. Diese ungleiche geschlechtsspezifische Behandlung am Markt ist nichts anderes als eine ‚*Diskriminierungssteuer*', da sie nur für Frauen qua ihres Geschlechts erhoben wird (Young unter Mitarbeit Kerkmann/Widera 2006). Der soziale Preis dafür sind wachsende gesellschaftliche Disparitäten und Spannungen sowie die Entstehung neuer Armutsstrukturen mit einem hohen Risiko wachsender Geschlechterungleichheiten und zunehmender Benachteiligung für Frauen in Entwicklungsländern, den so genannten Transformationsländern, aber zunehmend auch in den reichen Industrieländern.

Literatur

Altvater, Elmar (2004): Die Globalisierung frisst ihre Kinder. In: Sand im Getriebe (www.attac.de/rundbriefe) (7. Juli 2004).

Amin, Samir (2004): Der kapitalistische Genozid. In: Blätter für deutsche und internationale Politik 7 (2004): 817-824 (http://www.blaetter.de/artikel.php?pr=1833)

Bakker, Isabella/Gill, Stephen (Hrsg) (2003): Power, Production and Social Reproduction. Houndmills: Palgrave Macmillan

Bhagwati, Jagdish (2004): In Defense of Globalization. Oxford: Oxford University Press

Çağatay, Nilüfer (2001): Trade, Gender and Poverty. Background Paper. New York: UNDP (http://www.undp.org/mainundp/propoor/docs/pov_tradegenderpoverty_doc.pdf, 05.05.2006)

Deaton, Angus (2002): Is world poverty falling? in: Finance and Development 39 (2002) (http://www.imf.org/external/pubs/ft/fandd/2002/06/deaton.htm, Juni 2002)

Deutscher Bundestag (2002): Schlussbericht der Enquete-Kommission „Globalisierung der Weltwirtschaft – Herausforderungen und Antworten", Drucksache 14/ 9200 (http://www.bundestag.de/gremien/welt/glob_end/, 05.05.2006)

Eisenstein, Hester (1990): Femocrats, Official Feminism and the Uses of Power. In: Watson (1990): 87-103

Goetz, Anne Marie (2003): National Women's Machinery: State-Based Institutions to Advocate for Gender Equality. In: Rai (2003): 69-95

Hobsbawm, Eric (2002): Das Gesicht des 21. Jahrhunderts. München: dtv

Human rights of women; 10. Women and the media; 11. Women and the environment; 12. The Girl-child (UN 1996).

McBride Stetson, Dorothy/Mazur, Amy (1995): Introduction. In: McBride Stetson/Mazur (1995): 1-21

McBride Stetson, Dorothy/Mazur, Amy (Hrsg.) (1995): Comparative State Feminism. London, New York: Sage

Rai, Shirin (Hrsg.) (2003): Mainstreaming Gender, Democratizing the State? Institutional Mechanisms for the Advancement of Women. Manchester: Manchester University Press

Seguino, Stephanie (2000): Accounting for Gender in Asian Economic Growth. In: Feminist Economics 8 (2000): 27-58

Sen, Amartya (2000): Ökonomie für den Menschen. Wege zu Gerechtigkeit und Solidarität in der Marktwirtschaft. Frankfurt/Main: Büchergilde Gutenberg

Shiva, Vandana (2003): Frauenwiderstand gegen den Raub der Ressourcen durch die Konzerne – Beispiel Indien. In: Frauennetz Attac: Dienste ohne Grenzen? GATS, Privatisierung und die Folgen für Frauen. Frankfurt/Main

UNCTAD (2004): Trade and Gender. Opportunities and Challenges for Developing Countries: New York, Geneva: United Nations

UNDP (2000): Human Development Report 2000. New York: Oxford University Press

UNDP (2004): Human Development Report 2004. Cultural Liberty in Today's Diverse World. New York: Oxford University Press

UNDP (2003): Making Global Trade Work for People. Virginia: Earthscan Publishing

United Nations (1996): Platform for Action and the Beijing Declaration. Fourth World Conference on Women. Beijing, China, 4-15 September 1995. New York: United Nations

Wade, Robert Hunter (2002): Globalization, Poverty and Income Distribution: Does the Liberal Argument Hold? Vortrag auf der Konferenz „Towards a new political economy of development". University of Sheffield, July 4-6, 2002

Wade, Robert Hunter (2004): On the Causes of Increasing World Poverty and Inequality, or Why the Matthew Effect Prevails. In: New Political Economy 9 (2004): 63-188

Watson, Sophie (Hrsg.): Playing the State. London: Verso

Weltbank (2001): Weltentwicklungs-Bericht 2000/2001. Bekämpfung der Armut. Bonn

Williams, Mariama (2003): A Reference Manual on Gender Issues in the Multilateral Trading System (Rev. March 10, 2003)

World Bank (2002): Globalization, Growth and Poverty: Building an Inclusive World Economy. Washington

World Bank (2001): Engendering Development. Enhancing Development through Attention to Gender. Washington

World Commission on the Social Dimensions of Globalization (2004): A „Fair" Globalization: Creating Opportunities for All. Geneva: ILO Publications

Young, Brigitte/Hella Hoppe (2003): The Doha Development Round. Gender and Social Reproduction. Occasional Papers 7 (2003) Berlin: Friedrich-Ebert-Stiftung

Young, Brigitte (2003): Financial Crises and Social Reproduction: Asia, Argentina and Brazil. In: Bakker/Gill (2003): 99-122

Young, Brigitte (unter Mitarbeit Kerkmann, Markus/Widera, Adam) (2006): Governance von Dienstleistungsliberalisierung (GATS). Handel – Finanzen – Gender: EU und China (im Erscheinen)

Stich um Stich – fleißig und flexibel
Globalisierung, Frauenarbeit und Sozialstandards in Osteuropa

Regina Barendt

> KARAT and SPGTF express deep concern about the rapid expansion of low-tech labour-intensive, feminized sectors of the economy, as well as of informal work of women, both associated with a patterns of abysmally low wages, workers being forced to work excessively long hours, exploitative terms of employment, denial of the right to organize and bargain collectively, sexual harassment, and physical and verbal abuse. (Karat Coalition/SPGTF 2005)

1 Globalisierungsmuster Bekleidungsindustrie

Die Globalisierung der Wirtschaft ist ohne Frauenarbeit nicht denkbar. Millionen von Frauen auf allen Kontinenten finden seit den sechziger Jahren Jobs in der Bekleidungs-, Spielzeug- und Schmuckfabrikation, im Blumenanbau und der Krabbenproduktion, und seit den Achtzigern auch in der Elektronik, Datenverarbeitung, im telekommunikativen Service und im globalen Büro.

Auf „postindustrielle" Weise halten vor allem Frauen die arbeitsintensive Exportproduktion und die wenig kopflastigen Dienstleistungen am Laufen. Schon in den achtziger Jahren wurde eine Beziehung zwischen Exportproduktion, Feminisierung der Arbeitskraft und Verschlechterung der Arbeitsbedingungen in Asien, Afrika und Lateinamerika aufgedeckt.

Weniger Aufmerksamkeit ist auf die Arbeitswelt der Transformationsländer Osteuropas gelenkt worden, obwohl diese Länder nicht zuletzt durch Sonderprogramme der EU und durch vielfältige Standortvorteile wie ein relativ hohes Qualifikationsniveau einen beträchtlichen Anstieg der ausländischen Investitionen (vor allem aus den EU-Ländern) erfahren haben und auf den unteren Stufen in die globalen Produktionsketten integriert wurden. Dabei zeigt die marktwirtschaftliche Entwicklung der Länder Osteuropas Merkmale und Trends, die die Theorien der GlobalisierungsoptimistInnen wie die *trickle-down*-Theorie oder die des Marktgleichgewichts durch Selbstregulierungsmechanismen und letztlich größere Verteilungsgerechtigkeit ad absurdum führen. Nicht zuletzt deshalb werden diese Länder gern in eine Sonderschublade gesteckt.

Die vorliegenden geschlechterspezifischen Untersuchungen bestätigen den Zusammenhang von Strukturwandel, Frauenarbeit und Prekarisierung der Arbeit. Sie beruhen auf Recherchen des Osteuropa-Netzwerks der *Clean Clothes Campaign* (CCC) seit 2000 in Bulgarien, Rumänien, Polen, Türkei und seit 2003 in Mazedonien und Serbien[1]. Gleichzeitig leben die verschiedenen Formen der Geschlechterdiskriminierung wieder auf. Dies soll am Beispiel der Bekleidungsindustrie Polens (Mittelosteuropa), Bulgariens, Rumäniens, Mazedoniens, Serbiens (Südosteuropa), der Türkei sowie Litauens und Lettlands (Osteuropa) erörtert werden.

2 Sozialstandards und soziale Gerechtigkeit

Die Auswirkungen der Globalisierung auf den gesellschaftlichen Alltag sind Gegenstand heftiger Kontroversen. KritikerInnen sagen, die wachsende Verflechtung der Volkswirtschaften und besonders das Agieren transnationaler Unternehmen führten zur Verschlechterung von Arbeitsbedingungen. Die Verlagerung von Produktionsstätten oder auch nur die Drohung damit lösen ein *race to the bottom* aus.

Dagegen halten OptimistInnen einen „Wettlauf nach oben“ für wahrscheinlich, da ausländische Investoren stabile Institutionen schätzten – und folglich auch eine „angemessene“ Regulierung der Arbeitsbedingungen. Demnach fließen umso mehr Direktinvestitionen in ein Land, je besser die *Sozialstandards* gewährleistet sind.

Gemeint sind die sozialen *Mindeststandards*, darunter die so genannten Kernarbeitsnormen, die in dem über 180 Übereinkommen umfassenden Regelwerk der Internationalen Arbeitsorganisation (ILO) fest geschrieben sind. Die wichtigsten acht Sozialstandards betreffen:

- das Verbot von Zwangsarbeit und Arbeit in Schuldknechtschaft (ILO 29, 105),
- die Vereinigungsfreiheit und das Recht auf Kollektivverhandlungen (ILO 87,98,135),
- das Verbot der Beschäftigung von Kindern unter 15 Jahren (ILO 138,182),

1 2004/5 befragten in den sechs Ländern 37 ausgebildete BeobachterInnen (Leute, die Zugang zu den ArbeiterInnen haben) über 300 Näherinnen, Büglerinnen und Packerinnen aus 63 Fabriken über die konkreten Arbeitsbedingungen und Arbeitsrechtsverletzungen. Längere Zitate entstammen im Folgenden den durchgeführten Interviews, sofern nichts anderes angegeben ist.

- die Gleichheit des Entgelts und das Diskriminierungsverbot hinsichtlich Beschäftigung und Berufsausübung (ILO 100, 111),
- die wöchentliche Arbeitszeitbegrenzung von 48 Stunden mit mindestens einem freien Tag und maximal zwölf freiwilligen Überstunden (ILO 1),
- das Recht auf angemessenen Lohn (ILO 26, 131),
- das Recht auf eine sichere und hygienische Arbeitsumwelt (ILO 155) und
- das Recht auf ein registriertes, vertraglich geregeltes Arbeitsverhältnis.

Seit der Gründung der Internationalen Arbeitsorganisation (ILO) im Jahre 1919 werden diese Standards heftig debattiert, vor allem unter dem Gesichtspunkt, inwieweit sie die wirtschaftliche Entwicklung begünstigen oder behindern. Wenn man der These folgt, dass es ohne wirtschaftliche keine soziale Entwicklung geben kann, ist die Frage durchaus berechtigt. Aber auch umgekehrt existieren direkte Einflüsse und möglicherweise Abhängigkeiten. Mangelnde oder regressive soziale Entwicklung hemmt das Wirtschaftswachstum im Allgemeinen und die unternehmerische Initiative im Besonderen. Gerade diese Erkenntnis liegt den Konzepten der sozialen Unternehmensverantwortung (CSR) zu Grunde.[2]

Die ersten vier Standards werden auch als ILO-Kernarbeitsnormen bezeichnet. Sie haben im Juni 1998 eine besondere politische Aufwertung erfahren, als die „Erklärung über die grundlegenden Prinzipien und Recht bei der Arbeit“ auf der 86. Tagung der Internationalen Arbeitskonferenz ohne Gegenstimme angenommen wurde. Damit bekennen sich alle Mitgliedstaaten der Organisation ausdrücklich zu den Kernarbeitsnormen und betonen, dass wirtschaftliches Wachstum wesentlich sei, aber nicht ausreiche, um Gerechtigkeit, sozialen Fortschritt und die Beseitigung von Armut zu gewährleisten. Die ILO müsse dafür sorgen, dass sich die Wirtschafts- und Sozialpolitiken gegenseitig verstärken, um eine breit angelegte dauerhafte Entwicklung zu ermöglichen.

2 Westeuropäische GlobalisierungskritikerInnen distanzieren sich in der Regel von ökonomischen Betrachtungsweisen wie zum Beispiel den CSR-Konzepten. Sie verfolgen stattdessen einen ethischen Ansatz, der den Welthandel und seine angestrebte Ausweitung nicht als Selbstzweck versteht, sondern als Mittel zum Zweck der Verwirklichung eines umfangreichen Zielkatalogs (vgl. Siebold, 1998, Entwurf für einen Verfassungsvertrag der EU, 2004). Folgende Ziele werden genannt: Erhöhung des Lebensstandards, Sicherung der Vollbeschäftigung und hoher und ständig steigender Umfang des Realeinkommens, optimale Nutzung der Hilfsquellen der Welt im Einklang mit dem Ziel einer nachhaltigen Entwicklung und dem Bestreben, den Schutz und die Erhaltung der Umwelt zu erreichen.

3 Globale Ausbeutung und Schulddebatte

Mit der Globalisierung der Wirtschaft ist die Verbreitung von menschenunwürdigen Arbeitsbedingungen einhergegangen. Auch die jüngsten Recherchen in Mittel- und Osteuropa bestätigen, dass über den Konkurrenzmechanismus des Weltmarkts Verstöße gegen die Kernarbeitsrechte in einigen Ländern zur Nichteinhaltung dieser Rechte in anderen Ländern führen können. Dieser Wettbewerb findet jedoch weniger auf der Achse Nord-Süd als vielmehr auf den Achsen Nord-Nord und Süd-Süd statt. Die Konkurrenz ist dort am schärfsten, wo mit ähnlichen Produktionstechniken vergleichbare Produkte angeboten werden. „Im Rahmen einer solchen Konkurrenzsituation können bereits geringe Lohnkostenerhöhungen zu Marktanteilsverlusten führen. Zwar könnten sich alle Länder besser stellen, wenn sie Arbeiterrechte einhielten, doch besteht gleichzeitig für jedes einzelne Land ein Anreiz, die Rechte zu missachten.“ (Scherrer, 2002: 25)

Kampagnen zur Beseitigung von solchen Missständen, die sich auch gegen Markenfirmen der Bekleidungs- und Sportschuhindustrie gerichtet haben, haben in den letzten 15 Jahren öffentliche Aufmerksamkeit auf das Problem gelenkt. Die unter Druck geratenen Firmen haben ihrerseits mit der Einführung von freiwilligen, unternehmensinternen Verhaltenskodizes als Beweis für ihre soziale Verantwortung und die Beachtung von Menschenrechten reagiert. Insgesamt kann man sagen, dass es weltweit bei jenen Missständen Verbesserungen gegeben hat, denen besondere Aufmerksamkeit zuteil wurde, wie zum Beispiel Kinder- und Zwangsarbeit. In den Punkten jedoch, die das ausbeuterische System ausmachen, den niedrigen Löhnen, den unbezahlten Überstunden und dem Quasi-Verbot gewerkschaftlicher Organisierung, hat es keine wesentlichen Änderungen gegeben.

In der Regel werden die Herstellerländer selbst dafür verantwortlich gemacht, dass die Sozialstandards nicht bzw. mangelhaft umgesetzt werden. Man stützt sich dabei unter anderem auf die Erfahrungen der ‚sozialen Marktwirtschaft', wo *vor allem funktionsfähige Institutionen für den wirtschaftlichen und sozialen Erfolg eines Landes* wesentlich waren, also freie Medien, unabhängige Gewerkschaften und vertrauenswürdige Gerichte, eine handlungsfähige Zivilgesellschaft und transparente öffentliche Entscheidungsprozesse.

Diese Erfahrungen entstammen jedoch einem *Vorglobalisierungszeitalter* und sind heute nur noch ein bedingt wirksames Konzept. In der Praxis sind die Beschäftigten in osteuropäischen Ländern mit ähnlichen Arbeitsbedingungen und Arbeitsrechtsverletzungen konfrontiert wie ArbeiterInnen beispielsweise in Südasien oder Mittelamerika, obwohl es hier weder an stabilen Institutionen, noch rechtlichen Grundlagen fehlt. Die Standards der ILO-Konventionen sind in nationales Recht integriert worden und waren es größtenteils bereits vor dem Systemwechsel Ende der achtziger bis Anfang der neunziger Jahre. Die Gleichbehandlung der BürgerInnen gehört hier viel ausgeprägter als in den meisten westlichen Ländern zum Grundethos gesellschaftlicher Normierung, weshalb die soziale Stratifikation im Zuge der wirtschaftlichen Transformation auch als besonders schmerzhaft erlebt wird. Es herrscht in der Regel auch kein Mangel an Kompetenz hinsichtlich der Arbeitsrechte, wie er den relevanten staatlichen wie zivilgesellschaftlichen Akteuren im globalen Süden zugeschrieben wird. Dementsprechend niedrig ist das allgemeine soziale Akzeptanzniveau, was Arbeitsrechtsverletzungen betrifft. Darüber hinaus war und ist für die Länder in Osteuropa ein relativ hoher *Gender-related Development Index (GDI)* charakteristisch, – bei aller gebotenen Vorsicht durchaus vergleichbar mit dem Geschlechterverhältnis in den relativ fortschrittlichen skandinavischen Staaten (vgl. http://hdr.undp.org).

Man kann folglich nicht in erster Linie die osteuropäischen Länder selbst für die rapide Verschlechterung der Arbeitsbedingungen in den Exportsektoren ihrer Wirtschaften verantwortlich machen. Vielmehr sind es die *Global Players*, die einen entscheidenden Einfluss auf die soziale Dimension der Globalisierung haben: „They shape the world of work and influence the social and economic environment in which people live. Enterprises are the primary source of employment and income creation and their values, practices and behaviour have a major impact on the attainment of social goals.“ (van der Vegt 2005: 9)

4 Quasi-koloniale Abhängigkeiten

Die osteuropäischen Staaten haben im Zuge der Liberalisierung ihrer vormals zentralisierten Planwirtschaften und unter einem eindeutig der EU zuzuordnenden Globalisierungsdruck einen sicher nicht freiwilligen Strukturwandel durchgemacht, der die einstige Leitindustrie „Textil und Bekleidung“ erneut zu einem bedeutenden Wirtschaftsfaktor und Arbeitsmarkt[3] aufsteigen ließ. In weniger als zehn Jahren hat sich der Export vor allem von fertiger Bekleidung aus den Beitrittsländern in die EU verdoppelt und für Bulgarien, Rumänien und die GUS-Staaten verdreifacht[4].

Dabei hat die EU gegenüber Osteuropa, wie übrigens auch im Handel mit der Karibik, Mittelamerikas und den subsaharischen Ländern Afrikas, eine Handels- und Investitionsstruktur errichtet, die vor allem auf dem Import von Roh- und Halbfertigprodukten sowie der Ausbeutung billiger Arbeitskraft beruht. In Anpassung an die Erfordernisse der EU-Abnehmer hat sich eine *„von starken ökonomischen Zentralräumen abhängige Peripherie (herausgebildet), deren*

3 schätzungsweise fünf Millionen Arbeitsplätze (Quelle: Eurostat, nationale Gewerkschaften).
4 EU-EUROSTAT/COMEXT; 02/03/05.

Wirtschaft nur selektiv, den Erfordernissen des Zentrums folgend, in die Akkumulationskreisläufe des Weltmarktes integriert wird", so Hannes Hofbauer in seinem Buch „Osterweiterung: Vom Drang nach Osten zur peripheren EU-Integration". Die Situation der Beitrittsländer und -kandidaten erinnere, so Hofbauer, vom Außenhandel her betrachtet, an eine quasi-koloniale Struktur (Hofbauer 2003).

Die am weitesten verbreitete Form der Produktion wird als „Lohnsystem" bzw. „passive Lohnveredelung"[5] (PLV) bezeichnet. Wenn osteuropäische Geschäftsleute ihre Produktion beschreiben, sagen sie „*we work in lohn*" und meinen gleichzeitig die schärfsten Formen wirtschaftlicher Abhängigkeit. Für viele ist die Lohnveredelung die einzige Chance etwas von dem ‚Auftragskuchen' abzubekommen, der durch die Verlagerung aus Industriestaaten entsteht.

Deutsche Unternehmen und Bekleidungskonzerne profitieren am meisten von dieser ‚Lohn-Kooperation' mit osteuropäischen Ländern. Vor allem dank konsequenter Nutzung der billigen und kompetenten Arbeitskräfte Rumäniens, Polens, der Ukraine etc. ist in den letzten fünf Jahren der Umsatz deutscher Unternehmen[6] um das Vierfache angewachsen. Einigen Unternehmen ist es in den letzten Jahren gelungen, außergewöhnlich hohe Steigerungsraten in Umsatz und Gewinnen zu erzielen. Allein Puma hat seinen Gewinn im dritten Jahr in Folge verdoppelt und erwartet für 2005 einen neuen Rekordgewinn von 395 Millionen Euro (vor Steuern)[7]. Die Adidas-Gruppe, die ebenfalls intensiv aus MOEL ‚sourct', schließt jedes Jahr mit neuen Rekordgewinnen ab. Der Konzern gibt für das Jahr 2005 ein Betriebsergebnis von 523 Millionen Euro an; gegenüber dem Ergebnis des Jahres 2004 entspricht das einer Steigerung von 25%.[8]

5 Arbeiten in der Weltfabrik

Erst die Globalisierung erlaubte es den Unternehmen, sich aus den Aktivitäten zurückzuziehen, die kurzfristigen Schwankungen am Markt besonders stark ausgesetzt sind, und diese Risiken an Unterauftragnehmer weiterzureichen, die

5 PLV bezeichnet eine Art der Produktions- und Handelsbeziehungen, bei der zugelieferte, importierte Ausgangsmaterialien einschließlich vorgegebenem Design und Konstruktion des Modells beim Produktionsstandort nur noch zusammengenäht werden, um dann wieder zurück exportiert zu werden.

6 Laut Angaben der befragten Arbeiterinnen fertigen sie für Adidas, Puma, Hugo Boss, Quelle, Steilmann, Gerry Weber, Otto, Metro, Joop, FC Bayern München, Formel Eins Mercedes/ BMW

7 http://about.puma.com

8 http://www.adidas-group.com

nun ihrerseits Kompensierungsstrategien einsetzen. Wie sich diese auf die Arbeit auswirken, wird im Folgenden beschrieben.

5.1 Wachsende Unsicherheit des Beschäftigungsverhältnisses

Während die Entwicklungsländer in den letzten dreißig Jahren steigende und die so genannten Industrieländer fallende Beschäftigungszahlen verzeichneten, war die Grundtendenz innerhalb einzelner Länder durch eine fortschreitende bis extreme Unsicherheit der Beschäftigungsverhältnisse geprägt.

Mehr noch: Einmal geschaffene Arbeitsplätze sind keineswegs mehr sicher, denn die Länder konkurrieren untereinander um eine relativ geringe Anzahl von Auftraggebern. Weltweit gibt es einen Trend zur Konsolidierung in der Bekleidungsindustrie, bei der Markenfirmen und Handelshäuser bei immer weniger Unternehmen aus immer weniger Ländern einkaufen:

> „Während der IAF World Apparel Convention im Juni 2003 teilten Weltmarktfirmen wie Hugo Boss, Gap, JC Penney, Liz Claiborne und Wal-Mart mit, dass sie früher in mehr als 50 Ländern herstellen ließen, deren Zahl aber zurückgeht. Heute sourcen sie in ungefähr 30-40 Ländern und bald schon werden nicht mehr als 10 übrig bleiben… Wie bei einer Sanduhr werden die enorm vielen Aufträge an eine immer geringere Anzahl von Einkaufsbüros oder multinationale Produktionsunternehmen vergeben, die diese dann auf eine enorme Anzahl von Lieferfirmen verteilen, welche ihrerseits auf riesige Netzwerke von Unterauftragnehmern zurückgreifen." (Ascoly 2004a: 3-4)

5.2 Informalisierung der Beschäftigung

Zunehmend wird auch in Osteuropa versucht, reguläre Arbeitsplätze zumindest teilweise zu ‚informalisieren', so dass in ein- und demselben Betrieb sowohl legal als auch illegal gearbeitet wird. Neben registrierten Näherinnen sind Schwarzarbeiterinnen zu finden, die beispielsweise Nähte versäubern oder Fäden abschneiden. Gleichzeitig haben die ‚offiziellen' Frauen einen Arbeitsvertrag, der nur den gesetzlichen Mindestlohn zusichert. Der ‚Restbetrag' des eigentlich vereinbarten Lohns wird unter dem Tisch ausgezahlt. Traurig, aber wahr ist, dass dies meistens mit Einverständnis der ArbeiterInnen geschieht, denn nicht nur die ArbeitgeberInnen, auch sie selbst ‚sparen' einen Teil der Steuern und Sozialabgaben. So erhöhen sie ihr monatliches Einkommen, das so gering ist, dass die Frauen meinen, sich den ‚Luxus' der Mitgliedschaft in einer Krankenkasse oder die Altersvorsorge nicht leisten zu können.

Daneben blüht das illegale Bekleidungsgewerbe mit ‚Schwitzbuden' in Kellern, Garagen und ehemaligen Viehställen. Doch niemand vermag darüber genauere Angaben zu machen, und ernsthafte Untersuchungen dazu sind nicht bekannt. Fachleute vor Ort setzen die Zahl der informell Beschäftigten in der Industrie auf derselben Höhe wie die der formell Arbeitenden an.

Maximale ‚Flexibilität' erreichen UnterauftragnehmerInnen durch den Einsatz von Heimarbeit. Zahlreiche Recherchen belegen, dass diese Form der informellen Arbeit wieder verstärkt eingesetzt wird. 2003 waren schätzungsweise 50% der arbeitenden Frauen Bulgariens, Kroatiens, Ungarns und Polens in der informellen Wirtschaft beschäftigt. In einigen Ländern ist Heimarbeit zur dominierenden Arbeitsform geworden. Ascoly zitiert Rozalina Ivanova, Koordinatorin von Kaloian, eines Heimarbeiterinnenvereins in Bulgarien:

> Im bulgarischen Petritsch arbeiten schätzungsweise 5000 HeimarbeiterInnen hauptsächlich für griechische und italienische Unternehmen. Es gibt vier Hauptbeschäftigungen in der Heimarbeit: die Oberseiten von Schuhen zusammennähen, Applikationen und Perlenstickereien auf Bekleidung, Trage- und Damenhandtaschen zusammennähen, und seit kurzem – Fäden versäubern an Bekleidung, die in den Nähfabriken am Ort hergestellt wird. Die Heimarbeiterinnen müssen sich ihre Arbeit in den Fabriken abholen and haben Abgabefristen einzuhalten. Die Frauen, die die Lederoberseiten von Schuhen nähen, bekommen das Material nachmittags um fünf Uhr und müssen die fertigen Teile am nächsten Morgen um 10 Uhr abliefern, und die Strafen für Verspätung oder schlechte Qualität sind hart. Der Lohn ist gering, nicht mehr als der Mindestlohn, vorausgesetzt, frau arbeitet 12-16 Stunden am Tag. Es gibt eine Schuhfabrik (...) wo es 25 Cents pro Paar gibt, im Laden werden dieselben Schuhe für 150 Dollar verkauft. Die Unterauftragnehmer behandeln die Frauen nicht wie Menschen, für sie haben sie Nummern, keine Namen. Über Rechte wagt niemand zu reden. Z.B. sind es gewöhnlich zehn Paare Schuhe, die man über Nacht fertig stellen muss. Wenn der Boss einer Frau 15 Paare gibt, kann sie nicht einfach nein sagen, weil er ihr dann gar keine Arbeit mehr gibt. (Ascoly 2004b: 26)

5.3 Arbeitszeitflexibilisierung

Infolge der Einkaufspraktiken der multinationalen Unternehmen – immer kürzere Lieferzeiten und geringeres Auftragsvolumen – sind die von ihnen abhängigen Herstellerbetriebe mit schwankender Auftragslage konfrontiert, die sie einerseits durch flexible Arbeitsarrangements (Zeit-, Leih-, Heimarbeit) und andererseits durch die Verlängerung oder Verkürzung der Arbeitszeit auszugleichen versuchen. Zyklische saisonbedingte Schwankungen sind dabei weit verbreitet.

Dementsprechend fordern viele ArbeitsgeberInnen von den Regierungen, die üblichen, gesetzlichen Arbeitszeitregelungen und -begrenzungen für reguläre

Arbeitszeit außer Kraft zu setzen. So wurde beispielsweise in Bulgarien der Zehnstundentag in der Branche legal eingeführt. Überstunden werden auf so genannte Arbeitszeitkonten umgeschrieben, so dass die Arbeitszeit außerhalb der regulären Stunden nicht mehr wie früher prämiert, sondern zum Normaltarif entlohnt werden kann, nämlich dann, wenn die Kapazitäten des Herstellers nicht ausgelastet sind.

In Osteuropa wird mittlerweile an sechs, oft auch sieben Tagen in der Woche zehn bis zwölf Stunden am Tag gearbeitet. Damit wird die laut ILO-Konvention festgelegte wöchentliche *Höchstarbeitszeit in der Regel überschritten*. Schon bei der Einstellung machen die ArbeitgeberInnen klar, dass die Regelarbeitszeit in der Branche nicht einzuhalten und Überstunden, auch am Wochenende und nachts, unumgänglich seien. Die fertige Ware wird überwiegend am Wochenende ausgeliefert und hängt am Montagmorgen in den Geschäften von München oder London.

In Mazedonien und Serbien wissen die Näherinnen am Morgen selten, ob sie nach Schichtende am Nachmittag nach Hause gehen können, oder ob sie zwei bis drei Stunden später, nachdem sie Kinder und Haushalt im Schnelldurchgang versorgt haben (diese Zeit wird als notwendig zugestanden, denn Familienarbeit ist Frauenarbeit), zur zweiten Schicht erscheinen müssen. Sich zu weigern, ist quasi unmöglich, sagen die Frauen. Sie haben Angst, auf eine „schwarze Liste" zu kommen und bei der nächsten Gelegenheit entlassen zu werden, oder aber zu schlechter bezahlten oder anstrengenderen Tätigkeiten eingeteilt zu werden. Eine andere Taktik, berichtet aus Rumänien, setzt auf moralischen Druck (*„Wir sind doch wie eine Familie und dürfen uns nicht gegenseitig im Stich lassen..."*).

Sind Frauen als Arbeiterinnen nicht ‚flexibel genug', kommen Vorurteile zum Einsatz, um sie wieder loszuwerden: Verheiratete und schwangere Frauen und Mütter hätten zu viele Verpflichtungen, fielen oft aus und könnten ohnehin nicht 100% im Job geben. Schwangerschaftstest vor der Einstellung und persönliche ‚Verpflichtungen', in absehbarer Zukunft kein Kind zu bekommen, sind durchaus keine Einzelfälle.

Grundsätzlich beruht der Flexibilitätsanspruch gegenüber Frauen auf der Annahme, dass Frauen nur ‚dazu verdienten', nicht ‚richtig' arbeiteten (denn ihre ‚richtige' sei die reproduktive Arbeit) und demzufolge auch niedrigere Löhne und weniger formelle Arbeitsverhältnisse zu akzeptieren hätten. Sicherlich ist auch die Tatsache, dass in den osteuropäischen Nähbetrieben vorwiegend Frauen im mittleren Lebensabschnitt und älter tätig sind, die ortsgebunden sind, im Zusammenhang mit der Arbeitszeitflexibilisierung zu sehen.

5.4 Lohndruck

Mit dem Übergang zur Marktwirtschaft pendelte sich das Lohnniveau in Osteuropa langsam auf mittelamerikanische Verhältnisse ein. Diese Tendenz und die Standortverlagerungen werden allgemein mit dem Lohngefälle zwischen einzelnen Ländern erklärt, obwohl die Höhe der Lohnkosten mit circa sieben Prozent des Bruttoproduktwerts nur eine untergeordnete Rolle im Vergleich zu anderen Kostenfaktoren spielt[9].

Generell liegen die Durchschnittslöhne in der Bekleidungsindustrie weit unter dem Niveau, das als existenzsichernd bezeichnet werden kann. So verdienten die Beschäftigten der Bekleidungsindustrie in Polen 2003 im Durchschnitt 63% des Existenzlohns, in Bulgarien 55%, in Serbien 82%, in Rumänien 72%, in Mazedonien 53% und in der Türkei 34%[10].

> „In Bulgaria, for example, a family of four needs about € 650 – 700 per month in order to subsist. The real average salary of a seamstress is about € 130. If they work 12 – 16 hours overtime a day without breaks, the workers can earn up to € 225. This is not sufficient, either, since very often they are the only working members of their families, due to the closure of many enterprises and the high unemployment. Moreover, when there is not enough work, the workers may temporarily be suspended without getting any money. Without any notice they remain jobless and get no compensation whatsoever." (Vassileva/Tishev/Stoyanov, 2002: 5)

5.5 Gewerkschaftsverdrängung

Nach Einschätzung der ILO führte in Mittel- und Osteuropa die Aufspaltung großer Betriebe des Textil-, Bekleidungs- und Schuhsektors zu einer Fragmentierung in Form kleinerer Privatunternehmen mit weniger Arbeitskräften und Arbeitsverträgen, die prekärer sind als in anderen Teilen Europas.

> „In allen diesen Ländern gestaltet sich der soziale Dialog schwierig auf Grund der Schwäche der Gewerkschaften und der weitgehenden Abwesenheit von Arbeitnehmervertretungen, so dass einzelne Unternehmen die Beschäftigungspraktiken beliebig flexibilisieren können." (ILO, 2000: 36)

---

9 Beispielsweise Energiekosten, die 12-13% der Gesamtkosten ausmachen, oder Zinsen in Hochzinsländern wie der Türkei, wo die einwöchige Verzögerung einer Zahlung mehr an Bankzinsen kostet, als die Lohnkosten ausmachen. Die abnehmende Relevanz der Lohnhöhe für die Kosten eines Produktes lässt die alleinige Orientierung daran zu einer Art Fetisch werden, welcher keine reale Basis mehr hat.

10 Offizielle Statistik, verglichen mit den Berechnungen der Gewerkschaften; MOEL-Monitoring-Projekt der Kampagne »Saubere Kleidung« (CCC) 2004.

Offensichtlich stellt gerade die Unorganisiertheit weiblicher Arbeitskräfte in der globalisierten Ökonomie einen ‚komparativen Vorteil' dar. In der Bekleidungsindustrie des Ostens ist der gewerkschaftliche Organisationsgrad sogar extrem niedrig. So sind in Litauen nur etwa neun bis zehn Prozent der Beschäftigten Gewerkschaftsmitglieder, in Lettland bis drei Prozent (im Vergleich zu durchschnittlich 20% in anderen Zweigen der Wirtschaft), in Bulgarien bis ein Prozent, in Mazedonien bis 16%.

Aber nicht nur der geringe Organisierungsgrad kann problematisch sein. Das verdeutlicht das Beispiel Rumäniens, wo im Jahr 2000 offiziellen Angaben zufolge knapp 60% der ArbeitnehmerInnen gewerkschaftlich organisiert waren – in 13.500 Gewerkschaften (fünf nationalen Gewerkschaftsverbänden). In der Textil-, Bekleidungs-, Leder- und Schuhwarenindustrie existierte eine stolze Anzahl von 215 Gewerkschaften, aber nur in 164 Unternehmen, darunter 70 staatliche und der Rest privatisierte, d.h. nicht neu gegründete Privatbetriebe, die zusammen mit der Belegschaft auch die Gewerkschaft(en) übernommen haben. Die neuen UnternehmerInnen in Osteuropa sind eindeutig gewerkschaftsfeindlich eingestellt und setzen sich äußerst einfallsreich und ‚gesetzeskonform' gegen den Aufbau von Gewerkschaften zur Wehr, indem die AktivistInnen systematisch schikaniert, rausgeekelt und gefeuert werden. So berichtete Jovita Meškauskienė, die Vorsitzende der LPS Industriearbeiterföderation im litauischen Gewerkschaftsverband *Solidarumas*, über eine Näherin, die in einem Unternehmen eine Gewerkschaftsgruppe gründen wollte. Nachdem das bekannt geworden war, durfte sie ein halbes Jahr lang nur noch bügeln, und zwar Hugo-Boss-Anzüge – mit einem uralten Bügeleisen aus der Zeit vor dem Zweiten Weltkrieg. Es war unmöglich, damit die Norm zu erfüllen und sie musste eine erhebliche Lohneinbuße hinnehmen. Nur auf Druck von *Solidarumas* war der Arbeitgeber schließlich bereit, der Arbeiterin den Durchschnittslohn auszuzahlen. Entsprechend kommentiert Kristina Krupavičiene, Generalsekretärin von *Solidarumas:* „*Früher war es heldenhaft, nicht Gewerkschaftsmitglied zu sein, heute ist ein Held, wer sich dazu bekennt.*"

> Serbien: „The TU 'Independence' organized a strike to get increase of wages. The response of the management was to call the police that arrested the organizer of the strike, while the management prohibited any further activities of this trade union and workers who supported the strike were fired. The scared workers who were not fired decided to leave trade union 'Independence' and joined other trade unions that have good relations with the management." (Pop-Mitić, 2004)
>
> Rumänien: „In einer anderen rumänischen Fabrik, die Uniformen für die Nato und die italienische Armee herstellt, beschwerten sich die ArbeiterInnen über Psychoterror und tätliche Übergriffe seitens der Schichtleiter, als sie streikten. „Einer schlug uns mit einem Stock!" 350 Mitglieder hat die Betriebsgewerkschaft, die es

bislang nicht geschafft hat, den Arbeitgeber zum Abschluss eines Tarifvertrages zu bewegen." (Petcu, 2004)

Aus vielen Ländern wird über *yellow unions* bzw. von der jeweiligen Geschäftsführung gegründete Gewerkschaften berichtet. Im Zuge der EU-Anpassung befürchten die lokalen Gewerkschaften einen weiteren Auftrieb für derartige Scheinaktivitäten. So wurden in den neuen Beitrittsländern Litauen und Lettland 2005 Betriebsräte eingeführt, ohne dass die ArbeitnehmerInnen über den Sinn und ihre Mitsprache aufgeklärt worden wären. Gleichzeitig wurden die Arbeitsgesetze dahin gehend geändert, dass immer mehr Lohn-, Arbeitszeit-, Urlaubs- und andere Regelungen nicht im Branchenkollektivvertrag, sondern betriebsintern festgelegt werden, wo die ArbeitnehmerInnen eindeutig in der schwächeren Position sind.

5.6 Schleppende Selbstorganisation

Von einer Mobilisierungswirkung der individuellen negativen Erfahrungen der ArbeiterInnen kann man derzeit nicht sprechen. Im Gegenteil: die Recherchen sprechen von Apathie und Angst vor dem Verlust des gleichwohl schlecht gelittenen Arbeitsplatzes. Angesichts extremer Überstunden, permanenter Existenzsorge und der vollen Verantwortung für Kinder und Haushalt bleibt wenig Zeit und Energie für den unvermeidlichen Konflikt mit dem Unternehmen. Hinzu kommt die zusätzliche Belastung vieler Frauen durch die Subsistenzwirtschaft (Garten, Acker, Vieh), die erst ein Auskommen möglich macht. Darüber hinaus wirken die Formen von Diskriminierung am Arbeitsplatz ihrerseits entsolidarisierend.

Ältere Kolleginnen, die noch die sicheren Arbeitsverhältnisse zur Zeit des Sozialismus kennen, wissen sehr wohl um ihre Rechte, haben aber diese ‚kommunistische Angst' (wie es ein moldawischer Gewerkschaftsvertreter ausdrückte), sich dafür persönlich stark zu machen. Jüngere Frauen dagegen sind selten über ihre Rechte aufgeklärt, was angesichts ständig abgewandelter Gesetze auch gar nicht einfach ist.

Zivilgesellschaftliche Organisationen trauen sich kaum an die Problematik heran, werden sie doch als unerwünschte Konkurrenten der Gewerkschaften gesehen. Die CCC-Partner sind jeweils die Ausnahme. Jedoch sind sie dem Vorwurf ausgesetzt, den ‚nationalen Interessen' zuwider zu handeln, indem sie die Investoren vergraulten. Nicht selten wurden sie für Schließungen und Jobverlust verantwortlich gemacht, weil sie Unrecht anprangerten.

6 Frauenarbeit in Mittel- und Osteuropa

Ein besonderes Merkmal der staatssozialistischen Entwicklung der ehemaligen Ostblockstaaten war die frühe Integration von Frauen in die Erwerbstätigkeit. Während die OECD-Länder erst Mitte der achtziger Jahre einen Frauenanteil von 35-45% der Erwerbsbevölkerung erreichten, war das in den mittel- und osteuropäischen schon Ende der sechziger Jahre der Fall. Auch heute stellen Frauen im Durchschnitt über 45% der Erwerbstätigen in diesen Ländern, mit Ausnahme von Tschechien. 1989 waren zwischen 70% und 90% der Frauen im Alter von 15 bis 55 Jahren[11] formell beschäftigt, was etwa dem schwedischen Niveau entsprach und deutlich über dem Durchschnitt der EU von 50% lag (Pollert/Fodor 2005: 15).

Die wirtschaftliche Transformation liquidierte einen Großteil der existierenden Arbeitslätze und verdrängte überproportional viele Frauen vom Arbeitsmarkt. So lag in Litauen der Beschäftigungsgrad von Frauen 1995 noch bei 75% und war sechs Jahre später auf 66% gefallen. Den stärksten Rückgang verzeichneten die ungarischen Frauen: von 76% im Jahr 1990 auf 50% im Jahr 1995. Bis 2001 stieg in Ungarn der weibliche Beschäftigungsgrad nur um zwei Prozent auf 52% an. Auch bei den Männern fiel die Quote – in Ungarn entsprechend von 84% auf 68% (ebd.).

Frauen trugen und tragen in den osteuropäischen Ländern, in denen die Erwerbstätigkeit beider Partner seit mindestens zwei Generationen die Norm war, ca. 50% des Haushaltseinkommens bei. Bei einer wachsenden Zahl unserer europäischen Nachbarn (Schweden, Dänemark, Finnland) ist das ähnlich. Das Modell der ‚Ernährerehe' hatte schon in den siebziger Jahren kaum noch eine materielle Basis. Heute ist in vielen Regionen der Transformationsländer die Arbeitslosigkeit der Männer höher als die der Frauen, so dass viele Frauen die Haupternähererinnen der Familien sind. Gerade diese Regionen sind bevorzugte Standorte der Textil- und Bekleidungsindustrie (KOM 2003: 23).

Dennoch: Anders als Männer gelten Frauen ohne Job, vor allem verheiratete, nicht automatisch als arbeitslos und werden statistisch vorschnell als ‚wirtschaftlich inaktiv' erfasst. Tatsächlich fanden viele Frauen – qualifizierte Fachkräfte, Akademikerinnen genau wie Ungelernte – Unterschlupf in der informellen Wirtschaft. Der leise *Ausstieg der Frauen aus der formellen Wirtschaft verzerrt die offiziellen Arbeitsmarktstatistiken,* die in der Regel keine nennenswerten Unterschiede zwischen Frauen und Männern, manchmal sogar Nachteile für Männer anzeigen. Insgesamt steht die fallende Beteiligung der osteuropäische Frauen am Arbeitsmarkt in einem krassen Gegensatz zu den Tendenzen in

11 In vielen sozialistischen Staaten lag das Renteneintrittsalter für Frauen bei 55 Jahren.

der ganzen Welt und insbesondere in Asien und Westeuropa, wo der Frauenanteil langsam und stetig steigt.

Der Strukturwandel in den mittelosteuropäischen Ländern zeigt eindeutig, dass Frauen *weniger* in den Wachstumszweigen vertreten und sogar aus ihnen verdrängt werden. Dazu gehören ehemals feminisierte Zweige wie Tourismus, Handel (insbesondere Großhandel, Elektronik), Finanz-, Versicherungs- und alle anderen heute privaten Dienstleistungen. Mit Ausnahme der Bekleidungsindustrie ging der Anteil der in der Industrie beschäftigten Frauen rapide zurück. Die öffentlichen Dienstleistungen, vor allem die *care economy* dagegen verzeichnete eine noch stärkere Feminisierung bei einem gleichzeitigen Abbau der Arbeitsplätze im Zuge neoliberaler Sparmaßnahmen. Was bleibt, ist *vorwiegend niedrig qualifizierte, gering entlohnte und aufstiegsarme Beschäftigung* (vgl. Pollert/Fodor 2005).

> Jobs in labor-intensive industries are celebrated as empowering women. While it's welcome that millions of women are getting a wage, the wage alone doesn't free them from poverty. Instead they're being burnt-out by working harder, faster, over longer hours and with few health, maternity or union rights. This is a poor strategy for improving women's lives. (Oxfam 2004)

7 Geschlechtsinduzierte Diskriminierungen und Marginalisierungen

Frauen sind im privaten Sektor trotz ihres im Vergleich zu Männern höheren Bildungsniveaus zunehmend diskriminierenden Praktiken bei der Einstellung, Beschäftigung, Karrieremöglichkeiten, Entlassung und Bezahlung ausgesetzt. Seit Beginn der Tranformation haben sich die Ungleichheiten zwischen Männern und Frauen auf dem Arbeitsmarkt verschärft und in vielen Sektoren haben Geschlechtersegregationen zugenommen (vgl. Karat 2003). Die Situation in Serbien gibt einen Einblick:

> „Regarding gender discrimination, it was noticed that women may be found in managing positions only at lower management levels, more precisely at the levels of control of production process (in the production line), whereas they are not be found in the positions responsible for making decisions on the company business policy. Managers often say: 'This is the Balkans'. 'We negotiate with men, but women have to obey', ‚Men are partners, women are for having sex'. Numerous statements point to sexual harassment and abuse, not as a direct and open coercion, but rather as a perfidious game of ‚cat and mouse'. No cases have been recorded that a woman lost her job for denying such favours, but some of them were transferred to a worse position. Workers say: ‚Men are not mobbed like women, and they are not being yelled at'." (2005, Serbien)

8 Zusammenfassung und Ausblick

Frauen sind auch in Osteuropa Pionierinnen und Verliererinnen der Globalisierung. Wohl aber haben sie mit ihrer Arbeit in den ‚alten neuen' Exportsektoren wie der Bekleidungsindustrie einen gewaltigen Beitrag zur Einbindung Osteuropas in den Weltmarkt und gleichzeitig zur Erhaltung der Schlüsselpositionen vieler EU-basierter Konzerne geleistet. (vgl. Karat 2003)

Die Arbeit der Osteuropäerinnen in der ‚Weltfabrik' ist – genau wie in anderen Teilen der Welt – durch eine fortschreitende Prekarisierung geprägt, das heißt unsichere, ungeschützte Arbeitsverhältnisse, Saison-, Teilzeit- und Leiharbeit, extreme Überstunden, Vorenthaltung eines existenzsichernden Lohnes, gesundheitsschädigende und -gefährdende Arbeitsbedingungen, Behinderung der gewerkschaftlichen Organisation und Nichteinhaltung der Kollektivverträge. Geschlechtsinduzierte Diskriminierung, Diskriminierung auf Grund des Alters, der ethnischen Abstammung, des Migrantinnenstatus, der politischen Anschauungen, der Religion und Marginalisierungen durch den sozialen Abstieg zu den *working poor* sind an der Tagesordnung.

Durch die neoliberale Eingliederung der früheren Ostblockstaaten in das globale Wirtschaftssystem hat sich im Vergleich zur staatssozialistischen Planwirtschaft die Geschlechtersegmentation der nationalen Arbeitsmärkte horizontal und vertikal vertieft. Durch die Unterbewertung der weiblichen Tätigkeiten in arbeitsintensiven Boomindustrien wie der Bekleidungsindustrie, die Vorenthaltung der grundlegenden Arbeitsrechte, die Entwertung weiblicher Bildung, die beispielsweise tausende Akademikerinnen an den Nähmaschinen erfahren, und die Abdrängung von Frauen aus den betrieblichen und kommunalen Machtpositionen wird das Geschlechterverhältnis der Transformationsgesellschaften hierarchisch zementiert.

Andererseits verstärkt die (Rück-)Übertragung der geschlechterspezifischen Arbeitsteilung die seit den siebziger Jahren fortschreitende Erosion des männlichen Alleinverdienermodells. Dieses wird zunehmend durch das Modell der Frau als Alleinverdienerin ersetzt, heute auch in den entwicklungsschwachen und ländlichen Regionen. Die prekären Arbeitsverhältnisse belasten diese Frauen nachweislich zusätzlich zu ihrer ‚normalen' Doppelbelastung in Folge der Familien- und der Erwerbsarbeit, die seit Beginn der neunziger Jahre auf Grund des staatlichen Sozialabbaus ohnehin enorm gewachsen ist. Wie sich das auf das Geschlechterarrangement im Familienverband einzelner Regionen, Kulturen und Länder auswirkt, ist noch nicht systematisch untersucht worden.

Auch in der Bekleidungsindustrie nehmen die Differenzen unter Frauen zu: einer kleinen Gruppe aufsteigender Frauen – hoch qualifizierter Spezialistinnen, aber auch skrupelloser Opportunistinnen – stehen enorm große Gruppen von Fabrik- und von Heimarbeiterinnen, früheren Landfrauen, Absteigerinnen aus der ehemaligen Mittelklasse, jungen Müttern ohne Berufsausbildung, Frauen unterschiedlicher ethnischer Abstammung und älterer Frauen gegenüber, die aus verschiedenen Gründen aus dem Erwerbsleben nicht ausscheiden können, – oft konfrontiert mit Formen von Diskriminierung, deren strukturelle Ursachen nicht erkannt werden und die eine gruppenübergreifende Interessenvertretung erschwert.

Im Hinblick auf die erweiterte Europäische Union verdeutlicht das Beispiel der osteuropäischen Näherinnen den einem patriarchalisch organisierten, geschlechterblinden staatlichen Sicherungs- und Sozialsystem innewohnenden Zielkonflikt zwischen dem politischen Gerechtigkeits- und Gleichheitsanspruch und neoliberalem makroökonomischem Konzept der neuen globalen Ökonomie. Eine kritische *gender*-Perspektive sollte daher die Frage untersuchen, was die gegenwärtige EU-Handelspolitik sowie die wirtschaftliche EU-Osterweiterung und die Neue Nachbarschaftspolitik für das Ziel der angestrebten Geschlechtergerechtigkeit bedeutet. Auf nationaler Ebene muss hinterfragt werden, ob eine staatlich geförderte Niedriglohnpolitik und die Duldung des *race to the bottom* hinsichtlich der Mindestsozialstandards nicht eine wirtschaftliche Sackgasse mit gravierenden Folgen für den nationalen Geschlechtervertrag ist.

Weder „Umerziehungsversuche" im Sinne von *corporate social responsibility*, noch die traditionelle „Sozialpartnerschaft" konnten bislang etwas verbessern. Die Schlussfolgerung kann nur die Forderung nach einer Machtreduzierung der transnationalen Konzerne sowie einem *neuen gender regime* in der Weltwirtschaft sein.

Im internationalen Rahmen werden eine Reihe von Regulierungsmaßnahmen diskutiert, um die Globalisierung sozial zu gestalten. Dazu gehören die Einführung von Sozialklauseln in internationalen Handelsverträgen, die Reform der internationalen Finanzinstitutionen und der WTO, die Ausstattung der ILO-Konventionen mit Sanktionen, die Umwandlung des Wirtschafts- und Sozialrates der Vereinten Nationen in eine oberste globale Aufsichtsbehörde und die Unterzeichnung eines internationalen Vertrages über die Verantwortung von Unternehmen für die Verletzung der Menschenrechte am Arbeitsplatz bei deren Operationen im Ausland, deren Entwurf (UN Draft Norms on Transnational Corporations and Other Business Enterprises With Regard to Human Rights) den Vereinten Nationen bereits vorliegt.

Literatur

Ascoly, Nina (2004a): Die globale Bekleidungsindustrie und die informelle Wirtschaft: Zentrale Problemfelder für Akteure auf dem Feld von Arbeitsrechten, IRENE/CCC Hintergrundpapier. Amsterdam (http://www.irene-network.nl/download/de_disccc.pdf, 08.05.2006)

Ascoly, Nina (2004b): Meißner Fachtagung bringt AktivistInnen für die Rechte der ArbeiterInnen in der Bekleidungsindustrie und ExpertInnen der informellen Wirtschaft zusammen, IRENE/CCC Tagungsbericht. Amsterdam (http://www.irene-network.nl/ download/de_inf.pdf., 08.05.2006)

Barendt, Regina/Musiolek, Bettina (Hrsg.) (2005): Workers' Voices. The situation of women in the Eastern European and Turkish garment industries. Clean Clothes Campaign. Evangelische Akademie Meißen

Europäische Kommission (2003): Die Zukunft des Textil- und Bekleidungssektors in der erweiterten Europäischen Union. KOM (2003) 649 endgültig. Brüssel

Fichter, Michael/Hennek, Adrian/Sander, Anne,/Winterstein, Judith (Hrsg.) (2004): Die wirtschaftliche Transformation Bulgariens unter besonderer Berücksichtigung der Arbeitsbedingungen in der Bekleidungsindustrie. Berlin, Bonn

Heymann, Eric (2005): Textil- und Bekleidungsindustrie in Osteuropa: durch Ende des Quotensystems massiv unter Druck. EU-Monitor 26 (2005). Deutsche Bank Research (http://www.dbresearch.com/PROD/DBR_INTERNET_DE-PROD/PROD0000000000188762.pdf)

Hofbauer, Hannes (2003): Osterweiterung. Vom Drang nach Osten zur peripheren EU-Integration. Edition Brennpunkt Osteuropa. Wien: Promedia

IBFG, ITBLAV, Clean Clothes Campaign und Oxfam (2004): Von Athen bis Beijing – Ein Arbeitsprogramm für die Sportartikelindustrie. www.cleanclothes.org

International Labour Organization (2000): Labour Practices in the Footwear, Leather, Textiles and Clothing Industries, Report for Discussion at the Tripartite Meeting on Labour Practices in the Footwear, Leather, Textiles and Clothing Industries. TMLFI/2000. Genf

International Labour Organization (2003): Gleichheit bei der Arbeit. Ein Gebot der Stunde. Teil II: Ausgewählte Tendenzen und grundsatzpolitische Fragen. Genf

Karat Coalition/SPGTF (Stability Pact Gender Task Force: Gender Equality) (2005): Social and Economic Justice. Position paper to the 49th UN CSW. www.karat.org

Karat Coalition (2003): Gender Assessment of the Impact of EU Accession on the Status of Women in the Labour Market in CEE – National Studies: Poland, Hungary, Czech Republic, Bulgaria. Warsaw, Budapest, Prague, Sofia

Kerkow, Uwe/Martens, Jens/Schmitt, Mathias (2003): Die Grenzen der Freiwilligkeit. Berlin/Bonn: WEED

Musiolek, Bettina (2002): Made in… Osteuropa. Die neuen „Fashion Kolonien". Berlin

Oxfam (2004): Make Trade Fair (http://www.maketradefair.com/en/, 02.05.2006)

Pollert, Anna/ Fodor, Eva (2005): Working conditions and gender in an enlarged Europe, European Foundation for the Improvement of Living and Working Conditions. Dublin

Rechercheberichte (2004 und Aktualisierung 2005) von Katerina Milenkova (Mazedonien), Danica Pop-Mitić und Vanja Lesić (Serbien), Ayse Uras und Bilge Seckin (Türkei), Ania Kaminska und Jakub Rajewicz (Polen), Tsvetanka Sharlandjieva, Tsvetomira Lenkova und Verka Vassileva (Bulgarien), Mariana Petcu und Ioanna Manaila (Rumänien)

Scherrer, Christoph (2002): ILO-Kernarbeitsnormen – Menschenrecht und Wirtschaft. Forum Eine Welt. Globalisierung und Arbeitnehmerrechte (http://www.einewelt.spd.de/servlet/PB/show/1372179/Konferenz3-komplett.pdf.)

Schmidt, Oliver (2005): Institutionen statt Protektionismus. Bonn: InWent GmbH (http://www.inwent.org/E+Z/content/archiv-ger/03-2005/trib_art2.html, 08.05.2006)

van der Vegt, S. B. A. (2005): Social Auditing in Bulgaria, Romania and Turkey. Results from survey and case study research. Genf: International Labour Office

Vassileva, Verka/Sharlandzhieva, Cvetanka (2003): Progress Report October 2003/CEE Monitoring Project. Sofia

Vassileva, Verka/ Tishev, Ivan/Stoyanov, Dimitar (2002): The Rights of Workers in Garment Industry Subcontracting Chains in Bulgaria. Sofia

Transversale feministische Politik für globale Gerechtigkeit: Der „Frauenweltmarsch gegen Armut und Gewalt“

Regina-Maria Dackweiler

1 Einleitung

Im Jahr 2000 erreichte das transnationale feministische Aktionsnetzwerk „Frauenweltmarsch gegen Armut und Gewalt“[1], bestehend aus rund 6000 Gruppen in 163 Ländern, mit einer Vielzahl von lokalen, nationalen und regionalen Aktivitäten zwischen März und Oktober nicht nur eine neue Mobilisierungsstufe der globalen Frauenbewegung. Sich selbst als „unwiderrufliche Bewegung“ verstehend, gelang es dem globalisierungskritischen Aktionsnetzwerk darüber hinaus, zu Beginn des 21. Jahrhunderts über mehrere Monate hinweg phantasievolle und gewaltfreie politische Aktionen im Kampf für globale Gerechtigkeit unter feministischem Vorzeichen durchzuführen. Den Höhepunkt der Kampagne bildete die Übergabe von 4.736.000 weltweit gesammelten Unterschriften unter den Forderungskatalog des WMW durch über 30.000 anwesende Frauen an die Vertreterin von Kofi Annan, des Generalsekretärs der Vereinten Nationen, sowie an Vertreter des IWF und der Weltbank in New York.

Doch anders als die „Protestereignisse“ der Globalisierungskritiker in Davos, Seattle, Genua und Prag seit 1999, also anders als die medientauglichen, weil auch militanten Aktionen der „Gipfelstürmer und Straßenkämpfer“ (Brunnengräber 2005), wurden sowohl der erste „Frauenweltmarsch gegen Armut und Gewalt“ im Jahr 2000 als auch der zweite Frauenweltmarsch fünf Jahre später weder in den bundesdeutschen Medien bzw. in der politischen Öffentlichkeit noch in der Globalisierungs- und Bewegungsforschung nennenswert zur Kenntnis genommen. Selbst in den hiesigen frauen- und geschlechterpolitischen Zusammenhängen sowie in der sozialwissenschaftlichen Frauen- und Geschlechterforschung sind die zwei Frauenweltmärsche und deren im Jahr 2005 rund um

1 Der „Frauenweltmarsch gegen Armut und Gewalt“ heißt in spanischsprachigen sowie in franko- und anglophonen Ländern „Marcha mundial de las mujeres“, „Marche Mondiale des Femmes“ beziehungsweise „World March of Women“ (WMW). Im Folgenden spreche ich vom Frauenweltmarsch oder verwende das Akronym WMW.

den Globus geschickte *Women's Global Charter for Humanity* weit gehend unbemerkt geblieben.[2]

Im folgenden Beitrag möchte ich diese weltweit vernetzt organisierten Akteurinnen, ihre politische Praxis und Philosophie in den Fokus der Aufmerksamkeit rücken. Hierfür nehme ich in einem ersten Schritt eine doppelte Einbettung der zwei zentralen Achsen der Mobilisierung des Frauenweltmarschs – Armut und Gewalt – in die feministische Diskussion über Geschlechtergerechtigkeit vor: zum einen in den Kontext der UN-Frauenkonferenzen und der hier supranational verhandelten Geschlechterpolitik als Teil der nach 1989 etablierten *global governance*-Regime unter Beteiligung von Akteurinnen nationaler und transnationaler Frauen(bewegungs)-NGOs; zum anderen in den Kontext der feministischen Kontroverse über eine Politik der Umverteilung oder eine Politik der Anerkennung. Ein zweiter Schritt gilt der Rekonstruktion der Diskurse und kollektiven Handlungspraxis des Frauenweltmarsches im Jahr 2000 und 2005 sowie der hier präsentierten *Women's Global Charter for Humanity*. Hierbei orientiere ich mich an Manuel Castells' methodologischen Dimensionen, die er im Rahmen seiner facettenreichen empirischen Analyse der gegenwärtigen Kämpfe und politischen Konflikte sozialer Bewegungen in der von ihm identifizierten „Netzwerkgesellschaft" formulierte (2001). In einem dritten und abschließenden Schritt wird im Rückgriff auf das Konzept der „transversalen Politik" von Nira Yuval-Davis (1996) die Frage aufgeworfen, wie es dem Frauen-weltmarsch gelingt der Problematik der Essentialisierung von Frauen zu begegnen, das heißt der Gefahr zu entgehen, ein weltweit einheitliches und somit ausschließendes Subjekt ‚Frau' als Handlungsprämisse von Frauenbewegungen zu unter- und somit herzustellen. Mit Hilfe dieses politiktheoretischen Zugangs werden die Ziele, Organisationsprinzipien und die Ethik des Frauenweltmarsches als Basis eines *globalen Dialogs* zwischen Frauen unter Anerkennung unterschiedlicher Identitäten und Zugehörigkeiten reflektiert.

Alle drei Schritte verfolgen die Absicht zu verdeutlichen, dass es sich bei der weitgehend ausgebliebenen Auseinandersetzung mit dem Frauenweltmarsch um einen blinden Fleck des sozialwissenschaftlichen *Mainstream*, aber auch der Frauen- und Geschlechterforschung handelt: Unerkannt ist bislang das transformative Potenzial dieses weltweiten Aktionsnetzwerks als feministische Perspektive innerhalb der globalisierungskritischen Sozialbewegungen. Unbemerkt bleiben kollektive Akteurinnen, die wegweisend die zentralen Problemdimensionen der *Identität* sozialer Bewegungen, des politischen *Raumes* und des politischen *Prozesses* für ein globales ebenso wie lokales kollektives Handeln im Kampf für

2 Es ist Christa Wichterich (2001, 2004) zu verdanken, dass der Frauenweltmarsch im Jahr 2000 im Kontext der hiesigen entwicklungspolitischen Diskussionen Erwähnung findet und von ihr als Teil einer transnationalen globalisierungskritischen Frauenbewegung diskutiert wird.

Gerechtigkeit und Solidarität in ihren Diskursen reflektieren und neue Handlungsformen erproben. Unbedacht bleibt daher die Bedeutung des globalen Aktionsnetzwerks für die Erkenntnisse einer geschlechterreflektierten Empirie und Theorie globalisierungskritischer Sozialbewegungen und deren radikale Vision, eine andere, auch geschlechtergerechte Welt zu gestalten.

2 Geschlechtergerechtigkeit: Umverteilung, Anerkennung, Repräsentation

Ob die aktuellen statistischen Zahlen des UN-Forschungsinstitutes für Soziale Entwicklung, des UN-Wirtschafts- und Sozialrates oder der Internationalen Arbeitsorganisation zu Grunde gelegt werden – eine Aussage lässt sich durch alle diese Erhebungen und Berichte hindurch stets aufs Neue festhalten: Weder sind die Frauen dieser Welt dem Ziel der Geschlechtergleichheit, noch dem der Geschlechtergerechtigkeit in einem Maß näher gekommen, wie es 1995 das Abschlussdokument der UN-Weltfrauenkonferenz in Beijing, die „Aktionsplattform", programmatisch formulierte. So definiert deren erstes Kapitel im expliziten Rekurs auf Frauen- als Menschenrechte das Ziel der „Gleichberechtigung von Frau und Mann als Vorbedingung für soziale Gerechtigkeit" (Bundesministerium für Familie, Senioren, Frauen und Jugend 1996: 11). Und auch die Kernempfehlungen der „Strategischen Ziele und Maßnahmen" zu Armut, Bildung und Ausbildung, Gesundheit, Gewalt, bewaffneten Konflikten, Wirtschaft, politischer Partizipation, Mechanismen der Frauenförderung, FrauenMenschenrechten, Medien, Umwelt und Mädchen spiegeln wider, dass Gleichheit und Gerechtigkeit zwischen den Geschlechtern als Leitbilder in das völkerrechtliche Dokument einbezogen wurden, für deren Realisierung die ratifizierenden Regierungen garantieren sollen.

Während insbesondere die USA und die Weltbank im Zuge der hoch kontroversen Diskussionen über die „Aktionsplattform" die Verringerung des Gefälles zwischen den Geschlechtern hinsichtlich Gleichheit und Gerechtigkeit gefordert hatten, fehlte in dem Dokument jedoch, nicht zuletzt aufgrund des Widerstandes dieser mächtigen Akteure, eine konsistente Analyse der weltweit durchgesetzten kapitalistischen Markt- und Herrschaftsverhältnisse als einer zentralen Ursache bestehender Ungleichheit und Ungerechtigkeit zwischen Frauen und Männern. So wurde etwa die Feminisierung der Armut beklagt, doch fehlte eine systematische Auseinandersetzung mit den „wirtschaftlichen Strukturen, die verantwortlich sind für die wachsende Armut von Frauen, für nur geringe Fortschritte oder gar Rückschritte im Zugang zu Bildung und Gesundheitsversorgung und auch zum Teil für zunehmende Gewalt gegen Frauen" (Wichterich 1996:

89). Demgegenüber hatten sich Aktivistinnen im parallel stattfindenden NGO-Forum in Huairou aus einer geschlechterreflektierten Perspektive der Frage wirtschaftlicher Gerechtigkeit zwischen dem Norden und dem globalen Süden zugewandt. Sie forderten die Anerkennung der Nicht-Teilbarkeit von individuellen bürgerlichen und politischen sowie sozialen und wirtschaftlichen Menschenrechten und die Bekämpfung der Ursachen statt der Folgenverwaltung von Gewalt und Umweltzerstörung (vgl. Ruf 1996).

Diese Position repräsentierend, kritisierte die prominente indische Ökofeministin Vandana Shiva die ihrer Meinung nach US-amerikanisch inspirierten, euphorisch gestimmten Reden und Presseberichte zur Weltfrauenkonferenz in Beijing, da jene einen verengten Menschenrechtsbegriff konstruierten, der diejenigen Rechte ausschließe, die auf „ökonomischer, ökologischer und sozialer Gerechtigkeit basieren“ (Shiva 1996: 137). Shiva deklarierte Gerechtigkeit zwischen den Geschlechtern als „leeren Slogan in einer Zeit, wo es keine Gerechtigkeit zwischen den Armen und Reichen gibt, zwischen den Mächtigen und den Schwachen, zwischen Menschen und Nationen“ (ebd.). Eingelassen in ihre Analyse der Schwächung der Vereinten Nationen durch deren Unterordnung unter die Bretton-Woods-Institutionen IWF und Weltbank, der Marginalisierung von demokratisch legitimierten Regierungen und Gremien durch Entscheidungen der internationalen Bürokratien von Weltbank und WTO und der Erosion nationaler Gestaltungsräume im Rahmen der „Neuen Weltordnung“, die auf deregulierter Privatwirtschaft und freiem Handel basiere, wendete Shiva sich gegen die verengte Perspektive des *Mainstreaming* von Frauen in diese sukzessive an Macht verlierenden politischen Arenen. Nicht Mitmacht in den politischen Herrschaftsinstitutionen identifiziert sie als Ziel der an der Durchsetzung globaler Gerechtigkeit beteiligten frauenbewegungspolitischen Akteurinnen, sondern die Orientierung an einem umfassenden herrschaftskritischen Handlungsrahmen: „Anstelle von Herrschaft wollen Frauen Solidarität. Anstelle von Gewalt wollen sie Frieden. Anstelle von Ungerechtigkeit wollen sie Gerechtigkeit. Allerdings wollen sie eine Geschlechtergerechtigkeit, die nicht abgetrennt ist von anderen Formen der Gerechtigkeit. Für Frauenbewegungen sind Gerechtigkeit und Gleichheit untrennbar. Geschlechtergerechtigkeit schließt Umweltgerechtigkeit, wirtschaftliche Gerechtigkeit und soziale Gerechtigkeit ein“ (ebd.: 138).

Fünf Jahre nach Beijing erfüllte das transnationale feministische Aktionsnetzwerk „Frauenweltmarsch gegen Armut und Gewalt“ auf Basis weltweit organisierter kollektiver Aktionen diesen von Shiva im Anschluss an die vierte UN-Weltfrauenkonferenz für das Kollektivsubjekt ‚Frauenbewegungen‘ formulierten programmatischen Handlungshorizont einer umfassenden Geschlechter-

Gerechtigkeit[3] mit Leben. Für das feministische Aktionsnetzwerk, das sich ausdrücklich auf die Menschenrechtskonventionen beruft, stellt die Forderung nach sozialer Gerechtigkeit neben Gleichheit, Freiheit, Frieden und Solidarität das gemeinsame ethisch-normative Dach einer transnationalen Frauenbewegung dar, die kapitalistische und patriarchale Herrschaft unter dem Signum der Globalisierung gleichermaßen anklagt und weltweit aufzuheben sucht. Als „globaler Protest von unten" bedeutet der Frauenweltmarsch zugleich eine politische Handlungsalternative zu der Partizipationsstrategie von Lobbyistinnen und *flying experts* nationaler und transnational vernetzt agierender Frauen(bewegungs)-NGOs am *global governance*-Regime der Vereinten Nationen (vgl. Altvater/Brunnengräber 2002; Meyer/Prügl 1999). Denn immer nachdrücklicher artikulieren seit Ende der 1990er Jahre diese NGO-Akteurinnen ihre Desillusionierung darüber, wie eingeschränkt ihre Möglichkeiten seien, das bei der vierten Weltfrauenkonferenz in Beijing Erreichte zu sichern und geschlechterpolitische Problemdimensionen auf der Agenda der supranationalen und internationalen Verhandlungsarenen zu bewahren (Bortfeldt 2005; Brabandt 2005; Wichterich 2005). Demgegenüber setzen die Frauenweltmärsche mit ihren konfrontativen und dezentralen Graswurzel-Aktivitäten ein Themen, Zeiten und Orte erneut selbst bestimmendes Gegengewicht zur Verhandlungskultur der UN-Konferenzen und eine Alternative zu den Energien und Geld absorbierenden Vor- und Nachbereitungsmarathons für das Jet-Set dieser Frauen(bewegungs)politikerinnen. Zugleich eroberten die Frauenweltmärsche „die Straße als öffentlichen Raum für Frauenpolitik zurück" (Wichterich 2004: 183) und mobilisierten in einem ungeahntem Ausmaß weltweit Frauen für einen öffentlich sicht- und hörbaren Kampf für die Durchsetzung ihrer Forderungen und Ziele, was die vielfach konstatierten Krisen und Defizite der Frauenbewegungen, die formulierte Kritik an ihrer Passivität und Reaktivität sowie fehlender Mobilisierungsfähigkeit gerade auch hinsichtlich sozialer Gerechtigkeit (vgl. Holland-Cunz 2003; Unmüßig 2005) relativiert.

Die doppelte globale Agenda des Frauenweltmarsches – Armut von und Gewalt gegen Frauen – relativiert aber auch die vermeintliche politische Frontstellung innerhalb der feministischen Debatte über Gerechtigkeit, sprich zwischen den ökonomischen Kämpfen der Frauenbewegungen einerseits und dem kulturellen Ringen feministischer Akteurinnen um Anerkennung von Differenz andererseits. Denn das transnationale feministische Aktionsnetzwerk bezieht sich

3 Mit dieser eigenwilligen Schreibweise möchte ich das ausgeführte Verständnis transnationaler Frauenbewegungsakteurinnen transportieren, dass Gerechtigkeit zwischen Frauen und Männern nicht zu denken ist ohne Gerechtigkeit zwischen dem Norden und globalen Süden, zwischen Armen und Reichen, Mächtigen und Schwachen und somit zwischen Frauen und Frauen sowie zwischen Männern und Männern.

auf beide Dimensionen, Umverteilung *und* Anerkennung: Mit der Dimension der Armut von Frauen greift der WMW die Frage ökonomischer Verteilungsgerechtigkeit auf; mit der Dimension der Gewalt gegen Frauen, also der Forderung nach ihrer körperlichen und seelischen Unversehrtheit als soziale Basis der „Selbstachtung als ein[es] Primärgut[s]" (Rawls 1975) sowie als „Gefühl für das Selbst" (Sen 1999) richtet das feministische Aktionsnetzwerk die Aufmerksamkeit auch auf „kulturelle Ungerechtigkeit" (Fraser 2001: 28). Selbstachtung und das Gefühl für das Selbst sind für beide Geschlechter abhängig von der Anerkennung der verkörperten menschlichen Würde durch den beziehungsweise die Anderen.

Indem die Frauenweltmärsche in den Jahren 2000 und 2005 sowohl die „Grammatik der Anerkennung" als auch die Architektur der Umverteilung in den Horizont einer *weltweiten* GeschlechterGerechtigkeit situieren, greifen sie darüber hinaus noch eine weitere von der US-amerikanischen Sozialphilosophin Nancy Fraser als notwendig thematisierte Dimension feministischer Kämpfe um Gerechtigkeit auf, und zwar die der Repräsentation. So realisiert der WMW im transnationalen Organisations- und Aktionsrahmen sowie im Aufzeigen der nationalstaatliche Grenzen überschreitenden Ursachen von Ungerechtigkeit das von Fraser formulierte Ziel, deren „falsche territorialstaatliche Rahmung", das heißt ein „*misframing*" zu überwinden, das den Raum politischen Handelns manipuliert. Dies geschieht „auf Kosten der Armen und Geächteten, denen das Recht entzogen wird, sich zu wehren" (Fraser 2005: 5, vgl. auch Fraser in diesem Band). Fraser vermutet vor allem in Europa den Austragungsort einer beginnenden „dritten Phase des Feminismus", in welcher der Kampf gegen die Ungerechtigkeit der Güterverteilung mit der Politik der Anerkennung verbunden und auf transnationaler Ebene ausgeweitet werde (ebd.). Doch lassen sich an anderem Ort „multiple transnationale Feminismen" längst beobachten, die „alternative und gegenhegemoniale öffentliche Räume auf den regionalen und globalen Ebenen geschaffen haben, in denen neue Identitäten, grenzüberschreitende Praktiken und Formen des Widerstands und der Rebellion hervorgebracht wurden" (Alvarez/Faria/Nobre 2004: 267). Ein Beispiel hierfür sind die regionalen feministischen *encuentros* (Treffen) lateinamerikanischer und karibischer Frauen seit den 1980er Jahren. Und auch am WMW, wie in der folgenden Rekonstruktion nachvollziehbar gemacht werden soll, erweist sich, dass für eine globalisierungskritische Frauenbewegung im Handlungshorizont von GeschlechterGerechtigkeit nicht Feministinnen des „Nordens" die exponierte Vorreiterinnenrolle einnehmen, sondern insbesondere lateinamerikanische und afrikanische kollektive Akteurinnen neben jenen ins Zentrum einer selbst geschaffenen globalen, frauenbewegungspolitischen Dialog-Arena treten.

3 Aufbruch zur Sichtbarkeit: Achsen der Unterdrückung – Vielfalt der Identitäten

Um zu einer analytischen Darstellung der Diskurse und kollektiven Handlungspraxis des WMW zu gelangen, steht das von dem transnationalen feministischen Aktionsnetzwerk artikulierte Selbstverständnis im Mittelpunkt der Aufmerksamkeit, das heißt die von den kollektiven Akteurinnen selbst konstruierte Identität als soziale Bewegung. Für diese Fragestellung erweist sich der methodologische Zugang des Soziologen Manuel Castells, den er seiner Analyse gegenwärtiger Sozialbewegungen in der „Netzwerkgesellschaft" zu Grunde legt, als wegweisend. Denn für Castells gilt es, soziale Bewegungen in ihren eigenen Begriffen zu verstehen: „also, *sie sind, was sie sagen, dass sie sind*" (Castells 2001: 76, Hervorh. i. O.). Mit Hilfe von drei Prinzipien typologisiert er sodann die Praxen und Diskurse einer sozialen Bewegung: erstens ihre jeweilige „Identität", sprich Selbstdefinition; zweitens ihren jeweiligen „Gegner", den Hauptfeind, der ausdrücklich kenntlich gemacht wird; und drittens ihr „gesellschaftliches Ziel", sprich ihre Vision gesellschaftlicher Organisation, die sie im „historischen Horizont ihres kollektiven Handelns erreichen will" (ebd.). So bewahrt Castells davor, im Zuge der Rekonstruktion sozialer Bewegungen diesen aus einer spezifischen Perspektive heraus vorzuschreiben, was die AktivistInnen zu sein hätten oder tun sollten. Er weist somit einen wissenschaftlichen Zugriff auf kollektive AkteurInnen zurück, der ihre Diskurse und Praxen an den „‚wirklichen' strukturellen Widersprüchen" (ebd.: 77) meint vermessen zu können, also ihnen von einer ‚höheren Warte' aus die ‚tatsächlich' zu führenden Kämpfe diktiert.

Konkretisiert für die analytische Darstellung des Frauenweltmarsches bedeutet dies, nach Entstehungsgeschichte, Akteurinnen, Organisations- und Aktionsformen, Zielen und Forderungen, Visionen und Utopie der Bewegung zu fragen, also die Werte, Praxen und Diskurse zu fokussieren, mit welchen sich die weltweit vernetzten Aktivistinnen *selbst definieren*.[4] Auf dieser Grundlage kann

4 Als Beispiel für einen Zugang des Diktats über die „wirklichen Kämpfe" lassen sich die Ausführungen des französischen Soziologen Christophe Aguiton (2002) zum WMW in seinem Buch über die „Kritiker [sic!] der Globalisierung" lesen: Nur die Hälfte der insgesamt vier Seiten über den ersten Frauenweltmarsch im Jahr 2000 widmet Aguiton, Gründungsmitglied des globalisierungskritischen Netzwerkes attac und verantwortlich für dessen internationale Kooperationen, der Darstellung des Frauenweltmarsches, hierbei die Akteurinnen als „militant" (ebd.: 175) qualifizierend. Sodann gibt er im Anschluss an das Zugeständnis des nicht weiter ausgeführten „Erfolges" des WMW Hinweise auf „gewisse Schwachstellen", die „nicht unter den Teppich zu kehren" (ebd.: 176) seien: Attestiert wird dem WMW „Mobilisierungsschwäche in Asien und der angelsächsischen Welt" und angekreidet die ausgebliebene Unterstützung für die Ziele des Frauenweltmarsches durch die NOW (National Organization for Women), die sich der „Widerstandsbewegung gegen die von den Großunternehmen getragene Globalisierung" (ebd.: 177) nicht angeschlossen habe. Den Aktivistinnen des WMW wird also *zuge-*

nach dem transformativen Potenzial und der Reichweite des Frauenweltmarsches im Rahmen des von den engagierten Frauen selbst abgesteckten normativen Horizonts von Gerechtigkeit, Gleichheit und Solidarität gefragt werden. Methodisch stützt sich die Rekonstruktion des WMW zum größten Teil auf die Auswertung von Dokumentationsmaterial, konkret der Website des Frauenweltmarsches, die vom „Internationalen Sekretariat" in Montreal betreut wird sowie dem hier zugänglichen Newsletter und – soweit vorhanden – von Informationsmaterial der Webseiten nationaler Koordinationsgruppen.

Die Idee für einen „Frauenweltmarsch gegen Armut und Gewalt" geht auf die erfolgreiche Kampagne der „Fédération des femmes du Québec" (FFQ)[5] unter dem Titel „Brot und Rosen: Québec Frauenmarsch gegen Armut" zurück. Insgesamt 40 lokale und provinzweite Frauengruppen und -zentren, soziale Einrichtungen und Gewerkschaften organisierten im Jahr 1995 einen zehn Tage dauernden Frauenmarsch in der frankophonen kanadischen Provinz Québec. Vor dem Hintergrund breiter öffentlicher Unterstützung und unter Teilnahme von Vertreterinnen von Frauenorganisationen aus Kamerun, Nicaragua und den Philippinen forderten sie soziale Veränderungen unter Berücksichtigung der ökonomischen Bedürfnisse von Frauen, konkret: „Gleichbewertung von Frauenarbeit, eine Erhöhung des Mindestlohns, Einwanderungsrechte für Frauen, die Schaffung von neuen Wohnungen für Menschen mit geringem Einkommen, verbesserte soziale Dienste und Arbeitstrainingsprogramme" (Staggenborg/Lecomte 2001: 48).

Auf dem NGO-Forum zur UN-Weltfrauenkonferenz 1995 in Huairou stellten Vertreterinnen der FFQ ihre Kampagne vor und stießen mit der Idee eines Frauenweltmarsches auf das Echo von Frauenbewegungsaktivistinnen des Südens, die für den Kampf von Frauen um Gleichheit, Entwicklung und Frieden die Notwendigkeit betonten, globale Solidarität und Allianzen zu schaffen. Diese Begegnung bildete den Ausgangspunkt für eine transnationale Frauenbewegungs-Koalition, die im Oktober 1998 bei einem Treffen von Frauen aus allen Weltregionen in Montreal einen „Frauenweltmarsch gegen Armut und Gewalt"

---

schrieben, was sie zu sein hätten, konkret „militant". *Vorgeschrieben* wird ihnen, was sie tun sollten, nämlich das organisatorische Zentrum des US-amerikanischen liberalen Feminismus im Kampf gegen Multinationale Unternehmen erobern.

5 Die FFQ, 1966 als parteiunabhängige, feministische Frauengruppe gegründet, entwickelte sich in den 1990er Jahren zu einem feministischen Netzwerk, bestehend aus 140 Gruppen und 600 individuellen Mitgliedern. Sie versteht sich als parteiunabhängige, feministische Gruppe, welche die Interessen und Rechte von Frauen fördert und schützt, hierbei ihre multikulturelle, multiethnische und pluralistische Perspektive betonend: „It is an organization that encourages political activism, debate, education, coalition-building and collective action. It is open to all women, without distinction as to colour, sexual orientation, civil status, religion, political conviction, language, ethnic origin or nationality, social, physical, or mental condition" (>www.marchemondiale.org/en/ffq.html<).

für das Jahr 2000 plante, eine Aktionsplattform formulierte und die monatelangen Aktivitäten der Kampagne organisierte. Ein „Internationales Sekretariat" mit Sitz in Montreal, Québec wurde eingerichtet, um transnationale und nationale Gruppen und Aktionen zu koordinieren. Über das Internet dient es als zentrale elektronische Anlaufstelle des WMW. Die Organisationsprinzipien des WMW umfassten von Beginn an fünf Punkte: Erstens liegt die Führung der Organisation „in den Händen von Frauen"; zweitens sind alle Regionen der Welt an der Führung zu beteiligen; drittens müssen partizipierende Gruppen die Ziele und den Aktionsplan des Frauenweltmarschs teilen, wobei die Entscheidung über spezifische Aktivitäten in ihren Ländern unabhängig bleibt; viertens ist die Vielfalt der Frauenbewegung anzuerkennen, zu respektieren und wertzuschätzen, ebenso wie fünftens der pazifistische Charakter des Frauenweltmarsches (>www.marchemondiale.org/en/ffq.html<).

Sich mit ihren Forderungen ausdrücklich auf die Menschenrechtskonventionen aus feministischer Perspektive berufend, intendierte der Frauenweltmarsch im Jahr 2000 das weltweite Sichtbarmachen einer breiten Bewegung von Basisgruppen, die Förderung der Gleichheit zwischen Frauen und Männern, die gemeinsamen Forderungen der transnationalen Frauenbewegung in Bezug auf die Bekämpfung der Armut von und Gewalt gegen Frauen ins Rampenlicht der Öffentlichkeit zu bringen, Regierungen und EntscheidungsträgerInnen unter Handlungsdruck zu setzen, die Stellung von Frauen und deren Lebensqualität zu verbessern und zu demonstrieren, dass die beteiligten Aktivistinnen beabsichtigten, die Welt zu verändern. So umfasst die in 163 Ländern lancierte Aktionsplattform des ersten Frauenweltmarsches 17 praktische Forderungen, die sich einerseits auf die Aufhebung weltweiter Armut und das gerechte Teilen von Reichtum und andererseits auf die Beseitigung von Gewalt gegen Frauen und die Respektierung ihrer physischen und psychischen Integrität richteten. Als konkrete Maßnahmen zur Aufhebung von Armut forderte der Frauenweltmarsch die Durchsetzung international gültiger Arbeitsstandards, die Einführung der Tobin-Steuer, die Investition von 0,7 Prozent des Bruttosozialprodukts der reichsten Länder in Entwicklungshilfe, die Beendigung von Strukturanpassungsmaßnahmen, Schuldenerlass für Länder der Dritten Welt und die Schaffung eines internationalen Übereinkommens über ökonomische, soziale und kulturelle Rechte. In Bezug auf die Beseitigung der Gewalt gegen Frauen forderten sie die Schaffung internationaler Konventionen zur Eliminierung jeder Form der Diskriminierung auf Grund von ‚Rasse', zum Schutz von MigrantInnen, zum Schutz sozialer und politischer Rechte, gegen Menschenhandel und Ausbeutung von Prostituierten, gegen die Todesstrafe und für das Verbot von Anti-Personenminen, die Ratifizierung von CEDAW (Convention on the Elimination of All Forms of Discrimination against

Women) durch alle Staaten der Welt sowie die Einrichtung des internationalen Strafgerichtshofs (>www.marchemondiale.org/en/fiches-action.html<).

Der Frauenweltmarsch im Jahr 2000 begann am 8. März, dem Internationalen Frauentag, und endete am 17. Oktober, dem „Internationalen Tag gegen Armut“. Während dieses Zeitraums organisierten Aktivistinnen aus allen Erdteilen lokale, nationale und regionale Aktivitäten: So fand am 14. Oktober eine europäische Schlussveranstaltung mit über 30.000 Teilnehmenden in Brüssel statt, anlässlich derer Frauengruppen aus Ost- und Westeuropa für ein „Europa der Frauen“ jenseits der Europäischen Union demonstrierten. In der Demokratischen Republik Kongo erklärten Aktivistinnen den 8. März zum „Tag ohne Frauen“ und blieben in ihren Häusern, um jene Menschen zu betrauern, die sie in den Bürgerkriegen verloren haben und zugleich trauernd um die Rechte von Frauen, die mit Füßen getreten werden. In Nepal demonstrierten zum 8. März rund 3.000 Frauen in der Hauptstadt und starteten die Sammelaktion für Unterschriften unter die Aktionsplattform des Frauenweltmarsches.

In jedem der beteiligten 163 Ländern aus Nord- und Lateinamerika, Asien, Ozeanien, Afrika, Europa und den Arabischen Ländern organisierten sich die Aktivistinnen autonom unter der gemeinsamen Parole, „Nous voulons mettre fin à la violence faite aux femmes et à la pauvreté dans le monde“ und formulierten jeweils ihre 2000 spezifischen Gründe, warum sie sich am Frauenweltmarsch beteiligten. Somit sollte das Ziel gewahrt werden, lokale und nationale Organisierungsprozesse in Bezug auf hier situierte Geschlechterverhältnisse und geschlechterpolitische Konflikte und Widersprüche aufrecht zu erhalten, trotz des gleichzeitigen Anknüpfens an die universale Agenda des globalen Kampfes gegen Armut von und Gewalt gegen Frauen. Erprobt wurde so vom WMW die Politik der Allianzen zwischen lokaler und globaler Frauenbewegung, das heißt eine „Glokalisierung“ der Bewegung, die versucht, angesichts der Spannungen von lokalem Ort und globalem Raum im Zuge von Globalisierungsprozessen wirksame politische Handlungsformen zu entwickeln. Hierin eingelassen war zugleich die Erprobung der Aufhebung von Machthierarchien zwischen vor Ort agierenden Graswurzel-Gruppen einerseits, nationalen Organisationen und regionalen sowie transnationalen Netzwerken andererseits (vgl. Naples 2002).

Auch nach dem erfolgreichen Abschluss des Frauenweltmarsches mit der Übergabe der weltweit gesammelten Unterschriften an Vertreter der UN, des IWF und der Weltbank bestand das globale feministische Aktionsnetzwerk fort. Zu Beginn des neuen Jahrtausends forcierte der WMW seine Politik der Bündnisse mit anderen Sozialbewegungen im Kampf für globale Gerechtigkeit, Gleichheit und Frieden: Vor dem Hintergrund der US-amerikanischen Terrorbekämpfung nach dem 11. September 2001, dem Einmarsch in Afghanistan und dem Krieg gegen den Irak verstärkten Aktivistinnen des Frauenweltmarsches ihre Allianzen mit sozialen Bewegungen im Feld der Friedenserhaltung und Entmilitarisierung, wie den *Women in Black*, einem 1988 in Israel gegründeten, transnationalen Frauenfriedens-Netzwerk. Zugleich beteiligte sich der WMW an Protesten von GlobalisierungskritikerInnen, unter anderem gegen die WTO-Politik in Cancún im September 2003. Exponiert und mit vielfältigen Aktivitäten partizipierte der Frauenweltmarsch von Beginn an am „Weltsozialforum" (WSF) in Porto Alegre, Brasilien und in Mumbai, Indien.

So gelang es dem WMW im Jahr 2002 Sexismus neben Rassismus und Gewalt als Grundlagen des bestehenden patriarchalen und kapitalistischen Systems in den „Aufruf der sozialen Bewegungen" des WSF einzuschreiben.[6] Bereits im Vorbereitungsprozess des Weltsozialforums 2003 hatte der Frauenweltmarsch mit anderen transnationalen feministischen Netzwerken wie DAWN (Development Alternatives with Women for a New Ara), WICEJ (Women's Internationale Coalition for Economic Justice) und Articulación Feminista Marcosur (AFM) gemeinsame Strategien entwickelt und ein feministisches Antikriegs-Statement formuliert. Zwei der fünf thematischen Achsen – „Prinzipien und Werte, Menschenrechte, Vielfalt und Gleichheit" sowie „politische Macht, Zivilgesellschaft und Demokratie" – wurden von Aktivistinnen des WMW und der AFM koordiniert. Der Frauenweltmarsch führte die Eröffnungsdemonstration mit rund 100.000 Teilnehmenden an und organisierte Workshops sowie eine Demonstration gegen sexuelle Belästigung und Gewalt gegen Frauen. Insbesondere im „Dritten Interkontinentalen Jugendcamp" erlangte der WMW starke Aufmerksamkeit und vermochte das Interesse junger Frauen an einer feministischen Perspektive innerhalb der globalisierungskritischen Bewegungen zu wecken (>www.marchemondiale.org/en/bulletin/02-2003.html<).

In seiner Erklärung zum Weltsozialforum benannte der WMW seine Motivation für die Teilnahme als die Hoffnung, feministische Themen beim Aufbau einer ‚neuen Welt' einbringen zu können. Vor dem Hintergrund der Kritik feministischer Aktivistinnen an einer oft nur „höflichen Toleranz" gegenüber der Präsenz von Frauen sowie feministischen Analysen und Forderungen und angesichts des Insistierens dominierender männlicher Akteure auf einem antikapitalistischen Kampf als *dem* zentralen Terrain sozialer Bewegungen (Eschle 2005:

---

6 Das WSF richtet sich auf seiner Webseite gegen „(...) a system based on sexism, racism and violence, which privileges the interests of capital and patriarchy over the needs and aspirations of people" (>www.forumsocialmundi.org/br/dinamic/eng_/portoalegrefinal.php<). In der deutschen Übersetzung des „Aufruf[s] der sozialen Bewegungen, Januar 2002", herausgegeben von der Rosa-Luxemburg-Stiftung, wurde daraus eine Version, die gegen die Intention der VerfasserInnen erneut kapitalistische Ökonomie als einzige Herrschaftsform benennt: „ein System, das auf Patriarchie [sic!], Rassismus und Gewalt beruht, das die Interessen des Kapitals zu Lasten der Bedürfnisse und Bestrebungen der Völker privilegiert" (Aufruf der sozialen Bewegungen, Januar 2002: 153).

1751f)[7], formulierte der Frauenweltmarsch zugleich selbstbewusst: „we believe that this network has the potential to prove that the inclusion of the struggle for equality is a winning strategy for all social movements; that in order for ‚another world‘ to become reality, we must work, think and act in another way. This means inventing new kinds of actions and radicalizing our concepts of utopia so that they include the eradication of all forms of oppression“ (Perspective of Women of the World March of Women 2003).

Neben diesen vielfältigen Aktivitäten im Kontext der globalisierungskritischen und friedenspolitischen Sozialbewegungen plante das globale feministische Aktionsnetzwerk bereits unmittelbar nach dem ersten einen weiteren Frauenweltmarsch für das Jahr 2005. Hierfür entwickelten die weltweiten Aktivistinnen bei weiteren internationalen Treffen eine neue organisatorische Basis. Im März 2003 wurde beim Treffen in Indien das „Internationale Komitee“ gegründet: Bestehend aus elf Mitgliedern, jeweils eine Vertreterin aus Brasilien, Burkina Faso, Indien, Italien, Jordanien, den Niederlanden, Peru, Philippinen, Südafrika und dem „Netzwerk indigener Frauen Amerikas“ sowie der Koordinatorin des „Internationalen Sekretariats“ mit Sitz in Montreal, kommt dem sich zweimal jährlich treffenden Komitee eine koordinierende Funktion zu. Zweitens wurden drei *collectives* geschaffen, deren Aufgabe darin besteht, den WMW in spezifischen Foren zu repräsentieren, Informationsmaterial zu produzieren und in ihren jeweiligen Handlungsfeldern politische Debatten zu initiieren: das „alliances and globalization collective“, dessen zentrale Aufgabe in der Kooperation mit dem Weltsozialforum sowie dem „Social Movements World Network“ besteht; das „communication collective“ und das „collective on peace and demilitarisation“. Und drittens wurden drei *Arbeitsgruppen* zu den Themen Gewalt gegen Frauen, feministische ökonomische Alternativen und Rechte von Lesben ins Leben gerufen, die Analysen und Visionen sowie Instrumente zur Unterstützung der nationalen Koordinierung und des Internationalen Sekretariats vorantreiben sollen. Für die ständigen Kommunikations-, Diskussions- und Koordinationsprozesse des WMW zur Vorbereitung des Frauenweltmarsches 2005 sowie der Entwicklung der „Women's Global Charter for Humanity“ in einem basisdemokratischen, konsultativen Prozess, diente in erster Linie das Internet als die Möglichkeit sozialer Bewegungen zur virtuellen Interaktion.

---

7 Pointiert spricht Christa Wichterich davon, dass das Einbringen feministischer Globalisierungskritik in das breite Spektrum der Porto-Alegre-Bewegung „kein Deckchensticken“ sei. Doch zeigt auch sie sich erstaunt darüber, dass sich die Sozialforen nicht wesentlich von konventionellen politischen Orten unterschieden: „In den dominanten Diskursen globalisierungskritischer Bewegungen geben wieder einmal alt- und neulinke Männer den Ton an. Wieder einmal herrscht eine weitgehende Geschlechterblind- und -taubheit, feministische Perspektiven sind randständig geblieben“ (Wichterich 2004: 189).

Auf dem fünften Weltsozialforum im Januar 2005 in Porto Alegre präsentierte der WMW erstmals die in einem mehrjährigen weltweiten Diskussions- und Abstimmungsprozess erarbeitete und wenige Wochen zuvor beim fünften internationalen Treffen des WMW in Kigali, Ruanda am 10. Dezember, dem Internationalen Tag der Menschenrechte, angenommene „Women's Global Charter for Humanity". Die Akteurinnen verstehen diese Charta nicht als Bauplan einer „neuen Welt", sondern als eine Skizze ihrer Utopie, als ein innovatives Instrument, um ihre feministische Vision einer zu schaffenden Welt widerzuspiegeln. Die Charta beginnt mit einer Präambel, die das feministische Engagement des WMW betont und patriarchale und kapitalistische Herrschaft als Systeme der Unterdrückung und Ausbeutung markiert, deren Wurzeln für den WMW in Rassismus, Sexismus, Misogynie, Xenophobie, Homophobie, Kolonialismus, Imperialismus, Sklaverei und erzwungener Arbeit bestehen. Diese brächten vielfach Fundamentalismen hervor, welche es Frauen und Männern verunmöglichten, in Freiheit zu leben. Sodann erklärt die Charta auf Grundlage der im ersten Frauenweltmarsch gegen Armut und Gewalt formulierten 17 Forderungen unter den politischen Werten von Gleichheit, Freiheit, Solidarität, Gerechtigkeit und Frieden ihre zentralen Leitideen.

In einem *supporting document* zur Charta begründet der WMW, wodurch sich diese von ähnlichen internationalen Dokumenten, insbesondere den verschiedenen Menschenrechtsdokumenten, unterscheidet:

> „These documents do not, however, question the roots of exploitation and oppression. They do not denounce capitalism and patriarchy. They do not ensure the construction of a new social project that will guarantee the planet's survival ecologically, economically, politically, socially and culturally. This is why we need a Charter that offers a radical critique of the causes of this oppression, exploitation, violence and destruction." (Women's Global Charter for Humanity, Supporting document: 2)

Während die Women's Global Charter insgesamt 31 Erklärungen („affirmations") im Sinne der feministischen Vision und Utopie formuliert, nimmt das *supporting document* mit einer langen Reihe von Anklagen („women denounce") eine Benennung der „Gegner" vor, welche die Realisierung der feministischen politischen Werte verhinderten. Der WMW spricht hier unter anderem von transnationalen Unternehmen, den internationalen Finanz- und Handelsinstitutionen, der Waffenindustrie, religiösen Fundamentalisten und Männern, „who refuse to renounce their privilege, exercising control and power over women in private and public" (ebd.: 3).

Fünf Jahre nach dem ersten brachte das globale feministische Aktionsnetzwerk 2005 im Rahmen des zweiten Frauenweltmarschs mittels eines Staffellaufs die Women's Global Charter for Humanity auf allen Kontinenten in über 50

Ländern in die politische Öffentlichkeit. Die *Ralley* begann am 8. März 2005 in Brasilien und endete am 17. Oktober in Burkina Faso. Hier wurde die Women's Global Charter gemeinsam mit dem in allen Ländern zusammengetragenen „Patchwork World Solidarity Quilt", der die feministische Utopie, die sich in der Charta ausdrückt, in stofflicher Form zu bebildern und zugleich die Vielfalt der Perspektiven von Frauen auf die Ziele der Charta manifest zu machen sucht, den Vertreterinnen des internationalen Frauenfriedens-Netzwerkes „Women in Black" im Rahmen einer feierlichen Zeremonie überreicht. Doch war der 17. Oktober nicht nur Abschlusstag, sondern zugleich der Aktion „24 Stunden globaler feministischer Solidarität" gewidmet: Am Frauenweltmarsch 2005 beteiligte Frauengruppen in allen Zeitzonen versammelten sich hierfür zu lokalen kollektiven Aktivitäten, die in jeweils eigener Artikulationsweise die gemeinsame feministische Vision illustrieren sollten, die auf den in der Charta formulierten universalen feministischen Werten beruht. Auch mit dieser Aktionsform erprobte der WMW eine Umsetzung seines Ziels, unter Anerkennung der Vielfalt der Identitäten und Zugehörigkeiten weltweite Bündnisse von Frauen zu stiften und zu konsolidieren, wie es das Aktionsnetzwerk in der Präambel der „Women's Global Charter" formuliert:

> „We are building a world where diversity is considered an asset and individuality a source of richness; where dialogue flourishes and where writing, song and dreams can flower (...) Equality, freedom, solidarity, justice, and peace are its driving force. We have the power to create this world." (Ebd.: 1)

4 Transversale feministische Politik: Räume für einen globaler Dialog von Frauen

Was erlaubt es hunderttausenden von Aktivistinnen des WMW aus über 160 Ländern mit so grundsätzlich verschiedenen Subjektpositionen im lokalen wie globalen Herrschaftsgefüge, im Netz von Über- und Unterordnung, Ausbeutung und Aneignung, Marginalisierung und Annäherung an die Zentren politischer, wirtschaftlicher und kultureller Macht, sich dem transnationalen feministischen Netzwerk des „Frauenweltmarschs gegen Armut und Gewalt" anzuschließen? Was ermöglicht es diesen Frauen sich auf die Women's Global Charter als gemeinsame feministische Vision zu beziehen – Frauen mit Zugehörigkeiten zu differenten Gemeinschaften, Nationen und Kontinenten und somit mit vielschichtigen und mehrdimensionalen Identitäten, mit völlig unterschiedlichen Erfahrungen und divergierenden Interessen, da sie unterschiedlich verortet sind entlang der Achsen von Unterdrückung und Herrschaft durch Geschlecht, Klasse, Hautfarbe, Kultur, Geschichte, Religion, sexuelle Lebensweise und Alter?

Stellvertretend für viele Akteurinnen des WMW wirft die aus Congo-Brazzavile stammende Schriftstellerin Ghislaine Sathoud diese Frage auf und beantwortet sie pointiert:

> „Can I, as an African woman, relate to this Charter? Yes, in one sense, because the innovative thing about the Charter is that it draws on universal feminist values to change the world. It takes into account the world's diversity in the construction of another world, a world of hope. For me, diversity is at once a source of richness and strength. The appreciation of diversity is a sign of solidarity und unity that will strenghten all women". (Sathoud 2005)

Nicht eine einheitliche, Frauen als soziale Gruppe weltweit homogenisierende „weibliche Geschlechtsidentität", nicht das „falsche Programm der Schwesterlichkeit" auf Grundlage vereinheitlichender Erfahrungen einer „allgemeinen Frauenunterdrückung", welche die vielfältigen und komplexen Realitäten von Frauen verschleiert (hooks 1990), bildet die ethische und organisatorische Basis des WMW. Vielmehr wurzelt die politische Praxis und Philosophie des Frauenweltmarsches und dessen Charta auf dem Respekt vor der Vielfalt der Identitäten und Zugehörigkeiten von Frauen, auf dem organisierten Prozess des Sichtbarmachens und der Beherbergung „der eigenen Erfahrungen im Deutung produzierenden Diskurs" (Braunmühl 2001: 133). Doch führt dies weder zu einem vagen Pluralismus möglicher frauenbewegungspolitischer Ziele und Forderungen, noch zu politisch kaum mehr zu identifizierenden, weil beliebigen Feminismen. Denn der herrschaftskritische Bezug auf geschlechterreflektierte Menschenrechte als dem universalen Wertehorizont des WMW sowie der Kampf für Geschlechter-Gerechtigkeit stellen den geteilten Fokus und die geteilte kollektive Handlungsplattform dieser globalen Akteurinnen dar. Oder anders formuliert: Diese müssen keine gemeinsame, das weibliche Subjekt essentialisierende Identität als „Frau" behaupten, sondern sie teilen gemeinsame Werte, die es ihnen erlauben, von einem *Wir* ihrer „unwiderruflichen Bewegung" zu sprechen (Dackweiler 2004).

Ähnlich dem vom Netzwerk DAWN geprägten Topos „universality in diversity" (Braunmühl 2001: 133), erkennen die Aktivistinnen des WMW zur Schaffung einer globalen Solidarität die Notwendigkeit an, Differenzen zwischen Frauen verhandeln zu müssen, um Koalitionsbildungen in einem dialogischen Prozess zu ermöglichen. Nira Yuval-Davis (1994) hat diesen feministischen Dialog Mitte der 1990er Jahre als das „Konzept einer transversalen Politik" bezeichnet. Transversale Politik beruht nach Yuval-Davis „auf einem Dialog, der zwar die unterschiedliche Verortung von Frauen berücksichtigt, aber keiner Frau a priori einen privilegierten Zugang zur ‚Wahrheit' zugesteht. Im Rahmen der transversalen Politik wird die falsche Wahrnehmung von Einheit und Homogenität durch eine Reihe von Dialogen ersetzt" (Yuval-Davis 1996: 222). Anerkannt wird jedoch nicht nur die jeweilige Verortung, sondern auch, dass diesem „Standpunkt" ein jeweils „unvollendetes Wissen" eingeschrieben ist, das „jedem einzelnen der situierten ‚Standpunkte' entspringt" (ebd.). Entscheidend für das Gelingen transversaler Politik sind nach Yuval-Davis die Prozesse des *rootings* und des *shiftings*: Jede Frau bringt in den Dialog ein, worin ihre Zugehörigkeit und ihre Identität verwurzelt ist; zugleich nimmt sie einen Perspektivenwechsel vor, verändert somit ihre Position, um sich mit Frauen unterschiedlicher Zugehörigkeit und unterschiedlicher Identitäten austauschen zu können.

Nicht zuletzt diese Politik eines globalen feministischen Dialogs, welcher die Frage nach der Bewegungsidentität, nach den politischen Räumen und Prozessen für die Schaffung und Aufrechterhaltung einer transnationalen Frauenbewegung neben und gemeinsam mit anderen globalisierungskritischen Bewegungen ins Zentrum rückt, macht das transformative Potenzial und die politische Reichweite des Frauenweltmarsches aus. Sich dessen zu Recht bewusst, formuliert der WMW: „Just as we know that to change women's lives we must change the world, we know that without women and without feminism, another world is not possible" (Perspective of Women of the World March of Women 2003).

Literatur

Aguiton, Christophe (2002): Was bewegt die Kritiker der Globalisierung? Von Attac zu Via Campesina. Köln: ISP Verlag

Alvarez, Sonia E./Faria, Nalu/Nobre, Miriam (2004): Eine andere (auch feministische) Welt ist möglich. Aufbau von transnationalen Räumen und globalen Alternativen aus den Bewegungen. In: Anand et al. (2004): 268-275

Anand, Anita/Escobar, Arturo/Sen, Jai/Waterman, Peter (Hrsg.) (2004): Eine andere Welt. Das Weltsozialforum. Berlin: Karl Dietz Verlag

Altvater, Elmar/Brunnengräber, Achim (2002): NGOs im Spannungsfeld von Lobbyarbeit und öffentlichem Protest. In: Aus Politik und Zeitgeschichte B 6-7 (2002): 6-14

Aufruf der sozialen Bewegungen, Januar 2002. In: Anand et al. (2004): 153-157

Bhavnani, Kum-Kum/Phoenix, Ann (Hrsg.) (1994): Shifting Identities - Shifting Racisms, A Feminism and Psychology Reader. London, Thousand Oaks, New Delhi: Sage Publications

Borthfeldt, Claire (2005): Die Gleichung Peking+10 = Peking ist ein Erfolg – Bilanzierung 10 Jahre nach der Vierten Weltfrauenkonferenz. In: femina politica 14, 2 (2005): 154-156

Brabandt, Heike (2005): Peking plus 10. Zehn Jahre nach der Vierten Weltfrauenkonferenz – Eine Bilanz. In: femina politica. Zeitschrift für feministische Politik-Wissenschaft. 14, 2 (2005): 105-109

Braunmühl, Claudia von (2001): Zur Universalismusdebatte in der internationalen Frauenbewegung. Konzepte einer transnationalen Gender-Politik. In: femina politica. Zeitschrift für feministische Politik-Wissenschaft 10, 2 (2001): 129-141

Brunnengräber, Achim (2005): Gipfelstürmer und Straßenkämpfer. NGOs und globale Protestbewegungen in der Weltpolitik. In: Brunnengräber/Klein/Walk (2005): 328-365

Brunnengräber, Achim/Klein, Ansgar/Walk, Heike (Hrsg.) (2005): NGOs im Prozess der Globalisierung. Mächtige Zwerge – umstrittene Riesen. Bonn: Bundeszentrale für politische Bildung

Bundesministerium für Familie, Senioren, Frauen und Jugend (Hrsg.) (1996): Dokumentation der Erklärung und Aktionsplattform der 4. Weltfrauenkonferenz 1995 „Gleichberechtigung Entwicklung Frieden". Bonn

Castells, Manuel (2001): Das Informationszeitalter II. Die Macht der Identität. Opladen: Leske und Budrich

Dackweiler, Regina-Maria (2004): Was bewegt wen und wie bringt das ein „wir" in Bewegung? Konzeptionelle Überlegungen für eine nicht-essentialistische, strategische kollektive Identität der Frauenbewegung. In: Zeitschrift für Frauenforschung & Geschlechterstudien 22, 2+3 (2004): 51-64

Eschle, Catharine (2005): „Skeleton Women": Feminism and the Antiglobalisation Movement. In: Signs: Journal of Women in Culture and Society 30, 3 (2005): 1741-1769

Fraser, Nancy (2005): Frauen, denkt ökonomisch! In: Die tageszeitung (taz) vom 7. April 2005.

Fraser, Nancy (2001): Umverteilung und Anerkennung. In: Fraser (2001): 23-66

Fraser, Nancy (2001): Die halbierte Gerechtigkeit. Schlüsselbegriffe des postindustriellen Sozialstaats. Frankfurt/Main: Suhrkamp

Fuchs, Brigitte/Habinger, Gabriele (Hrsg.) (1996): Rassismus und Feminismus. Differenzen, Machtverhältnisse und Solidarität zwischen Frauen. Wien: Promedia

Hertzfeldt, Hella (Hrsg.) (2004): GeschlechterVerhältnisse. Analysen aus der Wissenschaft, Politik und Praxis. Berlin: Dietz

Holland-Cunz, Barbara (2003): Die alte neue Frauenfrage. Frankfurt/Main: Suhrkamp.

hooks, bell (1990): Schwesterlichkeit: Politische Solidarität unter Frauen. In: beiträge zur feministischen theorie und praxis, 27 (1990): 77-92

Meyer, Mary/Prügl, Elisabeth (Hrsg.) (1999): Gender Politics in Global Governance. Lanham: Rowman and Littlefield

Naples, Nancy (2002): The Challenges and Possibilities of Transnational Feminist Praxis. In: Naples/Desai (2002): 267-281

Naples, Nancy/Desai, Manisha (Hrsg.) (2002): Women' Activism and Globalization. Linking local Struggles and Transnational Politics. New York/London: Routlegde

Perspective of Women of the World March of Women 2003 (www.marchemondiale.org)

Rawls, John (1975): Eine Theorie der Gerechtigkeit. Frankfurt/Main: Suhrkamp.

Ruf, Anja (1996): Weltwärts Schwestern! Von der Weltfrauenkonferenz in die globale Zukunft. Bonn: Dietz

Sathoud, Ghislaine (2005): Together: women unite to build another world. (http://mmf.lecarrefour.org/cmicfolder.2005-10-11.4041148865/cmicarticle)

Sen, Amartya (1999): Commodities and Capabilities. Oxford: Oxford University Press.

Shiva, Vandana (1996): Gerechtigkeit zwischen den Geschlechtern und globale Apartheid. In: Wichterich (1996): 137-138

Staggenborg, Suzanne/Lecomte, Josée (2001): Bewegungsgemeinschaften in neuen sozialen Bewegungen: die Frauenbewegung in Montreal. In: Forschungsjournal Neue Soziale Bewegungen 14, 2 (2001): 44-53

Wichterich, Christa (1996): Wir sind das Wunder, durch das wir überleben. Die 4. Weltfrauenkonferenz in Peking. Hrsgg. v. d. Heinrich-Böll-Stiftung. Köln

Wichterich, Christa (2001): From Passion to Profession? Mehr Fragen als Antworten zu Akteurinnen, Interessen und Veränderungen politischer Handlungsbedingungen der neuen internationalen Frauenbewegung. In: Zeitschrift für Frauenforschung und Geschlechterstudien 19, 1+2 (2001): 128-137

Wichterich, Christa (2004): Frauenbewegungen und feministische Globalisierungskritik. In: Hertzfeldt (2004): 182-191

Wichterich, Christa (2005): From Margin to Mainstream to Margin. Wege und Umwege transnationaler Frauennetzwerke und der Globalisierung von Frauenrechten. In: Peripherie 100 (2005): 534-538

Unmüßig, Barbara (2005): Zwischen nachhaltigem Erfolg und Ratlosigkeit: Geschlechterperspektiven im 21. Jahrhundert. In: Informationsbrief Weltwirtschaft & Entwicklung 5-6 (2005): 1-2

Yuval-Davis, Nira (1996): Frauen und „transversale Politik“. In: Fuchs/Habinger (1996): 217-123

Yuval-Davis, Nira (1994): Women, Ethnicity and Empowerment. In: Bhavnani/Phoenix (1994): 179-197

Women’s Global Charter for Humanity, Supporting document: 2, www.worldmarchofwomen.org

Neue Perspektiven für soziale Gerechtigkeit? Eine kritische Analyse sozial- und gleichstellungspolitischer Leitlinien der Europäischen Union

Ines Hofbauer/Gundula Ludwig

1 Einleitung: *Gender Mainstreaming* als gleichstellungspolitische Erneuerung

Die zunehmende Vergemeinschaftung sozial- und gleichstellungspolitischer Agenden im Europäischen Integrationsprozess, die insbesondere durch den Vertrag von Amsterdam (1997) formalisiert wurde, rückt Fragen nach der Ausgestaltung sowie der Einschätzung möglicher Perspektiven einer europäischen Sozialpolitik unter neuen politischen Rahmenbedingungen ins Zentrum politischer und sozialwissenschaftlicher Debatten.

Aus feministischer Perspektive ist dabei von besonderem Interesse, dass innerhalb der Zielvorstellung eines demokratischen, pluralistischen Europas die Förderung der Gleichstellung von Frauen und Männern erstmals primärrechtlich von der Europäischen Union als notwendige Voraussetzung der Umsetzung eines demokratischen Europas anerkannt wurde (vgl. KOM 1996). Um dieses Ziel zu erreichen, wurde *Gender Mainstreaming* zur zentralen gleichstellungspolitischen Strategie und Querschnittsaufgabe erhoben. Das Konzept stammt ursprünglich aus frauenpolitischen NGOs in der Entwicklungszusammenarbeit und wurde insbesondere im Zusammenhang mit der UN-Weltfrauenkonferenz in Beijing 1995 bekannt, ehe es kurz danach von der Europäischen Kommission in Zusammenarbeit mit Frauenlobbys aufgenommen wurde.

Die Einschätzungen des Konzepts *Gender Mainstreaming* innerhalb der feministisch-theoretischen Debatten fielen von Anfang an kontrovers aus. Während der eine Pol das Potenzial des Konzeptes hervorhebt, die Geschlechterfragen (auch progressiver als innerhalb der Nationalstaaten) voranzutreiben, befürchtet der oppositionelle Pol ein *roll-back* frauenpolitischer Anliegen. Erstere Einschätzungen (vgl. dazu stellvertretend Stiegler 2000, Walby 1997, Weg 2002) beziehen ihre Affirmation insbesondere darauf, dass die EU mit der Strategie des *Gender Mainstreaming* zentrale Forderungen der feministischen Bewegung aufgenommen hat. Dem Konzept liegt die These der sozialen Konstruiertheit von Geschlecht zugrunde, ebenso wie die Annahme, Ungleichheit innerhalb der Geschlechterverhältnisse nicht länger als frauenspezifisches, sondern vielmehr als gesamtgesellschaftliches Problem zu begreifen. Die Kritiker/innen des *Gender Mainstreaming* (vgl. u.a. Rubery et al. 1998, Schunter-Kleemann 2001, Wetterer 2003) heben insbesondere eine grundsätzliche Schwäche in den Vordergrund: Da das Konzept inhaltlich unbestimmt bleibt, ist auch die Form der politischen Umsetzung äußerst dehnbar. Zudem wird darauf hingewiesen, dass *Gender Mainstreaming* Geschlechterpolitik häufig auf einen technokratisch-instrumentellen Prozess verengt, der zentrale Aspekte – wie beispielsweise die handlungsleitenden Vorstellungen zu Geschlecht – der politischen Diskussion entzieht und unsichtbar macht.

Vor dem Hintergrund dieser Debatten sollen in diesem Beitrag die Ergebnisse einer von uns durchgeführten Studie zu geschlechter- und sozialpolitischen Strategien der Europäischen Union am Beispiel des *Gender Mainstreaming* vorgestellt werden. Das forschungsleitende Motiv dieser Studie bezog sich auf zweierlei: Zum einen haben wir die den politischen Strategien zugrundeliegenden Vorstellungen zu sozialer und Geschlechter-Gerechtigkeit im konkret-historischen Kontext der sich wandelnden Staatlichkeit im Rahmen der Europäischen Integration analysiert. Zum anderen ging es uns darum, – von einem gesellschaftstheoretisch-feministischen Gerechtigkeitskonzept ausgehend – die Gerechtigkeitsvorstellungen des *Gender Mainstreaming* auf ihr emanzipatorisches Potenzial hin zu befragen.

Dazu werden wir zunächst die für unsere Herangehensweise zentralen theoretischen Annahmen darlegen. Daran anschließend werden wir den Prozess der Vertiefung der politischen und sozialen Dimension in der europäischen Integration darstellen, auf den wir uns als Hintergrund unserer Analyse beziehen. Im vierten Abschnitt werden wir Nancy Frasers Gerechtigkeitskonzept als analytischen Rahmen unserer empirischen Studie vorstellen, den wir für eine Bewertung konkreter politischer Strategien nutzbar machen. Nach der Darlegung der zentralen Ergebnisse unserer Studie werden wir schließlich im fünften und abschließenden Teil diese im Kontext der gegenwärtigen Transformationsprozesse interpretieren.

2 Soziale Gerechtigkeit im Kontext staatlicher Transformation: Theoretische Annäherungen

Die Frage nach der Bedeutung und dem Gehalt des Begriffes der sozialen Gerechtigkeit, wie er innerhalb der europäischen Gleichstellungspolitik Verwendung findet, kann unseres Erachtens nur im Kontext gegenwärtiger gesellschaftlicher, ökonomischer und staatlicher Transformationsprozesse angemessen analysiert werden. Die Begrifflichkeiten und Herangehensweisen der traditionellen Integrationsforschung greifen bei diesem Vorhaben zu kurz. Um einen erweiterten theoretischen Blick auf die Politik der EU einnehmen zu können, wollen wir die Fragestellung über eine Kombination neo-gramscianischer, regulationstheoretischer und staatstheoretischer Ansätze bearbeiten, die wir im Folgenden entwickeln.

Die Bezugnahme auf diese Ansätze ermöglicht es, die Frage nach dem Zusammenhang der Veränderung von Staatlichkeit und der jeweiligen Vorstellung von sozialer Gerechtigkeit zu stellen. Demnach fragen wir nicht, ob es sich bei *Gender Mainstreaming* um eine ‚gute' bzw. um eine die nationalstaatliche Form erweiternde oder beschränkende Geschlechterpolitik handelt, sondern inwieweit in der Strategie selbst Veränderungen von Staatlichkeit und damit zusammenhängend veränderte Bedeutungen von Gerechtigkeit abgelesen werden können.

Staatlichkeit bezieht sich in diesem Zusammenhang nicht auf eine spezifische Form des Staates wie beispielsweise den Nationalstaat, sondern auf das *Prinzip des Staates*, das die Regulation des Zusammenhangs von Ökonomie, Politik und Gesellschaft und somit die Organisation der gesellschaftlichen Verhältnisse ordnet. Dabei gehen wir davon aus, dass die Form dieser Regulierung – also die Form der Staatlichkeit selbst – stets historischen Veränderungen unterliegt. Um diese Veränderungen fassen zu können, erachten wir im Anschluss an Antonio Gramsci (1991) den Begriff der Hegemonie für zentral, da mit diesem die Notwendigkeit eines gesellschaftlichen Konsenses als Bedingung für staatlich-politisches Handeln theoretisiert werden kann. Der Staat benötigt demnach eine gesellschaftliche Basis, die die Grundlage für seine Legitimation und die Akzeptanz seiner zentralen politischen Strategien schafft und die Individuen dazu mobilisiert, dem gesellschaftlichen Projekt sowie dessen historischen Transformationsprozessen zuzustimmen und sich daran zu beteiligen. Das bedeutet, den Staat und seine Institutionen als politische Arenen zu begreifen, in denen gesellschaftliche Konflikte und Widersprüche ausgetragen und geregelt werden. Der Staat wird so weder als neutrale Instanz verstanden, die, wie in juridischen Staatskonzeptionen angenommen, das Allgemeininteresse repräsentiert, noch, einer instrumentalistischen Sichtweise folgend, als Instrument der herrschenden Klasse definiert, sondern als Verdichtung gesellschaftlicher Kräfte. Eine derartige Staatskonzeption denkt den Staat und staatlich-politisches Handeln als umkämpftes Terrain. So ist der Staat keineswegs ein neutrales, für alle Forderungen gleichsam offenes politisches Feld, da die herrschaftliche Strukturiertheit, die Kräfteverhältnisse und Antagonismen der Gesellschaft in ihm ihren Ausdruck finden (Demirovic 2001: 155). Für die jeweils historisch spezifische Form, wie die Zustimmung der Individuen zu staatlich-politischem Handeln organisiert wird, lässt sich daraus folgern, dass in diese immer auch politische und gesellschaftliche Forderungen – wie etwa die der Frauenbewegung – eingehen. Die Art und Weise, wie diese Forderungen in staatlich-politische Maßnahmen integriert werden – oder anders ausgedrückt, wie hoch der emanzipatorische Gehalt dieser Integration ist – ist abhängig von der Beschaffenheit gesellschaftlicher Kräfteverhältnisse.

Innerhalb dieser Legitimationsmuster fungiert die Definition von sozialer Gerechtigkeit als wichtiges Moment, um die Zustimmung der Individuen zu staatlicher Politik zu gewinnen. In Anschluss an Gramscis Verständnis von Hegemonie als umkämpftem Terrain gehen wir davon aus, dass diese gesellschaftlichen Vorstellungen sozialer Gerechtigkeit nicht im Sinne einer *top-down*-Logik vom Staat ausgehend durchgesetzt werden, sondern sich vielmehr in Abhängigkeit von sozialen Kämpfen herausbilden und schließlich in staatliches Handeln integriert werden.

In Anlehnung an Poulantzas' Definition des Staates (2002) fassen wir demnach staatlich-politisch bedeutsam werdende Vorstellungen von sozialer Gerechtigkeit als materielle Verdichtung der gesellschaftlichen Kräfteverhältnisse.

Daraus folgt, dass mit den Veränderungen der Regulation gesellschaftlicher Verhältnisse auch eine Neudefinition sozialer Gerechtigkeit einhergeht. Ein Merkmal der gegenwärtigen neoliberalen Umbauprozesse stellt für uns demnach die Neubestimmung sozialer Gerechtigkeit dar. Jene sich seit den 1970er Jahren herausbildenden Transformationsprozesse von Ökonomie, Politik und Gesellschaft lassen sich nach unserem Verständnis jedoch nicht als Ausdruck einer neoliberalen *Hegemonie* fassen. Unser Einwand gegen diese Annahme, die sich innerhalb der gegenwärtig in den Sozialwissenschaften breit geführten Debatte zur Einschätzung dieser Umbauprozesse zahlreich finden lässt, beruht vor allem darauf, dass es dem neoliberalen Projekt an einer gemeinsamen, verallgemeinerbaren Perspektive – wie dies zentral für die fordistische Regulationsweise war – fehlt.

> „Die Schaffung von Konsens bedarf einer politischen Führung, die relevante gesellschaftliche Gruppen und Kräfte einbindet, gewisse politische und materielle Zugeständnisse auch gegenüber den Untergeordneten und Beherrschten durchsetzt und damit den Menschen über soziale, kulturelle und staatliche Grenzen hinweg eine gemeinsame Perspektive verspricht. Und genau an dieser Eigenschaft mangelt es der bestehenden ‚Weltordnung'." (Hirsch 2002: 146)

Vielmehr vertreten wir die These, dass gegenwärtig Suchprozesse nach einer neuen stabilen Form des Regierens beziehungsweise von Hegemonie zu beobachten sind, wenngleich diese Unternehmungen unter bestimmten ‚neoliberalen' Vorzeichen stattfinden. Anstatt also eine bereits gefestigte ‚neoliberale Hegemonie' zu konstatieren, begreifen wir „Neoliberalismus" mit Katharina Pühl als „ein Projekt der Umarbeitung als fordistisch bezeichneter Reproduktions- und Produktionsstrukturen sowie der darauf bezogenen gesellschaftlichen Verhältnisse“ (Pühl 2003: 113). Dabei lassen sich zwei für den weiteren Argumentationsverlauf dieses Beitrags zentrale Momente konstatieren: Zum einen kommt es im Rahmen der Umbauprozesse zu einer Neudefinition von Staatlichkeit und damit einhergehend von Gerechtigkeitsvorstellungen, was wir am Beispiel von *Gender Mainstreaming* anschaulich machen werden. Zum anderen kann beobachtet werden, wie sich darin neoliberale Paradigmen mit anderen politischen Ideen und Forderungen verbinden, was wir im vorliegenden Beitrag insbesondere im Zusammenhang mit frauenpolitischen Forderungen und Maßnahmen aufzeigen werden.

3 Transformation von Staatlichkeit im Kontext der Europäischen Integration

Aus staatstheoretischer Perspektive fassen wir den Verlauf der europäischen Integration seit den 1970er Jahren als tiefgreifenden ‚Wandel von Staatlichkeit‘, der als strukturelle Neuordnung und strategische Neuorientierung des keynesianischen, nationalen Wohlfahrtsstaates interpretiert werden kann (vgl. Jessop 1995). Die EU begreifen wir dabei nicht als eine übergeordnete politische Akteurin, sondern als Teil einer mehrere Ebenen und Instanzen umfassende europäischen Staatlichkeit (Ziltener 2000: 81). Die historischen Veränderungsprozesse, welche diese europäische Staatlichkeit durchläuft, können als Wandel von einem „*Stabilisierungsregime*“ hin zu einem „*Modernisierungsregime*“ (Beckmann/ Bieling/Deppe 2003: 12) charakterisiert werden.[1] War ersteres dadurch gekennzeichnet, dass es primär die nationalen sozialstaatlichen Regulierungen abstützte, kann als zentrales Merkmal des zweiten angeführt werden, dass dieses die nationalen Umbauprozesse nach Vorgabe neoliberaler Deregulierungs- und Flexibilisierungskonzepte zusätzlich vorantreibt. So kam es mit der Krise des Fordismus seit den 1970er Jahren nicht nur zum Umbau nationalstaatlicher Politik, sondern parallel dazu auch zu Veränderungen im europäischen Integrationsprozess: Seit Mitte der 1980er Jahre lässt sich eine Intensivierung der ökonomischen Integrationsdynamik beobachten, die sich im Projekt des gemeinsamen Binnenmarktes und der Entwicklung einer Wirtschafts- und Währungsunion konkretisierte. Die dadurch angetriebene neoliberale Restrukturierung zeichnet sich vor allem da-

1 Dies bedeutet jedoch nicht, dass jene Veränderungen der Regulierungen gleichsam naturwüchsig vor sich gehen. Vielmehr gehen wir davon aus, dass diese als Ausdruck veränderter ökonomischer und politischer Anforderungen ebenso wie veränderter gesellschaftlicher Kräfteverhältnisse zu begreifen sind.

durch aus, dass mit den neuen politischen Leitlinien der ‚Deregulierung', ‚Flexibilisierung' und ‚Liberalisierung' die Prinzipien des Marktes und des Wettbewerbs nicht nur auf die ökonomischen Austauschprozesse angewandt werden, sondern in zunehmenden Maße auch die politische und gesellschaftliche Sphäre durch diese Logiken betrachtet und organisiert werden.

Bis Mitte der 1990er Jahre konnte sich das Integrationsprojekt Binnenmarkt auch in weiten Teilen der europäischen Bevölkerung auf Zustimmung stützen, die insbesondere auf erwarteten Wohlstandseffekten beruhte. Diese verlor jedoch seit den 1990er Jahren an Attraktivität, nicht zuletzt weil sozioökonomische Krisenerscheinungen wie Massenarbeitslosigkeit, neue Armut und soziale Ausgrenzung deutlicher hervortraten (Bieling/Steinhilber 2000:15). Es kam zu zahlreichen Protesten wie den Euromärschen, nationalen Streiks, negativen Referenden und wachsender Kritik von Frauen-NGOs. Deppe und Felder (1993) sprechen in diesem Zusammenhang von einer „Post-Maastricht-Krise" und meinen damit ein strukturelles Legitimationsproblem der europäischen Integration. Hegemonietheoretisch gesprochen verweist diese Legitimationskrise auf einen brüchiger werdenden Konsens über das Projekt der Europäischen Union.

Wir vertreten die These, dass insbesondere seit dem Vertrag von Amsterdam (1997) neben der Ausweitung des Binnenmarktes zusehends auch die beschäftigungspolitische Dimension der Integration an Bedeutung gewinnt, was als Antwort auf die Frage nach der Reaktion auf dieses Legitimationsproblem interpretiert werden kann. Diese Veränderungen können demnach als Versuch gesehen werden, die Zustimmung in der Gesellschaft umfassender zu verankern, indem eine explizite Aufwertung und Vertiefung der sozialen Dimension im Integrationsprozess forciert wurde. Insbesondere mit dem Vertrag von Lissabon ist eine Debatte um die Bedeutung und Ausgestaltung eines „europäischen Sozialmodells" als Ergänzung zur Wirtschaftsunion angestoßen worden.

Diese zunehmende Bedeutung der Sozialpolitik zieht auch formale Neuerungen nach sich, wie die Einführung der Mehrheitsbeschlüsse im Bereich des Sozialen oder die stärkere Einbeziehung (Konsultation) der Sozialpartner. Starke Bindungen der nationalstaatlichen Politik gibt es jedoch in der Sozialpolitik nach wie vor nicht. Vielmehr entfaltet die EU-Sozialpolitik innerhalb der einzelnen Nationalstaaten vor allem indirekt über eine Vielzahl von unmittelbaren ‚Zwängen' ihre Wirkmächtigkeit. Hier lässt sich somit eine Tendenz weg von strengen, verbindlichen staatlichen Regulierungen hin zu „weichen" indikativen „Abkommen" beobachten, die auf die „Freiwilligkeit" der involvierten politischen Akteure/innen setzt. Im Vordergrund stehen „weiche Steuerungsmodi der Koordinierungs- und Lernprozesse" (wie die seit Lissabon als neuer Regulierungsmodus bekannte „Offene Methode der Koordinierung", OMK), die die sozialpolitischen

Kompetenzen der Mitgliedsstaaten nicht direkt berühren und dennoch indirekt Einfluss darauf nehmen können.

Innerhalb der Sozialpolitik wird der Gleichstellung der Geschlechter ein zentraler Stellenwert zugesprochen. Insbesondere dem Konzept des *Gender Mainstreaming* wird im Feld der Sozialpolitik besondere Bedeutung zugemessen, wenngleich dessen Ansprüche über sozialpolitische Maßnahmen hinausgehen. Welche Spielräume und Perspektiven jedoch diese Aufwertung der Sozialpolitik sowie der Geschlechterpolitik innerhalb der Europäischen Union mit sich bringt, war die Ausgangsfrage unserer Untersuchung, die wir über eine Analyse der zugrundeliegenden Gerechtigkeitsvorstellungen zu beantworten suchen. Ehe wir deren Ergebnisse darstellen werden, wollen wir das analytische Rahmenwerk unserer Studie darlegen.

4 Umverteilung *und* Anerkennung als ergänzende Momente von Geschlechtergerechtigkeit

Die von uns durchgeführte Untersuchung der Gerechtigkeitsvorstellungen, die über die gegenwärtigen sozial- und geschlechterpolitischen Maßnahmen der Europäischen Union und dabei primär durch die Strategie des *Gender Mainstreaming* umgesetzt werden sollen, orientiert sich in theoretischer Hinsicht maßgeblich an Nancy Frasers Arbeiten zu Gerechtigkeit (vgl. Fraser in diesem Band). Ihre zweidimensionale Gerechtigkeitskonzeption dient uns als analytisches Rahmenwerk, durch welches wir unsere Fragestellung entlang der Dimensionen Umverteilung und Anerkennung bearbeiteten. Dabei ist unser Vorhaben zweifach motiviert: Zum einen wollen wir darlegen, wie Frasers philosophisch-theoretische Gerechtigkeitskonzeption für eine Untersuchung konkreter politischer Strategien nutzbar gemacht werden kann. Zum anderen jedoch wollen wir bei der Interpretation der Ergebnisse gleichsam über Frasers Ansatz hinausgehen, indem wir sie vor dem Hintergrund der gegenwärtigen gesellschaftlichen Umbauprozesse betrachten. Diese Dimension der Kontextualisierung bleibt bei Frasers Abhandlungen oftmals unterbelichtet. Somit ziehen wir Frasers Gerechtigkeitskonzeption zur Analyse heran, erweitern jedoch die Erklärungsdimension mit hegemonietheoretischen Überlegungen.

Mit Fraser gehen wir davon aus, dass Gerechtigkeit sich weder auf die Dimension der Umverteilung noch auf jene der Anerkennung reduzieren lässt, sondern beide Dimensionen umfassen muss. Der normative Kern dieser zweidimensionalen Konzeption der Gerechtigkeit liegt in dem Begriff der „partizipatorischen Parität“ (Fraser 2004). Die Umsetzung von Gerechtigkeitsvorstellungen bedarf daher gesellschaftlicher Vorkehrungen, die alle Gesellschaftsmitglieder befähigen, miteinander als Gleichberechtigte zu interagieren. Dafür müssen mindestens zwei Bedingungen erfüllt sein: Erstens muss die Dimension der Verteilung der materiellen Ressourcen egalitäre Partizipationsmöglichkeiten sicherstellen. Zweitens dürfen institutionalisierte kulturelle Wertmuster niemanden daran hindern, an Entscheidungsprozessen als gleichberechtigte/r Partner/in teilzunehmen. Mit diesem „Statusmodell der Anerkennung" (Fraser 2003: 45) gelingt es Fraser, Anerkennung als Angelegenheit der Gerechtigkeit und nicht als Problem der Selbstverwirklichung von Individuen zu theoretisieren (Fraser 2004: 466ff.). Für feministische Politik lässt sich daraus schließen, dass Umverteilung und Anerkennung als sich ergänzende Gerechtigkeitsforderungen fungieren sollten. Darüber hinaus bedeutet es für uns, Anerkennung nicht als Frage weiblicher Identität zu verstehen und eine Aufwertung der Weiblichkeit anzustreben, sondern vielmehr die institutionalisierten Wertmuster, welche Frauen den Status der gleichwertigen Partnerinnen in gesellschaftlichen Interaktionen verunmöglichen, sichtbar zu machen.

Davon ausgehend verweist jede Form von Ungleichheit auf Ungerechtigkeit. Im Anschluss an Fraser fassen wir daher Gleichheit als Bedingung von Gerechtigkeit, da Gerechtigkeit den Zugang zu gleichen sozialen Ressourcen sowie die Gleichheit – im Sinne von Gleichwertigkeit – auf der Ebene der kulturellen Zuschreibungen meint.

Wie sich die dem *Gender Mainstreaming* zugrunde liegenden Gerechtigkeitsvorstellungen innerhalb dieses Rasters beurteilen lassen, wollen wir im Folgenden vorstellen.

5 Geschlechtergerechtigkeit promoted by Gender Mainstreaming[2]

In der Europäischen Union stellt die Etablierung von Gender Mainstreaming als neue gleichstellungspolitische Strategie primär die Aufgabe der Europäischen Kommission dar. Daher bezog sich unsere Untersuchung auf die Dokumente der Europäischen Kommission[3]. Die Ergebnisse der Studie, die der Frage nachging,

2 Die nachfolgend wiedergegebenen Ergebnisse unserer Studie finden sich in ausführlicher Form veröffentlicht in Hofbauer/Ludwig 2005.

3 Die von uns durchgeführte Analyse bezog sich auf folgende Dokumente: Aktionsprogramm der Gemeinschaft betreffend die Gemeinschaftsstrategie zur Gleichstellung von Frauen und Männern 2001-2005 (Rat der Europäischen Union 2000), Rahmenstrategie der Gemeinschaft zur Förderung der Gleichstellung von Frauen und Männern 2001-2005 (Europäische Kommission 2000), Sozialpolitische Agenda (Europäische Kommission 2000/2005), Bericht zur Gleichstellung von Frau und Mann (Europäische Kommission (2004) und der Bericht über die Chancengleichheit (Europäische Kommission 2001-2003) sowie das Magazin zur Gleichstel-

welche Vorstellungen von Geschlechtergerechtigkeit in den Kommissionsdokumenten wirksam werden, lassen sich in nachfolgenden drei Aspekten zusammenfassen.

5.1 Beteiligung statt Umverteilung

Befragt man die Dokumente auf die Dimension der Umverteilung, so stellt sich heraus, dass diese nur am Rande Erwähnung findet. Die Behandlung der Umverteilung von Zugangsmöglichkeiten zu ökonomischen und politischen Ressourcen und Entscheidungsprozessen erschöpft sich in der Thematisierung der immer noch bestehenden Unterrepräsentation von Frauen sowie darauf aufbauend in der Zielvorgabe, die Anzahl der beteiligten Frauen zu erhöhen. Dabei liegt der Schwerpunkt auf Frauen in Führungspositionen und der Frage, wie sich deren Anteil erhöhen lässt.

Gender Mainstreaming als Mittel zur Herstellung ökonomischer Geschlechtergerechtigkeit bedeutet demnach die Verbesserung der ‚weiblichen Humanressourcen' sowie deren verstärkte Einbeziehung in den Arbeitsmarkt. Dem liegt offenbar das Problemverständnis zugrunde, dass die bestehenden Defizite der ökonomischen Geschlechtergleichstellung über eine *effizientere Einbindung* von Frauen in die *bestehenden* Strukturen beseitigt werden können. Als Ziel der gleichstellungspolitischen Strategien im ökonomischen Bereich kann daher das Vorhaben ausgemacht werden, Frauen additiv in die bestehenden Beschäftigungsstrukturen zu *integrieren*[4], während der Arbeitsmarkt selbst als geschlechtsneutral verhandelt wird. Als Folge dieser Geschlechtsblindheit wird die androzentrische Form der Beschäftigungsstrukturen sowie der Arbeitsverhältnisse als Norm gesetzt, auf welche sich die Sensibilisierungsmaßnahmen des *Gender Mainstreaming* nicht beziehen. So wird zwar beispielsweise gleicher Lohn für gleichwertige Arbeit als Forderung genannt, dass jedoch die Hierarchisierung der Berufe ebenso wie die Definition der gesellschaftlichen Wertigkeiten, welche sich in den unterschiedlichen Löhnen materialisieren, selbst Ausdruck androzentrischer Normen – respektive mit Fraser gesprochen „ein[es] institutionalisierte[n] Schema[s] kulturellen Wert[s]" (Fraser 2003: 33) – ist, bleibt unsichtbar. So werden jedoch zentrale Elemente der feministischen Kritik, dass die *Strukturen selbst* Ergebnisse der androzentrischen Hegemonie sind (vgl. dazu stellvertretend für viele Kreisky 1995), ausgeblendet. Dies stellt zudem ein Ein-

---

lung von Frauen und Männern 8,9, 10 (alle für den Zeitraum 1996-2000), 11 (2001-2005) (Europäische Kommission).

4 Zentrale Indikatoren sind nicht zuletzt deshalb auch die Erhebungen des quantitativen Anteils von Frauen.

fallstor dar, durch welches *Gender Mainstreaming* in der Umsetzung wieder als reine frauenpolitische Strategie aufgefasst werden kann, da der Bezugsmaßstab der Maßnahmen androzentrisch strukturiert bleibt, dies jedoch zugleich unsichtbar gemacht wird.

5.2 Anerkennung der Ungleichheit

Während die Dimension der Umverteilung in der Strategie des *Gender Mainstreaming* lediglich beiläufig erwähnt wird, nimmt die Dimension der Anerkennung eine zentrale Rolle ein. So kommt den „Anliegen, Bedürfnissen und Wünschen der Frauen“ (KOM 2000a: 3) sowie deren gleichberechtigter Anerkennung eine wichtige Bedeutung zu. Durch Maßnahmen, die Prozesse der „Sensibilisierung“ und „Bewusstseinsbildung“ in Gang setzen sollen, sollen Norm- und Wertvorstellungen verändert werden.

Gründe für eine verhinderte Gleichstellung der Geschlechter werden somit in dem fehlenden oder zu geringen Bewusstsein für geschlechtsspezifische Problematiken sowie in fehlendem (Fach-)wissen der Individuen verortet. Vorurteile und Stereotypisierungen – „(e)in falsches und unrealistisches Bild der vielfältigen Rollen von Männern und Frauen in der Welt“ (KOM 2000a: 15) – hindern Frauen demnach an der Verwirklichung ihrer Potentiale und ‚Humanressourcen’.

Die bestehenden Ungleichheiten in den Geschlechterverhältnissen werden so zu einer Frage des Bewusstseins und des Wissens *der Individuen* reduziert. Daher bestehen auch die Lösungsansätze vorrangig darin, die „Wertvorstellungen, Normen (und) Verhaltensweisen“ (Rat 2000: 6) der Individuen zu ändern. Bestehende Ungleichheiten in den Geschlechterverhältnissen werden primär als Ergebnis von ‚falschem’ individuellen Verhalten gedeutet.

Damit allerdings bleiben zwei Aspekte entpolitisiert: Zum einen gerät nicht in den Blick, dass individuelles Verhalten, geschlechtsspezifische Zuschreibungen sowie die auf ihnen aufbauende hierarchische Anordnung der Geschlechter stets in gesellschaftliche Strukturen eingelagert sind. Zum anderen fehlt dadurch die Auseinandersetzung mit der Bedeutung der *Institutionalisiertheit* (vgl. Fraser 2003) von Verhaltensweisen und Normen für die Reproduktion der Gesellschaft.

5.3 Managing gender diversity und die Naturalisierung von Geschlechterdifferenzen

Durch die identitätsorientierte politische Stoßrichtung von *Gender Mainstreaming* werden gesellschaftlich hervorgebrachte Differenzen zwischen den Geschlechtern festgeschrieben und als naturgegebene verhandelt. So wird nicht die Frage gestellt, wie die gesellschaftliche Produktion der Geschlechterdifferenzen sichtbar gemacht und unterlaufen werden kann. Als zentrales Ziel wird die Aufgabe definiert, bestehende ‚differente weibliche Eigenschaften' erfolgreich zu integrieren und verwertbar zu machen. Dem Prinzip der Managementstrategie des *managing diversity* folgend, soll die Diversität von Frauen, die als gegeben gesetzt wird, für den Arbeitsmarkt nutzbar gemacht werden.

Indem Annahmen über die ‚weibliche Identität' und ‚weibliche Ressourcen' als gegeben verhandelt werden, bleibt dabei außerhalb der politischen Aushandlungsprozesse, dass Geschlecht und geschlechtsspezifische Zuschreibungen sozial hergestellt und daher auch veränderbar sind.

Jene ‚weibliche Identität' wird zumeist mit dem Bild von Frauen als Mütter und in einer heterosexuellen Partnerschaft lebend gleichgesetzt. Vor diesem Hintergrund widmet sich auch ein großer Teil der Maßnahmen von *Gender Main-streaming* der Frage der effizienteren Vereinbarkeit von Beruf und Familie. Da die geschlechtsspezifische Arbeitsteilung und ebensolche Zuschreibungen selbst nicht problematisiert werden, werden diese dadurch reproduziert, dass Frauen als Mütter gedacht werden, deren Schwierigkeiten, Beruf und familiäre Tätigkeiten (der Kindererziehung ebenso wie der Altenpflege) zu vereinbaren, verbessert werden sollen. Anderweitig bedingte Partizipationsbarrieren und Diskriminierungen, die auf ein Abweichen von der institutionalisierten Norm heterosexueller Lebensführung mit Kindern zurückzuführen sind, geraten dabei aus der Reichweite der europäischen Geschlechterpolitik.

6 Geschlechtergerechtigkeit *limited* – neoliberale Umbauten und die Neuvermessung von Gerechtigkeit

Führen wir nun diese drei zentralen Ergebnisse unserer empirischen Studie mit unserem staats- und hegemonietheoretischen Analyserahmen zusammen, so lassen sich folgende zwei Schlüsse ziehen:

Erstens ist die politische Stoßrichtung der Strategie des *Gender Mainstreaming*, nämlich ihre enge Bindung an und Unterordnung unter markt- und wettbewerbspolitische Prinzipien, charakteristisch für eine generelle Tendenz in gegenwärtigen neoliberalen Umbauprozessen des Sozialen. Zweitens kann eine für die neoliberalen Umbauprozesse charakteristische Neudefinition von sozialer Gerechtigkeit konstatiert werden, die sich insbesondere in einer neuen Form im Umgang mit Ungleichheit manifestiert.

6.1 Sozialpolitik als produktiver Faktor...

Wie aufgezeigt, liegt der primäre Schwerpunkt von *Gender Mainstreaming* auf der Erhöhung der weiblichen Erwerbsquote, die über die verstärkte Beteiligung von Frauen am Erwerbsleben sowie über die Verbesserung der weiblichen ‚Humanressourcen' erreicht werden soll, sodass insgesamt der Grad der weiblichen *‚employability'* ansteigt. Damit fügt sich *Gender Mainstreaming* in einen engen Zusammenhang zur Lissabon-Strategie, die eine Frauenbeschäftigungsquote von 60% bis 2010 als Ziel der Europäischen Entwicklung vorgibt. Vor diesem Hintergrund wird die Erhöhung der Erwerbsquote von Frauen auch als notwendige Voraussetzung dafür ausgewiesen, dass Europa „zum wettbewerbsfähigsten und dynamischsten wissensbasierten Wirtschaftsraum in der Welt" (Europäischer Rat 2000: 2; KOM 2004: 3) avancieren kann. Bereits in der europäischen Beschäftigungsstrategie von Luxemburg (1997) wird der Anstieg der Frauenquote als ein zentrales Ziel der EU angeführt, da diese in der EU im Vergleich zu den USA sowie zu Japan weitaus niedriger ausfällt. Diskriminierung am Arbeitsmarkt und die geringe Frauenerwerbsquote werden demnach in erster Linie als Problem der mangelnden Wettbewerbsfähigkeit Europas betrachtet. So wird die Markt- und Wettbewerbslogik in expliziter und verstärkter Form zum Maßstab der Sozialpolitik.

Dass wettbewerbspolitische Prinzipien in dieser Deutlichkeit sozialpolitische Maßnahmen bestimmen, erachten wir als ein wesentliches Prinzip der neoliberalen Umbauprozesse. Seit Lissabon wird daher explizit die Sozialpolitik zwar als eigenständiges Politikfeld definiert, allerdings wird sie in Abhängigkeit von markt- und wettbewerbspolitischen Strategien ausgestaltet. Insofern wirkt die EU dabei als *role-model* für die Zukunft europäischer Sozialpolitik(en). Im Anschluss an Bieling et al. fungiert demnach unseres Erachtens die EU hier als ‚Modernisierungsregime', weil sie nationale sozialpolitische Umbauprozesse gemäß neoliberaler Prinzipien vorantreibt.

Demnach geht es in der Strategie des *Gender Mainstreaming* nicht darum, soziale und/oder geschlechtsspezifische Ungleichheiten der ökonomischen Logik *auszugleichen* und dieser entgegenzuwirken – wie dies zumindest dem Anspruch nach innerhalb des fordistischen Sozialstaates der Fall war –, sondern um die Einbeziehung sozialpolitischer Maßnahmen in die Wettbewerbslogik selbst. Unsere These besteht darin, dass diese an dem politischen Instrument des *Gender Mainstreaming* aufgezeigte Tendenz sich auf die gesamte Entwicklung der Sozialpolitik innerhalb der EU übertragen lässt. So wird auch in der „sozialpolitischen Agenda" als Ziel angegeben, die „dynamische Wechselwirkung von Wirtschafts-, Beschäftigungs- und Sozialpolitik in vollem Umfang zu nutzen" und die „Rolle der Sozialpolitik als produktiver Faktor zu verstärken" (KOM

2000b: 2; 6). Ziel von sozialpolitischen Maßnahmen ist somit nicht (mehr) die soziale Umverteilung und Abfederung von sozialen Risiken. Vielmehr soll die Sozialpolitik als Element innerhalb des wettbewerbsorientierten Umbaus fungieren. Somit wird die soziale Dimension der EU nicht mehr als Korrektiv dem gemeinsamen Markt entgegengesetzt, sondern als Element der Marktentwicklung selbst eingesetzt.

Auf die Frage nach der Staatlichkeit bezogen bedeutet dies, dass der *Markt* als Prinzip des Regierungshandelns fungiert. Diese Tendenz wird auch innerhalb der auf Foucault aufbauenden Gouvernementalitätsstudien als zentrales Merkmal neoliberaler Staatlichkeit erachtet: „Der Neoliberalismus ersetzt ein begrenzendes und äußerliches durch ein regulatorisches und inneres Prinzip: Es ist die Form des Marktes, die als Organisationsprinzip des Staates und der Gesellschaft dient." (Bröckling et al. 2000: 15).

6.2 ... durch die Instrumentalisierung von Ungleichheiten für die Produktivitätssteigerung

An dieser Verschiebung innerhalb des zentralen Prinzips sozial- und gleichstellungspolitischer Maßnahmen lässt sich ablesen, wie gegenwärtig soziale Gerechtigkeit sowohl auf der nationalstaatlichen als auch auf supranationaler Ebene umdefiniert wird.[5] Negativ formuliert bedeutet dies, dass soziale Gerechtigkeit gegenwärtig nicht darauf abzielt, Ungleichheiten auszugleichen. Wie sich den Dokumenten entnehmen lässt, geht es nicht (länger) um eine ‚harmonisierende' Sozialpolitik – im Sinne einer Angleichung oder einer Homogenisierung von Ungleichheit – , sondern um die Frage, wie sich die Ungleichheiten produktiv nutzen lassen. Gerecht ist demnach, die durch gesellschaftliche Normen hergestellten Unterschiede zwischen den Geschlechtern im Namen einer gesteigerten europäischen Wettbewerbsfähigkeit zu verwerten. Das bedeutet also, dass auch Konzeptionen von Gerechtigkeit in verstärktem Maße an die Marktlogik und Wettbewerbsrhetorik angelehnt werden (vgl. ähnlich auch Mahnkopf 2000: 498ff).

Die damit einhergehende Individualisierung gesellschaftlicher Bedingungen spiegelt die aktuell zu beobachtenden gesamtgesellschaftlichen Tendenzen der Privatisierung der Ungleichheit der sozio-ökonomischen Ausgangslagen und der Ungleichheitserfahrungen der einzelnen Individuen wider. Diese individualisierte Verantwortung für Ungleichheit zeigt sich auch daran, dass *Gender Mainstreaming* weder darauf abzielt, die strukturelle Verankerung der hierar-

5 Vgl. für den nationalstaatlichen Kontext der BRD stellvertretend Mahnkopf 2000.

chisch ausgeformten Geschlechterverhältnisse, die die faktische ökonomische, politische, rechtliche und soziale Gleichstellung der Geschlechter verhindert, sichtbar zu machen, noch diese zu verändern.

7 Resümee

Auf die Ausgangsfrage nach neuen Perspektiven für soziale Gerechtigkeit im Kontext veränderter Staatlichkeit bezogen lässt sich daher resümieren, dass in die Strategie des *Gender Mainstreaming* zwar Forderungen der einstigen Frauenbewegung und -politik eingegangen sind, feministische Ideen nun jedoch für den neoliberalen Umbau der Sozialpolitik sowie der Gerechtigkeitsvorstellungen instrumentalisiert werden. So dient *Gender Mainstreaming* primär als eine Strategie der Legitimierung der Europäischen Integration und der damit einhergehenden neoliberalen Umbauten von Politik, Gesellschaft und Ökonomie. *Gender* findet so in den *Mainstream* Eingang, ohne die geschlechtlichen Zuschreibungen oder auch die Strukturen des Mainstreams zu verändern. An die Idee von Bieling und Steinhilber (2000) anschließend, dass die EU als „Modernisierungsregime" bezeichnet werden kann, lässt sich daher argumentieren, dass über das politische Instrument *Gender Mainstreaming* Frauen- und Geschlechterpolitik in den Dienst neoliberaler Umbauprozesse gestellt wird.

Wir gehen davon aus, dass eine geeignete gerechtigkeitsfördernde Strategie – wie wir mittels Frasers Gerechtigkeitskonzept darzulegen versuchten – eine gesellschaftskritische Dimension enthalten muss. Daher lässt sich das emanzipatorische Potenzial von *Gender Mainstreaming* als beschränktes kritisieren, denn bei Gender Mainstreaming geht es primär darum, Beteiligung, Zugang und Integration von Frauen zu ermöglichen. Die androzentrischen Strukturen sowie die damit einhergehenden institutionalisierten kulturellen Wertmuster bleiben aber unhinterfragt und der politischen Auseinandersetzung entzogen. Für eine kritische Theorie und Politik der (Geschlechter-)Gerechtigkeit ergibt sich daher die Herausforderung, darüber nachzudenken, wie die in der internationalen Frauenbewegung verorteten emanzipatorischen Ideen von *Gender Mainstreaming* (vgl. dazu Weltfrauenkonferenz 1995) derart umsetzbar gemacht werden können, dass Gerechtigkeit als (ökonomische und kulturelle) Konzeption sich artikulieren und politisieren lässt und so die gegenwärtige Umdefinition von Gerechtigkeit unterlaufen werden kann.

Literatur

Beckmann, Martin/Bieling, Hans-Jürgen/Deppe, Frank (2003): „Euro-Kapitalismus“: begriffliche Provokation oder heuristische Analysekonzeption? In: Dies. (2003): 7-17

Beckmann, Martin/Bieling, Hans-Jürgen/Deppe, Frank (Hrsg.) (2003): „Euro-Kapitalismus“ und globale politische Ökonomie. Hamburg: VSA-Verlag

Beerhorst, Joachim/Demirovic, Alex/Guggemos, Michael (Hrsg.) (2004): Kritische Theorie im gesellschaftlichen Strukturwandel. Frankfurt/Main: Suhrkamp

Bieling, Hans-Jürgen/Steinhilber, Jochen (2000): Einleitung: Theorie und Kritik der Europäischen Integration. In: Dies. (2000): 7-23

Bieling, Hans-Jürgen/Steinhilber, Jochen (Hrsg.) (2000): Die Konfiguration Europas. Dimensionen einer kritischen Integrationstheorie. Münster: Westfälisches Dampfboot

Brand, Ulrich/Demirovic, Axel/Görg, Christoph/Hirsch, Joachim (Hrsg.) (2001): Nichtregierungsorganisationen in der Transformation des Staates. Münster: Westfälisches Dampfboot

Bröckling, Ulrich/Krasmann, Susanne/Lemke, Thomas (2000): Gouvernementalität, Neoliberalismus und Selbsttechnologien. Eine Einleitung. In: Dies. (2000): 7 - 40

Bröckling, Ulrich/Krasmann, Susanne/Lemke, Thomas (Hrsg.) (2000): Gouvernementalität der Gegenwart. Studien der Ökonomisierung des Sozialen. Frankfurt/Main: Suhrkamp

Demirovic, Alex (2001): NGO, Staat und Zivilgesellschaft. Zur Transformation von Hegemonie. In: Brand et al. (2001): 141-168

Deppe, Frank/Felder Michael (1993): Zur Post-Maastricht-Krise der Europäischen Gemeinschaft (EG). FEG-Arbeitspapier Nr. 10. Marburg

Europäischer Rat (2000): Schlussfolgerungen des Vorsitzes. Lissabon

Forschungsgruppe Europäische Gemeinschaften (FEG) (Hrsg.) (1995): Europäische Integration und politische Regulierung. Aspekte, Dimensionen, Perspektiven. Studien der Forschungsgruppe Europäische Gemeinschaften, Nr. 5. Marburg

Fraser, Nancy (2004): Feministische Politik im Zeitalter der Anerkennung: Ein zweidimensionaler Ansatz für Geschlechtergerechtigkeit. In: Beerhorst/Demirovics/Guggemos (2004): 453-474

Fraser, Nancy (2003): Soziale Gerechtigkeit im Zeitalter der Identitätspolitik. Umverteilung, Anerkennung und Beteiligung. In: Fraser/Honneth (2003): 13-128

Fraser, Nancy/Honneth, Axel (Hrsg.) (2003): Umverteilung oder Anerkennung? Eine politisch-philosophische Kontroverse. Frankfurt/Main: Suhrkamp

Gramsci, Antonio (1991): Gefängnishefte. Kritische Gesamtausgabe. Hg. vom Deutschen Gramsci-Projekt unter der wiss. Leitung v. Klaus Bochmann und Wolfgang Fritz Haug et al. Hamburg: Argument-Verlag

Hirsch, Joachim (2002): Herrschaft, Hegemonie und politische Alternativen, Hamburg: VSA-Verlag

Hofbauer, Ines/Ludwig, Gundula (2005): Gender Mainstreaming – Geschlechtergerechtigkeit limited? Eine politische Strategie auf dem Prüfstand. In: femina politica 14, 2 (2005): 32-42

Jessop, Bob (1995): Die Zukunft des Nationalstaates: Erosion oder Reorganisation? Grundsätzliche Überlegungen zu Westeuropa. In: Forschungsgruppe Europäische Gemeinschaften (1995): 9-47

Kommission der Europäischen Gemeinschaften (1996): Viertes Mittelfristiges Aktionsprogramm zur Chancengleichheit von Frauen und Männern 1996-2000. Brüssel

Kommission der Europäischen Gemeinschaften (2000a): Rahmenstrategie der Gemeinschaft zur Förderung der Gleichstellung von Frauen und Männern (2001-2005). Luxemburg

Kommission der Europäischen Gemeinschaften (2000b): Sozialpolitische Agenda. Brüssel

Kommission der Europäischen Gemeinschaften (2004): Bericht zur Gleichstellung von Frau und Mann. Brüssel

Kreisky, Eva/Sauer, Birgit (Hrsg.) (1995): Feministische Standpunkte in der Politikwissenschaft. Eine Einführung. Frankfurt/Main, New York: Campus

Kreisky, Eva (1995): Gegen „geschlechtshalbierte Wahrheiten". Feministische Kritik an der Politikwissenschaft im deutschsprachigen Raum. In: Kreisky/Sauer (1995): 27-62

Mahnkopf, Birgit (2000): Formel 1 der neuen Sozialdemokratie: Gerechtigkeit durch Ungleichheit. Zur Neuinterpretation der sozialen Frage im globalen Kapitalismus. In: PROKLA 121 (2000): 489-525

Pieper, Marianne/Rodríguez, Encarnación Gutiérrez (Hrsg.) (2003): Gouvernementalität. Ein sozialwissenschaftliches Konzept in Anschluss an Foucault. Frankfurt/Main, New York: Campus

Poulantzas, Nicos (2002): Staatstheorie. Politischer Überbau, Ideologie, Autoritärer Etatismus, Hamburg: VSA-Verlag

Pühl, Katharina (2003): Der Bericht der Hartz-Kommission und die `Unternehmerin ihrer selbst´: Geschlechterverhältnisse, Gouvernementalität und Neoliberalismus. In: Pieper/Rodríguez (2003): 111-135

Rat der Europäischen Union (2000): Aktionsprogramm der Gemeinschaft betreffend der Gemeinschaftsstrategie für die Gleichstellung von Frauen und Männern (2002-2005). Brüssel

Roemheld, Regine (Hrsg.): Wie geht es Ihnen Madame Europe? Gendering in Politik und Verfassung der Europäischen Union. Herbolzheim: Centaurus Verlag

Rubery, Jane/Smith, Mark/Fagan, Colette/Grimshaw, Damian (1998): Women and European Employment. London, New York: Routledge

Schacherl, Ingrid (Hrsg) (2003): Gender Mainstreaming. Kritische Reflexionen. Innsbruck: Studia Universitätsverlag

Schunter-Kleemann, Susanne (2001): Doppelbödiges Konzept. Ursprung, Wirkungen und arbeitsmarktpolitische Folgen von Gender Mainstreaming. In: Forum Wissenschaft, 18, 2 (2001): 20-24

Stiegler, Barbara (2000): Wie Gender in den Mainstream kommt. Konzepte, Argumente und Praxisbeispiele zur EU-Strategie des Gender Mainstreaming. Bonn: Friedrich-Ebert-Stiftung, Abt. Arbeit und Sozialpolitik, Bonn

Walby, Sylvia (1997): Gender Transformations. London, New York: Routledge

Weg, Marianne (2002): Gender Mainstreaming als gleichstellungsfördernde Politikmethode. In: Roemheld (2002): 63-90

Wetterer, Angelika (2003): Gender Mainstreaming und Managing Diversity. Rhetorische Modernisierung oder Paradigmenwechsel in der Gleichstellungspolitik? In: Schacherl (2003): 131-155

Ziltener, Patrick (2000): Die Veränderung von Staatlichkeit in Europa – regulations- und staatstheoretische Überlegungen. In: Bieling/Steinhilber (2000): 73-101

III. Sozialstaatlichkeit im Wandel – Auswirkungen auf die Geschlechterverhältnisse

New Public Management – Chance oder Risiko für Geschlechtergerechtigkeit? Eine Analyse der neuseeländischen Reformen

Birgit Riegraf

1 Einleitung

Seit den 1980er Jahren werden in den Ländern der Organisation for Economic Co-operation and Development (OECD) unter dem Schlagwort *New Public Management* die öffentlichen Sektoren grundlegend reformiert. Das *New Public Management* zielt darauf ab, die öffentlichen Verwaltungen nach markt- und privatwirtschaftlichen Prinzipien umzustrukturieren, bürokratische Verkrustungen und undemokratische Verselbstständigungen staatlicher Bürokratien aufzulösen sowie bislang staatlich organisierte Aufgaben verstärkt ‚in die Gesellschaft' hinein zu verlagern. Während die Ausweitung der Wohlfahrtsstaaten seit den 1960er Jahren von Debatten über ‚Marktversagen', ‚Verteilungsgerechtigkeit' oder ‚Chancengleichheit' getragen wurde, finden die gegenwärtigen Umstrukturierungen vor dem Hintergrund von Diskussionen über ‚Staatsversagen', ‚Finanzierbarkeitsgrenzen sozialer Sicherungssysteme' und über die Folgen ‚bürokratischer Bevormundungen' statt, die mit Forderungen nach einem Rückbau des vermeintlich überdimensionierten Staates verbunden sind. Diese Umstrukturierungsprozesse können als Ausdruck eines qualitativen Wandels der Wohlfahrtsstaaten der Nachkriegszeit gewertet werden.

Angesichts der Ausrichtung der Umverteilungs- und Versicherungssysteme gibt es aus Sicht der Frauen- und Geschlechterforschung gute Gründe die Errungenschaften des Wohlfahrtstaates nicht positiv zu überzeichnen (zum Beispiel männerbündische Bürokratien oder am männlichen Normalarbeitsmodell orientierte Sozialleistungen). Während gemäßigtere Varianten des *New Public Management* durchaus Spielräume für neue politische Optionen im Sinne der Herstellung von Geschlechtersymmetrien erkennen lassen, gefährden radikale Varianten zentrale Errungenschaften der Nachkriegszeit (wie öffentliche Gleichstellungsprogramme) (Riegraf 2005). In gemäßigteren Reformkonzepten übernimmt der Staat weiterhin zentrale Organisations- und Steuerungsfunktionen. Allerdings sollen bürokratische Verkrustungen und undemokratische Verselbstständigungen staatlicher Apparate durch weitergehende Teilhaberechte und -pflichten zivilgesellschaftlicher Gruppen aufgebrochen werden (Wollmann 1996: 24). In radikalen Varianten des *New Public Management* zieht sich der Staat möglichst weitgehend auf seine Kernfunktionen (definiert als innere und äußere Sicherheit sowie Rechtsgarantien) zurück. Gegen staatliche Regulierungen wird mit der Logik des Marktes argumentiert. Ineffektive und ineffiziente bürokratische Vorgaben (wozu auch Gleichstellungsmaßnahmen zählen) werden möglichst zurückgenommen, damit sich die Handlungsspielräume einzelner Gesellschaftsmitglieder und der Privatwirtschaft ausweiten können (Mascarenas 1993). Bürger und Bürgerinnen werden als Kunden und Kundinnen begriffen.

Der neuseeländische Reformweg ist ein Beispiel für die zweite Variante des *New Public Management*. Neuseeland unternahm seit den 1980er Jahren bis Ende der 1990er Jahre „einen besonders radikal konzipierten und durchgeführten Versuch einer ‚markt-getriebenen' Modernisierung des öffentlichen Sektors im Sinne einer Neubestimmung der öffentlichen Aufgaben einerseits und einer effizienz- und kundenorientierten Binnenrationalisierung des Staates andererseits" (Naschold 1993: 9).

Während Neuseeland in der internationalen *New Public Management* Debatte lange Zeit als Vorreiter galt, wird die Bundesrepublik Deutschland eher als Nachzügler und „Spätzünder" klassifiziert (vgl. Vollmer 2002: 48). Die neuseeländischen Reformprozesse beeinflussen – entweder als positives oder abschreckendes Beispiel – wissenschaftliche Diskussionen und politische Modernisierungsbemühungen in den OECD-Ländern. Im Folgenden wird der neuseeländische Reformweg mit dem Ziel diskutiert, aus Sicht der Frauen- und Geschlechterforschung Risiken bei der Einführung von radikalen *New Public Management*-Konzepten aufzuzeigen. Zunächst werden die Grundzüge der internationalen *New Public Management*-Bewegung skizziert (Abschnitt 2) und Gefahren für die Herausbildung symmetrischer Geschlechterverhältnisse benannt (Abschnitt 3). Schließlich wird die Entwicklung in Neuseeland vorgestellt (Abschnitt 4) und ein besonderes Augenmerk auf Konsequenzen für staatliche Geschlechterpolitiken und -analysen gelegt (Abschnitt 5). Die Debatte über den neuseeländischen Reformweg konzentriert sich auf die Phase zwischen den 1980er und den 1990er Jahren. Im Jahre 1999 deutet sich ein vorläufiges Ende des radikalen Modernisierungspfades und damit eine weniger radikale Implementation von *New Public Management*-Instrumenten an. Eine Mitte-Links-Regierung wurde mit dem Versprechen gewählt, die ‚Macht der Märkte' zu brechen. Überlegungen zur Aufgabe des Staates in der Gesellschaft runden die Diskussionen über *New Public Management,* den Wandel der Geschlechterverhältnisse und die Frage nach der Geschlechtergerechtigkeit ab (Abschnitt 6).

2 Grundlinien des New Public Management

In einer Reihe von OECD-Ländern sind bereits seit den 1980er Jahren grundlegende Reformprozesse in den öffentlichen Sektoren zu beobachten, um die veränderten Herausforderungen an staatliches Handeln (wie Globalisierungsprozesse oder Finanzierungsgrenzen sozialer Sicherungssysteme) zu bewältigen und die Leistungsfähigkeit zu sichern. Die Diskussionen zum *New Public Management* spiegeln einerseits den verschärften Finanzierungsdruck wider, unter dem sich die Staaten der OECD-Länder befinden. Veränderungsprozesse im öffentlichen Sektor scheinen aus dieser Sicht unumgänglich, um chronischen fiskalischen Engpässen auf kommunaler und zentralstaatlicher Ebene zu begegnen. Die Reformdebatten gehen jedoch andererseits über diesen Aspekt weit hinaus. Sie beschäftigen sich auch mit der Akzeptanzkrise staatlichen wie politischen Handelns sowie mit der schwindenden Gestaltungs- und Problemlösungsfähigkeit der öffentlichen Sektoren. Der Staat ist demnach nicht mehr in der Lage auf gesellschaftliche Veränderungen angemessen zu reagieren, wodurch staatliches Handeln an Legitimation verliert. Neben Ansätzen zur Steigerung der Effizienz, Effektivität und Flexibilität gewinnen auch Reformüberlegungen zur Stärkung der ‚Bürgernähe', der Leistungsqualität und der Kundenorientierung eine zunehmende Bedeutung.

Die Korrekturmaßnahmen bedienen sich eines Sets von Instrumenten, die in der internationalen Diskussion unter den Sammelbegriff *New Public Management* subsumiert werden. Dabei umfasst das *New Public Management* kein geschlossenes Theoriegebäude und umschreibt kein kohärentes politisches Modernisierungskonzept, vielmehr handelt es sich um ein „shopping basket" (Pollitt 1995) aus unterschiedlichen Ansätzen und Instrumenten. Zentrale theoretische Bausteine des *New Public Management* stammen aus den *Public Choice*-Theorien, die in der *Rational Choice*-Theorie wurzeln, zugleich wird aber auch auf betriebswirtschaftliche Managementkonzepte (*managerialism*) Bezug genommen (Aucoin 1990). Aus diesen Theoriesträngen werden sehr unterschiedliche politische Handlungsempfehlungen und Reformkonzepte abgeleitet, die teilweise widersprüchlich sind. Im internationalen Kontext haben sich – über alle Unterschiede hinweg – im Wesentlichen drei Megatrends bei der Reform des öffentlichen Sektors herauskristallisiert, die den Weg zu effizienteren, effektiveren, flexibleren und bürgerfreundlicheren Aufgabenwahrnehmungen eröffnen sollen. Diese sind allerdings in den einzelnen Ländern unterschiedlich stark ausgeprägt (vgl. Naschold 1997: 20):

2.1 *Vermarktlichung öffentlicher Aufgaben*

Ein zentraler Ansatzpunkt des *New Public Management* ist die Privatisierung bislang staatlicher Aufgaben und die Einführung von Wettbewerbs- und Marktmechanismen in den öffentlichen Sektor, auch um die Mitsprachemöglichkeiten der Gesellschaftsmitglieder im Sinne von Kundenmacht (über erweiterte Wahlmöglichkeiten bei Dienstleistungsangeboten) auf lokaler Ebene zu stärken. Eine Vielzahl bislang (zentral)staatlich erbrachter Aufgaben soll durch kommunale Träger, nicht-staatliche oder halbstaatliche Organisationen übernommen werden. „Government departments are shedding many of their delivery functions to private contractors, non-profit organizations and quasi-governmental bodies" (Boston et al. 1996: 3). Im Zuge dieser Entwicklungen bilden sich in den OECD-Ländern unterschiedliche Privatisierungs- und Kooperationsformen heraus. In einigen Ländern werden Aufgabenbereiche vollständig privatisiert (so etwa die Müllabfuhr oder der öffentliche Nahverkehr), während in anderen Ländern neuartige Formen der Zusammenarbeit zwischen privaten und öffentlichen Organisationen entstehen (Stichworte: regulärer Wettbewerb zwischen privaten und öffentlichen Anbietern oder *public private partnership*). Bisherige Grenzziehungen zwischen gesellschaftlichen Bereichen (wie zwischen Staat und Markt, zwischen öffentlicher und privater Sphäre) geraten in diesem Prozess in Bewegung bzw. lösen sich auf. In der Diskussion um den Rückbau staatlicher Leistungserbringung werden auch private Haushalte verstärkt als Ressource wahrgenommen. Reichard zählt in einem groben Überblick über die *New Public Management*-Debatte die Organisationsformen auf, die für die Erbringung gesellschaftlicher Güter in Betracht kommen: neben den privatwirtschaftlichen Unternehmen oder den *Non-Profit*-Organisationen des ‚Dritten Sektors' wird auch an die privaten Haushalte gedacht, was unterschiedliche Konsequenzen für die Geschlechter vermuten lässt. „Als ‚Eigenleister' könnten die privaten Haushalte den Staat entlasten und bestimmte Betreuungs- oder Erziehungsleistungen im familiären Bereich übernehmen. Im Zuge der Pflegeversicherung werden hier neue Aufgabenfelder sichtbar" (Reichard 1998: 130).

2.2 *Binnenmodernisierung des öffentlichen Sektors*

Die Binnenmodernisierung zielt in zwei Richtungen: Zum einen wird eine deutliche Entflechtung von Politik und öffentlicher Verwaltung angestrebt, um eine Arbeitsteilung zu ermöglichen, in der die politische Seite konkrete Ziele nachprüfbar definiert, während die Verwaltung für die erfolgreiche Umsetzung verantwortlich gemacht wird (vgl. Krell/Leutner 1997). Die Politik kontrolliert und sanktioniert (zum Beispiel durch Entlassung von Verantwortlichen, die auf der Grundlage befristeter Verträge arbeiten) die Umsetzung der Ziele regelmäßig, wobei die Zielsetzungen vertraglich festgehalten werden. Zum anderen werden privatwirtschaftliche Managementmethoden eingeführt, um die Unzulänglichkeiten des bisherigen (am traditionellen Weberschen Bürokratiemodell orientierten) hierarchisch-bürokratischen Organisations- und Steuerungsmusters aufzulösen (Stichworte: ziel- und ergebnisorientiertes Management oder die Einführung von Kosten- und Leistungsrechnungen). Die Verwaltung soll sich als marktgesteuertes, kundenbezogenes Dienstleistungsunternehmen verstehen und Qualitätspolitik (die beispielsweise über Kundenbefragungen funktioniert) soll das Verwaltungshandeln steuern (Naschold 1997: 30; Schedler/Proeller 2000). Vorherrschend ist dabei die Überzeugung, dass privatwirtschaftliche Managementmethoden den bisherigen Organisations- und Steuerungsmustern des öffentlichen Sektors deutlich überlegen sind.

2.3 Dezentralisierung und Demokratisierung von Entscheidungsverfahren

Die Dezentralisierung und Demokratisierung staatlicher Entscheidungsverfahren bilden weitere Ziele der *New Public Management*-Bewegung. Allerdings bleibt in den meisten Beiträgen unklar, welche Maßnahmen diese Forderung jenseits der Stärkung von Kundenmacht genau umfassen. In nur wenigen Ansätzen ist damit explizit eine Stärkung der Gesellschaftsmitglieder als Staatsbürger und -bürgerinnen gemeint, die über ihre Einflussnahme als Kunden und Kundinnen auf die Produktion von Dienstleistungen und damit über die Wahl zwischen verschiedenen Angeboten auf dem Markt hinausgeht. Dabei sind durchaus interessante Ansatzpunkte denkbar, um die Mitsprachemöglichkeiten zivilgesellschaftlicher Gruppen bei staatlichen Entscheidungsprozessen zu erweitern und die Kompetenzen zum Beispiel der Frauenbewegung oder der Queer-Bewegung vor Ort zu nutzen. Engagement auf kommunaler Ebene könnte in Form von Zukunftswerkstätten, Regionalkonferenzen, Bürgeranwälten und -anwältinnen oder der Beteiligung von Bürgerinitiativen aktiviert werden. Auf diese Potenziale der Dezentralisierung und Demokratisierung von staatlichen Entscheidungsverfahren setzen moderate Varianten des *New Public Management*.

3 Gefahren des *New Public Management*: Suchprozesse und erste Erkenntnisse

Inzwischen beschäftigen sich einige Diskussionsbeiträge mit dem Zusammenhang zwischen der Staatsmodernisierung und den Auswirkungen auf die Geschlechterverhältnisse, in denen die Gefahren und Risiken im Wesentlichen auf drei Ebenen gesehen werden:

Die ,Vermarktwirtschaftlichung' der Gesellschaft bedroht Verteilungsgerechtigkeit, Chancengleichheit und Gleichstellungspolitik: Eine Reihe von Autorinnen weist auf die systematische Unvereinbarkeit einer „staatlichen Logik der Konfliktvermeidung und Gemeinwohlorientierung, einer marktförmigen Logik von Kostenminderung und Effizienzsteigerung und einer politischen Logik demokratischer Öffentlichkeit und ziviler Gesellschaft" (Holland-Cunz 1995: 23) hin (vgl. auch: Oppen 1996, 1999). Durch die Integration privatwirtschaftlicher Koordinationsmechanismen in den öffentlichen Sektor und die Betonung marktwirtschaftlicher Ziele seien staatliche Ziele (wie die Herstellung von Verteilungsgerechtigkeit und Chancengleichheit) bedroht, die sich nicht, oder zumindest nicht ohne weiteres, in marktwirtschaftlichen Kategorien messen lassen. Gleichstellung zwischen den Geschlechtern sei beispielsweise kein kommerzielles, sondern ein soziales Gut, das nur schwer quantifizierbar und qualifizierbar sei und in Marktkategorien nicht gemessen werden könne und dürfe. Der Staat habe in Bezug auf die Herstellung von Gleichstellung in mehrfacher Hinsicht eine normative Verantwortung und eine Vorbildfunktion einzunehmen (beispielsweise über öffentliche Gleichstellungsprogramme, Einstellungs- und Beförderungspraxen) – diese Aufgaben könnten nur gegen den Markt durchgesetzt werden (vgl.: Holland-Cunz 1995: 23). Zudem ließen sich nicht alle Anforderungen der Bürger und Bürgerinnen gegenüber dem Staat über den Status des Kunden befriedigen (etwa der Anspruch auf Sozialleistungen) und die Verstärkung demokratischer Mitsprachemöglichkeiten sei nicht über Angebotspluralisierungen und mehr Wahlmöglichkeiten herzustellen. Eine Rücknahme staatlicher Aufgaben verstärke die soziale Ungleichheit zwischen den gesellschaftlichen Gruppen, was Frauen in besonderer Weise betreffe. In Bezug auf die Geschlechterverhältnisse sei in diesem Prozess entscheidend, ob von politischer Seite die Herstellung von Geschlechtersymmetrien als Ziel formuliert wird, ob diese in den Verträgen zwischen Politik und Verwaltung festgehalten wird, ob überprüfbare Indikatoren zur Erreichung des Ziels gesucht und gefunden werden und ob eine regelmäßige Evaluation stattfindet. Diese Bedingungen verwiesen allerdings wiederum auf die Notwendigkeit staatlicher Regulierung bei der Herstellung von Geschlechtergerechtigkeit.

Die Aufgabenverlagerung in die Gesellschaft bewirkt eine Retraditionalisierung von Geschlechterverhältnissen: Eine Reihe von Arbeiten zeigen, dass die Grenzlinien zwischen ‚privat' und ‚öffentlich' und die geschlechtsspezifischen Zuweisungen auf die einzelnen Sphären über staatliche Maßnahmen und bürokratische Regelungen festgeschrieben werden; deren Ausgestaltung ist also zentral für die Ausgestaltung der Geschlechterverhältnisse. Die Grenzziehung gerät nun im Prozess der Staatsmodernisierung unter nachhaltigen Veränderungsdruck, was durchaus Chancen beinhaltet (vgl. Rosenberger 1998). Angesichts der sich abzeichnenden Entwicklungstendenzen befürchten jedoch einige Autorinnen eine einseitige (Rück-)Verlagerung von öffentlichen Aufgaben in die Sphäre jenseits von Markt und Staat. Die Geschlechter seien in ungleicher Art und Weise in die gemeinschaftsbezogenen, aber entweder gar nicht oder lediglich schlecht bezahlten Arbeiten im ‚Dritten Sektor' einbezogen. Befürchtet wird, dass sich die ungleiche Zuständigkeit für gesellschaftlich notwendige Arbeiten in der Sphäre jenseits von Markt und Staat (mit den entsprechenden sozialen und materiellen Konsequenzen) zukünftig nicht auflöst, sondern auf Kosten der gesellschaftlichen Gruppen verschärft, die bereits in der Vergangenheit verstärkt in gesellschaftliche Reproduktions- und *Care*-Aufgaben eingebunden waren (Notz 1999).

Der Rückbau von staatlichen Aufgaben gefährdet Frauenerwerbsplätze und verschlechtert die Erwerbsarbeitssituation: Mit dem Ausbau des staatlichen Sektors in der Nachkriegszeit nahm auch die Erwerbstätigkeit von Frauen in vergleichsweise qualifizierten und sozial gut abgesicherten Arbeitsbereichen zu, allerdings bleiben bis heute im öffentlichen Sektor die oberen Hierarchiestufen vor allem männlichen Beschäftigten vorbehalten. Aus einer anderen Richtung wird nun betont, dass die Entwicklung hin zu mehr Effizienz, Effektivität und weniger bürokratischen Hierarchien im Prinzip Ansatzpunkte für eine grundlegende Umverteilung von Berufs- und Entwicklungschancen für Männer und Frauen auf allen Ebenen des öffentlichen Dienstes biete, da es zu einer Dynamisierung und Neustrukturierung betrieblicher Gelegenheitsstrukturen komme. Eingefahrene Verhaltensroutinen, organisationsinterne Werte und Normen würden aufgebrochen, was durchaus Gestaltungsspielräume für die Herstellung von symmetrischen Geschlechterverhältnissen eröffne (Wiechmann 1999: 33). Allerdings ließen die gegenwärtigen Entwicklungen in den Verwaltungen eher die Gefahr erkennen, dass „Frauen als Großgruppe des Verwaltungspersonals" im organisationsinternen Aushandlungsprozess über Berufs- und Entwicklungschancen in zweierlei Hinsicht „nicht angemessen berücksichtigt" werden (Kißler et al. 2000: 78, Andresen et al. 2003): Zum einen würden durch organisatorische Dezentralisierungen die mittleren Leistungsebenen ausgedünnt. Gut qualifizierte Frauen hätten sich in den letzten Jahrzehnten gerade zu diesen Ebenen Zugang verschafft und müssten nun um ihre Arbeitsplätze bangen und eine Verschlechterung ihrer Aufstiegssituation hinnehmen (Regenhardt 1997). Zum anderen wird befürchtet, dass durch die Prozesse der ‚Modernisierung' und ‚Verschlankung' des Staates vor allem die niedriger qualifizierten weiblichen Beschäftigten überdurchschnittlich vom Personalabbau betroffen sind und auf unsichere und schlecht bezahlte Arbeitsplätze in der Privatwirtschaft abgedrängt werden (Frey et al. 2001). Vor allem niedrig qualifizierte Frauen gehörten damit zu den Verliererinnen der Privatisierungsbewegungen.

Am Beispiel des neuseeländischen Reformweges lassen sich die Gefahren der radikalen Variante des *New Public Management* empirisch überprüfen.

4 Der neuseeländische Reformweg: Eine radikale Variante des *New Public Management*

Neuseeland genoss bis in die 1970er Jahre den Ruf, den am besten funktionierenden und umfassendsten Wohlfahrtsstaat in der englischsprechenden Welt entwickelt zu haben, in dem die Fürsorge von der Wiege bis zum Grab (*from cradle to grave*) seit 1935 sprichwörtlich ist. Der Lebensstandard der Bevölkerung zählte bis in die 1970er Jahre zu den höchsten in der Welt.[1] Die Stabilität des Wohlfahrtsstaates entsprang einer ganz spezifischen sozio-ökonomischen und politischen Konstellation, die bis zum Beginn der 1980er Jahre Bestand hatte. Die Errungenschaften des neuseeländischen Wohlfahrtsstaates waren von Anfang an nach Geschlecht, sexueller Orientierung und kultureller Zugehörigkeit ungleich verteilt: Das neuseeländische Wohlfahrtsstaatsmodell beruhte bis in die 1980er Jahre hinein auf einem moderaten *male breadwinner*-Modell (Langan/Ostner 1992) mit den entsprechenden heterosexuellen und mittelschichtsorientierten Normen, das sich über juristische und administrative Regelungen (beispielsweise zur Gewährung staatlicher Sozialleistungen) (re)produzierte (Hyman 1996). Grundsätzlich waren neuseeländische Frauen häufiger als Männer und die weiblichen Angehörigen von Minderheitengruppen häufiger als Frauen der dominanten weißen Mittelschichtsgruppe von staatlichen Einkommensersatz- und Sozialleistungen abhängig.

Ein Wandel der ökonomischen Rahmendaten, aber auch die Unzufriedenheit der Bürger und Bürgerinnen mit undurchsichtigen, langwierigen Verfahren

1 Neuseeland umfasst ca. 3,4 Millionen Einwohner und Einwohnerinnen. Von ca. 80% der Bevölkerung liegen die ursprünglichen Wurzeln in Europa (Pakehas). Die Maoris, die Ureinwohner und Ureinwohnerinnen, bilden ca. 15% der Bevölkerung. Migranten und Migrantinnen der Pazifischen Inseln stellen ca. 5 Prozent der neuseeländischen Einwohner und Einwohnerinnen.

in verkrusteten und unflexiblen staatlichen Bürokratien setzten das neuseeländische Modell spätestens seit den 1980er Jahren massiv unter Druck. Der in den folgenden Jahren unter der linken *Labour*-Regierung begonnene und durch die konservativen *Nationals* radikalisierte Reformprozess zielte auf eine weit gehende Privatisierung öffentlicher Aufgaben und die Einführung von markt- und privatwirtschaftlichen Steuerungsmechanismen in den verbleibenden öffentlichen Sektor ab. Die *New Public Management*-Instrumente wurden schließlich in den 1990er Jahren vor dem Hintergrund einer neoliberalen Wirtschaftspolitik implementiert, die auf möglichst weitreichende Handlungsspielräume und Privatinitiativen der Gesellschaftsmitglieder baute und in allen ökonomischen, sozialen und politischen Bereichen zuerst auf individuelle Risikovorsorge setzte (Naschold 1996: 2). Die Reformen staatlicher Organisations- und Steuerungsmuster und die Reduzierung staatlicher Regulierung leiteten einen scharfen Bruch mit dem bis dahin in der neuseeländischen Gesellschaft vorherrschenden Staatsverständnis ein. In nur wenigen Jahren fiel Neuseeland von einem extremen Gesellschaftsmodell in das andere, was aufgrund des politischen Systems möglich war: Das politische System verfügte in dieser Phase über extrem wenig demokratische „checks and balances" und wurde gelegentlich als „gewählte Diktatur" gekennzeichnet (Dauderstedt 1997: 3).

4.1 Vermarktlichung

Staatseigene Unternehmen (vom Transportwesen bis zur Energieversorgung) haben in der Geschichte Neuseelands einen hohen Stellenwert. Dazu gehörten eine Fluggesellschaft, eine Hotelkette, Kohlengruben und Stahlproduktion, Banken und eine Schiffsgesellschaft. Seit den 1980er Jahren setzte das Land in nahezu allen Bereichen auf Privatisierungsprogramme und die Steuerungs- und Organisationsmuster des Marktes: Ein weit reichender und radikaler Rückzug des Staates, ein kompromissloses Privatisierungskonzept und die radikale Einführung privatwirtschaftlicher Management- und Organisationskonzepte in der öffentlichen Verwaltung waren die Konsequenzen der krisenhaften sozio-ökonomischen Konstellation. Angebotspluralisierung und Dienstleistungsprofilierung wurden vorangetrieben, um die Wahlfreiheiten zu erhöhen und auf diesem Wege Mitsprache- und Mitgestaltungsmöglichkeiten von Bürgern und Bürgerinnen als Kunden und Kundinnen zu stärken.

Insgesamt wurden mehr als zwanzig staatliche Unternehmen vollständig privatisiert (eingeschlossen das Telefonunternehmen, die Ölindustrie, die Versicherungen, die Post, das Transportwesen und die Fluglinien). Durch verschiedene Formen von Teilprivatisierungen sollten sich die Wirtschaftlichkeit und die unternehmerische Ausrichtung der verbleibenden Staatsbetriebe erhöhen. Die Kommunen erhielten größere Handlungsspielräume. Zwar gab der Staat auch weiterhin einige allgemeine Rahmenbedingungen zentral vor, die konkrete Aufgabenausführung wurde aber in die Hände der Kommunen gelegt. Die Kommunen verpflichteten sich, einen dezentral regulierten und organisierten Wettbewerb zwischen öffentlichen und privaten Organisationen bei einer Vielzahl von Dienstleistungen (wie Müllabfuhr oder öffentlicher Transport) einzuführen. Interne Dienstleistungsanbieter konkurrierten nun im gleichen Leistungssegment (beispielsweise Kindertagesstätten) oder staatliche Anbieter mussten in Ausschreibungsverfahren mit privaten Organisationen um die Vergabe von Aufträgen rivalisieren. Die ökonomische Logik von Angebot und Nachfrage dehnte sich allmählich auch auf Kernbereiche des Wohlfahrtsstaates (wie die Sozial-, die Gesundheits- und die Bildungspolitik) aus.

Zusammenfassend kann festgehalten werden, dass unter Wirtschaftlichkeits- und Kostengesichtspunkten durch die Privatisierungsprogramme in einigen Segmenten durchaus positive Entwicklungen einsetzten – im Sinne qualitativ besserer und finanziell günstigerer Dienstleistungsangebote. Beispielsweise konnten im Bereich der Telekommunikation und des öffentlichen Transportsystems lange Jahre steigende Gebühren und kaum technische Innovationen beobachtet werden. Dieser Trend kehrte sich um: Im Zuge der Privatisierungsprogramme wurde die Bevölkerung in einigen Kommunen durchaus billiger und qualitativ hochwertiger versorgt. Dieser Mechanismus funktionierte allerdings nur unter den Bedingungen einer *managed competition* (was beispielsweise die Vorgabe von Qualitätsstandards bei der Vergabe öffentlicher Aufträge beinhaltet) und nur dort, wo nicht einfach öffentliche Monopole durch private ersetzt wurden. Wird die Entwicklung in Neuseeland unter den Aspekten von Verteilungsgerechtigkeit und Chancengleichheit, von Beschäftigungssicherheit und Entlohnung analysiert, zeigt sich allerdings ein anderes Bild: Ein deutliches Spannungsverhältnis zwischen den marktgetriebenen Organisations- und Steuerungsformen und normativen Ansprüchen an staatliches Handeln, wie der Verteilungsgerechtigkeit oder Herstellung von Chancengleichheit, wurde sichtbar, als die Regierung die Privatisierungsprogramme auf die ‚Kernbereiche' des Wohlfahrtstaates (das heißt die Bereiche der öffentlichen Daseinsfürsorge, wie die Gesundheitsversorgung) übertrug. In Bezug auf die Zugangsmöglichkeiten zu diesen Kernbereichen entstand eine deutliche Spaltung zwischen einkommensschwachen und einkommensstarken gesellschaftlichen Gruppen. Zwar konnten beispielsweise die Kosten für die Müllabfuhr durch Privatisierungsprogramme gesenkt werden, zugleich nahm aber die Anzahl an weniger sicheren und schlechter bezahlten Erwerbsarbeitsplätzen zu. Diejenigen Gesellschaftsmitglieder, die als Beschäftigte des öffentlichen Dienstes von der Entwicklung betroffen waren, mussten häufig Einkommens- und Sicherheitseinbußen hinnehmen. Der Wandel der Beschäftigungsstruktur wirkte sich dabei auf die Geschlechter ungleich aus. Da der Frauenanteil an den öffentlich Beschäftigten überdurchschnittlich hoch war, waren die weiblichen Beschäftigten auf den unteren Hierarchieebenen in besonderem Maße von der Beschäftigungsunsicherheit und dem Einkommensrückgang als Effekte der breiten Privatisierungsentwicklung betroffen (Hyman 1996).

4.2 Binnenmodernisierung

Neben der Privatisierung war die Einführung betriebswirtschaftlicher Management- und Organisationskonzepte im öffentlichen Sektor ein zentraler Ansatzpunkt des neuseeländischen Reformprogramms (Boston 1995; Naschold/Bogumil 1998; Wegener 2002). Im Zuge dieser Entwicklung wurde eine deutliche Abspaltung der politischen Ebene von der Ebene der Verwaltung vorgenommen: Die Positionen der (in der Regel über fünf Jahre) befristet beschäftigten und leistungsabhängig bezahlten ‚Regierungsmanager' bzw. der ‚Regierungsmanagerinnen' wurden geschaffen, die über ein hohes Maß an Gestaltungsräumen und Verantwortungsbereichen verfügten. Zwei Grundsätze leiteten die Binnenmodernisierung der neuseeländischen Verwaltung: ‚Regierungsmanager' und ‚Regierungsmanagerinnen' sollten größere Flexibilitäten erhalten (*letting the managers manage*) und zugleich strikt die Verantwortung für die Erfolge und Misserfolge (*making the managers manage*) übernehmen. Sie erhielten größere Entscheidungsfreiräume bei der Bezahlung, Einstellung und Entlassung von Angestellten oder konnten für eine bessere finanzielle Ausstattung ihrer Bereiche über die Integration anderer Geldgeber sorgen. In Abmachungen zwischen Politik und Verwaltung wurden die gewünschten politischen Ergebnisse (*output*) konkret festgeschrieben (zum Beispiel wie viele Kilometer Straße gebaut oder wie viele Kinder geimpft werden sollen), die in der Regel innerhalb eines Zeitraums von drei bis fünf Jahren von den Fachbereichen möglichst effizient und effektiv umzusetzen waren. In der Hand der ‚Regierungsmanager' oder ‚Regierungsmanagerinnen' lag es nun „to determine the best way to meet policy goals" (Kettle 2000: 9). Ein dafür vorgesehenes Budget wurde vereinbart und die erzielten Leistungen in Berichten festgehalten und regelmäßig kontrolliert. Die Orientierung der Verwaltung am Leitbild der Dienstleistung flankierte die Trennung zwischen Verwaltung und Politik. In diesem Entflechtungsprozess ist es nun aus Sicht der Frauen- und Geschlechterforschung entscheidend, ob die Entwicklung symmetrischer Geschlechterverhältnisse als politisches Ziel formuliert wird, das in die Ausgestaltung der Kontrakte zwischen Politik und Verwaltung mit einfließt. Da die Binnenmodernisierungen mit der Verlagerung von Entscheidungskompetenzen auf kommunaler Ebene einhergehen, werden die politischen Konstellationen vor Ort zentral.

Organisatorische Dezentralisierung sollte die Mitgestaltungsspielräume der Beschäftigten vor allem auf den oberen, aber auch auf den mittleren Hierarchieebenen erhöhen. Erklärtes Ziel war es, das Engagement auf diesen Hierarchieebenen durch eine Verantwortungsübertragung zu verbessern, aber auch eine eingehendere Kontrolle über die Leistungen im öffentlichen Sektor zu ermöglichen. Die Projektbezogenheit und die Dezentralisierungsprozesse innerhalb der Verwaltung erhöhten die Mitsprachemöglichkeiten einiger weniger weiblicher Beschäftigter auf den mittleren und oberen Hierarchieebenen durchaus.

4.3 Dezentralisierung von Entscheidungsprozessen

Der neuseeländische Wohlfahrtsstaat war bis in die 1980er Jahre hinein in hohem Maße zentralstaatlich organisiert und reguliert. Die Dezentralisierungskonzepte des öffentlichen Sektors orientieren sich radikal an den ökonomischen Theorien des Public Choice und betriebswirtschaftlichen Managementtheorien (Kelsey 1988; Boston et al. 1996). Die Pluralisierung von Leistungsangeboten zwischen öffentlichen und privaten Anbietern sollte die Mitwirkungsmöglichkeiten der Bürger und Bürgerinnen – im Sinne einer Bürgermacht als Kundenbeteiligung, das bedeutet mit den Mitteln der Wahl unter verschiedenen Angeboten – auf lokaler Ebene erweitern. Die genauen Konturen waren nun bis zu einem gewissen Grade wiederum von den politischen Konstellationen in den jeweiligen Kommunen abhängig. Die geschlechtsspezifischer Perspektive bedeutet diese Entwicklung, dass diejenigen Frauen, die sich im Status der (gut zahlenden) Kundin befanden, unter den Bedingungen des Marktes tatsächlich einen stärkeren Einfluss auf die Angebotsstruktur und die Qualität von Dienstleistungen nehmen konnten als noch zu Beginn der achtziger Jahre. Es kommt also zu einer größeren Spaltung der Einflussmöglichkeiten zwischen wenigen gut verdienenden und hoch qualifizierten Frauen und der weniger zahlungskräftigen Mehrheit (Hyman 1996).

In der internationalen Debatte zum *New Public Management* ist Neuseeland ein wichtiges Bezugsland. Die erzielten Erfolge im Hinblick auf Effizienz, Effektivität, aber auch auf Demokratieverträglichkeit und Verteilungsgerechtigkeit werden unterschiedlich bewertet: Das Modell gilt den Anhängern und Anhängerinnen eines konsequenten Rückbaus staatlicher Interventionen und einer weit reichenden Implementation marktorientierter Strategien als beispiellose Erfolgsgeschichte sowie als Beleg für das Staatsversagen und als beeindruckendes Plädoyer für die Einführung von *New Public Management*-Instrumenten, die sich vorwiegend an ökonomischen Mechanismen orientieren (OECD 1996).

In anderen Diskussionsbeiträgen wird die Entwicklung Neuseelands seit den 1980er Jahren aufs Heftigste kritisiert. Es wird auf die Verschärfung sozialer Ungleichheiten und auf die soziale Desintegration ganzer Bevölkerungsgruppen hingewiesen, die nicht dem Modell des männlichen, weißen Erwerbsarbeiters ohne (*Care-*)Anforderungen (wie die Pflege von bedürftigen Familienangehörigen) entsprechen. Nicht nur Vertreterinnen der Frauen- und Geschlechterforschung oder der neuseeländischen Frauenbewegung betonen, dass seit den Reformen, die auch Kürzungen bei den Sozialprogrammen beinhalten, die sozialen Spaltungen auffällig zunehmen und es zu einer anschwellenden „Feminisierung der Armut" im Land kommt (vgl. DuPlessis 1997). Neuseelands Entwicklung ist für Kritikerinnen und Kritiker einer ausschließlich markt- und betriebswirtschaftlich orientierten Modernisierung des Staates ein deutlicher Beleg für das Marktversagen bei der Lösung gesellschaftlicher Probleme und bei der Herstellung von normativen Zielen wie sozialer Gerechtigkeit und Chancengleichheit (vgl. Kelsey 1993, 1998).

5 Konsequenzen für staatliche Gleichstellungspolitik und -analysen

Die Umstrukturierungsprozesse des öffentlichen Sektors und die Dezentralisierungsprozesse veränderten die Voraussetzungen für staatliche Geschlechterpolitik und -analysen in dreierlei Hinsicht erheblich:

1. Der politische Diskurs in Neuseeland ist seit den 1980er Jahren weniger von normativen Begriffen wie Chancengleichheit und Verteilungsgerechtigkeit dominiert. Vielmehr bestimmen wirtschaftspolitische Themen wie Marktorientierung und die Einführung von Wettbewerbsmechanismen, Qualitätskontrolle und -sicherung, die Dezentralisierung von Kompetenzen sowie die Rücknahme staatlicher Steuerung und bürokratischer Vorgaben die Debatten und die Anforderungen an öffentliche Einrichtungen. Der veränderte Diskurs hat Auswirkungen darauf, wie staatliche Gleichstellungsmaßnahmen konzeptualisiert, diskutiert und praktiziert werden. Im Laufe der Umstrukturierungsprozesse wurden einige Gleichstellungsmaßnahmen zurückgenommen, da sie unter ökonomischen Gesichtspunkten als ineffektive und ineffiziente Vorgaben galten und eine überflüssige, weil wirkungslose Bürokratisierung darstellten. „To be relevant in this environment it has been necessary to demonstrate more explicitly that it is useful and beneficial to an organization" (Torrie/Jones 1998: 233). Die verbleibenden Gleichstel-

lungsinstrumente geraten unter verstärkten Rechtfertigungsdruck gegenüber ökonomischen Argumentationsmustern.

2. Durch den Umstrukturierungsprozess im öffentlichen Sektor sind die Adressaten von Gleichstellungspolitik nicht mehr leicht identifizierbar, darauf verweisen DuPlessis und Higgins. Selbst wenn der Staatsapparat schon immer weniger kohärent und komplexer war, als in Sozialtheorien angenommen, so sei doch festzustellen dass „over a decade of deregulation and devolution has produced increasingly diverse forms of state-funded institutions. Large government departments have been divided up into policy-focused ministries and a variety of state-funded businesses or autonomous institutions engaged in quality control of state-funded organizations. There is no longer a Department of Education, but a Ministry of Education, a New Zealand Qualifications Authority, a Standards Review Body that audits educational institutions, and boards of trustees that run thousands of school business" (DuPlessis/Higgins 1997: 335). Die Konsequenzen dieser Komplexitätszunahme resümieren DuPlessis und Higgins am Beispiel des Gesundheitssektors: „While feminists are focusing on women's health, they may now have to take up particular issues with their regional health authority or the Crown Health Enterprises in their city or district. Although all regional health authorities and Crown Health Enterprises are subject to monitoring by the Ministry of Health, the new structures of health care delivery are supposed to attend to regional and local differences. This requires attention to specificity by both administrators and political actors. Feminists who want to study how taxes are spent to sustain or develop public services require theories that address the complexity of the state and quasi state organisations with which they interact" (ebd: 335).
3. Die Rücknahme staatlicher Regulierungen und die Dezentralisierung von Entscheidungsprozessen führen dazu, dass Gleichstellungspolitik ebenfalls zu einer dezentralen Angelegenheit wird. Aufgrund des Rückbaus staatlicher Aufgaben und der Verlagerung von Handlungs- und Gestaltungsspielräumen in die Kommunen entwickelt sich das Thema Gleichstellungspolitik und die Schwerpunktsetzung je nach politischen Konstellationen vor Ort sehr unterschiedlich. Dies kann – neben allen Gefährdungen – durchaus auch positive Potenziale in Bezug auf die Mitbestimmungsmöglichkeiten beinhalten. „Women have often been consummate local networkers. Their work in voluntary organizations and small activist groups is sustained through grassroots networks. They may, therefore, respond well to the challenges of attending to the specifics of local context, the strategies of different Crown health enterprises, and the different culture of different board trustees" (DuPlessis/Higgins 1997: 335).

6 Fazit

Die stattfindenden Prozesse der ‚Modernisierung des Staates in den OECD-Ländern laufen in einem umfassenden Sinne auf eine neue Form von Staatlichkeit hinaus. Die Konturen neuer Staatlichkeit werden in der Literatur mit unterschiedlichen Bildern beschrieben: Der bürokratisch organisierte und hierarchisch regulierende *Leviathan* verändere sich in Richtung eines aktivierenden und moderierenden Staates mit einer entsprechend enthierarchisierten Bürokratie (Schedler/Proeller 2000). Der Staat sei zukünftig nicht mehr für alle bislang von ihm erbrachten Leistungen direkt zuständig. Die öffentliche Hand konzentriere sich perspektivisch „auf die Gewährleistung der Erfüllung nach wie vor als öffentlich angesehener Aufgaben; sie sieht ihre eigentliche Rolle zu allererst in einer Steuerung, nicht unbedingt auch in der Erbringung öffentlicher Aufgaben (von ‚providing' zu ‚enabling')" (Willke 1992). Eine Fülle neuer Regulierungsformen des Staates entstünden, die sich auf die Orientierung, die Rahmensetzung, die Moderation, die finanzielle Unterstützung, generell auf die Zusammenarbeit mit nichtstaatlichen Einrichtungen in Netzwerken und Partnerschaften konzentrierten (Reinermann 1994: 3). Bislang wird die Diskussion über den Wandel von Staatlichkeit weitgehend geschlechtsneutral geführt.

Angesichts veränderter Rahmenbedingungen staatlichen Handelns ist das Nachdenken über effektive, effiziente und dezentrale Leistungsbewältigung staatlicher Aufgaben sinnvoll und unumgänglich. Die konkrete Ausgestaltung zukünftiger Staatlichkeit ist nicht zuletzt abhängig von dem vorherrschenden Staatsverständnis und verweist damit auf die ‚Zielsysteme' staatlichen Handelns. Vor dem Hintergrund der Gerechtigkeitsdebatte kann geschlossen werden, dass es im Reformprozess einer Gerechtigkeitsdiskussion innerhalb der Gesellschaft und der Herausarbeitung von Gerechtigkeitsprinzipien aus Sicht der Frauen- und Geschlechterforschung als Orientierungshilfe bedarf. Anhand dieser Prinzipen ist eine Systematisierung staatlicher Aufgabenfelder aus Geschlechterperspektive nötig, in der deutlich wird, welche Aufgabenfelder aus Gerechtigkeitserwägungen in staatlicher Hand bleiben sollten, unabhängig davon, wie viel sie kosten, welche Aufgabenfelder teilweise oder vollständig ausgelagert werden können, ohne damit gegen gesellschaftlich ausgehandelte und staatlich organisierte Prinzipien, wie Chancengleichheit und Verteilungsgerechtigkeit zu verstoßen und auf welche Weise (beispielweise über einen kontrollierten Wettbewerb) die Integration in das demokratische Gemeinwesen erfolgen kann. Eine einseitige Fixierung auf marktwirtschaftliche Effizienzkriterien und entsprechende Koordinationsmuster wird – wie der Fall Neuseeland zeigt – den komplexen und unterschiedlichen Herausforderungen an staatliches Handeln in keiner Weise gerecht. Davon abgesehen stellt sich bei einem vollständigen Rückzug des Staates auch die Frage nach der demokratischen Kontrolle in den vom Markt regulierten Bereichen. Die Entwicklung in Neuseeland verdeutlicht drastisch Gefahren wie gesellschaftliche Desintegrationsprozesse und eine verstärkte Segmentierung zwischen den einzelnen gesellschaftlichen Gruppen und auch zwischen Frauen, die eine radikale Variante des *New Public Management* mit sich bringt. Die Konturen neuer Staatlichkeit und die Folgen des Umgestaltungsprozesses für die Geschlechterverhältnisse sind jedoch kein unbeeinflussbarer, quasi selbstläuferischer Prozess. Eine Reihe von Risiken für die Entwicklung symmetrischer Geschlechterverhältnisse wurde im vorliegenden Aufsatz herausgearbeitet. Zukünftig wird es darauf ankommen, diese Risiken zu meiden und die Chancen in dem Wandlungsprozess zu nutzen.

Literatur

Andresen, Sünne/Dölling, Irene/Kimmerle, Christoph (2003): Verwaltungsmodernisierung als soziale Praxis. Geschlechter-Wissen und Organisationsverständnis von Reformakteuren. Opladen: Leske und Budrich

Aucoin, Peter (1990): Administrative Reform in Public Management: Paradigms, Principles, Paradoxes and Pendulums. In: Governance: An International Journal of Policy and Administration 3, 2 (1999): 115-137

Boston, Jonathan (Hrsg.) (1995): The State under Contract. Wellington: Bridget Williams Books

Boston, Jonathan/Martin, John/Pallot, June/Walsh, Pat (1996): Public Management. The New Zealand Model. Oxford: Oxford University Press

Budäus, Dietrich (Hrsg.) (1998): Organisationswandel öffentlicher Aufgabenwahrnehmung. Baden-Baden: Nomos

Dauderstädt, Michael (1998): Neuseeland. Kritische Bestandsaufnahme eines Modells. Bonn: Schriftenreihe der Friedrich-Ebert-Stiftung

DuPlessis, Rosemary (1997): Women, Feminism and the State. In: Rudd/Roper/Ruddy (1997): 210-223

DuPlessis, Rosemary/Higgins, Jane (1997): Feminism. In: Miller (1997): 328-340

DuPlessis, Rosemary/Lynne, Alice (Hrsg.) (1998): Feminist Thought in Aotearoa New Zealand. Auckland: Oxford University Press

Ebeling, Thomas/Jann, Werner/Wagner, Dieter/Reichard, Christoph (Hrsg.) (2001): Öffentliche Unternehmen. Entstaatlichung und Privatisierung? Opladen: Leske und Budrich

Frey, Michael/Hüning, Hasko/Nickel, Hildegard Maria (2001): Unternehmen Zukunft – Börsenbahn? Beschleunigte Vermarktlichung, regulierte Desintegration und betriebliche Geschlechterpolitik. In: Ebeling et al. (2001): 125-155

Holland-Cunz, Barbara (1995): Frauenpolitik im schlanken Staat. In: Zeitschrift für Frauenforschung 13, 1+2 (1995): 16-27

Hyman, Prue (1996): Women and Economics. A New Zealand Feminist Perspective. Wellington: Auckland University Press

Kelsey, Jane (1993): Rolling Back the State: Privatization of Power in Aotearoa/New Zealand. Wellington: University Press

Kelsey, Jane (1998): The New Zealand Experiment. A World Model for Structural Adjustment? Wellington: University Press

Kettle, Donald F. (2000): The Global Public Management Revolution. A Report on the Transformation of Governance. Washington: Brookings Institution Press

Kißler, Leo/Graf, Melanie/Wiechmann, Elke (2000): Nachhaltige Partizipation. Beschäftigungsbeteiligung als Beitrag für mehr Chancengleichheit. Berlin: Sigma

Krell, Gertraude (Hrsg.) (1997): Chancengleichheit durch Personalpolitik. Wiesbaden: Gabler

Krell, Gertraude/Leutner, Barbara (1997): Kommunale Verwaltungsmodernisierung und Gleichstellungspolitik. In: Krell (1997): 37-46

Kreisky, Eva/Sauer, Birgit (Hrsg.) (1998): Geschlechterverhältnisse im Kontext politischer Transformation. Sonderheft der Politischen Vierteljahresschrift. Opladen: Westdeutscher Verlag

Langan, Mary/Ostner, Ilona (1992): Geschlechterpolitik im Wohlfahrtsstaat: Aspekte im internationalen Vergleich. In: Kritische Justiz 91, 3 (1992): 302-317

Mascarenas, Reginald C. (1993): Building an Enterprise Culture in the Public Sector: Reform of the Public Sector in Australia, Britain, and New Zealand. In: Public Administration Reform 53, 4 (1993): 319-328

Miller, Raymond (Hrsg.) (1997): New Zealand Politics in Transition. Auckland: Auckland University Press

Naschold, Frieder (1993): Modernisierung des Staates. Zur Ordnungs- und Innovationspolitik des öffentlichen Sektors. Berlin: Sigma

Naschold, Frieder (1996): New Frontiers in Public Sector Management. Trends and Issues in State and Local Government in Europe. Berlin, New York: de Gruyter

Naschold, Frieder (1997): Umstrukturierung der Gemeindeverwaltung: eine international vergleichende Zwischenbilanz. In: Naschold/Oppen/Wegener (1997): 15-48

Naschold, Frieder/Oppen, Maria/ Wegener, Alexander (Hrsg.) (1997): Innovative Kommunen. Internationale Trends und deutsche Erfahrungen. Stuttgart, Berlin, Köln: Kohlhammer

Naschold, Frieder/ Bogumil, Jörg (1998): Modernisierung des Staates. New Public Management und Verwaltungsreform. Opladen: Leske und Budrich

Notz, Gisela (1999): Die neuen Freiwilligen: Das Ehrenamt – Eine Antwort auf die Krise. 2. akt. Aufl. Neu-Ulm: AG SPK Bücher

OECD (1996): Performance Auditing and the Modernization of Government. Paris: PUMA

Oppen, Maria (1996): Schlanker Staat - magere Beschäftigungsperspektiven? WZB discussion paper FS II 96-201. Berlin: Wissenschaftszentrum Berlin für Sozialforschung

Oppen, Maria (1999): Gleichstellungsperspektiven im internationalen Modernisierungskontext. In: Wiechmann/Kißler (1999): 69-85

Pollitt, Christopher (1995): Justification by Works or by Faith? Evaluating the New Public Management. In: Evaluation 1, 2 (1995): 133-154

Regenhardt, Ulla (1997): Dezentralisierung als Schritt zum Abbau von Geschlechterhierarchie? Anmerkungen zur Enthierarchisierung von Geschlechterdifferenz bei betrieblicher Umstrukturierung. In: WSI-Mitteilungen 1 (1997): 38-50

Reichard, Christoph/Wollmann, Hellmut (Hrsg.) (1996): Kommunalverwaltung im Modernisierungsschub? Basel, Boston, Berlin: Birkhäuser

Reichard, Christoph (1998): Institutionelle Wahlmöglichkeiten bei der öffentlichen Aufgabenwahrnehmung. In: Budäus (1998): 131-153

Reinermann, Heinrich (1994): Die Krise als Chance: Wege innovativer Verwaltungen. Speyer: Speyerer Forschungsberichte Nr. 139 (1994)

Riegraf, Birgit (2005): Staat, Geschlecht und Gerechtigkeit. Theoretische Annäherungen an ein Spannungsverhältnis im Umbruch. In: Femina Politica 14, 2 (2005): 21-31

Rosenberger, Sieglinde (1998): Politik und Privatheit. In: Kreisky/Sauer (1998): 120-136

Rudd, Chris/Roper, Brian/Ruddy, Christopher (Hrsg.) (1997): The Political Economy of New Zealand. Auckland: Auckland University Press

Schedler, Kuno/Proeller, Isabella (2000): New Public Management. Bern, Stuttgart, Wien: UTB

Torrie, Rae/Jones, Deborah (1998): Making the Difference: Equal Employment Opportunities (EEO) in Public Service Organizations. In: DuPlessis/Lynne (1998): 229-237

Vollmer, Hendrik (2002): Ansprüche und Wirklichkeit des Verwaltens im Reformdiskurs der neunziger Jahre. In: Zeitschrift für Soziologie 31, 1 (2002): 44-65

Wegener, Alexander (2002): Die Gestaltung kommunalen Wettbewerbs. Strategien in den USA, Großbritannien und Neuseeland. Berlin: Sigma

Wiechmann, Elke/Kißler, Leo (Hrsg.) (1999): Gleichstellungspolitik und kommunale Verwaltungsreform. Baden-Baden: Nomos

Wiechmann, Elke (1999): Verwaltungsreform und die Neujustierung der Gleichstellungspolitik – Das weibliche Personal zwischen Partizipation und Ausschluss. In: Wiechmann/ Kißler (1999): 33-46

Willke, Helmut (1992): Ironie des Staates. Grundlinien einer Theorie des Staates polyzentrischer Gesellschaft. Frankfurt/Main: Suhrkamp

Wollmann, Hellmut (1996): Verwaltungsmodernisierung: Ausgangsbedingungen, Reformverläufe und aktuelle Modernisierungsdiskurse. In: Reichard/Wollmann (1996): 1-49

Ambivalenzen und Umdeutungen – Feministische Perspektiven auf die aktuelle Arbeitsmarkt- und Sozialpolitik

Clarissa Rudolph

„Deutschland ist im Reformstau" – dieser mit vielen Seufzern verbundene Ausspruch dominiert seit mindestens zehn Jahren die politischen Auseinandersetzungen und den medialen Diskurs darüber. Dabei wird verkannt, dass gerade innerhalb der Sozial- und Arbeitsmarktpolitik permanent Reformen, neue Gesetze und Maßnahmen verabschiedet und umgesetzt werden; und mitunter werden sie schneller wieder novelliert, als ihre Auswirkungen sichtbar werden können. Allerdings, und so mag dieser Stoßseufzer auch gemeint sein, kommt es kaum zu wirklich strukturellen Veränderungen, mit der Folge, dass Deutschland in der Einschätzung vieler ‚am Abgrund steht' und insbesondere das System der sozialen Sicherung mittlerweile mehr verspricht, als es halten kann (vgl. z.B. Miegel 2002).

Schließlich haben sich die Lebens- und Arbeitsbedingungen in Deutschland stark verändert. Die Erwerbslosenquote steigt kontinuierlich (mit kurzen Abschwächungen) an, der Anteil von in Armut lebenden Menschen nimmt zu, während gleichzeitig immer weniger Steuereinnahmen von Wohlhabenden und globalen Unternehmen die Kasse des Finanzministers erreichen. Die Erwerbsbeteiligung von Frauen wird größer, aber unter zunehmend prekären Bedingungen. Es scheint so, als ob das Streben nach sozialer Gerechtigkeit beziehungsweise sozialem Ausgleich und nach Geschlechtergerechtigkeit immer schwieriger würde.

Aber ist das überhaupt (noch) das Ziel von Arbeitsmarkt- und Sozialpolitik? Oder sind nicht vielmehr Tendenzen feststellbar, dass sich der Staat von sozial- und gesellschaftspolitischen Zielen zunehmend entfernt und die aktive Gestaltbarkeit von ökonomischen und sozialen Rahmenbedingungen in Frage stellt – und drückt sich das nicht auch darin aus, dass es insgesamt eine Abkehr vom Prinzip der Verteilungsgerechtigkeit hin zur Chancengleichheit gibt (vgl. Hengsbach 2005)? Und welche Leitbilder und politischen Entwürfe stehen hinter diesen Entwicklungen?

Um mich möglichen Antworten auf diese Fragen anzunähern, möchte ich im Folgenden knapp einige ausgewählte Entwicklungen der Sozial- und Arbeitsmarktpolitik skizzieren[1]. Anschließend analysiere ich anhand des konkreten Beispiels der Hartz-Gesetze, insbesondere der so genannten Hartz IV-Reformen (also der Zusammenlegung von Arbeitslosen- und Sozialhilfe zur Grundsicherung von Arbeitslosen), die zugrunde liegenden Leitbilder und frage nach den Auswirkungen dieser Neuregelungen aus der Perspektive von sozialer Gerechtigkeit und Geschlechterdemokratie. Abschließend möchte ich einige Forschungsfragen entwerfen, die aus feministischer Sicht weiter zu verfolgen wären.

1 Umbrüche in der Sozial- und Arbeitsmarktpolitik

Nachdem 1998 der Regierungswechsel von CDU/FDP zur rot-grünen Bundesregierung erfolgt war, erhofften sich insbesondere frauen- und sozialpolitisch Interessierte die Umsetzung von Reformen, die der Verwirklichung sozialer Gerechtigkeit dienen sollten. In der Analyse einzelner Politikfelder wird allerdings eine relativ starke Kontinuität deutlich (vgl. Schmidt 2003; Butterwegge 2005[2]). Eine wirkliche Abkehr von traditionellen gesellschaftlichen Rollenbildern hat nicht stattgefunden, vielmehr wurde eine spezifische Form von Modernisierung umgesetzt, die sich zwischen Traditionalismus und Neoliberalismus bewegt (vgl. Kurz-Scherf/Lepperhoff/Scheele 2005a).

1.1 Familienpolitik

Zu Beginn der ersten Legislaturperiode der rot-grünen Bundesregierung machte der Spruch des Bundeskanzlers vom „Gedöns" die Runde, worunter Gerhard Schröder insbesondere die Bereiche der Frauen- und Familienpolitik verstand. Für einen Teil hatte sich das verändert; mit der Besetzung der Spitze des Ministeriums mit Renate Schmidt, die Christine Bergmann ablöste, fand eine drastische Aufwertung der Familienpolitik statt – die auf Kosten der Frauenpolitik ging.

Dieser Politikbereich stand ganz im Zeichen der verbesserten Vereinbarkeit von Familie und Beruf, insbesondere durch den Ausbau der Kinderbetreuungsmöglichkeiten. Dabei wurde versucht, die Rolle und Bedeutung der Väter für die Familie hervorzuheben, allerdings erstreckten sich diese Versuche in erster Linie auf die Durchführung kleinerer Kampagnen. Materiell fand die Förderung der

1 Dass dies auch zu einer Art Bilanz der rot-grünen Bundesregierung aus geschlechterpolitischer Sicht gerät, ist Effekt der politischen Entwicklungen im zweiten Halbjahr 2005.

2 Wobei die beiden Autoren zwar im Ergebnis der Analyse oberflächlich übereinstimmen, jedoch zu einer vollkommen unterschiedlichen Bewertung dieser Kontinuität gelangen.

Familie in der ersten Legislaturperiode vor allem durch die Erhöhung des Kindergelds (von zunächst 220,- DM auf mittlerweile 154,- Euro pro Kind) und in einer Weiterentwicklung des Erziehungsurlaubs zur Elternzeit statt. Aufgrund der strukturellen Rahmenbedingungen, insbesondere der geschlechtsspezifischen Arbeitsteilung, hat sich in der Inanspruchnahme der Elternzeit nichts Wesentliches verändert: So weist das Statistische Bundesamt für 2003 den Anteil von Frauen am Erziehungsgeld bei 97,44 %, den der Männer bei 2,56% aus (vgl. Statistisches Bundesamt 2005: 211). In der zweiten Legislaturperiode wurde dann mehr auf den Ausbau von Betreuungsleistungen gesetzt, sei es durch das Ganztagsschulprogramm oder durch die verstärkte Förderung der Kinderbetreuung für unter Dreijährige und Schulkinder (Tagesbetreuungsausbaugesetz)[3]. Insgesamt wurden Frauen in erster Linie als Mütter wahrgenommen und die Vereinbarkeit von Familie und Beruf dementsprechend für sie gefördert: Der Ausbau von geringfügigen und prekären Beschäftigungsverhältnissen ermöglichte es vor allem vielen Frauen, einen Zuverdienst zum Familieneinkommen zu leisten. Somit erweist sich die Familienpolitik als durchaus ambivalent: Verbal wird eine größere Verantwortung der Männer für die Familienarbeit gefordert, strukturell wird an klassischen Rollenverteilungen festgehalten. So war auch die Abschaffung des Ehegattensplittings[4] innerhalb der Regierungskoalition nicht durchsetzbar.

Die Diskriminierung von Frauen durch Strukturen der geschlechtsspezifischen Arbeitsteilung, wie sie sich zum Beispiel im Entgeltsystem des öffentlichen Dienstes, im geschlechtssegregierten Arbeitsmarkt oder in der Arbeitszeitpolitik ausdrücken, war selten Teil der Familien- und Frauenpolitik. Insgesamt finden derzeit vor allem solche Politikstrategien eine Unterstützung, die auf einer individuellen Ebene ansetzen und die vermitteln, dass es darauf ankommt, persönliche Hindernisse wie beispielsweise mangelnde Kinderbetreuungsangebote zu überwinden – im übrigen ist das eine modernisierte Art eines Defizitansatzes, der Benachteiligung auf Elternschaft bzw. Mutterschaft reduziert.

3 Diese Bemühungen werden parallel dazu durch den Abbau von Kinderbetreuungsangeboten für 3-6jährige durch Länder und Kommunen konterkariert, die einen Anspruch auf Kinderbetreuungszeiten von mehr als 4 Stunden täglich zunehmend an die Erwerbstätigkeit beider Elternteile knüpfen. Gerade Einzelkindern oder Kindern aus Familien mit sozial schwierigem Hintergrund werden damit verlässliche soziale Kontakte und Fördermöglichkeiten eingeschränkt.

4 beziehungsweise deren verfassungskonforme Veränderung im Steuerrecht.

1.2 Arbeitsmarktpolitik

Auch in der Arbeitsmarktpolitik sind durchaus Ambivalenzen feststellbar. So führte zumindest das Job-AQTIV-Gesetz von 2002 zu einer Institutionalisierung von gleichstellungspolitischen Zielen und Verfahren innerhalb der Bundesanstalt für Arbeit (vgl. Engelbrech 2002; Jenter/Morgenstern/Wilke 2003). Auch die Eindämmung des Niedriglohnsektors in der ersten Legislaturperiode von Rot-Grün durch die Einführung der Sozialversicherungspflicht für geringfügig Beschäftigte geschah, weil geringfügige Beschäftigungsverhältnisse sozial zu schlecht abgesichert waren, den Sozialversicherungen Beiträge entzogen und insbesondere Frauen in die Altersarmut trieben, da keine Rentenanwartschaften aufgebaut wurden.

Unter dem Druck eines erneuten Anstiegs der Arbeitslosigkeit und der bevorstehenden Bundestagswahl 2002 lässt sich eine erneute Wende (vgl. Blancke/Schmid 2003) in der Arbeitsmarktpolitik feststellen, die an der Einsetzung der Hartz-Kommission und den daraus folgenden Hartz-Gesetzen sichtbar werden. Weder demokratietheoretisch noch genderdemokratisch war diese Kommission positiv zu bewerten: Die Verlagerung der Erstellung von politischen Konzepten weg von den gewählten parlamentarischen VertreterInnen hin zu ExpertInnen-Kommissionen steht für die Stärkung der *Expertokratie*, während die Tatsache, dass nur eine Frau dieser Kommission angehörte, für ein Beharren patriarchaler Strukturen spricht. Dieser Kommission verdanken wir nun eine Reihe von Gesetzen: die vier *Gesetze für moderne Dienstleistungen am Arbeitsmarkt*, genannt Hartz I – IV.

Zur Erinnerung: In dem Entwurf des Berichts der Hartz-Kommission war noch eine bevorzugte Vermittlung des Familienernährers durch das Arbeitsamt enthalten. Nach einem Aufschrei der frauenpolitischen Szene wurde dieser Begriff geschlechtsneutral in „Personen, die besondere Verantwortung für abhängig betreuungsbedürftige Personen oder Familienangehörige tragen“ umgewandelt und als Präambel das Versprechen vorangestellt, dass sich die Kommission dem Prinzip des *Gender Mainstreaming* verpflichtet fühle. Als Hartz III und IV in die Beratung gingen, enthielten die Texte zunächst die Aussage, dass sie „keinerlei gleichstellungspolitische Relevanz“ hätten. Nach erneuten Protesten wurde auf der ersten beziehungsweise letzten Seite der Gesetzespakete hinzugefügt, dass die Gesetze dem Prinzip des *Gender Mainstreaming* folgten (vgl. Degen/Fuchsloch/Kirchner 2003) – ohne dass ansonsten der Text geändert worden wäre.

Die Regelungen in Hartz I und II betreffen unter anderem die Einführung der Ich-AG und der PersonalServiceAgenturen, die Ausweitung der Mini-Jobs und Einführung der Midi-Jobs[5], die erweiterte Anrechnung von PartnerInneneinkommen, die Einführung von Bildungsgutscheinen und Umstrukturierungen bei der Bundesanstalt für Arbeit. Hartz III zielt auf die Struktur der künftigen Bundesagentur für Arbeit (unter anderem die Einrichtung der Job-Center) und Hartz IV beinhaltet insbesondere die Zusammenlegung von Arbeitslosenhilfe und Sozialhilfe.

Mit dem *vierten Gesetz für moderne Dienstleistungen am Arbeitsmarkt* werden zwei zentrale Prinzipien der so genannten Hartz-Kommission in die gesetzliche Regulierung überführt: das Prinzip des „Forderns und Förderns“ sowie der Grundsatz „Eigenaktivitäten auslösen – Sicherheit einlösen“. Es handelt sich dabei um einen qualitativen Sprung, da es hier zu einer Neuordnung der Grundsicherung von Langzeitarbeitslosen kommt. Ihren deutlichsten Ausdruck findet diese Neuorientierung darin, dass sich das Arbeitslosengeld II nicht mehr am früher erzielten Einkommen der Erwerbslosen bemisst, sondern in Form und Höhe an der früheren Sozialhilfe orientiert ist.

2 Vom Fördern und Fordern in der Arbeitsmarktpolitik

Die arbeitsmarktpolitischen Reformen von Hartz I-IV, deren Begründung sich in Teilen zumindest in dem 1999 vorgelegten Schröder/Blair-Papier nachlesen lässt, werden damit gerechtfertigt, dass sich nur dadurch die Grundzüge eines Wohlfahrtsstaates erhalten lassen. In den Publikationen, in denen die verschiedenen Etappen „moderner Arbeitsmarktpolitik“ dokumentiert sind, lassen sich entsprechend die Veränderungen der Rolle des Staates und der Individuen nachlesen. Sie alle implizieren, dass der Staat nur noch die Rahmenbedingungen zu gewährleisten habe, die dem Einzelnen aus eigener Kraft sozialen Aufstieg und Wohlstand ermöglichen. So schreiben Schröder/Blair zunächst:

> „In der Vergangenheit wurde die Förderung der sozialen Gerechtigkeit manchmal mit der Forderung nach Gleichheit im Ergebnis verwechselt. Letztlich wurde damit die Bedeutung von eigener Anstrengung und Verantwortung ignoriert und nicht belohnt und die soziale Demokratie mit Konformität und Mittelmäßigkeit statt mit Kreativität, Diversität und herausragender Leistung. (...) Allzu oft wurden Rechte höher bewertet als Pflichten. Aber die Verantwortung des einzelnen in Familie,

5 Während bei einem Mini-Job nur die Arbeitgeber pauschale Abgaben (ab April 2006 30%, Ausnahme Privathaushalte) zahlen müssen, unterliegen Midi-Jobs mit einem Einkommen zwischen 401 Euro und 800 Euro einer Gleitzone, innerhalb derer die Arbeitnehmerbeiträge gleitend angehoben werden. Diese Beiträge übertragen sich dann auch auf die Ansprüche in der Gesetzlichen Rentenversicherung.

> Nachbarschaft und Gesellschaft kann nicht an den Staat delegiert werden.“ (Schröder/Blair 1999)

War staatliche Sozialpolitik bis dato auch als Schutz vor sozialen Benachteiligungen gedacht, die die drei Dimensionen „Höchstmaß an sozialer Sicherheit“, ein „Mindestmaß an sozialer Gerechtigkeit“ und eine „soziale Balance“ umfasste (vgl. Butterwegge 2005: 20), so treten nun staatliche Aktivitäten deutlich zurück:

> „Die Bürgerinnen und Bürger sollen in Notlagen mehr Verantwortung für sich und ihre Partner und Familien übernehmen. Dadurch kann der Sozialstaat entlastet werden und sich auf die Hilfe für diejenigen konzentrieren, die es alleine nicht schaffen.“ (Agenda 2010)

Auch die Vorschläge der Hartz-Kommission, die die (Langzeit-)Arbeitslosen in den Mittelpunkt der Reformbemühungen stellen, sind entsprechend ausgerichtet:

> „Die Arbeitsförderungspolitik wird im Sinne einer aktivierenden Arbeitsmarktpolitik umgebaut. Im Zentrum steht die eigene Integrationsleistung der Arbeitslosen, die durch das Dienstleistungs- und Förderangebot gestützt und abgesichert wird.“ (Hartz-Kommission 2002: 19)

Wie sich dieser „grundlegende Richtungswechsel in der deutschen Arbeitsmarktpolitik“ (Raabe/Schmidt 1999: 21) von der aktiven zur aktivierenden Politik vollzieht und welche Leitbilder dem zugrunde liegen, werde ich im nächsten Abschnitt darlegen. Darauf folgend skizziere ich einige Auswirkungen, wie sie sich aktuell schon feststellen lassen.

2.1 Leitbilder

In der aktuellen Arbeitsmarktpolitik sind drei Tendenzen oder Leitbilder feststellbar, die Ausdruck eines aktuellen Verständnisses von sozialer Gerechtigkeit und von Geschlechterverhältnissen sind, die auf einer geschlechtsspezifischen, hierarchischen Arbeitsteilung beruhen. Es sind dies die Individualisierung von Erwerbslosigkeit und Existenzsicherung, die Familialisierung von Solidarität und die Ausweitung prekarisierter, d.h. unsicherer Arbeitsverhältnisse (vgl. Rudolph 2005).

2.1.1 Individualisierung von Erwerbslosigkeit und Existenzsicherung

Sowohl in der Agenda 2010 als auch im Bericht der Hartz-Kommission 2002 wird das Bild vermittelt, die Erwerbslosen selbst wären maßgeblich dafür verantwortlich, dass sie arbeitslos sind. Darüber hinaus böte das bisherige Sozialsystem wenig Anreize dafür, die Erwerbslosigkeit zu beenden. Während das Sozialsystem materielle und immaterielle Leistungen an die Erwerbslosen entrichtete, hätten diese ihrerseits nichts oder wenig dazu beigetragen, die Phase der Erwerbslosigkeit zu beenden. Vielmehr seien sie unflexibel und hätten zu hohe Ansprüche an ihre Arbeitsplätze. Umgesetzt wird diese Argumentation im SGB II, indem die Rahmenbedingungen für Erwerbslosigkeit verändert sowie Anreize und Sanktionsmaßnahmen für die Integration in den ersten Arbeitsmarkt erhöht werden. Infolgedessen sind die Regelsätze für das Arbeitslosengeld II (ALG II) auf dem bisherigen Sozialhilfeniveau angesiedelt, bei der Feststellung der Bedürftigkeit wird in einem deutlich höheren Ausmaß als bisher das Einkommen des Partners bzw. der Partnerin sowie das Vermögen des/der Erwerbslosen und der Mitglieder der Bedarfsgemeinschaft angerechnet.

Die Möglichkeiten eines Zuverdienstes zum ALG II sind stark eingeschränkt, damit das Einkommen durch die Grundsicherung plus Zuverdienst nicht die unteren Einkommen sozialversicherungspflichtiger Beschäftigung überschreitet – was damit die Arbeitsaufnahme wiederum unattraktiv macht. Auch die neuen Zumutbarkeitsregelungen folgen dem Motto: „(Fast) jede Arbeit ist besser als keine“ (Streeck/Heintze 1999: 159f.). Arbeitsangebote können von den ALG II-BezieherInnen nur noch dann abgelehnt werden, wenn sie „körperlich, geistig oder seelisch nicht in der Lage sind“ (§ 10 Abs. 1 SGB II), diese Arbeit auszuführen, oder wenn diese Arbeit die Erziehung eines Kindes oder die Pflege von Angehörigen gefährdet. Arbeit, die nicht der eigentlichen Qualifikation oder der bisherigen Entlohnung entspricht, kann nicht abgelehnt werden.

Darüber hinaus sieht das SGB II die Bearbeitung individueller Vermittlungshemmnisse als Aufgabe der JobCenter vor, wie sie bisher aus der Betreuung von SozialhilfeempfängerInnen bekannt sind, nämlich Aspekte aus der Lebenssituation der Erwerbslosen wie die Betreuung von Kindern oder Pflegebedürftigen, Sucht, Obdachlosigkeit, Verschuldung und ähnliches. Ob diese Integration ‚lebensweltlicher' Vermittlungshemmnisse in Hartz IV positive Folgen hat, oder ob sie nicht eher zur Stigmatisierung und Ausgrenzung der Betroffenen führt – mit dem Effekt, dass ihnen faktisch Integrationsleistungen der JobCenter verwehrt werden – kann aufgrund fehlender Daten bisher nicht belegt werden. Sie reihen sich jedoch in die Systematik der Regelungen ein, die an der individuellen Situation der ‚Hilfebedürftigen' ansetzen. Sobald die persönliche Lebenssituation der Betroffenen verändert wird – impliziert diese Systematik –, steht einer Arbeitsaufnahme nichts mehr im Wege. Strukturelle Probleme des Arbeitsmarktes, Veränderungen von Erwerbsformen und -strukturen, Globalisierungsfolgen, Wandel von Geschlechterrollen und Lebensentwürfen werden in der Arbeitsmarktpolitik nicht berücksichtigt (vgl. Wagner/Schuldt 2003) – dies wäre aber die Voraussetzung für eine zukunftsfähige Arbeitsmarktpolitik. Aufgrund der Fokussierung auf die individuelle Lebenssituation und die materielle Absenkung der Grundsicherung ist es aber mittlerweile zu einer umfassenden sozialen Verunsicherung und zu einer Verschlechterung der Lebensqualität gekommen.

2.1.2 Familialisierung von Solidarität

Die Neu-Konzeption des Sozialsystems verschiebt die gesellschaftliche Solidarität, die darin bestand, dass der Staat bei individuellen Notlagen den Einzelnen unterstützt, hin zu einer stärkeren *familialen Solidarität*.

Im SGB II drückt sich dies beispielsweise in dem Konstrukt der Bedarfsgemeinschaften aus (vgl. auch Wersig/Künzel/Berghahn in diesem Band). Mitglieder der Bedarfsgemeinschaft sind die ‚erwerbsfähigen Hilfebedürftigen', die LebenspartnerInnen sowie die minderjährigen unverheirateten Kinder. Die Bedeutung der familialen Solidarität wird im SGB II in zweierlei Hinsicht deutlich: Zum einen wird von den Mitgliedern der Bedarfsgemeinschaft die gegenseitige finanzielle Unterstützung erwartet, weshalb auch nicht nur das Einkommen und das Vermögen des Arbeitslosen selbst, sondern auch das der Mitglieder der Bedarfsgemeinschaft angerechnet wird. Hiermit wird nicht nur das gesamte Einkommen der Bedarfsgemeinschaft gemindert; auch die eigenständige Existenzsicherung – eine der grundlegenden Forderung feministischer Arbeitsforschung – kann nicht realisiert werden. Die Erfahrungen noch aus der Arbeitslosenhilfe zeigen, dass von den im Jahr 2003 wegen der Anrechnung des Partnereinkommens abgelehnten Anträge auf Arbeitslosenhilfe 77% von Frauen gestellt wurden (IG Metall). Es lässt sich vermuten, dass auch im Arbeitslosengeld II-Bezug ähnliche Tendenzen feststellbar sind. Familieninterne Abhängigkeiten können sich dadurch verstärken. Feministische Wissenschaft und Politik hat in den letzten Jahren und Jahrzehnten gezeigt, dass die Geschlechtergleichstellung in einem hohen Maße von den Möglichkeiten der eigenständigen Existenzsicherung abhängig ist. Dieser Ansatzpunkt wird durch die derzeitige Politik konterkariert.

Diese Logik setzt sich fort in der Rolle, welche die Bedarfsgemeinschaften bei den Eingliederungsvereinbarungen spielen. Die Eingliederungsvereinbarungen sind ein zentrales Instrument des SGB II, in dem festgelegt wird, „welche Leistungen der Erwerbsfähige zur Eingliederung in Arbeit erhält" (§ 15 SGB II) und welchen Beitrag der Erwerbslose seinerseits leisten muss. In § 15 Abs. 2 SGB II ist vorgesehen, dass in den Eingliederungsvereinbarungen einer Person auch Regelungen bzw. Leistungen für die anderen Mitglieder der Bedarfsgemeinschaft vereinbart werden können. Auch die Überweisung der finanziellen Leistungen erfolgt für die gesamte Bedarfsgemeinschaft an deren VertreterIn. Dies erinnert an patriarchale Familienkonstellationen, in denen ein männlicher Haushaltsvorstand für die anderen Haushaltsmitglieder Entscheidungen und Verfügungen trifft – wobei im Falle des SGB II noch nicht ersichtlich ist, ob in der Mehrzahl der Mann die Bedarfsgemeinschaft vertritt.

In gewisser Weise widersprechen sich die Tendenzen der Individualisierung und der Familialisierung, aber nur auf den ersten Blick. Beide geben den Anspruch an eine gesellschaftliche Verantwortung für ein ausgewogenes Verhältnis von Partizipations- und eigenständigen Lebensgestaltungsmöglichkeiten auf. Vielmehr geht es nun darum, die Verantwortung in die Hände der Einzelnen zu legen, nach dem Motto „jeder ist seines Glückes Schmied“ – und gelingt ihm oder ihr das nicht in ausreichendem Maße, so wird die Unterstützung familiär begründet. Aufgrund der geschlechtsspezifischen Arbeitsteilung hat dies aber deutlich unterschiedliche Auswirkungen auf Frauen und Männer. Dennoch gilt für beide Geschlechter gleichermaßen, dass der Anspruch auf die Verwirklichung gesellschaftlicher Solidarität und sozialer Gerechtigkeit sowohl in den Leitbildern als auch in der konkreten politischen Umsetzung permanent zurückgedrängt wird.

2.1.3 Prekarisierung von Erwerbsarbeit

Anlass für die Einsetzung der Hartz-Kommission waren 2002, neben dem Vermittlungsskandal innerhalb der damals noch *Bundesanstalt für Arbeit* genannten Arbeitsagentur, die steigenden Arbeitslosenzahlen. Chancen für den Abbau der Erwerbslosigkeit werden – so führte die Hartz-Kommission dann aus – vor allem im Ausbau des Dienstleistungssektors gesehen, und hier insbesondere im Bereich der einfachen Dienstleistungen und im Niedriglohnsektor (vgl. Satilmis/Baatz 2005). Denn, so die Hartz-Kommission: „Es gibt auch ein Recht auf einfache Arbeit. Viele Menschen wollen oder können nicht weiter qualifiziert werden“ (Hartz-Kommission 2002: 41). Für diese „einfachen Menschen“ wurden in den Hartz II-Gesetzen umfassende Regelungen zur geringfügigen Beschäftigung verankert, zur Ausweitung der Mini- und Midi-Jobs, aber auch zur Forcierung von Leiharbeit und zur Einführung der Ich-AGs. Die Arbeitsgelegenheiten im Hartz IV-Gesetz zielen ebenfalls auf den Bereich des Niedriglohnsektors.

Mit der Förderung des Niedriglohnsektors verschwinden auch zunehmend Diskussionen zur Qualität von Arbeit von der politischen Agenda. Infolgedessen erscheinen die auf europäischer Ebene geführten Diskussionen um Qualitätsindikatoren, wie sie teilweise von der Europäischen Kommission oder der ILO (International Labour Organisation) geführt werden (vgl. Scheele 2005; Walby 2005), als Scheindiskussion – beziehungsweise steht zu befürchten, dass diese Diskussion die Trennung zwischen denen, die einen (gesicherten) Arbeitsplatz haben und denen, die arbeitslos oder von Arbeitslosigkeit bedroht sind, noch befördert. Schließlich wird mit den neuen Zumutbarkeitskriterien und den verschärften Sanktionen für Langzeitarbeitslose im SGB II jeglicher Anspruch auf irgendwelche Qualitätsstandards abgewiesen.

Schon vor den Hartz-Gesetzen war der Niedriglohnsektor geschlechtsspezifisch differenziert: So konstatiert das Rheinisch-Westfälische Institut für Wirtschaftsforschung Essen insgesamt einen Anstieg des Anteils der Niedriglohnbeschäftigten an allen Erwerbstätigen, der Frauen überdurchschnittlich betrifft: von 13% (1984) auf 17% (2002). 2002 liegt der Anteil bei den Frauen bei 22,37% und bei den Männern bei 12,21%[6] (vgl. RWI 2004.) Diese geschlechtsspezifische Segregation wird durch die Maßnahmen der Hartz-Gesetze aufrechterhalten, wie im Bereich der Mini-Jobs (vgl. Satilmis/Baatz 2005) und der Ich-AGs (May-Strobl u.a. 2005) deutlich wird.

2.2 Umsetzungserfahrungen

Die Datenlage zur Umsetzung von Hartz IV ist Anfang 2006 noch immer relativ dünn, insbesondere aus genderkompetenter Perspektive. Insofern ist der folgende Überblick eher kursorisch und orientiert sich nicht immer an der Fragestellung, sondern teilweise eher an den Antworten. So liegt beispielsweise kein aktuelles Datenmaterial darüber vor, wie viele Frauen und Männer tatsächlich aufgrund der Anrechnung des PartnerInneneinkommens aus dem Leistungsbezug herausgefallen sind[7].

---

6 Während der Unterschied zwischen deutschen und ausländischen Beschäftigten relativ gering ausfällt (16,81% im Vergleich zu 17,12%), ist der Unterschied zwischen West- und Ostedeutschland beträchtlich: Im Westen beträgt der Anteil im Niedriglohnsektor 13,66%, im Osten 28,38% (vgl. RWI 2004).

7 Für diese mangelnde Datenlage sind zum einen die schwierigen institutionellen Bedingungen verantwortlich, die auf die Zusammenführung unterschiedlicher Institutionen und Systeme zurückzuführen sind. Zum anderen liegt das aktuelle Interesse derjenigen, die derzeit Daten erheben eher darin, den Erfolg von Hartz IV beziehungsweise der jeweiligen Umsetzung zu begründen und nicht in einer kritischen Auseinandersetzung.

Die Arbeitslosigkeit ist insgesamt gestiegen, weil große Teile der früheren stillen Reserve nun statistisch erfasst werden, wenn es sich um erwerbsfähige Arbeitslose oder um deren Angehörige handelt. Der Anteil von Frauen an den zusätzlichen erwerbslos Gemeldeten beträgt ca. 68%. Die Bundesagentur für Arbeit nimmt für September 2005 einen Rückgang der Arbeitslosenzahlen durch Hartz IV um 350.000 Personen an (BA 2005a). Das Institut für Arbeitsmarkt- und Berufsforschung hat in einer im Oktober 2005 vorgelegten Simulationsrechnung errechnet, dass insbesondere Frauen, die Arbeitslosenhilfe bekommen haben und in einer Partnerschaft leben, überdurchschnittlich häufig aus dem Leistungsbezug herausfallen (Blos/Rudolph 2005). Zudem lässt sich seit 2002 ein kontinuierlicher, für 2005 aber ein überdurchschnittlich großer Rückgang der sozialversicherungspflichtigen Beschäftigungsverhältnisse feststellen[8]. Die durchschnittlichen Geldleistungen für eine Bedarfsgemeinschaft beliefen sich Ende März 2005 auf 639 Euro (ohne die Sozialversicherungsbeiträge). 15% der Bedarfsgemeinschaften bekommen weniger als 500 Euro, 60% erhalten zwischen 500 und 1000 Euro und 25% erhalten mehr als 1000 Euro (BA 2005b: 14f.). Besonders problematisch ist für Familien die Streichung von einmaligen Leistungen, wie beispielsweise die Unterstützung bei der Anschaffung von Haushaltsgeräten oder Schulmaterial zu Beginn eines Schuljahres. Hartz IV befördert darüber hinaus die Kinderarmut: Nach Berechnungen des Deutschen Paritätischen Wohlfahrtsverbandes leben über 1,5 Millionen Kinder auf dem Niveau der Sozialhilfe. Die Dunkelziffer wird auf weitere 200.000 geschätzt[9]. Insgesamt leben 14,2% der Kinder in Deutschland in Armut – das betrifft also jedes siebte Kind. In Ost- und Westdeutschland unterscheiden sich die Zahlen stark: 12,4% beträgt die Kinderarmutsquote in Westdeutschland, 23,7% beträgt sie in Ostdeutschland (vgl. Schneider 2005).
Die Zahl der in Arbeitsgelegenheiten[10] Beschäftigten betrug im September 2005 280.000 ALG II-BezieherInnen (BA 2005a). Die Zahlen sind also weit entfernt von den vom ehemaligen Wirtschaftsminister Clement anvisierten 600.000. Aussagen über die (dauerhafte) Integration von Langzeitarbeitslosen nach der Beendigung einer Arbeitsgelegenheit liegen bisher nicht vor.

Der im Haus des bisherigen Arbeitsministers erstellte Arbeitsmarktreport vom Sommer 2005 (BMWi 2005) hat zu einer heftigen Debatte über den Missbrauch von Sozialleistungen geführt, deren Tenor sich nahtlos einfügt in die Grundhaltung der Hartz-Gesetze: Die Mehrheit der Langzeitarbeitslosen profitie-

8 Für den Agenturbezirk Marburg beträgt der Rückgang beispielsweise 2,6% im Vergleich zum Vorjahr (bei den Männer – 3,1%, bei den Frauen – 2,1%).

9 Die Dunkelziffer ergibt sich aus der geschätzten Zahl der Kinder, deren Eltern trotz des Anrechts auf eine Leistung der Sozialhilfe bzw. Hartz IV diese nicht in Anspruch nehmen.

10 Also in sogenannten Ein-Euro-Jobs.

re von ihrer Arbeitslosigkeit, in dem sie das großzügige Sozialsystem ausnutze und ausnehme, heißt es hier. Diese Möglichkeiten des Missbrauchs verführten die Arbeitslosen zu einem Verharren in ihrer Situation, weil diese Rahmenbedingungen allemal besser seien, als selbst zu arbeiten. Anne Ames hat in Frankfurt am Main eine explorative Studie zur Situation der ALG II-BezieherInnen durchgeführt und dabei vierzig Personen interviewt. Sie fasst zusammen:

> „28 InterviewpartnerInnen erleben ihre Erwerbslosigkeit als sehr belastend. Sie leiden – außer unter der mit der Erwerbslosigkeit verbundenen finanziellen Not – insbesondere auch daran, ihre beruflichen Fähigkeiten nicht einsetzen zu können. Sie vermissen den Kontakt zu KollegInnen, Kunden und anderen beruflichen Kooperationspartnern. Sie leiden unter ihrer Abhängigkeit von Ämtern und behördlicher Willkür, unter dem Verlust des Selbstwertgefühls und vielem mehr." (Ames 2005: 58)

Weitere sechs InterviewpartnerInnen litten nicht so sehr unter der Situation und erleben Erwerbslosigkeit als vorübergehende Phase, wobei vier von ihnen kleine Kinder betreuten, was das Erleben von Erwerbslosigkeit sicherlich auch noch mal verändere. Die übrigen sechs InterviewpartnerInnen versuchten sich aufgrund fehlender Perspektiven mit der Situation zu arrangieren, wobei der Druck der finanziellen Not trotzdem stark den Alltag präge (vgl. Ames 2005: 58/59).

3 Geschlechterdemokratische und sozial gerechte Perspektiven – Ambivalenzen und Umdeutungen

Ein Großteil der Kritik an der Umsetzung von Hartz IV bezieht sich darauf, dass in der Praxis das Fordern deutlich größer geschrieben wird als das Fördern. In offizieller Lesart wird dies den Schwierigkeiten zugeschrieben, die sich aus der Schaffung der neuen Institutionen, der Arbeitsgemeinschaften oder kommunalen JobCenter, ergeben. Zudem waren die MitarbeiterInnen der JobCenter zunächst bemüht, die Leistungsgewährung für die ALG II-BezieherInnen sicherzustellen. Dies und ganz praktische Umsetzungsprobleme, wie Pannen in der Datenerfassung oder der Mangel an Personal, bestätigten die Befürchtungen, dass die Umsetzung zu schnell und mit zu geringer Vorlaufzeit vonstatten ging. Allerdings, so zeigt die Analyse der Leitbilder, ist die Betonung des Forderns in der Konstruktion des SGB II grundlegend angelegt. Die Individualisierung von Problemlagen, die stärkeren Sanktionierungen und vor allem der Mangel an bezahlter Arbeit verstärken den Druck auf die Einzelnen, der Spielraum des Förderns ist verhältnismäßig gering.

Gleichwohl greift eine Bewertung zu kurz, die die Hartz-Gesetze ausnahmslos als Ausdruck neoliberaler Sozialpolitik kennzeichnet, die an den Bedürfnissen der Einzelnen völlig vorbeigingen. Vielmehr zeigen die einzelnen Instrumente durchaus widersprüchliche Aspekte bei der Umsetzung.

3.1 Mini-Jobs und Ich-AGs aus genderkompetenter Perspektive

Der Bereich der Mini-Jobs ist ein weiblich dominierter Arbeitssektor: Im September 2005 betrug der Frauenanteil an den geringfügigen Beschäftigungen 63,7%, was insbesondere auf die Branchen, in denen Mini-Jobs angesiedelt sind, zurückzuführen ist:

Abbildung 1: Rangfolge von Einzelbranchen bezüglich. des Einsatzes von Minijobs:

Reinigung von Gebäuden, Inventar, Verkehrsmitteln	493.877
Restaurants, Cafes, Eisdielen und Imbisshallen	417.440
Gesundheitswesen	409.680
Sonstiger Facheinzelhandel (in Verkaufsräumen)	378.540
Einzelhandel mit Waren versch. Art (in Verkaufsräumen)	254.170
Rechts-, Steuer-, Unternehmensberatung, Marktforschung.	197.453
Erbringung sonst. Dienstleistungen überw. für Unternehmen	160.984
kirchliche und rel. Vereinigungen, politische Parteien u. ä.	138.730
Postdienste und private Kurierdienste	124.097
Handelsvermittlung	116.874
Werbung	111.670
Herstellung von (Dauer-) Backwaren und Nahrungsmitteln	105.741

Quelle: Deutsche Rentenversicherung Knappschaft Bahn-See/Minijob-Zentrale 2005: 9

In den Bereichen Reinigungsgewerbe, Gastronomie und privaten Haushalten gibt es mittlerweile mehr Mini- bzw. Midi-JobberInnen als sozialversicherungspflichtig Beschäftigte (vgl. den Beitrag von Baatz/Schroth in diesem Band). Eindeutige Verdrängungseffekte sind schwer messbar, allerdings deuten die Entwicklungen in den einzelnen Bereichen darauf hin, dass hier sozialversicherungspflichtige Arbeitsverhältnisse durch Mini-Jobs ersetzt wurden (vgl. Voss-Dahm 2005), was aber auch durchaus im Interesse der – überwiegend weiblichen – Beschäftigten liegt. Denn Mini-Jobs eröffnen vielen Frauen überhaupt erst einen

Zugang zum Erwerbsarbeitsmarkt, was ihnen die Möglichkeit zur Partizipation, aber auch ein zumindest teilweise eigenständiges, wenn auch nicht existenzsicherndes Einkommen bietet. Durch die herrschende Steuerpolitik des Ehegattensplitting lohnt sich für viele bei angestrebter Teilzeitarbeit ein sozialversicherungspflichtiges Arbeitsverhältnis nicht.

Hier zeigt sich die Notwendigkeit genderkompetenter Arbeitsforschung zur Verschränkung struktureller und subjektiver Faktoren. Individuell und angepasst an die institutionellen Rahmenbedingungen sind Mini-Jobs als Zuverdienst und Wiedereinstiegsmöglichkeit gerade für Frauen mit Kindern, egal ob in Partnerschaft oder allein erziehend lebend, eine sinnvolle Möglichkeit der Erwerbstätigkeit – auch wenn sie grundlegenden Anforderungen an eigenständige Existenzsicherung und den Abbau geschlechtsspezifischer Arbeitsteilung in keiner Weise entsprechen. In der aktuellen Situation überlappen die existenziellen Erfordernisse von Frauen (und Männern) oftmals strukturelle Defizite – so unterstützen Mini-Jobs geschlechtsspezifische Rollenbilder (Frauen als Zuverdienerinnen) und führen systematisch zu materiellen Abhängigkeiten (weder aktuell eigenständige Existenzsicherung noch im Alter, da durch Mini-Jobs kaum Rentenanwartschaften aufgebaut werden können).

Auf einer ähnlichen Ebene wie die Mini-Jobs setzt das Instrument der Ich-AGs an. Existenzgründungen werden eher selten im Rahmen prekärer Beschäftigung diskutiert – als Instrument im Rahmen der Hartz-Gesetze reihen sie sich jedoch im Niedriglohnbereich ein. Bei den Ich-AGs (in der bisherigen Form) handelt es sich um einen Existenzgründungszuschuss der Agentur für Arbeit für Arbeitslosengeld I-BezieherInnen. ExistenzgründerInnen erhalten über 3 Jahre einen steuerfreien Zuschuss zur Selbständigkeit sowie vergünstigte Sozialabgaben, wenn ihr Arbeitseinkommen nicht 25.000 Euro im Jahr übersteigt und die wöchentliche Arbeitszeit mehr als 15 Stunden beträgt.

Die Gesellschaft für innovative Beschäftigungsförderung NRW (G.i.B.) hat gemeinsam mit dem Institut für Mittelstandsforschung Bonn eine Studie zur „Ich-AG als neue Form der Existenzgründung aus der Arbeitslosigkeit“ durchgeführt (May-Strobl u.a. 2005) und die Ergebnisse auch geschlechtsspezifisch ausgewertet. Demnach sind Frauen mit 48% im Vergleich zu Existenzgründungen insgesamt bei den Ich-AG-Gründungen überdurchschnittlich häufig vertreten (ebd.: 6). Sonst beträgt der Frauenanteil bei den Selbständigen 28,9%. Auch bei den EmpfängerInnen des Überbrückungsgelds sind Frauen nur mit 28,6% vertreten. Der Schwerpunkt der Existenzgründung bei Ich-AGs liegt im Dienstleistungsbereich. Auch hier gibt es geschlechtsspezifische Unterschiede:

Abbildung 2: Gründungsbranche nach Geschlecht

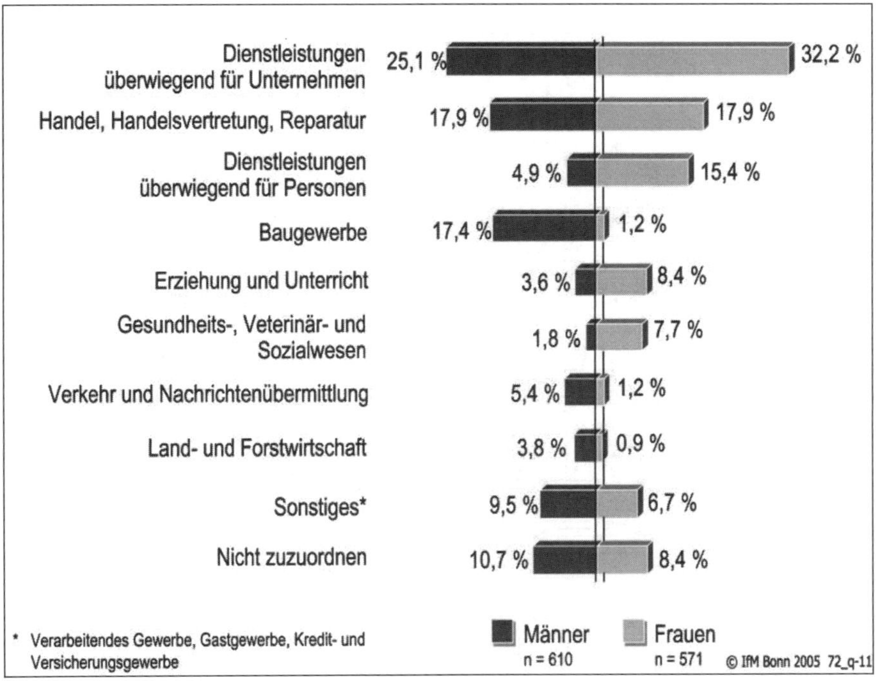

Quelle: May-Strobl u.a. 2005: 17

Frauen sind deutlich häufiger im Dienstleistungsbereich, bei Erziehung und Unterricht und im Sozialwesen vertreten, während Männer im Baugewerbe, beim Verkehr und in der Land- und Forstwirtschaft dominant sind. Diese Verteilung entspricht der geschlechtsspezifischen Segregierung auf dem Arbeitsmarkt insgesamt.

Die durchschnittlichen Jahresverdienste von Ich-AG-GründerInnen liegen bei 7.000 Euro. Mit dem Eingliederungszuschuss liegt das Einkommen damit bei einem Viertel bzw. einem Drittel über den vorher bezogenen Lohnersatzleistungen; bei Frauen ist der Überschuss und das Geschäftsergebnis signifikant geringer als bei Männern.

Abbildung 3: Haushaltseinkommen der Ich-AG-GründerInnen nach Geschlecht

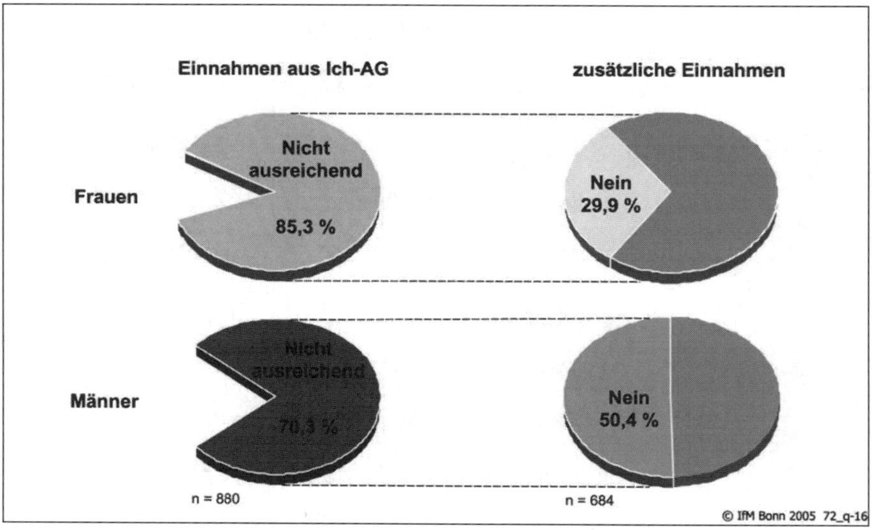

Quelle: May-Strobl u.a. 2005: 22

Da die Einnahmen bei 70% der Männer und sogar 85% der Frauen nicht ausreichen, sind die ExistenzgründerInnen auf zusätzliche Einnahmen angewiesen – insbesondere auf Unterstützung durch die Familie. Für viele Frauen stellt ihre Existenzgründung einen Zuverdienst zum Familieneinkommen dar und somit entspricht das Instrument der Ich-AG diesem klassischen Familienbild. Männer greifen seltener auf Modelle der Familiensubsidiarität zurück, infolgedessen sind 50% der Männer in Ich-AGs ohne ausreichende Lebensgrundlage.

> „Nur jeder Zehnte konnte die unbefriedigende Ertragssituation der Ich-AG durch eigenes Zusatzeinkommen aus abhängiger Tätigkeit (i. d. R. Minijob) ausgleichen. Hier wird die prekäre Erwerbssituation der GründerInnen aus der Arbeitslosigkeit deutlich, für deren Qualifikation sowohl am Arbeitsmarkt als auch auf den Gütermärkten oftmals keine hinreichende Nachfrage besteht." (May-Strobl et al. 2005: 23)

Gleichwohl bedeuten Ich-AGs die Möglichkeit, auch in Zeiten von Erwerbslosigkeit den Status qualifizierter, kompetenter und ausbildungsadäquater Beschäftigung aufrecht zu erhalten – dies zeigt sich auch daran, dass Ich-AG-Gründer-

Innen im Durchschnitt höher qualifiziert sind als die Gesamtheit der Erwerbslosen. Die Qualifikationen der Frauen sind dabei noch höher als die der Männer.

Somit können sowohl Mini-Jobs als auch Ich-AGs als konsequentes Instrument der Gesetzgebung und der in ihnen verankerten Leitbilder verstanden werden. Sie sind ausgerichtet auf ein niedriges Einkommen, das als Zuverdienst zum Familieneinkommen gilt, und zielen somit auf das klassische Familienernährer-Modell:

> „Dem auch von der rot-grünen Bundesregierung propagierten Leitbild der gleichberechtigten Teilhabe beider Geschlechter an Erwerbs- und Zukunftschancen steht faktisch eine rückwärtsgewandte Strategie gegenüber, die sich an einer Erwerbsintegration von Frauen auf minder geschützten, weniger stabilen und in der Regel schlechter bezahlten (Teilzeit)Arbeitsplätzen orientiert. Die Geschlechtersegregation auf dem Arbeitsmarkt wird fort- und festgeschrieben. Statt zu einem Mehr an Geschlechtergleichheit kommt es zu einem Auseinanderklaffen in der Erwerbsintegration zwischen Frauen und Männern. Die dargestellte Niedrigeinkommensstrategie erlaubt somit die Aufrechterhaltung eines Typs von Wohlfahrtsstaat und Familie, der die traditionelle Geschlechterhierarchie nicht in Frage stellt, sondern konserviert. (...) Eine Perspektive, die die Neugestaltung der Erwerbsarbeit im Blick hat, bieten die Neuregelungen nicht." (Koch/Bäcker 2004: 97)

4 Perspektiven für die feministische Arbeitsforschung

Mit den sozial- und arbeitsmarktpolitischen Reformen haben die Begriffe „Solidarität", „Familie" und „Chancengleichheit" eine neue Bedeutung gewonnen: Sie stehen für ein neues Verhältnis von Staat und Individuum, das bestimmt ist von der Entgrenzung gesellschaftlicher Solidarität und Verantwortung. Und obwohl in dieser neuen Gemengelage die staatlichen Akteure die Bedeutung und Stärke des Einzelnen suggerieren, wird dieses Versprechen nicht eingelöst. „Die tatsächliche Verteilung der Einkommen und Vermögen ist mehr durch den sozialen Status der Eltern, durch sexistische Rollenmuster, gesellschaftliche Beziehungen oder wirtschaftliche Machtverhältnisse bestimmt" (Hengsbach 2005: 163). Von einem Recht auf eigenständige Existenzsicherung für Frauen und für Männer ist kaum mehr die Rede.

Gleichwohl bleibt die Tatsache, dass trotz eindeutiger struktureller Mängel einzelne Maßnahmen der Reformen von den Betroffenen durchaus als positiv erachtet werden. Diese Ambivalenzen werden zu einer spezifischen Herausforderung für feministische Wissenschaft. Es müssen demnach zwei Untersuchungsebenen umgesetzt und miteinander verknüpft werden: Zum einen geht es darum, grundsätzliche Kritikpunkte an der aktuellen Arbeitsmarktpolitik aus geschlechterdemokratischer und sozial gerechter Perspektive zu entwickeln. Diese sollten an folgende Kriterien als Grundpfeiler feministischer Arbeitsforschung und -politik anknüpfen:

- Eigenständige Existenzsicherung für alle
- Qualitätssicherung von Arbeit und Arbeitsverhältnissen
- Aufhebung der geschlechtshierarchischen Arbeitsteilung, Umverteilung von Erwerbs-, Haus- und Familienarbeit
- Demokratisierung der Arbeitsgestaltung und Arbeitsorganisation

Es geht aber auch darum, Gestaltungsoptionen zu entwickeln für eine möglichst geschlechtergerechte Umsetzung von Hartz IV. Diesen Balanceakt gilt es immer wieder neu zu definieren und zu verteidigen – und wie schwierig das manchmal ist, wird immer wieder sichtbar. Die Ergebnisse dieser Balance sind einzuarbeiten in die Weiterentwicklung von Leitbildern und Kriterien, in denen Geschlechterdemokratie und soziale Gerechtigkeit miteinander verknüpft werden, die aber auch an realen Praxiserfahrungen ansetzen. Damit sollte es möglich sein, auch für Ambivalenzen und Widersprüche einen Bezugsrahmen zu entwickeln, der feministisch und zukunftsfähig ist.

Literatur

Agenda 2010: Die Ausgangslage. www.bundesregierung.de/artikel-,413.710041/Grundideen-der-Agenda-2010.htm

Ames, Anne (2005): Die Umsetzung des SGB II im Erleben der Betroffenen. Eine Studie im Auftrag der Katholischen Erwachsenenbildung. Frankfurt/Main: Bildungswerk Frankfurt

Arlt, Hans-Jürgen/Nehls, Sabine (Hrsg.) (1999): Bündnis für Arbeit. Opladen, Wiesbaden: Nomos Verlag

BA – Bundesagentur für Arbeit (2005a): Der Arbeits- und Ausbildungsstellenmarkt in Deutschland. Monatsbericht Oktober 2005. Nürnberg

BA – Bundesagentur für Arbeit (2005b): Grundsicherung für Arbeitssuchende. Entwicklung bis Juli 2005. Bericht der Statistik der BA. Nürnberg

Baatz, Dagmar/Rudolph, Clarissa/Satilmis, Alyla (Hrsg.) (2004): Hauptsache Arbeit? Feministische Perspektiven auf den Wandel von Arbeit. Münster: Westfälisches Dampfboot

Baumeister, Hella/Gransee, Ulrich/Zimmermann, Klaus-Dieter (Hrsg.) (2005): Die Hartz-„Reformen". Die Folgen von Hartz I-IV für ArbeitnehmerInnen. Hamburg: VSA-Verlag

Blancke, Susanne/Schmid, Josef (2003): Bilanz der Bundesregierung Schröder in der Arbeitsmarktpolitik 1998-2002. Ansätze zu einer doppelten Wende. In: Egel/Ostheim/Zohlnhöfer (2003): 215-238

Blos, Kerstin/Rudolph, Helmut (2005): Verlierer, aber auch Gewinner. Simulationsrechnung zum Arbeitslosengeld II. IAB Kurzbericht 17 (2005). Nürnberg: Institut für Arbeitsmarkt- und Berufsforschung

BMWi – Bundesministerim für Wirtschaft und Arbeit (2005): Vorrang für die Anständigen – Gegen Missbrauch, „Abzocke" und Selbstbedienung im Sozialstaat. Ein Report vom Arbeitsmarkt im Sommer 2005. Berlin

Butterwegge, Christoph (2005): Krise und Zukunft des Sozialstaates. Wiesbaden: VS Verlag für Sozialwissenschaften

Degen, Christel/Fuchsloch, Christine/Kirschner, Karin (2003): Die Frauen nicht vergessen. Forderungen für das Vermittlungsverfahren der Hartzgesetze III und IV (http://www.fr-aktuell.de/ressorts/nachrichten_und_politik/dokumentation?cnt=346217, 26.11.03)

Deutsche Rentenversicherung Knappschaft-Bahn-See/Minijob-Zentrale (2005): Aktuelle Entwicklungen im Bereich der geringfügigen Beschäftigung. III. Quartal 2005. Essen

Egel, Christoph/Ostheim, Tobias/Zohlnhöfer, Reimut (Hrsg.) (2003): Das rot-grüne Projekt. Eine Bilanz der Regierung Schröder 1998-2002. Wiesbaden: Westdeutscher Verlag

Engelbrech, Gerhard (Hrsg.) (2002): Arbeitsmarktchancen für Frauen. Nürnberg: Beiträge zur Arbeitsmarkt- und Berufsforschung 258 (2002)

Hartz-Kommission (Kommission zum Abbau der Arbeitslosigkeit und zur Umstrukturierung der Bundesanstalt für Arbeit) (2002): Moderne Dienstleistungen am Arbeitsmarkt. Bericht. Berlin

Hengsbach, Friedhelm (2005): Eine Selbstdemontage der politischen Klasse. Vorläufige Bilanz der Agenda 2010. In: Baumeister/Gransee/Zimmermann (2005): 157 – 165

IG Metall: Frauen in der IG Metall – Männer sind arbeitslos, Frauen auch (http://www.igmetall.de/cps/rde/xchg/SID-0A342C90-5990D695/internet/style.xsl/view_6741.htm, 02.03. 2006)

Institut Arbeit und Technik (2005): Jahrbuch 2005. Gelsenkirchen: Institut Arbeit und Technik

Jenter, Anne/Morgenstern, Vera/Wilke, Christiane (2003): Ohne Frauen keine Reform. In: Aus Politik und Zeitgeschichte B 44 (2003): 3-8

Koch, Angelika/Bäcker, Gerhard (2004): Mini- und Midi-Jobs – Frauenerwerbstätigkeit und Niedrigeinkommensstrategien in der Arbeitsmarktpolitik. In: Baatz/Rudolph/Satilmis (2004): 85-102

Kurz-Scherf, Ingrid/Lepperhoff, Julia/Scheele, Alexandra (2005a): Modernisierung jenseits von Traditionalismus und Neoliberalismus? Die aktuelle Arbeitsmarktpolitik als Ausdruck eines verkürzten Modernisierungskonzepts. Ansätze für ein neues entwicklungspolitisches Paradigma? In: femina politica 14, 2 (2005): 62-74

Kurz-Scherf, Ingrid/Correll, Lena /Janczyk, Stefanie (Hrsg.) (2005b): In Arbeit: Zukunft. Die Zukunft der Arbeit und der Arbeitsforschung liegt in ihrem Wandel. Münster: Westfälisches Dampfboot

Lepperhoff, Julia/Satilmis, Ayla/Scheele, Alexandra (Hrsg.) (2005): Made in Europe. Geschlechterpolitische Beiträge zur Qualität von Arbeit. Münster: Westfälisches Dampfboot

May-Strobl, Eva/Suprinovic, Olga/Wolter, Hans-Jürgen/Kleinen, Helmut (2005): Eine empirische Analyse des Gründungserfolgs bei Inanspruchnahme des Existenzgründungszuschusses. Arbeitspapiere 13. Bottrop, Bonn: Gesellschaft für innovative Mittelstandsförderung mbH/Institut für Mittelstandsförschung Bonn

Miegel, Meinhard (2002): Die deformierte Gesellschaft. Wie die Deutschen ihre Wirklichkeit verdrängen. München: Propyläen Verlag

Rabe, Birgitta/Schmid, Günther (1999): Eine Frage der Balance. Reform der Arbeitsmarktpolitik. In: Aus Politik und Zeitgeschichte B 37 (1999): 21-30

Rudolph, Clarissa (2005): Fördern und Fordern – Hartz IV aus genderkompetenter Perspektive. In: Kurz-Scherf/Correll/Janczyk (2005): 263-280

RWI – Rheinisch-Westfälisches Institut für Wirtschaftsforschung (2004): Aspekte der Entwicklung der Minijobs. Abschlussbericht. Essen

Satilmis, Ayla/Baatz, Dagmar (2005): Einfach, geringfügig, gelegentlich? – Aktuelle Arbeitsmarktpolitik und ihre geschlechterpolitischen Implikationen am Beispiel von Dienstleistungsarbeit. In: Kurz-Scherf/Correll/Janczyk (2005): 205-221

Scheele, Alexandra (2005): Ambivalenzen der Frauenerwerbstätigkeit in Europa und geschlechtergerechte Kriterien zur Bestimmung der Qualität von Arbeit. In: Lepperhoff/Satilmis/Scheele (2005): 35-49

Schmidt, Manfred G. (2003): Rot-grüne Sozialpolitik (1998-2002). In: Egel/Ostheim/Zohlnhöfer (2003): 239-258

Schneider, Ulrich (2005): „Zu wenig für zu viele". Begleitwort. In: „Zu wenig für zu viele". Kinder und Hartz IV: Eine erste Bilanz der Auswirkungen des SGB II (Grundsicherung für Arbeitssuchende). Berlin: Paritätischer Wohlfahrtsverband

Schröder, Gerhard/Blair, Tony (1999): Der Weg nach vorne für Europas Sozialdemokraten. Ein Vorschlag von Gerhard Schröder und Tony Blair. London (http://www.glasnost.de/pol/schroederblair.html)

Statistisches Bundesamt (2005): Statistisches Jahrbuch 2005. Wiesbaden

Streeck, Wolfgang/Heinze, Rolf G. (1999): Runderneuerung des deutschen Modells. In: Arlt/Neels (1999): 147-166

Voss-Dahm, Dorothea (2005): Verdrängen Minijobs „normale" Beschäftigung? Warum die Neuregelung der geringfügigen Beschäftigung erfolgreich und zugleich problematisch ist: das Beispiel des Einzelhandels. In: Institut Arbeit und Technik (2005): 232-246

Wagner, Alexandra/Schuldt, Karsten (2003): Arbeitsmarktpolitische Reformen im Kontext der Vorschläge der Hartz-Kommission – Chancen und Risiken für den ostdeutschen Arbeitsmarkt. Berlin/Teltow: Otto-Brenner-Stiftung

Walby, Sylvia (2005): Gender and Work in Europe: Rethinking Concepts and Theories. In: Lepperhoff/Satilmis/Scheele (2005): 18-34

Arbeitsmarktreformen – Kommodifizierung, Familialisierung und Stratifizierung

Helga Ostendorf

> „Je größer die Abhängigkeit einer Seite, um so geringer ist ihre Chance, Unzufriedenheit anzumelden; je geringer ihre Verdienstchance, um so geringer auch die Möglichkeit zu gehen; schließlich gilt, je geringer die Ausstiegsoption, um so eher verstummt der Protest.“ (Ostner 1995: 5)

Die neue Arbeitsmarktpolitik im Zuge der Hartz-Reformen stößt bei SozialwissenschaftlerInnen meist auf Widerspruch, entthematisiert sie doch den Skandal, dass nunmehr seit Jahren mehr als fünf Millionen Menschen nach Arbeit suchen. Die Einschränkung der Bezugsdauer beim Arbeitslosengeld und der Verweis der längerfristig Erwerbslosen auf die Grundsicherung in Form des ALG II besiegeln die Spaltung der Gesellschaft: Die ArbeitsplatzbesitzerInnen werden gebraucht, die erst kurz Erwerbslosen vielleicht, und die Langzeiterwerbslosen bilden das überschüssige Arbeitskräftepotenzial.

Weitgehend unklar ist, wie sich die neuen Maßnahmen auf Frauen im Unterschied zu Männern auswirken. Neben einer Zurückweisung der Reformen finden sich in der Literatur auch Stimmen, die ihnen frauenpolitisch positive Aspekte abgewinnen. In meinem Beitrag stelle ich Überlegungen dazu an, ob die Maßnahmen Frauen zu Arbeitsbürgerinnen machen, sie (re-)kommodifizieren, oder ob sie Frauen eher ‚zurück an den Herd' schicken, sie de-kommodifizieren und re-familialisieren[1] und damit in die Abhängigkeit vom männlichen Ernährer verweisen. Meines Erachtens ist es unabdingbar, die Kategorie ‚Beruf' in derartige Analysen einzubeziehen.

Die These dieses Beitrags ist, dass sich nebeneinander bestehende geschlechterpolitische Leitideen – und damit auch Vorstellungen von dem, was

---

1 Die Begrifflichkeiten gehen auf Gøsta Esping-Andersens Arbeit zur Typisierung von Wohlfahrtsstaaten zurück (Esping-Andersen 1990). De-Kommodifizierung meint die Chance, die Warenform der Arbeitskraft abzulegen. Von feministischer Seite wurde diese Studie wegen ihrer Geschlechterblindheit heftig kritisiert. In einer Arbeit von 1999 nahm Esping-Andersen diese Kritik auf und führte die Begrifflichkeiten der Re- und De-Familialisierung ein. Damit blieb er aber letztlich bei seiner vorangegangenen Typisierung, da beide Kategorienbündel parallel verlaufen.

gerecht ist – mit neoklassischen, entsolidarisierenden Reformkonzeptionen verweben und zu eigentümlichen Ergebnissen führen. Unter Einbeziehung der Kategorie ‚Beruf' komme ich zu dem Ergebnis, dass ausgerechnet qualifizierte Frauen, die die zukünftig erwartete Arbeitskräftelücke füllen könnten, re-familialisiert werden. Die Arbeitsmarktpolitik konzentriert sich auf die Kommodifizierung Bildungsbenachteiligter, ohne aber nennenswerte Anstrengungen zu unternehmen, deren Qualifikationsdefiziten zu begegnen. Sie ist also sowohl sozial unausgewogen als auch ökonomisch ineffektiv.

Im Folgenden zeichne ich zunächst die Trends der Arbeitsmarktintegration von Frauen insbesondere im Hinblick auf den zukünftigen Arbeitskräftebedarf nach. Im zweiten Abschnitt gehe ich dann auf die Ursachen der bisher vergleichsweise geringen Erwerbsbeteiligung von Frauen in Westdeutschland und auf die Leitideen der politischen Parteien ein. Auf dieser Basis folgt anschliessend eine Einschätzung der Hartz-Reformen hinsichtlich ihrer frauenpolitischen Folgen. Zum Schluss werde ich meine Ergebnisse unter dem Aspekt der Gerechtigkeit zusammenfassen.

1 Trends der Arbeitsmarkt(des)integration von Frauen

Trotz der großen Konkurrenz auf dem Arbeitsmarkt steigt die Frauenerwerbsquote in Westdeutschland kontinuierlich und bleibt in Ostdeutschland unverändert hoch. 2004 lag sie im Bundesdurchschnitt bei 65% (BA 2005a: 34). Insbesondere Frauen im mittleren Lebensalter wollen sich heute nicht mehr auf Familienarbeit beschränken. Im internationalen Vergleich jedoch ist die Erwerbsbeteiligung deutscher, insbesondere westdeutscher Frauen bemerkenswert niedrig: Auf 100 erwerbstätige Männer kommen 82 Frauen, in Schweden und Finnland dagegen 95.[2] Umgerechnet auf Vollzeitäquivalente beträgt die Erwerbsquote der Männer hierzulande ca. 70%, die der Frauen aber nur ca. 45% (Beckmann 2005: 75).

Bereits frühere Prognosen erwarteten eine Zunahme der Zahl der Arbeitsplätze lediglich in den Bereichen Organisation und Management (Weidig/Hofer/Wolff 1999). Für weiblich dominierte Tätigkeitsfelder wurde vorhergesagt, dass sich das Arbeitsvolumen kaum verändern, sondern dass die Verschiebung von Voll- auf Teilzeitarbeit „zum überwiegenden Teil die Arbeit innerhalb der Gruppe der Frauen lediglich umverteilen" werde. (Engelbrech/Jungkunst 1999: 22).

2 Berechnet nach BA 2005a, S. 34. Innerhalb der EU der 15 liegt Deutschland auf dem achten Platz. Die niedrigsten Quoten haben Griechenland und Italien mit 68 bzw. 67 Frauen auf 100 Männer.

Im Jahr 2010 sollen dieser Studie zufolge 2,2 Millionen Arbeitsplätze in frauentypischen Beschäftigungsfeldern fehlen.

Nach einer neueren Prognose wird die Zahl der Arbeitsplätze bis zum Jahr 2020 in Westdeutschland um insgesamt 2,3 Millionen steigen und in Ostdeutschland um eine Million sinken (Schnur/Zirka 2005). Im verarbeitenden Gewerbe und im Handel werde die Beschäftigung weiter abnehmen, im Kreditgewerbe stagnieren, und im tertiären Sektor (Gesundheitswesen, Bildung und Wissenschaft, kulturelle Dienstleistungen) zunehmen. Besonders stark werden die unternehmensbezogenen Dienstleistungen mit einem Plus von zwei Millionen Arbeitsplätzen expandieren, erwarten die Autoren.

Schnur und Zirka haben ihre Daten nicht geschlechtsspezifisch aufbereitet. Das weitere Sinken der Zahl der Arbeitsplätze in Frauenbereichen wie dem Handel lässt aber vermuten, dass die Projektion von Gerhard Engelbrech und Maria Jungkunst fortgeschrieben werden muss. Von der Expansion der unternehmensbezogenen Dienstleistungen können Frauen wenig profitieren: Software zu entwickeln, in Hardwarefragen zu beraten und Datenverarbeitungsgeräte zu reparieren haben sie meist nicht gelernt. Die Zahl der neu entstehenden, typischen Frauenarbeitsplätze in der unterstützenden Büroorganisation und Kundenpflege dürfte auch in den anderen expandierenden Bereichen vergleichsweise gering sein.[3]

Mit diesem Trend zu Dienstleistungsberufen, die eine anspruchvolle Ausbildung und häufig ein Hochschulstudium verlangen, hält die Bildungspolitik gegenwärtig nicht mit. Die Zahl der HochschulabsolventInnen ist in Deutschland geringer als anderswo und der Anteil junger Menschen, die keinerlei beruflichen Abschluss haben, ist seit den 1990er Jahren sogar noch gestiegen (Reinberg/ Hummel 2003).

Der Vorschlag von Reinberg und Hummel Frauen unter anderem durch das Angebot von flexiblen Arbeitszeiten und Kinderbetreuung vermehrt für den Arbeitsmarkt zu gewinnen ist wenig Erfolg versprechend, da den meisten Frauen die zukünftig gefragten Qualifikationen fehlen. Zwar steigt auch der Bedarf an Dienstleistungen im Gesundheits- und Bildungswesen sowie in den Frauenbereichen innerhalb der Wissenschaft und Kultur; diese Bereiche sind aber hochgradig von öffentlicher Finanzierung abhängig. Angesichts der Sparpolitik ist hier keine Expansion zu erwarten. Die Bewältigung des wachsenden Arbeitsbedarfs ohne zusätzliche finanzielle Mittel läuft darauf hinaus, dass die ehrenamtliche

3 Zu den unternehmensbezogenen Dienstleistungen zählen Schnur und Zirka: Softwarehäuser, Hardwareberatung, Datenverarbeitungsdienste, Instandhaltung und Reparatur von Büromaschinen, Datenverarbeitungsgeräten und -einrichtungen, Forschung und Entwicklung, Rechts-, Steuer- und Unternehmensberatung, Markt- und Meinungsforschung, Wirtschaftsprüfung und Steuerberatung, Unternehmens- und Public-Relations-Beratung, Ingenieurbüros und Werbeagenturen (Schnur/Zirka 2005: 4).

Arbeit ausgeweitet werden müsste, ein Tätigkeitsfeld, das konservative WissenschaftlerInnen wie die Mitglieder der sächsisch-bayerischen Zukunftskommission explizit Frauen, für die Zeit, „wenn das Nest leer ist", zuweisen (Kommission 1997: 165).

2 Ursachen der geringen Frauenerwerbstätigkeit in Deutschland

Die Frauenarbeitsmarktforschung hat in den vergangenen Jahrzehnten vielfältig nach Erklärungen für die geschlechtsspezifische Segmentation des Arbeitsmarktes und nach Begründungen für die geringe Erwerbsbeteiligung bundesdeutscher Frauen gesucht. Die Theorien der statistischen Diskriminierung, die Segmentationstheorie sowie die Humankapitaltheorie erweisen sich allerdings als wenig aussagekräftig. Es fehlen die Bezüge zu den gesellschaftlichen Bedingungen und es fehlt die Einbeziehung der Nachfrageseite. Nötig ist eine „Historisierung und Kontextualisierung" (Gottschall 1995: 146), eine „synthetische" Theorie, die die Vielzahl der Einflüsse systematisiert und bündelt (Cyba 1998: 58).

Wird der Kontext einbezogen, könnte die Humankapitaltheorie, nach der die Ehe als „Firma" (Becker 1985) angesehen wird, jedoch für die Erklärung der Unterschiede zwischen ökonomisch vergleichbaren Ländern von Relevanz sein: Politische Regulierungen können die Einverdiener-Ehe profitabel machen. Die OECD hat vorgerechnet, dass sich die Erwerbstätigkeit verheirateter Frauen in Deutschland aufgrund des Ehegattensplittings in der Einkommensbesteuerung besonders wenig lohnt: Wenn die Frau brutto 40% hinzuverdient, bleiben netto gerade mal 26%, und selbst bei 100% Zuverdienst sind es nur 63% (Schmidt 2004: 12). Weiter vermindert wird der Gewinn aus zusätzlicher Erwerbsarbeit um entfallende oder sich verringernde Sozialleistungen.[4] Im Folgenden wird aufgezeigt, dass derartige, an der Norm der Einverdiener-Ehe anknüpfende Regelungen keine Relikte vergangener Zeiten sind, sondern dass Frauen in Deutschland eher trotz politischer und institutioneller Hürden zunehmend erwerbstätig werden.

4 Abhängig vom addierten Einkommen der Ehegatten sind zum Beispiel das BAFöG der Kinder, das Wohngeld oder Zuschüsse im Rahmen des Sozialen Wohnungsbaus. Hinzu kommen erhöhte Kindergartengebühren, sofern die Kommune eine einkommensabhängige Preisstaffel vorsieht. Darüber hinaus erhält die Frau unter Umständen weniger Witwenrente, wenn ihre (nunmehr gestiegene) eigene Rente aus Erwerbstätigkeit eine bestimmte Grenze übersteigt.

2.1 Leitideen der Geschlechterpolitik

Franz Urban Pappi und Ilona Ostner (1994: 139f.) unterscheiden drei geschlechterpolitische Leitideen: die Idee der Gleichheit (*sameness*) der Geschlechter, der am ehesten die Geschlechterpolitik der USA folge; die Idee der Differenz (*difference*), die der Geschlechterpolitik der Bundesrepublik zugrunde liege, und die Idee der Gleichheit bei Anerkennung der Differenz (*equality*), die in Skandinavien vorherrsche. Die Leitidee, dass Frauen und Männer grundlegend verschieden sind und daher unterschiedliche Aufgaben in der Gesellschaft zu erfüllen haben, durchzieht die Geschlechterpolitik in Deutschland bis heute. Selbst in der DDR, wo das Leitbild der Erwerbstätigkeit aller Frauen herrschte, hatten Frauen eine „über die Biologie hergeleitete Hauptverantwortung (...) für die Versorgung und Erziehung der Kinder" (Penrose 1990: 63). Dennoch existieren gegenwärtig die Leitideen der „Geschlechterdifferenz" und der „Gleichheit der Geschlechter" nebeneinander. Die Erwerbstätigkeit von Müttern und Ehefrauen ist bei der ostdeutschen und der jüngeren westdeutschen Bevölkerung stärker akzeptiert als bei der älteren westdeutschen (BMFSFJ 1996: 48). Zudem ist der Grad der Frauenerwerbstätigkeit nicht nur zwischen Ost- und Westdeutschland unterschiedlich, sondern vor allem auch innerhalb Westdeutschlands. Ausschlaggebend ist dabei nicht das Arbeitsplatzangebot (Bender/Hirschenauer 1993), sondern es lassen sich zwischen den Regionen unterschiedliche kulturelle und ökonomische Entwicklungspfade nachzeichnen (Sackmann/Häussermann 1994).

Indem die Regierungen beziehungsweise Parteien das Modell der ‚*Male-breadwinner*-Ehe' sozialrechtlich absichern und sich – wenngleich meist nur verbal oder durch symbolische Politik – gleichzeitig für berufliche Karrieren von Frauen aussprechen, versuchen sie beiden Leitideen gerecht zu werden. Die einzige Phase einer verstärkt auf Gleichheit zielenden Geschlechterpolitik in der BRD waren die 1970er Jahre unter der sozialliberalen Koalition. Insbesondere sind verheiratete Frauen seit 1977 nicht mehr nur dann „berechtigt erwerbstätig zu sein, soweit dies mit ihren Pflichten in Ehe und Familie vereinbar ist" (BGB § 1356), sondern beide Ehegatten haben das gleiche Recht auf Erwerbstätigkeit. Doch schon in der zweiten Hälfte der 1970er Jahre rückten Massenerwerbstätigkeit und Geburtenrückgang die Einverdienerehe wieder in den Vordergrund und das Modell der „Partnerschaftsfamilie" wurde vom Leitbild der „Wahlfreiheit" abgelöst (Meyer-Ulrich 1986). Auch von den anderen Bundestagsparteien war während der Diskussionen um Arbeitsmarktreformen, auch der Hartz-Reformen, keine Initiative zugunsten einer Gleichstellung von Frauen mit Männern zu erwarten. Die CDU hat sich nach den Differenzen um die Forderung Norbert Blüms Anfang der 1980er Jahre, wonach Mütter nicht erwerbstätig sein sollten, auf die Kompromissformel der Gleichstellung von nicht-erwerbstätigen Frauen mit erwerbstätigen (also nicht von Frauen mit Männern) geeinigt. Die FDP orientiert sich, seit sie 1982 eine Koalition mit der CDU/CSU eingegangen war, an den konservativen Parteien, und bei den Grünen steht nach den Auseinandersetzungen zwischen Radikalfeministinnen und Verfechterinnen einer Position, die der „neuen Mütterlichkeit" Norbert Blüms sehr nahe kam, die realpolitische Durchsetzbarkeit im Vordergrund (ausführlich: Ostendorf 2005b: 145-159).

2.2 Frauenerwerbstätigkeit unter Rot-Grün

Obwohl die Leitidee der *sameness* sowohl innerhalb der SPD als auch der Grünen nicht allzu stark verankert war, trat die rot-grüne Bundesregierung 1998 mit dem Anspruch an, „die Gleichstellung von Mann und Frau wieder zu einem großen, gesellschaftlichen Reformprojekt [zu] machen" (Koalitionsvereinbarung 1998: Ziff. VIII). Geplant waren unter anderem ein Gleichstellungsgesetz für die Privatwirtschaft, die Reduzierung des Splittingvorteils in der Einkommensteuer, eine verstärkte Teilhabe von Frauen an der aktiven Arbeitsförderung, die Bindung der öffentlichen Auftragsvergabe an frauenfördernde Maßnahmen und die Vergabe der Hälfte aller Ausbildungsplätze an Mädchen. Die Regierung legte 1999 eigens ein Programm „Frau und Beruf" auf. Verwirklicht wurde hiervon nichts.

Anstelle der Erweiterung der Teilhabe von Frauen an den Maßnahmen der aktiven Arbeitsförderung wurde die soziale Absicherung der TeilnehmerInnen verschlechtert[5], um schließlich die Maßnahmen selbst abzubauen. Spätestens mit der Ablösung von Christine Bergmann durch Renate Schmidt als zuständiger Ministerin „verschwand eine wie auch immer geartete eigenständige Politik zur Gleichstellung der Geschlechter von der politischen Agenda und wurde durch eine so genannte ‚nachhaltige Familienpolitik' ersetzt oder verdrängt" (Lindecke 2005: 475). Für die berufliche Gleichstellung von Frauen wurde wenig getan und so blieb die geschlechtsspezifische Segmentation der Berufe und damit der Einkommenschancen unverändert.

Insbesondere setzte die rot-grüne Bundesregierung auf die Expansion des Dienstleistungssektors und meinte, Frauen hätten wegen ihrer diesbezüglichen Qualifikationen vergleichsweise gute Arbeitsmarktchancen (BMFSFJ 1999). Es dürfte deutlich geworden sein, dass in den expandierenden, unternehmensbezogenen Dienstleistungen weniger kaufmännische oder gar pflegerische oder erzieherische Qualifikationen gefragt sind als vielmehr Qualifikationen, die Frauen

5 TeilnehmerInnen an Arbeitsbeschaffungsmaßnahmen sind nicht mehr arbeitslosenversichert und erwerben somit keine Ansprüche auf Arbeitslosengeld.

häufig nicht haben. Der Denkfehler derartiger Überlegungen besteht darin, dass Sektoren mit Berufsgruppen gleichgesetzt werden.[6]

Allerdings reicht die Zahl der entsprechend qualifizierten Männer für die expandierenden unternehmensbezogenen Dienstleistungstätigkeiten mittelfristig nicht aus. Hier wären also Chancen für Frauen. Die gegenwärtige Arbeitsmarktpolitik aber ignoriert die kommenden Qualifikationsanforderungen, zwingt gering qualifizierte Frauen in ungeschützte Arbeitsverhältnisse oder in unbezahlte Arbeit und verweist gerade die Frauen, die möglicherweise zu den GewinnerInnen zukünftiger Arbeitsmarktentwicklungen zählen könnten – und die von der Ökonomie perspektivisch gebraucht werden –, zurück in die Nicht-Erwerbstätigkeit. Diese These werde ich im Folgenden erläutern.

3 Die aktuellen Maßnahmen: De- oder Refamilialisierung?

Ulla Knapp meint, die aktuellen Arbeitsmarktreformen seien „geschlechterpolitisch konzeptionslos" und folgten „keinem einheitlichen geschlechterpolitischen Leitbild" (Knapp 2004: 21). Die frauenpolitischen Effekte seien „unbeabsichtigte und zufällige Nebenwirkungen" (ebd.: 22). „Unbeabsichtigt" scheinen mir die Folgen nicht zu sein, aber ebenso wenig teile ich die Position von Ute Behning, die meint: „Frauen wie Männer sollen nun vollzeiterwerbstätig sein" (Behning 2005: 217). Vielmehr verweben sich unterschiedliche geschlechterpolitische Leitideen mit sozialen Stratifizierungen.

Sigrid Leitner, Ilona Ostner und Margit Schratzenstaller (2004) orientieren sich in ihrer Analyse an unterschiedlichen Lebenslagen von Frauen und kategorisieren Maßnahmen wie beispielsweise Veränderungen im Rentenrecht, die Absicherung von Teilzeitarbeit, den Ausbau öffentlicher Kinderbetreuung sowie Debatten um die Einkommensbesteuerung und Krankenversicherung als re- und de-familialisierend beziehungsweise als re- und de-kommodifizierend. Gleichzeitig bewerten sie die Maßnahmen, wobei sie als „negativ" ansehen, wenn das Spektrum an möglichen Lebensentwürfen eingeschränkt wird (ebd.: 17). Die negativen re-familialisierenden Maßnahmen träfen „vor allem (ältere) Frauen mit geringem eigenem Einkommen", die negativen de-familialisierenden „nicht erwerbstätige kinderlose verheiratete Frauen". Die positiven Maßnahmen sowohl

---

6 Von den Bürofachkräften beispielsweise arbeitet jede/r Vierte im produzierenden Gewerbe. Auch von den Rechnungskaufleuten und Datenverarbeitungsfachleuten ist noch jede/r Fünfte dort anzufinden. 28,9% der ElektrikerInnen, 19,5% der SchlosserInnen und 17,6% der MalerInnen und LackiererInnen arbeiten dagegen im Dienstleistungssektor. Das Verkehrsgewerbe zählt definitorisch sowieso zum Dienstleistungssektor und entsprechend sind 81,5% der KraftfahrzeuginstandsetzerInnen und 33% der FlugzeugmechanikerInnen im Dienstleistungsgewerbe tätig (IAB 2005).

der Re- als auch der De-Familialisierung bevorteilten Mütter, „die es sich leisten können, nicht erwerbstätig zu sein“ oder denen ein „Zukauf von Haushalts- und Betreuungsdiensten“ möglich ist (ebd.: 18).

An dieser Kategorisierung fällt auf, dass bei den negativen Maßnahmen der De-Familialisierung vorrangig auf Debatten um Einschränkungen der beitragsfreien Mitversicherung von Ehegatten und des Splitting-Vorteils der Einkommensbesteuerung verwiesen wird. Diese Debatten gibt es aber schon seit Jahrzehnten und das Bemerkenswerte daran ist, dass die Umsetzung von keiner Regierung in Angriff genommen wurde. Selbst die rot-grüne Bundesregierung, die in ihrer Koalitionsvereinbarung von 1998 eine Begrenzung des Splitting-Vorteils angekündigt hatte, nahm davon wieder Abstand. Nicht nur wäre ein solches Vorhaben möglicherweise an der konservativen Mehrheit im Bundesrat gescheitert und die Akzeptanz durch das Bundesverfassungsgericht war unsicher, sondern die Ursache für den Verzicht dürfte vor allem die Angst vor den WählerInnen gewesen sein. Männer hätten die Erfahrung gemacht, dass sie plötzlich 100 oder 200 Euro mehr Steuern zahlen müssen, während ihre im Minijob, das heißt ohne Steuerkarte arbeitenden Frauen nicht mehr nach Hause bringen. Ebenso dürfte es einem politischen Selbstmord gleichkommen, die kostenlose Mitversicherung geringfügig oder nicht-erwerbstätiger Ehefrauen in der gesetzlichen Krankenversicherung zu streichen. Die Gesamteinschätzung von Leitner, Ostner und Schratzenstaller: „Während also kinderlose Ehepartner zu Erwerbstätigen werden sollen, wird Ehepaaren mit Kindern weiterhin die Türe zum Ernährermodell offen gehalten bei gleichzeitiger Verbesserung der Vereinbarkeit von Familie und Beruf“ (ebd.: 19) ist meines Erachtens so nicht haltbar: Nicht der familiäre Status allein ist ausschlaggebend, sondern die Kombination dieses Status mit dem Beruf und den damit einhergehenden Möglichkeiten, Erwerbseinkommen zu erzielen. Die Hartz-Reformen knüpfen an diese Stratifizierung an.

4 Die Hartz-Reformen und ihre Umsetzung

Anlass für die Einberufung der Hartz-Kommission war der Anfang 2002 aufgedeckte Skandal, dass die Bundesanstalt für Arbeit (BA) ihre Vermittlungsstatistiken fälschte und bei den Stellenbesetzungen nur eine geringe Rolle spielt(e), was in den Sozialwissenschaften im übrigen längst bekannt war. Entsprechend bezog sich der Auftrag der Kommission darauf, Vorschläge für den zukünftigen Aufgabenzuschnitt und für eine neue Organisationsstruktur der BA aufzuzeigen (Kommission 2002: 14f.).

„Der Auftrag der Kommission bestand also nicht darin, ein umfassendes Konzept zur Arbeitsmarkt- und Beschäftigungspolitik vorzulegen“, wie Günther Schmid, ein Kommissionsmitglied, betont (Schmid 2003: 3). Dennoch habe „sich die Kommission in der Tat keine engen Grenzen gesetzt und den Auftrag auch als Aufforderung verstanden, Vorschläge für neue Instrumente zu entwickeln, bei deren Umsetzung die BA nur teilweise oder indirekt beteiligt ist“ (ebd.). Von der Bundesregierung wurden in der Folgezeit vor allem die Vorschläge für neue Instrumente umgesetzt, während diejenigen zur Organisationsreform, dem eigentlichen Kommissionsauftrag, mehr und mehr aus dem Blick gerieten.

Zur Frauenförderung enthält der Kommissionsbericht keine Empfehlungen. Vielmehr müssten „alle weiteren Vorschläge zur Konkretisierung detailliert [dahingehend] überprüft werden, inwieweit sie dem Postulat der Gleichstellung Rechnung tragen bzw. direkt oder indirekt Benachteiligungen fortschreiben oder neue entstehen lassen“ (Kommission 2002: Präambel). Eine Überprüfung nach den Kriterien des *Gender Mainstreaming* fand auch während der Umsetzung der Vorschläge nicht statt. Die Bundesregierung hatte sich schon bei der Auftragserteilung nicht um ihr eigenes Leitprinzip geschert. Darüber hinaus missachtete sie auch das Bundesgremienbesetzungsgesetz, wonach derartige Kommissionen zur Hälfte mit Frauen besetzt werden sollen: Unter den 15 Kommissionsmitgliedern befand sich nur eine Frau.

Der Kommissionsbericht geht auch nicht auf die bisherige Frauenpolitik der BA ein. Diese hat nicht die Gleichstellung von Männern und Frauen auf dem Arbeitsmarkt zum Ziel, sondern beschränkt sich im Wesentlichen auf die Gleichbehandlung arbeitslos gemeldeter Frauen mit arbeitslos gemeldeten Männern. Im Mittelpunkt ihrer Bemühungen stehen Berufsrückkehrerinnen. Damit ignoriert die BA, dass die Ursachen der Arbeitsmarktprobleme vieler erwachsener Frauen nicht darin bestehen, dass sie einen (Ehe-)Partner und/oder Kinder haben, sondern dass ihre Berufe wenig gefragt sind (Krüger 1998). Die Erstausbildung von Mädchen als Grundlage eines erfolgreichen Berufsverlaufs und eines weniger problematischen Wiedereinstiegs nach einer Familienphase wird von der BA in ihren Konzepten zur Frauenförderung kaum thematisiert (Ostendorf 2005b: 268ff.). Die Hartz-Kommission hat neben der Frauenpolitik auch die Abteilung Berufsberatung der BA nicht in ihre Analysen und Empfehlungen einbezogen.[7]

Bei der Umsetzung der Kommissionsempfehlungen blieben dann nicht nur deren unterschiedliche Wirkungen auf Frauen und Männer ausgeblendet, sondern der Ansatz des „Förderns und Forderns“ geriet gänzlich aus dem Gleichgewicht: Die ‚Forderungen' an Erwerbslose wurden gegenüber den Kommissionsvorga-

7 Im Kommissionsbericht wird die Berufsberatung nur an wenigen Stellen erwähnt. Auf S. 193 wird sie sogar fälschlicherweise zu den „internen Diensten“ gezählt.

ben teils sogar noch verschärft, während das ‚Fördern' aus zwei Gründen weitgehend ausblieb: Zum einen wurden die Reformen zum Bürokratieabbau bei der BA kaum in Angriff genommen. Zum anderen kranken die gegenwärtigen Arbeitsmarktreformen daran, dass sie sich auf die Vorschläge der Kommission beschränken und damit Maßnahmen, die außerhalb der BA angesiedelt werden müssten, von vornherein ausschließen.

4.1 Flickwerk anstelle von Reform

Insgesamt legte die Kommission einen Maßnahmenkatalog mit 13 Modulen vor. Einige davon wurden von vornherein verworfen, andere auf symbolische Politik reduziert, und der „Job-Floater" (ein Darlehen für Betriebe) wurde mangels Nachfrage wieder eingestellt.[8] Nach wie vor sind die Vermittlungserfolge der BA dürftig (Hess u.a. 2004: 11). Vor allem scheint sie sich immer noch vorrangig mit sich selbst zu beschäftigen. So wurden die Vorschläge der Hartz-Kommission zur Verschlankung der Bürokratie nicht umgesetzt und die Zahl der Dienstanweisungen, von denen es bisher ca. zwei pro Woche (!) gegeben hat, nahm sogar noch zu. Zum Internetangebot der BA und zur Modernisierung ihres internen Vermittlungs- und Beratungssystems bleibt nur Häme: Die geplanten Kosten von 65,5 Millionen Euro werden „um einen dreistelligen Millionenbetrag überschritten" (Vaut 2004: 71). Dabei kann das System nicht einmal die Krankenversicherungsbeiträge für die ALG II-EmpfängerInnen korrekt berechnen und konnte monatelang nicht ausweisen, wie viele Menschen ALG II beziehen. Derweil wurden die Weiterbildungsmaßnahmen zurückgefahren: Zwischen September 2003 und September 2004 wurden sie um 15,8% reduziert (BA 2005a: 107). Die Personal-Service-Agenturen (PSA), das „Herzstück" der Kommissionsvorschläge (Schmid 2003: 5), erwiesen sich zudem als Flop. 500.000 Menschen sollten hier beschäftigt werden. Tatsächlich sind seit Einführung der PSA im Jahr 2003 bis Oktober 2005 zusammengenommen gerade mal 91.860 Menschen über sie vermittelt worden (BA 2004b); der Frauenanteil betrug nur 29% (BA 2005b: 22). ‚Erfolgreich' waren lediglich die Instrumente Ich-AGs, Mini-Jobs und Überbrückungsgeld.

Die Ich-AGs (beziehungsweise Familien-AGs[9]) sollen Erwerbslosen den Einstieg in die Selbstständigkeit erleichtern und die Schwarzarbeit abbauen. Bei der Ich-AG wird, solange das Einkommen 25.000 Euro nicht übersteigt, in den

8 Eine ausführliche Zusammenstellung zur Umsetzung der Module findet sich in Jann/Schmid 2004: 92ff.

9 Familien-AGs erlauben die Mitarbeit von Familienmitgliedern, ohne dass das Einkommen der AG oder die Fördersummen erhöht wären.

ersten drei Jahren ein fixer, degressiver Zuschuss zwischen 600 und 240 Euro gezahlt. Beim Überbrückungsgeld ist die Höhe des Zuschusses vom vorherigen Verdienst abhängig. Von September 2003 bis September 2004 bewilligten die Arbeitsagenturen allein 171.267 Ich-AGs und zahlten 183.545-mal Überbrückungsgeld. Der Frauenanteil betrug bei den Ich-AGs 42,2%, beim Überbrückungsgeld 25,5% (BA 2005a: 107 u. 146). Frauen dürften aufgrund ihres meist geringeren Verdienstes seltener Anspruch auf das potenziell höhere Überbrückungsgeld haben – mit der Konsequenz, dass Männer beim Sprung in die Selbstständigkeit häufig besser ausgestattet werden. Im Laufe der Umsetzung ist ebenfalls die Vorgabe entfallen, dass Unternehmen nicht mehr Ich-AGs beauftragen dürfen, als sie selbst Beschäftigte haben. Denkbar ist nun, dass beispielsweise FriseurInnen und VerkäuferInnen genötigt werden, eine Ich-AG zu gründen, und sich stundenweise auf eigene Rechnung im Salon beziehungsweise Kaufhaus einzumieten.[10] Wie viele der derzeit geförderten Ich-AGs nach Auslaufen der Förderung als reguläre Unternehmen weiter bestehen können, bleibt abzuwarten.

Auch die Mini-Jobs (bis 400 Euro Einkommen) erweisen sich als ‚Renner', wenngleich anders als von der Hartz-Kommission gedacht. Mit ihnen sollten „Einkünfte aus Schwarzarbeit legalisiert werden, die sich nicht zu einer selbstständigen Beschäftigung als Vollerwerbsquelle transferieren lassen" (Kommission 2002: 169). In der Einführungsphase sollte die Mini-Job-Regelung „nur für haushaltsnahe Dienstleistungen" und nur für bislang Nichterwerbstätige gelten. Bei „positiven Arbeitsmarktentwicklungen" könne „zu einem späteren Zeitpunkt eine Ausweitung auf andere Tätigkeitsgruppen in Erwägung gezogen werden" (ebd.: 170). Die Bundesregierung ließ jedoch Mini-Jobs trotz der schlechten Arbeitsmarktentwicklungen von vornherein in allen Tätigkeitsbereichen zu und nahm somit in Kauf, dass reguläre Jobs durch Mini-Jobs ersetzt werden. „Der ernorme Einbruch bei der sozialversicherungspflichtigen Beschäftigung [deutet] auf einen massiven Substitutionseffekt zwischen geringfügiger und normaler Beschäftigung hin (...) und widerspricht dem von der Kommission formulierten Anspruch" (Oschmiansky 2004: 62; vgl. auch Rudolph in diesem Band). Ein Mini-Job wird von 18% (gut 4,5 Millionen) der sozialversicherungspflichtig Beschäftigten ausschließlich ausgeübt und von 6 Prozent (gut 1,5 Millionen) zusätzlich zur regulären Beschäftigung, davon sind 67,3% bzw. 56,3% Frauen (BA 2005a: 37). In der Statistik der Mini-JobberInnen zählen zwar auch RentnerInnen, Studierende und SchülerInnen mit, deutlich wird jedoch, dass es hier um

10 In Kaufhäusern ist das Shop-in-Shop-System seit Jahren gang und gäbe: Parfümhersteller beispielsweise mieten sich einige Quadratmeter und bauen dort ihren Stand auf. Bislang arbeiten dort angestellte Verkäuferinnen, häufig auf Provisionsbasis. Es wäre somit nur ein kleiner Schritt dahin, dass die Parfümhersteller ihren Stand an eine Ich-AG untervermieteten.

die Umwandlung sozialrechtlich abgesicherter Frauenarbeitsplätze in ungeschützte geht, mit der Folge der verstärkten finanziellen Abhängigkeit verheirateter Frauen von ihren Ehemännern.

Die bislang angeführten Maßnahmen verschlechtern eher die Chancen erwerbsloser Frauen, einen regulären Arbeitsplatz zu erhalten, als sie zu verbessern: Die Weiterbildungsmaßnahmen werden abgebaut und an den wenigen Arbeitsplätzen in den PSA haben Frauen nur einen geringen Anteil. Stattdessen dürfen sie ihr ‚Glück' als Selbstständige versuchen (bei vergleichsweise dürftiger Förderung) oder im Zweifel an ihrem früheren Arbeitsplatz arbeiten, nun aber als sozial nicht abgesicherte Mini-Jobberin. Letzteres verweist auf eine Stratifizierung entlang der beruflichen Qualifikationen: Entweder Frauen haben einen Beruf, der gefragt ist und in dem sie sich nicht auf ein ungeschütztes Arbeitsverhältnis einlassen müssen, oder sie werden re-familialisiert, also auf den Ehemann verwiesen. In den Regelungen zum ALG II wird dieses Muster besonders deutlich.

4.2 ALG II: Stratifizierung

Die Höhe des ALG I ist abhängig vom vorangegangenen Lohn beziehungsweise Gehalt. Bisher galt dies auch für die Arbeitslosenhilfe. Entsprechend fiel die Arbeitslosenhilfe bei Frauen meist niedriger aus als bei Männern und manche Frauen und Männer mussten ergänzend Sozialhilfe beantragen.[11] Das neue ALG II fasst die Arbeitslosenhilfe und die Sozialhilfe zusammen. Die Höhe entspricht der früheren Sozialhilfe. Für Januar 2006 weist die Statistik der BA fünf Millionen BezieherInnen von ALG II aus.[12] Betroffen sind Frauen (und Männer) je nach sozialem Status und Familienstand unterschiedlich. Bei denjenigen, die vorher gut verdient haben, sinkt durch das Hartz-IV-Gesetz das Einkommen gegenüber der früheren Arbeitslosenhilfe dramatisch; bei denjenigen, die vorher ergänzende Sozialhilfe bezogen haben, ändert sich nichts.

Schon bei der ‚alten' Arbeitslosenhilfe (ALHi) hatten insbesondere Frauen aufgrund der Anrechnung des Partnereinkommens vielfach keine Ansprüche. 2004 erhielten von den arbeitslos gemeldeten Männern 98% ALG oder ALHi,

11 Das durchschnittliche Arbeitslosengeld verheirateter Männer betrug im Jahr 2004 1.000 Euro, das der Frauen 596 Euro. Bei der Arbeitslosenhilfe war die Relation 671 zu 469 Euro (BA 2005a: 77).

12 Diese Zahl ist höher als die der arbeitslos gemeldeten ALG II-Bezieherinnen. Erwerbsfähige, die Angehörige pflegen oder kleine Kinder erziehen, erhalten ALG II, ohne zu den Arbeitslosen zu zählen. Hinzu kommen diejenigen, die zwar erwerbstätig sind, deren Einkommen aber nicht den Bedarfssatz des ALG II erreicht (BA 2006: 15). Als Arbeitslose registriert waren im Januar 2006 von den fünf Millionen ALG II -BezieherInnen 2,9 Mio (ebd.: 4).

von den Frauen waren es nur 85,4% (BA 2005a: 146.). Berechnungen des Instituts für Arbeitsmarkt- und Berufsforschung (IAB) zufolge reduziert sich die Zahl der Anspruchsberechtigten durch die Einführung des ALG II auf 83% der ehemaligen ArbeitslosenhilfebezieherInnen (Blos/Rudolph 2005). Nach Geschlechtern differenzierte Zahlen fehlen. Das ‚Vergehen' der von den Kürzungen betroffenen Frauen (und wenigen Männer) ist, mit einem Partner verheiratet zu sein – oder auch nur zusammenzuleben –, der Erwerbseinkommen hat (ein hohes Arbeitslosengeld reicht auch schon) und/oder der etwas fürs Alter oder für die Ausbildung der Kinder angespart hat (vgl. Wersig/Künzel/Berghahn in diesem Band). Aber nicht nur sind diese Frauen jetzt ausschließlich auf die Alimentierung durch ihre Männer angewiesen, auch andere Formen der Unterstützung durch die Arbeitsverwaltung stehen ihnen kaum noch zur Verfügung. Ihre Krankenversicherung wird nicht mehr bezahlt[13] und auf Maßnahmen der aktiven Arbeitsförderung haben Nicht-LeistungsbezieherInnen keinen Anspruch.

Arbeitsmarktchancen und Einkommen sind stark vom Beruf abhängig. Berufe aber geben auch darüber Auskunft, „wie die Freizeit verbracht wird, welche Schule die Kinder besuchen, wo man wohnt und mit wem man verkehrt" (Crusius/Wilke 1979: 48). Die Arbeitsmarktreformen wirken sich nicht nur nach sozialer Schicht und familiärem Status unterschiedlich aus, sondern sie haben – damit verknüpft – auch Einfluss auf das Arbeitskräftepotenzial, das für die neuen, anspruchsvollen Dienstleistungstätigkeiten zur Verfügung steht. Dies soll im Folgenden am Beispiel der Berufe Bäckereiverkäuferin und Bankkauffrau aufgezeigt werden.

Bäckereiverkäuferinnen verdienen wenig und haben meist nur einen Hauptschulabschluss, während Bankkauffrauen über ein höheres Einkommen verfügen und häufig auch die Hochschulreife vorweisen können.[14] Da das Bildungsniveau von Eheleuten sich meist nicht oder nur wenig unterscheidet, ist davon auszugehen, dass Bankkauffrauen mit mittleren oder höheren Angestellten verheiratet sind, während der Ehemann einer Bäckereiverkäuferin eher zu den Schlechtverdienenden gehört oder gar erwerbslos ist. Auch dürfte das zweite Ehepaar im Gegensatz zum ersten kaum über Vermögen verfügen. Würden beide Frauen über längere Zeit erwerbslos, erhielte die Bäckereiverkäuferin ALG II und die Bankkauffrau nicht. Die Bäckereiverkäuferin hätte somit im Gegensatz zur

13 Diese Frauen sind dann entweder in der gesetzlichen Krankenversicherung ihres Ehemannes mitversichert, oder ihr Mann (nicht sie!) erhält, falls er Beamter ist, 70% ihrer Krankheitskosten vom Arbeitgeber rückerstattet, oder die Frauen sind eben nicht versichert. In der Rentenversicherung erwerben diese Frauen Anrechnungszeiten, auch wenn sie kein ALG II erhalten.

14 Im Beruf FachverkäuferIn im Nahrungsmittelhandwerk hatten im Jahr 2001 70,3% der AusbildungsanfängerInnen höchstens einen Hauptschulabschluss, unter den angehenden Bankkaufleuten waren es lediglich 0,7%, und 59% verfügten über die Hochschulreife (Stat. Bundesamt 2002, Tab. 3a).

Bankkauffrau auch Anspruch auf Weiterbildung und Umschulung[15] Volkswirtschaftlich ist dieses System widersinnig: Die Frauen, die aufgrund ihrer vorhandenen Qualifikation das Potenzial hätten, sich für wachsende, anspruchsvolle Tätigkeitsbereiche zu qualifizieren, werden in die Familienarbeit verwiesen. Diejenigen aber, die schwerlich für derartig anspruchsvolle Tätigkeiten ausgebildet werden können, bilden die Klientel für Qualifizierungsmaßnahmen.

Darüber hinaus sind die Folgen in Bezug auf die Gerechtigkeit sowohl zwischen Frauen als auch zwischen Frauen und Männern erheblich. Eine Frau aus gesicherten sozialen Verhältnissen hat bei Problemen in der Ehe weniger Möglichkeiten ‚die Stimme zu erheben' oder ‚zu gehen'. Im Fall einer Scheidung werden ihr Vermögen und die Unterhaltszahlungen des Ehemannes auf den ALG II-Anspruch angerechnet. Hat sie mehr als circa 640 Euro monatlich zur Verfügung, entfällt ihr Anspruch. Die Bäckereiverkäuferin ohne Vermögen steht im Falle einer Scheidung zunächst materiell schlechter da, zumal ihr Mann kaum in der Lage sein dürfte, nennenswerten Unterhalt zu zahlen. Damit aber hat sie weiterhin Anspruch auf ALG II und somit auf Krankenversicherung, Weiterbildung und Umschulung, während die geschiedene Bankkauffrau derlei privat finanzieren muss.

Mit der Einführung des ALG II wurden für die BezieherInnen „Arbeitsgelegenheiten mit Mehraufwandsentschädigung", die so genannten Ein-Euro-Jobs, eingeführt. Dieses Instrument wurde *nicht* von der Hartz-Kommission vorgeschlagen, sondern entstammt der früheren Sozialhilfe. Vielfach wird befürchtet, dass solche Arbeitsgelegenheiten reguläre Arbeitsplätze vernichten. Verwertbare Zahlen dazu, in welchen Bereichen Arbeitsgelegenheiten geschaffen wurden, liegen zum gegenwärtigen Zeitpunkt noch nicht vor. Doch auch hier ist nach Berufen und sozialen Schichten zu differenzieren. Die Bankkauffrau (oder auch die Akademikerin), die kein ALG II erhält, kann solche Tätigkeiten verweigern – dies würde sie maximal die Anrechnungszeiten in der Rentenversicherung kosten. Als Arbeitskräftepotenzial für Ein-Euro-Jobs bleiben damit neben jüngeren Singles, die (noch) keine Ersparnisse haben, vor allem gering Qualifizierte. Eine Verdrängung von Fachkräften in sozialen Berufen oder im Bildungswesen durch Ein-Euro-Kräfte ist daher kaum wahrscheinlich. Darüber hinaus dürften Fachkräfte aber auch schon deshalb nicht auf Dauer durch Ein-Euro-Jobberinnen zu ersetzen sein, weil die übliche Befristung auf sechs Monate von den ArbeitgeberInnen verlangt, immer wieder neue Leute einzuarbeiten.

15 Die Bankkauffrau wird auch kaum Arbeitsplatzangebote erhalten, weil ihr kostenträchtige ALG I-EmpfängerInnen vorgezogen werden. Schließlich müsste die BA eine Ausgleichsabgabe an den Bund zahlen, wenn der ALG I-Anspruch erschöpft ist und die BezieherInnen ALG II erhalten.

Anders sieht es bei Hilfstätigkeiten aus. In der Gebäudereinigung, beispielsweise in Schulen, Krankenhäusern oder Pflegeheimen, in der Küche oder Wäscherei, für die bisher häufig 400-Euro-Kräfte eingesetzt wurden, sind nun dank Hartz IV Arbeitskräfte noch billiger zu haben. Zudem dürften sich – wie früher schon bei den Arbeitsbeschaffungsmaßnahmen (ABM) – „Rotationsarbeitsmärkte“[16] herausbilden: Die Ein-Euro-Jobberin erhält nach Ablauf ihrer Frist nicht etwa ein Angebot auf Festanstellung, sondern sie wird durch eine andere Ein-Euro-Jobberin ersetzt. Nach erneuter Arbeitslosigkeit kann sie dann – wiederum als Ein-Euro-Jobberin – zurückkehren. Hier haben die Hartz-Reformen ‚ganze Arbeit‘ geleistet: Zunächst wurden sozialversicherungspflichtige Beschäftigungsverhältnisse in Mini-Jobs verwandelt und dann die Mini-Jobs in Ein-Euro-Jobs. Derlei ehrenamtliche Arbeit, ebenfalls mit einer kleinen Aufwandsentschädigung, hatte die Zukunftskommission der Freistaaten Bayern und Sachsen für Frauen gefordert. Nun wurde dieses Konzept von Rot-Grün bundesweit umgesetzt.

5 Fazit

Festzuhalten bleibt, dass bei der Beurteilung arbeitsmarktpolitischer Maßnahmen die soziale Stratifizierung und – damit verbunden – Berufe als ‚Träger‘ von Einkommens- und Beschäftigungschancen mit einbezogen werden müssen. Nicht „alle Frauen und Männer“ und auch nicht „alle kinderlosen Ehepartner“ sollen nun zu Erwerbstätigen werden, sondern die Reformen spalten Frauen in drei Gruppen:

- Frauen, deren Berufe auf dem Arbeitsmarkt gesucht und die von den Hartz-Gesetzen nicht oder kaum berührt werden, weil sie allenfalls kurzfristig die Arbeitslosenversicherung in Anspruch nehmen müssen,
- Frauen aus unteren sozialen Schichten mit niedriger schulischer und beruflicher Qualifikation, die bei längerer Erwerbslosigkeit als „überflüssige Erwerbsbevölkerung“ zur Ein-Euro-Zwangsarbeit verpflichtet werden,
- Frauen aus sozial abgesicherten Schichten mit höherer Qualifikation, die bei länger anhaltender Erwerbslosigkeit auf den Verbrauch ihres Vermögens und vor allem auf ihren (Ehe-)Partner verwiesen werden und aus Reintegrationsmaßnahmen herausfallen.

---

16 In den sozialen Dienstleistungen waren schon in den 1980er und 1990er Jahren derartige „Rotationsarbeitsmärkte“ zu beobachten (Ostendorf 1987, Henninger 2005).

Dabei ist es im Wesentlichen unerheblich, ob versorgungsbedürftige Kinder vorhanden sind. Eine mehrköpfige Bedarfsgemeinschaft hat lediglich Anspruch auf ein ‚entsprechend' höheres ALG II.

Die erste der genannten Gruppen von Frauen kann ihr Leben unabhängig vom Partner gestalten. Die zweite Gruppe kann zwar ‚gehen', selbstbestimmt leben können diese Frauen dann aber dennoch nicht: Ihr Vormund ist jetzt die Arbeitsagentur, die sie gegebenenfalls zur Aufnahme von Ein-Euro-Jobs zwingt. Für die dritte Gruppe wäre eine Trennung mit drastischen Einkommens- und Vermögenseinbußen verbunden. Vereinzelte politische Maßnahmen, wie die Zulassung der selbstständigen Aufnahme von Erwerbstätigkeit durch Ehefrauen im Jahr 1977 und auch die Formulierungen in der rot-grünen Koalitionsvereinbarung von 1998, folgten der Idee der Gleichheit. Doch gerade das Schicksal des Programms „Frau und Beruf" (BMFSFJ 1999) der rot-grünen Regierung, von dem letztlich nichts verwirklicht wurde, macht deutlich, wie wenig diese Leitidee selbst bei der SPD und den Grünen verankert ist. In diesem Sinne sind die Effekte der Hartz-Reformen auch nicht „zufällig".

Die Hartz-Kommission hat die Gleichstellung von Frauen nicht mitgedacht, vielmehr orientierte sie sich am Modell des ‚aktivierenden Staates'. Ihr ging es somit *nicht* um staatliche Maßnahmen zur Integration benachteiligter Gruppen, auch nicht um die Integration von Frauen. Indem sie aber die Regelungen, die der Leitidee der Differenz der Geschlechter folgten, nicht in Frage stellte, knüpfte sie implizit daran an. Nicht zuletzt wird dies an ihrem Vorschlag deutlich, haushaltsnahe Dienstleistungstätigkeiten zu legalisieren, *ohne* sie sozialrechtlich abzusichern. Auch hat die Kommission die Frauenpolitik der Bundesanstalt nicht einbezogen. Sie nimmt nicht Stellung dazu, dass diese ein Drei-Phasen-Modell weiblicher Lebensverläufe unterstellt und damit in Kauf nimmt, dass Mädchen Berufe lernen, in denen die Arbeitsmarkt- und Einkommenschancen gering sind und die somit einen kontinuierlichen Erwerbsverlauf und einen Wiedereinstieg schwer machen.

Im Zuge der Umsetzung der Reformen verschränkte sich die Leitidee der Differenz der Geschlechter mit den Zielen der Deregulierung und der Kürzung staatlicher Ausgaben: Noch mehr (Ehe-)Frauen als vordem erhalten nun keine Lohnersatzleistungen mehr, Weiterbildungsmaßnahmen werden zurückgefahren und an die Stelle aktiver Arbeitsmarktpolitik mit dem Ziel der Reintegration in den ersten Arbeitsmarkt ist ‚ehrenamtliche' Zwangsarbeit getreten. Unter ökonomischen Aspekten gänzlich absurd ist die Konsequenz, dass gerade qualifizierte Frauen de-kommodifiziert und re-familialisiert werden.

Hinsichtlich der Gerechtigkeit der Hartz-Reformen sind zwei Ebenen zu unterscheiden: das Verhältnis zwischen den Geschlechtern und die soziale Stratifizierung. Schon der Begriff der Gerechtigkeit setzt *Unterschiedliches* voraus.

Entsprechend argumentieren auch Leitner, Ostner und Schratzenstaller (2004) aus der Differenzlogik, wenn sie Maßnahmen als „positiv" bewerten, die Frauen nahe legen, ‚zu Hause' zu bleiben und ihren Ehemännern sogar dafür noch einen Steuerbonus gewähren. Wird der Aspekt der Abhängigkeit von Frauen von ihren (Ehe-)Männern einbezogen, erscheinen mir derartige Maßnahmen alles andere als „positiv". Die Re-Familialisierung von Frauen, die auf dem Arbeitsmarkt nicht gebraucht werden, schränkt deren Spektrum möglicher Lebensentwürfe ein. Zudem können Frauen aus unteren sozialen Schichten es sich nicht leisten, nicht erwerbstätig zu sein (und werden sogar zur Arbeit zwangsverpflichtet).

Die Hartz-Reformen entthematisieren die Geschlechterfrage und lenken von der Diskussion weitergehender Reformmaßnahmen ab. Sinnvoll wäre, dass die Diskussion um die Hartz-Reformen auf den ursprünglichen Kommissionsauftrag „zurückgestutzt" wird (Kurz-Scherf/Scheele 2002: 9). Modelle wie Übergangsarbeitsmärkte sowie die Regelung und Begünstigung „biographisch oder wirtschaftlich bedingte[r] starke[r] Abweichungen vom Fließgleichgewicht der 30-Stunden-Woche"[17] (Schmid 2002: 175ff.) kommen im Kommissionsbericht nicht vor, obwohl sie von einem Kommissionsmitglied entwickelt wurden. Darüber hinaus wären andere Überlegungen erneut in die Diskussion einzubringen. ALG II und die Aufwandsentschädigung aus dem Ein-Euro-Job ergeben in manchen Bereichen schon fast ein Tarifgehalt. Ein-Euro-Jobs könnten also ohne großen finanziellen Aufwand in reguläre Beschäftigung umgewandelt werden. Der Um- und Ausbau der Solidaritätsabgabe Ost zu einer Arbeitsmarktabgabe und daraus finanzierte Sozial- und Bildungsausgaben könnten Frauenarbeitsplätze schaffen und zudem dem Wohlstand der Gesellschaft nützlich sein.

Das ‚Frauenproblem' am Arbeitsmarkt ist wahrlich nicht nur ein Problem der Vereinbarkeit von Familie und Beruf. Es geht um mehr als um Gerechtigkeit zwischen den Geschlechtern. Allein der Begriff der Gerechtigkeit naturalisiert die Verschiedenheit der Geschlechter und verdeckt damit, dass diese sozial und politisch konstruiert wird. Wollen und sollen Frauen nicht länger abhängig sein, müssen Benachteiligungen beseitigt und die Gleichheit der Teilhabechancen hergestellt werden. Notwendig wäre, dass Frauen, ob gegenwärtig arbeitslos gemeldet oder nicht, in Berufen qualifiziert werden, die ihnen jetzt und zukünftig Perspektiven auf dem Arbeitsmarkt eröffnen.

---

17 Die 30-Stunden-Woche definiert Schmid als „Zielgröße der marktförmigen Arbeit für Frauen und Männer gleichermaßen", da eine 32-Stunden-Woche schon heute dem Stand der Produktivität entspreche, „die zur Erwirtschaftung des jetzigen Volkseinkommens gearbeitet werden müsste, wenn alle, die arbeiten möchten, auch erwerbstätig wären" (Schmid 2002: 218). Die „Fließgröße" bezieht sich auf die Lebensarbeitszeit. Eine 50-Stunden-Woche ist dabei ebenso möglich wie längere Weiterbildungszeiten und ein Sabbatical.

Literatur

Becker, Gary S. (1985): Human Capital, Effort, and the Sexual Division of Labor. In: Journal of Labor Economics 3, 1 (1985): 33-58

Becker-Schmidt, Regina/Knapp, Gudrun-Axeli: Das Geschlechterverhältnis als Gegenstand der Sozialwissenschaften. Frankfurt/Main, New York: Campus

Beckmann, Petra (2005): Frauenbeschäftigung im Arbeitsraum Europa – zur Aussagekraft der EU-Beschäftigungsquote. In: Lepperhoff/Satilmis/Scheele (2005): 67-82

Behning, Ute (2005): Hartz IV und Europa. In: Blätter für deutsche und internationale Politik 2 (2005): 217-226

Bender, Stefan/Hirschenauer, Franziska (1993): Regionale Unterschiede in der Frauenerwerbstätigkeit – Eine Typisierung westdeutscher Arbeitsmarktregionen. In: Mitteilungen aus der Arbeitsmarkt- und Berufsforschung 3 (1993): 294-312

Blos, Kerstin/Rudolph, Helmut (2005): Simulationsrechnungen zum Arbeitslosengeld II. Verlierer, aber auch Gewinner. IAB-Kurzbericht 17 (2005)

Bundesagentur für Arbeit (2004a): Mini- und Midijobs in Deutschland. Sonderbericht. Dezember 2004. Nürnberg

Bundesagentur für Arbeit (2004b): Übersicht über die laufende PSA sowie Eintritte, Bestand und Austritte von PSA-Arbeitnehmern. Oktober 2004 (www.igzeitarbeit.de/ igz-intern/site/html/common/psa/mediaDownload.php?mfid=695)

Bundesagentur für Arbeit (2005a): Arbeitsmarkt 2004. Amtliche Nachrichten, Sondernummer 30. August 2005. Nürnberg

Bundesagentur für Arbeit (2005b): Entwicklung der Chancengleichheit von Frauen und Männern am Arbeitsmarkt. Nürnberg

Bundesagentur für Arbeit (2006): Bedarfsgemeinschaften und Leistungsempfänger nach SGB II. Berichtsmonat: Januar 2006 – vorläufige Daten. Nürnberg

Bundesministerium für Familie, Senioren, Frauen und Jugend (Hrsg.) (1996): Gleichberechtigung von Frauen und Männern: Wirklichkeit und Einstellung in der Bevölkerung 1995. Stuttgart: Kohlhammer

Bundesministerium für Familie, Senioren, Frauen und Jugend (Hrsg.) (1999): Programm Frau und Beruf. Berlin

Crusius, Reinhard/Wilke, Manfred (1977): Plädoyer für den Beruf. In: Aus Politik und Zeitgeschichte B 48 (1977): 3-13

Cyba, Eva (1998): Geschlechtsspezifische Arbeitsmarktsegregation: Von den Theorien des Arbeitsmarktes zur Analyse sozialer Ungleichheiten am Arbeitsmarkt. In: Geissler/Meyer/Pfau-Effinger (2005): 37-62

Deutsche Forschungsgemeinschaft, Senatskommission für Frauenforschung (Hrsg.) (1994): Sozialwissenschaftliche Frauenforschung in der Bundesrepublik Deutschland. Bestandsaufnahme und forschungspolitische Konsequenzen. Berlin: Akademie Verlag

Duncan, Simon (Hrsg.) (1994): The Diverse Worlds of European Patriarchy. Special Issue of Environment and Planning 26, 9 (1994)

Engelbrech, Gerhard/Jungkunst, Maria (1999): Die Zukunft der Frauenbeschäftigung. Veränderung der Arbeitslandschaft nach Tätigkeiten und Qualifikationsebenen zwischen 1995 und 2010. IAB-Werkstattbericht 20 (1999)

Esping-Andersen, Gøsta (1990): Three Worlds of Welfare Capitalism. Cambridge: Princeton University Press

Esping-Andersen, Gøsta (1999): Social Foundations of Postindustrial Economies. Oxford: Oxford University Press

Geissler, Birgit/Maier, Friederike/Pfau-Effinger, Birgit (Hrsg.) (1998): FrauenArbeits Markt. Der Beitrag der Frauenforschung zur sozio-ökonomischen Theorieentwicklung. Berlin: Edition Sigma

Gottschall, Karin (1995): Geschlechterverhältnis und Arbeitsmarktsegregation. In: Becker-Schmidt/Knapp (1995): 125-162

Haibach, Marita/Immekötter, Mechthild/Rühmkorf, Eva u.a. (Hrsg.) (1986): Frauen sind nicht zweite Klasse. Frauenpolitik für Gleichstellung. Hamburg: VSA

Henninger, Annette (2005): Selbstgebaute Barrieren – Netzwerkschließung als Hindernis bei der Umsetzung von Frauenpolitik. In: Henninger, Annette et al. (2005): 139-159

Henninger, Annette/Ostendorf, Helga (Hrsg.) (2005): Die politische Steuerung des Geschlechterregimes. Beiträge zur Theorie politischer Institutionen. Wiesbaden: VS Verlag für Sozialwissenschaften

Hess, Doris/Steinwede, Angelika/Schröder, Helmuth/Smid, Menno (2004): Akzeptanz der Bundesagentur für Arbeit. Nullmessung im Jahr 2004. Ergebnisbericht. Bonn (Infas).

Institut für Arbeitsmarkt- und Berufsforschung (2005): Berufe im Spiegel der Statistik. Beschäftigung und Arbeitslosigkeit 1999 – 2004 (http://www.pallas.iab.de/bisds/ berufe.htm)

Jann, Werner; Schmid, Günther (Hrsg.) (2004): Eins zu eins? Eine Zwischenbilanz der Hartz-Reformen am Arbeitsmarkt. Berlin: Edition Sigma..

Knapp, Ulla (2004) Die neuen Gesetze am Arbeitsmarkt – was bringen sie für Frauen? HWP. Diskussionsonsbeiträge aus dem Fachgebiet Volkswirtschaftslehre an der HWP 9 (2004). Hamburg (http://www.bag-frauen.de/html/frame.html, 08.05.2006)

Koalitionsvereinbarung zwischen der Sozialdemokratischen Partei Deutschlands und Bündnis 90/Die Grünen. In: Frankfurter Rundschau vom 22. Oktober 1998: 21-26

Kommission (2002): „Moderne Dienstleistungen am Arbeitsmarkt“: Vorschläge der Kommission zum Abbau der Arbeitslosigkeit und zur Umstrukturierung der Bundesanstalt für Arbeit. Berlin

Kommission für Zukunftsfragen der Freistaaten Bayern und Sachsen (1997): Erwerbstätigkeit und Arbeitslosigkeit in Deutschland. Teil III: Maßnahmen zur Verbesserung der Beschäftigungslage. Bonn

Krüger, Helga (1998): Geschlechtersensible Chancenforschung. In: WSI-Mitteilungen 1998. 143-152

Kurz-Scherf, Ingrid; Scheele, Alexandra (2002): Hartz-Stück der Arbeitsmarktpolitik? Einwände gegen die Übergabe der Politik an die Wirtschaft. In: Gewerkschaftliche Monatshefte 10-11 (2002): 616-623

Leitner, Sigrid; Ostner, Ilona; Schratzenstaller, Margit (2004): Einleitung: Was kommt nach dem Ernährermodell? Sozialpolitik zwischen Re-Kommodifizierung und Re-Familialisierung. In: Leitner et.al. (2004): 9-27

Leitner, Sigrid; Ostner, Ilona; Schratzenstaller, Margit (Hrsg.) (2004): Wohlfahrtsstaat und Geschlechterverhältnis im Umbruch. Was kommt nach dem Ernährermodell. Wiesbaden: VS Verlag für Sozialwissenschaften

Lepperhoff, Julia/Satilmis Ayla/Scheele, Alexandra (Hrsg.) (2005): Made in Europe. Geschlechterpolitische Beiträge zur Qualität von Arbeit. Münster: Westfälisches Dampfboot

Lindecke, Christiane (2005): Von der Gleichstellung der Geschlechter zur nachhaltigen Familienpolitik. WSI Mitteilungen 8 (2005): 473-477

Meyer-Ullrich, Gabriele (1986): Überblick über wirtschaftliche und politische Bedingungen der Frauengleichstellung in der BRD seit 1945. In: Haibach et al. (1986): 115-138

Oschmiansky, Frank (2004): Bekämpfung von Schwarzarbeit. (Ich-AG, Mini-Jobs). In: Jann/Schmidt (2004): 19-37

Ostendorf, Helga (1987): Arbeitsbeschaffungsmaßnahmen für Frauen? Die Unzulänglichkeit des „wichtigsten arbeitsmarktpolitischen Instruments“. In: Rudolph et al. (1987): 29-41

Ostendorf, Helga (2005a): Politische Steuerung durch Symbole und Verfahrensweisen – Die Mädchenpolitik der Berufsberatung. In: Henninger/Ostendorf (2005): 115-137

Ostendorf, Helga (2005b): Steuerung des Geschlechterverhältnisses durch eine politische Institution. Die Mädchenpolitik der Berufsberatung. Opladen: Barbara Budrich

Ostner, Ilona (1995): Arm ohne Ehemann? Sozialpolitische Regulierung von Lebenschancen für Frauen im internationalen Vergleich. In: Aus Politik und Zeitgeschichte B 36-37 (1995): 3-12

Pappi, Franz Urban/Ostner, Ilona (1994): Policy-Forschung zur Frauen- und Geschlechterpolitik. In: Deutsche Forschungsgemeinschaft (1994): 136-144

Penrose, Virginia (1990): Vierzig Jahre SED-Frauenpolitik: Ziele, Strategien und Ergebnisse. In: Zeitschrift für Frauenforschung 4 (1990): 60-77

Reinberg, Alexander/Hummel, Markus (2003): Steuert Deutschland langfristig auf einen Fachkräftemangel zu? In: IAB Kurzbericht 9 (2003). Nürnberg

Rudolph, Hedwig/Manthey, Helga/Mayer, Christine/Ostendorf, Helga/Rabe-Kleberg, Ursula/Stahr, Ingeborg (Hrsg.) (1987): Ungeschützte Arbeitsverhältnisse. Frauen zwischen Risiko und neuer Lebensqualität. Hamburg: VSA

Sackmann, Rosemarie/Häussermann, Hartmut (1994): Do Regions Matter? Regional Differences in Female Labour Market Participation in Germany. In: Duncan, Simon (1994): 1377-1396

Schmid, Günther (2002): Wege in eine neue Vollbeschäftigung. Übergangsarbeitsmärkte und aktivierende Arbeitsmarktpolitik. Frankfurt/Main, New York: Campus

Schmid, Günther (2003): Moderne Dienstleistungen am Arbeitsmarkt: Strategie und Vorschläge der Hartz-Kommission. In: Aus Politik und Zeitgeschichte B 6-7 (2002): 3-6

Schmid, Günther (2004): Gleichheit und Effizienz auf dem Arbeitsmarkt. Überlegungen zum Wandel und zur Gestaltung des „Geschlechtervertrags" (http://web.fu-berlin.de/gpo/guenther_ schmid.htm)

Schnur, Peter/Zirka, Gerd (2005): Projektion des Arbeitskräftebedarfs bis 2020. Nur zögerliche Besserung am deutschen Arbeitsmarkt. IAB Kurzbericht 12 (2005). Nürnberg

Statistisches Bundesamt (2002): Fachserie 11, Reihe 3. Bildung und Kultur. Berufliche Bildung. Wiesbaden

Vaut, Simon (2004): Umbau der BA. In: Jann/Schmid (2004): 63-75

Weidig, Inge/Hofer, Peter/Wolff, Heimfrid (1999): Arbeitslandschaft 2010 nach Tätigkeiten und Tätigkeitsniveau. Nürnberg: Bundesanstalt für Arbeit

Du *putzt* Deutschland: Die Prekarisierung von Erwerbsarbeit in der Reinigungsbranche[1]

Dagmar Baatz/Heidi Schroth

> „Egal, wo Du arbeitest. Egal, welche Position Du hast. (...) Das Wichtigste ist nicht, was andere über Deine Arbeit sagen. Sondern, dass Du tust, was Du liebst. Machen wir uns die Hände schmutzig. (...) Es gibt keine Geschwindigkeitsbegrenzung auf der Deutschlandbahn." (www.du-bist-deutschland.de)

In der aktuellen Medienkampagne „Du bist Deutschland"[2] werben prominente und unbekannte Bürger/innen mit diesen und anderen Slogans dafür, die eigenen Geschicke selbst in die Hand zu nehmen. Sie suggerieren, dass mit genügend Eifer eine Verbesserung der Arbeits- und Lebensbedingungen zu erwirken wäre. Eine Reinigungskraft, die bezeichnenderweise die Worte „mit dem Rücken zur Wand" sagt, bewirbt das Projekt Deutschland in dieser Kampagne, die dazu aufruft, sich „selbst anzufeuern": „Bring die beste Leistung. [...] Übertriff Dich selbst."

In dieser Kampagne bleiben – wie in weiten Teilen des öffentlichen Diskurses – reale Ausdifferenzierungsprozesse von Arbeits- und Lebensbedingungen, deren Funktion für die postfordistische Gesellschaft, Anerkennungs- und Bewertungsdefizite und die Relevanz politischer Regulierung für die Veränderungsprozesse in der Erwerbsarbeit unberücksichtigt. Eigene individuelle Interessen werden mit denen des Standorts Deutschland gleichgesetzt, die Menschen selbst für die Überwindung misslicher Arbeits- und Lebensumstände verantwortlich gemacht.

Uns geht es im Folgenden darum, die Frage nach sozialer Gerechtigkeit anhand von Spaltungsprozessen in der Sphäre der Erwerbsarbeit, die sich in einer Ausdifferenzierung von Beschäftigungsformen und -perspektiven manifestieren, vor dem Hintergrund politischer Regulierung zu betrachten. Wir fragen nach dem Prekaritätspotenzial atypischer Arbeit, den politischen Maßnahmen, die

---

1 Wie bedanken uns bei Lena Schürmann und Ayla Satilmis für die langjährige gute Zusammenarbeit, für zahlreiche Anregungen, Diskussionen und konstruktive Kritik. All dies hat uns auch bei der Erstellung dieses Artikels unterstützt.

2 Es handelt sich hierbei um eine Aktion deutscher Medien im Rahmen der Initiative „Partner für Innovation". Alle Textpassagen sind zu finden unter: www.du-bist-deutschland.de, zuletzt gesichert am 22.01.2006.

Atypisierungsprozesse forcieren und nach den Folgen für die Beschäftigten. Unser Augenmerk richten wir hierbei insbesondere auf prekäre Beschäftigungsverhältnisse im als ‚einfach' deklarierten Dienstleistungsbereich des Reinigungsgewerbes und auf die Transformationen der Arbeitsbedingungen und Lebensperspektiven der dort Beschäftigten.

Im ersten Teil des Beitrages werden wir die Kriterien für prekäre Erwerbsarbeit in Abgrenzung zum so genannten Normalarbeitsverhältnis benennen und deren Relevanz auch für hegemoniale Beschäftigungsformen analysieren. Dabei gehen wir davon aus, dass die Ausgestaltung und Transformation von Arbeitsbedingungen branchenspezifisch verläuft und die Zuweisung auf atypische/prekäre versus reguläre Beschäftigung einen *gender bias* aufweist. Eine Ursache von Atypisierungstendenzen und der Zunahme prekärer Beschäftigung ist unseres Erachtens in ihrer politischen Regulierung begründet. Deshalb werden wir anschließend auf die grundlegende Ausrichtung aktueller arbeitspolitischer Maßnahmen eingehen, Prekarität als „Produkt des politischen Willens" (Bourdieu 1998: 97) skizzieren und problematisieren.

Im zweiten Teil werden wir die Auswirkungen der gesetzlichen Neuregelungen exemplarisch für das Reinigungsgewerbe untersuchen. Das Reinigungsgewerbe ist für unser Vorhaben besonders geeignet, da es sich hierbei um ein klassisch prekäres Tätigkeitsfeld handelt. Es gilt zugleich als Vorreiter der Flexibilisierung von Arbeitszeiten und der Re-Regulierung von Beschäftigungsverhältnissen. Es ist gekennzeichnet von einer geschlechterdualistisch geprägten Aufgabenverteilung, die sich neben Tätigkeitsmerkmalen auch in der Entlohnung, dem Grad der Professionalisierung und der Beschäftigungsform unterscheidet. Wir werden uns mit der Frage auseinandersetzen, in welcher Form und in welchem Ausmaß sich die Förderung vor allem von geringfügiger Beschäftigung und Leiharbeit auf die Branche niederschlägt und welche Veränderungen sich dadurch für die Ausgestaltung von Arbeitsverhältnissen und -bedingungen ergeben.

1 Was ist prekäre Arbeit?

In der sozialwissenschaftlichen und politischen Debatte wird prekäre Arbeit als Unterschreitung der Normalitätsstandards von Erwerbsarbeit betrachtet. Entsprechend der hegemonialen Ausformung von Arbeitsverhältnissen handelt es sich bei prekärer Beschäftigung um ein Phänomen, das zeitlich und kulturell variieren kann. Da Prekarität als Abweichung verstanden wird, muss zunächst skizziert werden, welche Standards von Erwerbsarbeit sich im bundesdeutschen Wohlfahrtsstaat herausgebildet haben: Obwohl die begriffliche Bestimmung und seine

Bedeutung für die modernen Gesellschaften umstritten sind (vgl. Wagner 2000), gelten folgende Kriterien für das so genannte Normalarbeitsverhältnis: eine unbefristete Vollzeiterwerbstätigkeit außerhalb des eigenen Haushaltes, ein tarifvertraglich normiertes und existenzsicherndes Entgelt, die Weisungsgebundenheit der abhängig Beschäftigten vom Arbeitgeber sowie die gleichmäßige Verteilung der Arbeitszeit über die Werktage. Mit der Maxime des Ehegattenunterhalts[3] und zunehmend auch der Haushaltsgemeinschaft (vgl. Wersig/Künzel/Berghahn in diesem Band) wird durch ein solches Arbeitsverhältnis der finanzielle Unterhalt auch von Angehörigen sichergestellt. Vor allem aber begründet das so genannte Normalarbeitsverhältnis eine soziale Absicherung hinsichtlich individueller Risiken wie Krankheit, Alter und Erwerbslosigkeit (vgl. Mayer-Ahuja 2003: 33ff.).

Als zentrale Merkmale prekärer Arbeit gelten somit ökonomische Benachteiligungen, die sich sowohl in einem geringen (teilweise nicht existenzsichernden) Einkommen, in einer unzureichenden Einbindung in soziale Sicherungssysteme (Miko et al. 2002) als auch in einer Unterschlagung tariflicher und gesetzlicher Mindeststandards äußern. Aufgrund der Koppelung von Erwerbseinkommen mit den Beitragszahlungen in die Sozialkassen können zudem Lohnersatzleistungen bei Erwerbslosigkeit und im Rentenalter keine angemessene finanzielle Grundlage bieten. Mayer-Ahuja (2003) erweitert den Aspekt der ökonomischen Unsicherheit um den einer sozialen Unsicherheit: Arbeitsplatzunsicherheit, unstetige, häufig kurze Arbeitszeiten, häufiger Arbeitsortwechsel, die Unterschreitung betrieblicher Integrationsstandards beziehungweise eine fehlende Einbettung in betriebliche Kollegialität und eine unzureichende Partizipation an betrieblicher Mitbestimmung versteht sie als weitere Kennzeichen prekärer Beschäftigung (vgl. auch Dörre 2005).

Die subjektive Dimension von Prekarität geht weit über finanzielle Nöte und Ängste hinsichtlich eines Arbeitsplatzverlustes hinaus. Sie beeinflusst das soziale Gefüge und die Lebensperspektiven der prekär Beschäftigten. Es handelt sich um

> „(…) die Destrukturierung des unter anderem seiner zeitlichen Strukturen beraubten Daseins und de[n] daraus resultierende[n] Verfall jeglichen Verhältnisses zur Welt, zu Raum und Zeit. Prekarität hat bei dem, der sie erleidet, tief greifende Auswirkungen. Indem sie die Zukunft überhaupt im Ungewissen lässt, verwehrt sie den Betroffenen gleichzeitig jede rationale Vorwegnahme der Zukunft und vor allen Dingen jenes Mindestmaß an Hoffnung und Glauben an die Zukunft (...).“ (Bourdieu 1998: 97)

3 Als Voraussetzung für das so genannte Normalarbeitsverhältnis gilt, zumindest wenn betreuungsabhängige Personen im Haushalt leben, dass Haus- und Familienarbeit in der Regel von Ehefrauen übernommen wird. Die soziale und ökonomische Absicherung von nicht oder nur teilweise erwerbstätigen Frauen und Kindern leitet sich aus den Erwerbsverhältnissen der (Ehe-) Männer ab.

Gleichwohl wirkt sich Erwerbsarbeit unterhalb gängiger Standards für die Betroffenen sehr unterschiedlich aus. Neben der sozialen Verortung spielen anderweitige (finanzielle) Ressourcen, berufliche und soziale Perspektiven sowie die berufliche Qualifikation eine entscheidende Rolle. Differenziert werden muss hierbei zwischen der Aufnahme einer prekären Arbeit als kurzfristiger, mehr oder weniger präferierter Beschäftigungsform und der Verstetigung prekärer Arbeits- (und Lebensumstände). Das Prekaritätspotenzial entfaltet sich vor allem dann, wenn keine Alternative zur prekären Erwerbsarbeit besteht[4] und eine anderweitige Absicherung nicht sichergestellt ist.[5] Dadurch wird eine soziale Verunsicherung und Diskontinuität ausgelöst, einzelne Lebensphasen und ganze Lebenskonzepte können als bedroht wahrgenommen werden und die Teilhabe am sozialen Leben kann nicht mehr sichergestellt werden (vgl. Dörre et al. 2004; Kraemer/Speidel 2004: 121ff.).

1.1 Gesellschaftliche Implikationen prekärer Arbeit

Atypische Arbeitsformen, die bislang vorrangig in gering qualifizierten und marginalisierten Berufsfeldern vorhanden waren, haben spätestens seit den 1980er Jahren zugenommen. Die Ausweitung von Leiharbeit[6], (Solo-)Selbstständigkeit, befristeten Arbeitsverträgen, Teilzeitarbeit und geringfügiger Beschäftigung[7] sind Symptome dieser Entwicklung.[8] Die Prekarisierung von Arbeit kann

4 Ein verknapptes Arbeitsplatzangebot, eine für den Arbeitsmarkt unzureichende formale Qualifizierung und eine soziale Situation, die eine Aufnahme regulärer Beschäftigung verhindert – beispielsweise wenn Kinder oder Pflegebedürftige zu betreuen sind – zählen zu den Ursachen dafür, dass eine prekäre Beschäftigung mangels Alternativen aufgenommen werden muss.

5 Insbesondere formal gering Qualifizierte sind in prekären Arbeitsformen anzutreffen, weil im Bereich ‚einfacher' Arbeiten prekäre Beschäftigung überwiegt. In diesem Segment eröffnen sich ihnen selten Perspektiven aus der Prekarität auszubrechen. Dennoch arbeiten zunehmend auch hoch Qualifizierte in prekären Arbeitsformen. Teilzeitarbeit, unbezahlte Überstunden, befristete Arbeitsverträge und ungesicherte Berufsperspektiven sind beispielsweise im akademischen Betrieb bekanntlich oft die Regel.

6 Die Begriffe Zeitarbeit, Leiharbeit und Arbeitnehmerüberlassung werden synonym verwandt.

7 Der Begriff geringfügige Beschäftigung ist unseres Erachtens irreführend. Zwar können Entgelte und Arbeitszeit häufig als gering bezeichnet werden, es handelt sich jedoch um gesellschaftlich notwendige Arbeit, deren Verrichtung keinesfalls als geringfügig gelten kann. Da es sich aber um einen offiziellen Sprachgebrauch handelt, werden wir im Folgenden an dieser Bezeichnung festhalten.

8 So weitete sich die Teilzeitbeschäftigung in der Bundesrepublik seit 1991 bis 2003 um 51% auf 7,2 Mio. aus. Auch der Anteil der selbstständig arbeitenden Erwerbsbevölkerung stieg von acht auf zehn Prozent. Dies lässt sich hauptsächlich auf Alleinselbstständige zurückführen, deren Anzahl seit 1991 um 23% anstieg. Mittlerweile haben acht Prozent der Bevölkerung befristete Arbeitsverträge, hauptsächlich Erwerbstätige unter 30 Jahren (alle Daten aus: Statistisches Bundesamt 2004).

als einer der zentralen und nachhaltigen Prozesse des Wandels von Arbeit beschrieben werden: „(...) ‚Prekarität' und ‚Prekarisierung' (sind) Schlüsselbegriffe (...), die für eine analytische Durchdringung der nachfordistischen Arbeitsgesellschaft unentbehrlich sind" (Dörre 2005: 181).

Freilich sind nicht alle Arbeitsverhältnisse gleichermaßen von einer Destandardisierung betroffen, und nicht jede Flexibilisierung trägt Prekaritätspotenzial in sich. Von Bedeutung ist jedoch, wie sich die Zunahme von Prekarität auf die Gesamtheit der Arbeitswelt auswirkt: Im gesamtgesellschaftlichen Kontext stellt die Gruppe der prekär Beschäftigten eine sich ausweitende Pufferzone zwischen der schrumpfenden Anzahl regulär Beschäftigter und denjenigen, die zeitweise oder dauerhaft aus der Erwerbsarbeit ausgeschlossen werden, dar.[9] Da Erwerbsabhängige stärker gezwungen werden, sich um den Erhalt des Arbeitsplatzes beziehungweise um die Beendigung von Prekarität oder Erwerbslosigkeit zu bemühen, wird auf dem Arbeitsmarkt eine Konkurrenz zwischen Stamm- und Randbelegschaften einerseits sowie Beschäftigten und Erwerbslosen andererseits forciert. Die immer größer werdende Bedrohung durch Arbeitsplatzverlust oder -verschlechterung führt dazu, dass die Fokussierung auf Statusverbesserung beziehungsweise -erhalt ins Zentrum der Lebensführung tritt. Die Subordination anderer Lebensbereiche unter das Primat der Erwerbsarbeit führt schließlich zu einer Selbstdisziplinierung im Interesse des realen oder potenziellen Unternehmens. Solidarität unter ungleich auf dem Arbeitsmarkt Konkurrierenden wird dadurch erschwert, Widerstandspotenziale mithin gebrochen:[10]

> „Die von der Prekarität bewirkten Dispositionen der Unterwerfung bilden die Voraussetzung für eine immer ‚erfolgreichere' Ausbeutung, die auf einer Spaltung zwischen einerseits der immer größer werdenden Gruppe derer, die nicht mehr arbeiten, und andererseits der immer kleiner werdenden Gruppe derer, die immer mehr arbeiten, fußt". (Bourdieu 1998: 101)

1.2 Transformation von Arbeit

Flexibilisierung und Arbeitsplatzverunsicherung betreffen zunehmend auch regulär Beschäftigte mit einer für den Arbeitsmarkt adäquaten formalen Qualifikation: Als Beispiele können hier die Lockerung des Kündigungsschutzes und

---

9 Robert Castel spricht in diesem Zusammenhang von der „Zone der Prekariät", die sich zwischen der „Zone der Normalität" einerseits und der wachsenden „Zone der Entkoppelung" andererseits herausbildet (vgl. dazu Kraemer/Speidel 2004).

10 Bourdieu führt in dem Aufsatz „Prekarität ist überall" aus, dass es ein Minimum an Gewissheit, Sicherheit und Gestaltungsmacht über die eigene Lebens- und Arbeitsführung geben muss, um für eine bessere Zukunft einzutreten (Bourdieu 1998: 98).

die Zunahme der Abweichungen und Ausnahmen von geltenden Tarifverträgen genannt werden.[11] Betriebliche Strategien wie die Einführung von Arbeitszeitkonten, Zielvereinbarungen, Projekt- und Gruppenarbeit, Rationalisierungs- und Outsourcingprozesse, aber auch höhere Mobilitätsanforderungen und die abnehmende soziale Absicherung durch einen Arbeitsplatz verstärken den Prozess der Flexibilisierung und Verunsicherung von Normalarbeit. Unter schillernden Begriffen wie der „Subjektivierung von Arbeit" (Moldaschl/Voß 2002; Lohr/Nickel 2005) dem „Arbeiten ohne Ende" (vgl. u.a. Pickhaus et al. 2001) und der „Entgrenzung von Arbeit" (vgl. u.a. Gottschall/Voß 2003) werden Atypisierungs- und Flexibilisierungstendenzen von Erwerbsarbeit in der wissenschaftlichen Debatte beschrieben. Diese Forschungsstränge machen eine Ausdifferenzierung von Erwerbsverhältnissen, eine Zunahme von Eigenverantwortung hinsichtlich der Gestaltung und Organisation von Arbeit, der Erwerbsbiographie und der sozialen Absicherung aus. Dadurch werden weit reichende Chancen für eine individuellere Gestaltung beruflicher Entwicklung eröffnet, eine größere Zeitsouveränität ermöglicht und die Gestaltung und Organisation der Erwerbsarbeit (zunehmend) in die Hände der Beschäftigten gelegt. Zugleich wird aber durch die stärkere Eigenverantwortung hinsichtlich individueller Risiken und der eigenen Erwerbsbiografie einer Selbstökonomisierung und Selbstrationalisierung und damit einer Re-Kommodifizierung der Arbeitskraft Vorschub geleistet.[12]

Die hier benannten Forschungsstränge untersuchen vornehmlich atypische Arbeit in hochqualifizierten, wissensintensiven und häufig hochbezahlten Tätigkeitssegmenten. Zu kritisieren ist, dass die reproduktiven Voraussetzungen für diese flexibilisierten Arbeitsverhältnisse kaum in die Untersuchungen einbezogen werden (vgl. Baatz 2003; Henninger 2004; Pühl 2003). Zudem wurde darauf verwiesen, dass vornehmlich männlich dominierte, privilegierte Arbeitsbereiche untersucht werden und andere Arbeitsbereiche dabei unberücksichtigt bleiben (vgl. Dörre 2005).

Bei einer sektoralen Betrachtung der Entwicklung atypischer Beschäftigungsverhältnisse ist festzustellen, dass sich eine Ausdifferenzierung und Pluralisierung vor allem am oberen und unteren Rand des stark expandierenden Dienstleistungssektors ausmachen lässt. Die Zuweisung zu prekärer versus regulärer Beschäftigung erfolgt dabei neben staatsbürgerlichen beziehungsweise ethnischen maßgeblich entlang geschlechtlicher Differenzierungen. Sind in den in der

---

11 Geltende Tarifverträge können Öffnungsklauseln enthalten, so dass Tarifvereinbarungen auch auf betrieblicher Ebene möglich sind. Röttger spricht deshalb davon, dass „(…) die formale Hülle des Tarifvertrages gewahrt bliebe, in denen jedoch arbeitspolitisch jeder ‚Haltegriff' fehle" (Röttger 2004: 110).

12 Deshalb wurde in diesem Diskurs auch vom Arbeitskraftunternehmer gesprochen (Voß/Pongratz 1998).

Regel hoch bezahlten und wissensintensiven Dienstleistungen, bei denen vorrangig die Arbeitszeiten ‚entgrenzt' sind, primär Männer beschäftigt, arbeiten im Bereich der ‚einfachen' Dienstleistungen personen- und konsumorientierter Branchen vorrangig Frauen.[13] Für diese Tätigkeitsfelder sind sowohl verkürzte Arbeitszeiten und geringe Entlohnung als auch (teilweise) unzureichende soziale Absicherung traditionell weit verbreitet (vgl. Satilmis/Baatz 2005).

2 Relevanz politischer Steuerung für die Ausweitung prekärer Arbeit

In wissenschaftlichen Debatten um die Flexibilisierung und Ausdifferenzierung von Erwerbsverhältnissen wird zumeist implizit oder explizit davon ausgegangen, dass es sich hierbei um ein Phänomen handelt, welches durch Marktkräfte, Globalisierung beziehungsweise innerbetriebliche Steuerung verursacht wird. In diesem aktuellen Diskurs, der sich konzeptionell oder theoretisch mit Arbeit befasst, bleibt die Analyse des politischen Einflusses auf Veränderungen des Arbeitsmarktes und der Beschäftigungsverhältnisse weitestgehend unberücksichtigt (vgl. Dörre 2005).[14]

Im Folgenden wollen wir deshalb kurz auf den Einfluss politischer Regelungen auf die Prekarisierung von Arbeit eingehen: Zunächst kann festgehalten werden, dass arbeitspolitische Debatten und die daraus resultierenden Gesetzesvorgaben das Ziel verfolgen, als problematisch angesehenen Prozessen entgegenzusteuern, vor allem um Erwerbslosigkeit zu reduzieren. Dafür stehen vielfältige Mittel der Steuerung zur Verfügung: So werden durch politische Akteure unter anderem die Rahmenbedingungen für unternehmerisches Handeln festgelegt und die Ausgestaltung sozialer Absicherung maßgeblich beeinflusst. Zudem können Möglichkeiten für Beschäftigungsverhältnisse jenseits so genannter Normalarbeitsverhältnisse eröffnet und durch die Schaffung eines Zweiten Arbeitsmarktes in den Arbeitsmarkt eingegriffen werden.

---

13 So gab es beispielsweise in dem – derzeit eher weniger stark expandierenden – Sektor der Informations- und Kommunikationstechnologien im Jahr 2003 1,6 Mio. Beschäftigte, davon rund drei Viertel Männer (Statistisches Bundesamt 2004: 50). Auf der anderen Seite sind rund sieben Mio. Menschen, davon ca. 75%-85% Frauen, im – mittlerweile als größten Wirtschaftszweig zu bezeichnenden – Sektor personennaher Dienstleistungen tätig (Karsten 2000: 21).

14 So lädt z.B. Moldaschl zu einem transdisziplinären Arbeiten ein, um den Gegenstand Arbeit angemessen untersuchen zu können. Dennoch spielen Politik und Politikwissenschaft in seinen Überlegungen keine Rolle (Moldaschl 2002: 1). Bei Kleemann, Matuschek und Voß wird eingeräumt, dass die Debatte Lücken hinsichtlich der politischen Regulierung von Arbeit aufweist. Allerdings werden politische Entscheidungen hier ausschließlich im Kontext der Bildungspolitik eingefordert, die sich auf die veränderten Bedingungen des Arbeitsmarktes und die erhöhten Anforderungen an die Arbeitssubjekte einzustellen hätten (Kleemann/Matuschek/Voß 2002: 97ff.).

Die gegenwärtige Arbeitsmarktpolitik intendiert mit einer Flexibilisierung und Ausdifferenzierung von Arbeitsverhältnissen beziehungsweise einer De-Standardisierung von Beschäftigungsformen Erwerbslosigkeit zu bekämpfen und die Kosten für Arbeit und Erwerbslosigkeit zu senken (vgl. Keller 1999: 433ff.). Diese Entwicklung reicht über die Regierungsphase der rot-grünen Bundesregierung hinaus und verlief mitnichten kontinuierlich und einheitlich. Nach dem Antritt der Regierung von SPD und Grünen 1998 wurden zunächst Gesetze verabschiedet, die der gewerkschaftlichen und sozialdemokratischen Wähler/innenklientel entgegen kamen. Bald wurden jedoch Stimmen laut, die vor allem auf eine Erleichterung von gering qualifizierter Beschäftigung im Niedriglohnbereich drängten. Dennoch blieben Initiativen wie das „Schröder-Blair-Papier" und das „Bündnis für Arbeit, Innovation und Wettbewerbsfähigkeit" weitestgehend wirkungslos. Erst mit dem Job-Aqtiv-Gesetz, welches im Januar 2002 in Kraft trat, wurden relevante Maßnahmen in Richtung einer „aktivierenden" Arbeitsmarktpolitik" eingeleitet (vgl. Blancke/Schmid 2003).

Unter dem Druck steigender Erwerbslosigkeit hat die rot-grüne Bundesregierung die von der „Kommission zum Abbau der Arbeitslosigkeit und zur Umstrukturierung der Bundesanstalt für Arbeit" (Hartz-Kommission) im Sommer 2002 unterbreiteten Vorschläge mit Modifikationen umgesetzt.[15] Die inzwischen rechtlich implementierten Arbeitsmarktreformen (Hartz I bis IV) verfolgen im Wesentlichen drei Strategien: Um Erwerbslosigkeit abzubauen, sollen entformalisierte, ‚einfache' und (prekäre) Arbeitsplätze vorrangig für formal gering Qualifizierte in atypischen Beschäftigungsverhältnissen (vor allem Leiharbeit und geringfügige Beschäftigung) ausgeweitet werden. Erwerbslose sollen für die Aufnahme der Tätigkeit nach dem Motto „Fordern und Fördern" konsequent aktiviert werden. Zudem sollen durch die Verkürzung der Bezugsdauer von Arbeitslosengeld I und die Zusammenlegung von Arbeitslosen- und Sozialhilfe zum Arbeitslosengeld II (ALG II) auf altem Sozialhilfeniveau Kosten gesenkt werden.[16]

Im Folgenden werden wir Auswirkungen aktueller arbeitsmarktpolitischer Reformen zum Abbau der Erwerbslosigkeit im Hinblick auf die Gebäudereinigungsbranche analysieren und die Folgen für Beschäftigte in der Gebäudereinigung exemplarisch bilanzieren.

---

15 Alexandra Wagner und Karsten Schuldt (2003) haben die so genannten Hartz-Gesetze mit den Vorschlägen der Hartz-Kommission verglichen. Ihrer Argumentation folgend, kann keineswegs von einer Umsetzung „1 zu 1" gesprochen werden.

16 Nach § 1(1) SGB II sollen diese Maßnahmen geschlechtergerecht ausgerichtet werden: „Die Leistungen sind insbesondere darauf auszurichten, dass (...) geschlechtsspezifischen Nachteilen entgegengewirkt wird."

3 Jobwunder Gebäudereinigung?

Während im Bereich der Außenreinigung und der Bauschlussreinigung vorwiegend Männer beschäftigt sind, die in stärkerem Maße von den tariflichen Regulierungen im Sinne des so genannten Normalarbeitsverhältnisses profitieren, ist die Gebäudeinnenreinigung ein typischer Bereich formal gering qualifizierter Frauenarbeit. Dieser zeichnet sich durch geringe Entlohnung und mangelnde Anerkennung der Arbeit, eine schlechte betriebliche Interessenvertretung, zunehmende Arbeitsintensität sowie die regelmäßige Missachtung tariflicher und gesetzlicher Mindeststandards aus (vgl. Gather et al. 2005). In diesen Tätigkeitsbereichen (Reinigung von Gebäuden, Inventar und Verkehrsmitteln) sind die meisten geringfügigen Beschäftigungsverhältnisse, die so genannten Minijobs, zu finden.[17] Dies war nicht immer so. Bis Mitte der 1970er Jahre war der überwiegende Anteil der Gebäudereinigerinnen direkt im öffentlichen Dienst relativ gut abgesichert beschäftigt (Mayer-Ahuja 2003). Die (sozialpolitische) Zielsetzung, Frauen im relativ privilegierten öffentlichen Reinigungsdienst zu beschäftigen, wich jedoch Bestrebungen, Kosten zu reduzieren. Im Jahr 1977 waren bereits 77% der Beschäftigten im privaten Sektor geringfügig beschäftigt (Mayer-Ahuja 2003: 107). Durch den Abbau sozialversicherungspflichtiger Voll- oder Teilzeitstellen im öffentlichen Dienst stieg zwar die Anzahl von Minijobs im Gebäudereinigerhandwerk, ein nennenswerter Zuwachs an entlohnten Stunden konnte jedoch nicht verzeichnet werden. Deshalb bilanziert Mayer-Ahuja für die Jahre 1973 bis 1998 eine „recht magere beschäftigungspolitische Bilanz" (ebd.: 115). Seit der zweiten Hälfte der 1980er Jahre konnte ein Rückgang dieser Beschäftigungsform im Reinigungsgewerbe verzeichnet werden, der seit 1993 bei 55% stagniert (ebd.: 108). Gefördert wurde diese Entwicklung offenbar durch das 1999 in Kraft getretene „630-DM-Gesetz" (vgl. ISG 1999: 19).[18] Schlese/Schramm (2004a: 35) geben aufgrund der Analyse der SOEP-Daten den Anteil geringfügig Beschäftigter im Jahr 2002 mit nur noch 28,9% an.

Diametral zu den Reformen im Jahr 1999 zielten die Zweiten Hartz-Gesetze – die zum 1.4.2003 in Kraft traten – darauf ab, geringfügige Beschäftigung als Haupt- und Nebenbeschäftigung auszuweiten, in dem sie durch weniger Büro-

---

17 Gefolgt von der Anzahl der Minijobber/innen in der Gastronomie und dem Gesundheitswesen (Bundesknappschaft 2005: 10).

18 Bis zum 31.3.1999 waren Minijobs weitgehend von der Sozial- und Lohnsteuerpflicht entbunden. Mit dem „630-DM-Gesetz" wurden Sozialabgaben für die Arbeitslosen- und Krankenkassen fällig. Zudem wurde geringfügige Beschäftigung mit anderen Erwerbseinkommen für die Lohnsteuer und die Sozialabgaben addiert. Motor der Reform war weniger die prekäre Situation sozialer Sicherung (mehrheitlich von Frauen), als der Versuch, der Erosion der Sozialversicherungssysteme zu begegnen und die Ausweitung von Minijobs einzudämmen (vgl. Ochs 1999).

kratie und geringe finanzielle Belastungen für Arbeitgeber/innen an Attraktivität gewinnen sollen.[19]

Faktisch ist seit den Neuregelungen zur geringfügigen Beschäftigung ein starker Anstieg dieser Beschäftigungsform zu konstatieren: Im Jahr 2004 übt fast jede/r siebte abhängig Beschäftigte einen Minijob aus (Kalina/Voss-Dahm 2005: 1).[20] Frauen sind mit 63,6% nach wie vor überproportional vertreten (Bundesknappschaft 2005: 9). Insbesondere im Reinigungsgewerbe ist die Anzahl geringfügig Beschäftigter immens gestiegen, von September 2002 bis Dezember 2004 um 67% (Bundesknappschaft 2003: 8). Ein Teil dieses Anstieges ist sicherlich darauf zurückzuführen, dass eine statistisch nicht ausgewiesene Anzahl von Minijobber/innen vor April 2003 zwischen 325 und 400 Euro verdient hat und somit nicht als geringfügig beschäftigt galt. Werden die ‚Zuwachsraten' mit der Beschäftigtenentwicklung im Gebäudereinigerhandwerk[21] kontrastiert, werden massive Substitutionseffekte zwischen geringfügiger Beschäftigung und anderen Formen der Erwerbstätigkeit deutlich (vgl. Schupp/Birkner 2004): Waren im Jahr 1995 rund 705.000 Beschäftigte in der Gebäudereinigung tätig, haben sich die registrierten Beschäftigtenzahlen in neun Jahren lediglich um zwei Prozent erhöht.[22] Dies ist umso frappierender, als innerhalb eines halben Jahres (31.12.04 bis 30.6.2005) die Anzahl der Betriebe um 26% angestiegen ist (ebd.). Nachdem sich der exorbitante Anstieg der Minijobs weder in den Beschäftigtenzahlen des Handwerks niederschlägt, noch erschöpfend mit einer Verdrängung von Teilzeitarbeitsplätzen bei gleichzeitiger Arbeitsintensivierung gedeutet werden kann, liegt die Vermutung nahe, dass insbesondere kleine Betriebe, die „Reinigung nach Hausfrauenart" anbieten, expandieren.

Mit der Aufhebung des Meisterzwangs[23] für viele Handwerksberufe und der staatlichen Subvention von so genannten Ich-AGs intendierte der Gesetzgeber,

19 Die Einkommensgrenze geringfügiger Beschäftigung wurde von 325 auf 400 Euro angehoben. Gleichzeitig wurde die Höchstgrenze wöchentlicher Arbeitszeit von ehemals 15 Stunden abgeschafft; Arbeitnehmer/innen müssen keine Sozialversicherungsbeiträge zahlen. Der Arbeitgeber beziehungsweise die Arbeitgeberin zahlt Pauschalabgaben in Höhe von 25% in die Renten- und Krankenversicherung BGBl. I 2002, 4621).

20 Zu den mehrheitlich prekären Arbeitsbedingungen von Minijobber/innen vgl. Satilmis/Baatz 2005.

21 Neben den anerkannten Handwerksbetrieben existieren diverse Nicht-Handwerksbetriebe, über deren Beschäftigtenzahlen und Umsatzentwicklungen keine amtlichen Statistiken vorliegen.

22 Die Beschäftigtenzahlen beziehen sich auf Ergebnisse der Handwerkszählung im Jahr 1995 sowie einer Sonderauswertung der Bundesagentur für Arbeit im Auftrag des Instituts für Arbeit und Technik im Jahr 2004 (Quelle: Bundesinnungsverband für das Gebäudereiniger-Handwerk http://www.gebaeudereiniger.de/presse/index.htm; letzter Zugriff am 20.10.2005).

23 Bisher galt der Meisterbrief als Voraussetzung, um einen Handwerksbetrieb übernehmen zu können. Tätigkeiten im Handwerk, die innerhalb von drei Monaten erlernt werden können und deren Ausübung keine Gefahren für die Gesundheit und das Leben Dritter beinhaltet, fallen

Wege in die Selbstständigkeit zu ebnen und forcierte die Gründung von (innungsfernen) ‚Minibetrieben', die vornehmlich als Subunternehmer auftreten. Das *subcontracting*, also die Weitergabe des Auftrags an Dritte, scheint in der Gebäudereinigungsbranche eine gängige Praxis zu sein (Gather et al. 2005: 22), um auf wenig lukrative oder dringliche Aufträge zu reagieren. Werden selbst in den Handwerksbetrieben regelmäßig tarifliche Standards unterschritten (Gather et al. 2005; Schlese/Schramm 2004a), sind die Arbeitsbedingungen in Subunternehmen noch prekärer. Laut Kriminalstatistik ist annähernd jede/r sechste Beschäftigte in der Gebäudereinigung nicht registriert, also illegal beschäftigt (Ott 2005); die meisten dürften in den ‚Minibetrieben' anzutreffen sein. Wenn stetig immer weniger Betriebe den Innungen angehören, ist darüber hinaus zu befürchten, dass langfristig die Allgemeinverbindlichkeit der Tarifverträge, die (theoretisch) für alle Beschäftigten in der Branche für einheitliche Beschäftigungsstandards sorgt, nicht länger aufrecht erhalten werden kann.[24]

Mit dem Inkrafttreten der verschärften Zumutbarkeitsregeln für ALG II-Bezieher/innen[25] und den jüngst geänderten Freibeträgen für Erwerbstätigkeit beim Bezug des ALG II[26] ist zu erwarten, dass der ‚kleine Job' zu *der* Beschäftigungsform gering Qualifizierter im ‚einfachen' Dienstleistungssektor avanciert und zunehmend staatliche Transferleistungen ergänzt.

Die politische Förderung der Minijobs führt nicht ‚nur' zu einer Ausbreitung von Beschäftigungsverhältnissen, die weder existenzsichernd sind, noch eine Einbettung in soziale Sicherungssysteme gewährleisten. Geringfügige Beschäftigungsverhältnisse im Reinigungssektor weisen darüber hinaus eine geringe Beschäftigungsstabilität (Kalina/Voss-Dahm 2005) und – wie wir noch zeigen werden – sinkende Brutto-Lohneinkünfte auf. Mit ihrer Tätigkeit außerhalb von Kernarbeitszeiten, einer ungenügenden Integration ins Kollegium und einer feh-

nun nicht mehr unter die Anlage A (Vollhandwerk) der Handwerksordnung – darunter auch die Gebäudereinigung.

24 Eine Voraussetzung für die AVE (Allgemeinverbindlichkeitserklärung) ist, dass mindestens die Hälfte der Arbeitnehmer/innen in tarifgebundenen Betrieben beschäftigt sind (vgl. Kirsch 2003).

25 Prinzipiell gilt für erwerbsfähige Hilfebedürftige nunmehr *jede* Arbeit als zumutbar. Als Sanktionen für die Nicht-Aufnahme eines Jobs wurden Leistungskürzungen und Sperrzeiten erleichtert. Die Beweispflicht liegt dabei bei den Erwerbslosen.

26 So werden die Freibeträge seit Oktober 2005 aus dem Brutto- und nicht mehr aus dem Nettoeinkommen errechnet. Die ersten 100 Euro aus Erwerbseinkommen werden grundsätzlich nicht auf das ALG II angerechnet (Grundfreibetrag). Bis zu einem Verdienst von 800 Euro sind 20% des den Grundfreibetrag übersteigenden Einkommens anrechnungsfrei. Für Bruttoeinkommen zwischen 800 und 1200 (bzw. 1500 Euro mit minderjährigen Kindern) sind zusätzlich weitere zehn Prozent anrechnungsfrei (Presseinformation der BA vom 27. September 2005).

lenden Zugehörigkeit zum Betrieb (Gather et al. 2005; Mayer-Ahuja 2003) gehören Unterhaltsreiniger/innen schon jetzt zur Rand- oder Drittbelegschaft.[27]

3.1 Zeit- und Leiharbeit: Working lonely/working poor[28]?

Es gibt bereits Hinweise darauf, dass die Gebäudereinigung eine Vorreiterrolle für neu zu erschließende Branchen auf dem Zeitarbeitsmarkt übernimmt. Insbesondere größere Firmen gründen offensichtlich eigene Zeitarbeitsfirmen oder PersonalServiceAgenturen (PSA), um Personalkosten zu minimieren (Gather et al. 2005; Schlese/Schramm 2004b; Weinkopf 2004).

Ausgelöst wurde diese Form der Flexibilisierung von den veränderten rechtlichen Rahmenbedingungen: Seit dem 1.1.2004 ist eine zeitlich unbefristete Arbeitnehmerüberlassung möglich.[29] Darüber hinaus gilt der Grundsatz des *equal pay* und *equal treatment*. Danach müssen Zeitarbeiter/innen sowohl hinsichtlich der Entlohnung als auch der Arbeitsbedingungen mit der Stammbelegschaft des Betriebs gleichgestellt werden. Angesichts des bislang üblichen Einkommensgefälles zwischen Stammbelegschaft und Leiharbeiter/innen erscheint die Novelle erst einmal positiv. Allerdings gilt die Ausnahme, dass Tarifverträge abweichende Regelungen zulassen können. Mit dieser Klausel kamen die Sozialpartner in Zugzwang: Die Tarifgemeinschaft Christlicher Gewerkschaften für Zeitarbeit und PSA (CGZP) schloss eilig erste Tarifverträge auf niedrigem Niveau ab. Um Schlimmeres zu vermeiden, schlossen sich die DGB-Gewerkschaften zusammen, um mit den beiden großen Arbeitgeberverbänden der Zeitarbeitsbranche erstmals Tarifverträge auszuhandeln.

Es ist davon auszugehen, dass die meisten Verleihfirmen die Option nutzen, durch den Eintritt in ein Tarifabkommen dem Gleichheitsgrundsatz zu entgehen. Die inzwischen abgeschlossenen Tarifabkommen liegen deutlich unter dem Niveau der Tarifverträge traditioneller Einsatzbranchen (Promberger/Theuer 2004).

---

27 Unter Randbelegschaft verstehen wir hierbei die Beschäftigten, die vermittelt über Fremdfirmen eingesetzt werden. Diese haben in der Regel schlechtere Arbeitsbedingungen als diejenigen, die direkt von den Firmen des zu reinigenden Objektes eingestellt werden. Auch innerhalb der Belegschaften von Fremdfirmen kristallisiert sich eine Konkurrenz zwischen atypisch Beschäftigten und denjenigen, die über Zeitarbeitsfirmen engagiert werden, heraus; deshalb sprechen wir hierbei von „Drittbelegschaften“.

28 Während sich die Definition des Niedriglohns auf das individuelle Arbeitseinkommen bezieht, umfasst der Begriff der *working poor* neben der individuellen Entlohnung auch den Haushaltskontext und den Bezug von staatlichen bzw. anderen Sozialleistungen (Strengmann-Kuhn 2003).

29 Hierunter fällt der Wegfall des besonderen Befristungsverbots, das Wiedereinstellungsverbot, das Verbot der wiederholten Synchronisation sowie der Beschränkung der höchstzulässigen Einsatzdauer (§ 3 Abs. 1 Nr. 4,5,6 AÜG).

Die Zeitarbeitsbranche zählt zu den am schnellsten anwachsenden Dienstleistungsbranchen und verzeichnete in den letzten Jahren beachtliche Wachstumsraten (Mitlacher 2005). Männer sind in der Zeitarbeit aufgrund der traditionellen Ausrichtung der Branche auf den gewerblichen und industriellen Sektor deutlich überrepräsentiert. Seit Ende der 1990er Jahre kann in der Zeitarbeitsbranche jedoch eine zögerliche Verlagerung hin zu den Dienstleistungsberufen beobachtet werden.[30] Eine geschlechtsspezifische Aufschlüsselung nach Tätigkeitsbereichen zeigt, dass Frauen in den Dienstleistungs- und Büroberufen überproportional häufig vertreten sind. Ob der Anteil an Gebäudereiniger/innen in der Zeitarbeit im Zuge der skizzierten Neuregelungen merklich steigt, kann aktuell nicht ermittelt werden, ist aber aufgrund der Verschärfung von Zumutbarkeitsregeln sowie sich verändernder Branchenstrukturen im Dienstleistungsbereich wahrscheinlich.

Die Neuregulierung und Flexibilisierung von Beschäftigungsverhältnissen in der Zeitarbeitsbranche bringt für (gering qualifizierte) Beschäftigte mehr Risiken als Chancen mit sich: Leiharbeiter/innen werden – im Vergleich zu regulär Beschäftigten – nicht nur schlechter entlohnt und erhalten weniger Weiterbildung (Nienhüser/Matiaske 2003: 162). Sie haben auch weniger Entscheidungsspielräume in Bezug auf Arbeitsplanung, Aufgabenverteilung, Urlaub und freie Tage etc. (Wieland et al. 2001). Fallstudien deuten darauf hin, dass sie schlechter über Sicherheitsvorschriften und Gesundheitsschutz am Arbeitsplatz informiert sind (Nienhüser/Matiaske 2003). Sie führen vorwiegend monotone und/oder besonders belastende Aufgaben aus (Herzberg 2002), Weiterbildungs- und Aufstiegsmöglichkeiten fehlen häufig (Nienhüser/Matiaske 2003). Hinzu kommt die Unsicherheit, wann beziehungsweise ob der nächste Einsatz möglich ist (Kock 1990). Aufgrund eines häufigen Wechsels von Arbeitsort und -zeit arbeiten sie oft isoliert (Wieland et al. 2001) und werden von den Unternehmen und Kolleg/innen häufig diskriminiert: „(…) der soziale Status der Leiharbeitnehmer[/innen] und befristet Beschäftigten bleibt mit Erfahrungen der Diskriminierung und betrieblichen wie gesellschaftlichen Außenseitergefühlen verknüpft" (Noller et al. 2004: 75).

Auch in der Gebäudereinigung wird das vereinzelte Arbeiten in den Objekten durch die Beschäftigung von Leiharbeiter/innen durch einen häufigen Wechsel von Arbeitsort und –zeit intensiviert. Gesteigert wird zudem die Konkurrenz zwischen ‚Rand- und „Drittbelegschaft', die sich in erster Linie in unterschiedlicher Bezahlung und Arbeitsplatzsicherheit manifestiert.

30 Quelle: Arbeitnehmerüberlassungsstatistik (ANÜSTAT) der Bundesagentur für Arbeit. Hier werden Reiniger/innen allerdings nicht gesondert ausgewiesen.

3.2 *Niedriglohnsektor Reinigungsbranche*[31]

Die veränderten rechtlichen Rahmenbedingungen im Arbeitnehmerüberlassungsgesetz haben zu weitgreifenden Veränderungen im Tarifgefüge des Gebäudereinigerhandwerks geführt (Schürmann/Schroth 2004). Weil die Tarifverträge zur Zeitarbeit mit denen des Gebäudereiniger-Handwerks in Konkurrenz treten, wurden erstmals in der tarifpolitischen Geschichte des Gebäudereiniger-Handwerks im Jahr 2004 Tariflöhne gesenkt.[32] Die Industriegewerkschaft Bauen-Agrar-Umwelt (IG BAU) reagierte damit auf die Androhung der Arbeitgebervertreter/innen, aus dem Tarifverbund auszutreten und die Beschäftigten künftig verstärkt über Leiharbeit zu beschäftigen. Im Jahr 2005 beträgt die Lohndifferenz zwischen dem IG BAU-Tarif und den Tarifen für die Zeitarbeit elf bis 14 Prozent.[33] Noch ‚billiger' können zuvor Erwerbslose beschäftigt werden: In den ersten sechs Wochen steht ihnen ein Nettoarbeitsentgelt in Höhe des bisher bezogenen Arbeitslosengeldes zu (Mitlacher 2005).

Die Arbeitsbedingungen von Reiniger/innen im öffentlichen Dienst und privaten Reinigungsunternehmen gleichen sich jedoch sukzessive an. Dies zeigt sich unter anderem darin, dass Löhne auch im öffentlichen Dienst abgesenkt wurden: Am 1.10.2005 trat dort ein neuer, für Arbeiter/innen und Angestellte gleichermaßen geltender Tarifvertrag mit einem modernisierten Entgeltniveau für Neueinstellungen in Kraft. Der Brutto-Stundenlohn in der niedrigsten Lohngruppe entspricht dem IG BAU-Tarif für die Unterhaltsreinigung. Mit einem Stundenlohn von 7,87 Euro (im Jahr 2005) müssen sich die Beschäftigten in diesem Fall mit Lohneinbußen von mindestens 20% arrangieren.[34]

Selbst wenn davon ausgegangen wird, dass Tarifverträge in der Unterhaltsreinigung tatsächlich eingehalten werden[35], gehören die Tariflöhne zu den Niedriglöhnen (Bispinck 2003: 68). Schlese/Schramm (2004b: 58) gehen davon aus, dass der Anteil der Reiniger/innen, die in Berlin bis zur Höhe der Sozialhilfe

---

31 Die Tariflöhne der von männlichen Gebäudereinigern dominierten Außenreinigung zählen nicht zu den Niedriglöhnen. Ihr Anteil an den Gesamtbeschäftigtenzahlen der Branche ist jedoch gering, so dass die Charakterisierung der Branche als Niedriglohnsektor gerechtfertigt erscheint.

32 In fast allen westdeutschen Tarifbezirken waren Lohnkürzungen zu verzeichnen. In zwei Dritteln der ostdeutschen Gebiete kam es dagegen zu moderaten Lohnerhöhungen (Gather et al.: 31).

33 Nach Schlese/Schramm (2004b) differierten die Löhne zwischen IG BAU-Tarif und Tarifen für die Zeitarbeit vor der Senkung um 17% (BZA) und 35% (iGZ).

34 Reiniger/innen können in die unterste Lohngruppe eingestuft werden, wenn damit eine Privatisierung der Reinigungsdienstleistungen verhindert werden kann.

35 Im öffentlichen Dienst werden Tariflöhne zumeist eingehalten; im privaten Gebäudereinigerhandwerk und in Subunternehmen werden sie mindestens in jedem zweiten Arbeitsverhältnis unterschritten.

beziehungsweise des ALG II verdienen, bei ca. 29% liegt. Strengmann-Kuhn kommt im Jahr 2003 (also vor den gesetzlichen und tariflichen Neureglungen) zu dem Schluss, dass weibliche Beschäftigte in ‚einfachen' Dienstleistungsberufen häufig von Armut betroffen sind (ebd.: 78). 10,9% der weiblichen *working poor* sind Verkäuferinnen, gefolgt von 9,4% Gebäudereinigerinnen (ebd.: 78f.).

4 Fazit

Das politische Ziel, sowohl über die Ausdehnung ‚kleiner Jobs' als auch des Niedriglohnsektors im als ‚einfach' deklarierten Dienstleistungsbereich Erwerbslosigkeit zu senken, ist zumindest im Reinigungsgewerbe nicht erreicht worden: Die Maßnahmen haben zu keinem nennenswerten Beschäftigungswachstum geführt. Die arbeitspolitischen Effekte liegen vielmehr in einer Ausdifferenzierung von Beschäftigungsformen: Eine dramatische Expansion von nicht-existenzsichernden, sozial ungenügend abgesicherten Minijobs ist zu konstatieren und eine Ausweitung unstetiger, flexibilisierter Leiharbeit ist zu erwarten. Für beide Beschäftigungsformen gilt, dass sie im Vergleich zur ‚Normalarbeit' eine geringe Beschäftigungsstabilität aufweisen. Zudem können Minijobber/innen nicht in vollem Umfang an den sozialen Sicherungssystemen partizipieren. Mit den unstetigen Arbeitszeiten in den frühen Morgen- und späten A-bendstunden und den häufigen Arbeitsplatzwechseln kann keine ausreichende Einbindung in die betriebliche Kollegialität gewährleistet werden. Darüber hinaus wird die Partizipation an betrieblicher Mitbestimmung eingeschränkt. Deshalb beinhalten geringfügige Beschäftigung und Leiharbeit ein hohes Prekaritätspotenzial, steht deren Ausweitung im Widerspruch zu den Kriterien sozialer Gerechtigkeit.

Die Ausdehnung prekärer Erwerbsarbeit in der Reinigungsbranche zeitigt jedoch auch für regulär Beschäftigte und relativ gut abgesicherte Beschäftigung im öffentlichen Dienst weit reichende Folgen: Die Aufspaltung von Beschäftigungsverhältnissen und die gleichzeitige Auslagerung von Reinigungsarbeiten an Fremdfirmen haben zur Folge, dass ähnliche Arbeiten zu sehr unterschiedlichen Konditionen ausgeführt werden und dadurch die Solidarität unter den Beschäftigten einer zunehmenden Konkurrenz weicht. Im Zuge der Hartz-Reformen wurden in den alten Bundesländern die ohnehin niedrigen Tariflöhne gesenkt, das Lohnniveau im öffentlichen Dienst wurde an das der Privatwirtschaft angeglichen. Die so genannten Zuverdienerinnen sind künftig verstärkt auf zusätzliche Verdienste oder staatliche Transferleistungen angewiesen, um ein einigermaßen existenzsicherndes Einkommen zu erwerben. Die (nicht unbedingt intendierten) Effekte der Hartz-Reformen wirken sich für die Beschäftigten somit sozial und ökonomisch nachteilig aus und es ist in der gesamten Branche von einem Verlust an Beschäftigungsqualität auszugehen.

Die geringe ökonomische und soziale Anerkennung der in dieser Branche zumeist von Frauen verrichteten Arbeiten[36] wird für viele Betroffene noch dadurch verschärft, dass sie eine Arbeit in der Gebäudereinigung übergangsweise annehmen und dann mangels Alternativen dort verbleiben. Gerade in der Reinigungsbranche handelt es sich oft um Jobs, die aufgrund fehlender beruflicher Perspektiven aufgenommen werden *müssen* und somit langfristig für die Beschäftigten eine prekäre Sackgasse darstellen.

Die Prekarisierung von Beschäftigungsfeldern und die Tradierung geschlechterhierarchischer Konstruktionen sowie ethnisierter Arbeitsteilung – wie im Bereich ‚einfacher' Dienstleistungsarbeit deutlich wird – geht mit einer zunehmend ungleichen Verteilung von Arbeits-, Partizipations- und Lebenschancen einher und kann somit keine adäquate Antwort auf die Beschäftigungskrise sein. Arbeitspolitik muss darauf abzielen, die marginalisierten und frauentypischen Beschäftigungsfelder durch sozial und ökonomisch verbesserte Beschäftigungsformen, Aufstiegs- und Weiterbildungsangebote und die formale Anerkennung von Qualifikationen aufzuwerten. Ob die zunehmende soziale Ungleichheit aufrechterhalten werden kann, wird auch davon abhängen, inwieweit sich prekär Beschäftigte solidarisieren und neue Widerstandsformen entwickeln. Denn: Nicht *du* bist Deutschland, sondern w*ir* sind das Prekariat.

Literatur

Aden, Hartmut (Hrsg.) (2004): Herrschaftstheorien und Herrschaftsphänomene. Wiesbaden: VS Verlag für Sozialwissenschaften

Baatz, Dagmar (2003): Eine Jede sein Unternehmer ihrer selbst. Das Arbeitssubjekt und ihre Geschlechtlichkeit. In: Initiative not a love song (Hrsg.) (2003): 135-150

Baatz, Dagmar/Rudolph, Clarissa/Satilmis, Ayla (Hrsg.) (2004): Hauptsache Arbeit? Feministische Perspektiven auf den Wandel von Arbeit. Münster: Westfälisches Dampfboot

Bispinck, Reinhard/Kirsch, Johannes/Schäfer, Klaus (2003): Mindeststandards für Arbeits- und Einkommensbedingungen und Tarifsystem. Projektbericht im Auftrag für das Ministerium für Wirtschaft und Arbeit des Landes Nordrhein-Westfalen. Düsseldorf: Hans-Böckler-Stiftung

Blancke, Susanne/Schmid, Josef (2003): Bilanz der Bundesregierung Schröder in der Arbeitsmarktpolitik 1998-2002: Ansätze zu einer doppelten Wende. In: Egle et al. (Hrsg.) (2003): 215-238

36 Dies schlägt sich übrigens auch in der wissenschaftlichen Debatte nieder, die marginalisierte Randbereiche des Arbeitsmarktes – wie das Reinigungsgewerbe – wenig berücksichtigt.

Bourdieu, Pierre (1998): Prekarität ist überall. In: Ders. (1998): 96-102

Bourdieu, Pierre (1998a): Gegenfeuer: Wortmeldungen im Dienste des Widerstands gegen die neoliberale Invasion. Konstanz: Universitätsverlag Konstanz

Bundesknappschaft (2003): Aktuelle Entwicklungen im Bereich der geringfügigen Beschäftigung und ihre Auswirkungen am Arbeitsmarkt. 2/2003. Essen

Bundesknappschaft (2005): Aktuelle Entwicklungen im Bereich der geringfügigen Beschäftigung. 2 (2005). Essen

Dörre, Klaus (2005): Prekäre Beschäftigung – ein unterschätztes Phänomen in der Debatte um die Marktsteuerung und Subjektivierung von Arbeit. In: Lohr/Nickel (Hrsg.) (2005): 180-206

Dörre, Klaus/Kraemer, Klaus/Speidel, Frederic (2004): Prekäre Arbeit. Ursachen, soziale Auswirkungen und subjektive Verarbeitungsformen unsicherer Beschäftigungsverhältnisse. In: Das Argument 256 (2004): 378-397

Egle, Christoph/Ostheim, Tobias/Zahnhöfer, Reimut (Hrsg.) (2003): Das rot-grüne Projekt. Eine Bilanz der Regierung Schröder 1998-2002. Wiesbaden: Westdeutscher Verlag

Gather, Claudia/Gerhard, Ute/Schroth, Heidi/Schürmann, Lena (2005): Vergeben und Vergessen? Gebäudereinigung im Spannungsfeld zwischen kommunalen Diensten und Privatisierung. Hamburg: VSA Verlag

Gottschall, Karin/Voß, G. Günter (Hrsg.) (2003): Entgrenzung von Arbeit. Zum Wandel der Beziehung von Erwerbstätigkeit und Privatsphäre im Alltag. München: Hampp

Henninger, Annette (2004): Neue Perspektiven für die Arbeitforschung: Konzepte zur Untersuchung der Verknüpfung von „Arbeit“ und „Leben“ bei Alleinselbständigen. In: Baatz et al. (2004): 178-184

Herzberg, Wolf (2002): Ist Erwerbslosen Leiharbeit zumutbar? Ratgeber für Rechtsberater und Betroffene. Köln: Papyrossa Verlagsgesellschaft

Initiative not a love song (Hrsg.) (2003): Subjekt (in) der Berliner Republik. Berlin

ISG (Institut für Sozialforschung und Gesellschaftspolitik) (1999): Geringfügig Beschäftigte nach den Neuregelungen des „630-DM-Gesetzes“. Studien der ISG Sozialforschung und Gesellschaftspolitik 27 (1999). Köln/Düsseldorf (http://www.isg-institut.de/download/630DM.pdf, 08.05.2006)

Kalina, Thorsten/Voss-Dahm, Dorothea (2005): Mehr Minijobs = mehr Bewegung am Arbeitsmarkt? Fluktuation der Arbeitskräfte und Beschäftigungsstruktur in vier Dienstleistungsbranchen. In: IAT-Report 2005-07. Gelsenkirchen

Karsten, Maria-Eleonora (2000): Personenbezogene Dienstleistung für Frauen. Aktuelle Tendenzen und Entwicklungserfordernisse. In: Zeitschrift für sozialistische Politik und Wirtschaft 114 (2000): 20-23

Keller, Berndt 1999: Einführung in die Arbeitspolitik. München/Wien: Oldenbourg

Kirsch, Johannes (2003): Die Allgemeinverbindlichkeitserklärung von Tarifverträgen – ein Instrument in der Krise. In: WSI-Mitteilungen 56, 7 (2003): 405-412

Kleemann, Frank/Matuschek, Ingo/Voß, G. Günter (2002): Subjektivierung von Arbeit – Ein Überblick zum Stand der soziologischen Diskussion. In: Moldaschl/Voß (2002): 53-100

Kock, Klaus (1990): Die austauschbare Belegschaft. Flexibilisierung durch Fremdfirmen und Leiharbeit. Köln: Bund Verlag

Kraemer, Klaus/Speidel, Frederic (2004): Prekäre Leiharbeit. Zur Integrationsproblematik einer atypischen Beschäftigungsform. In: Vogel (2004): 119-153

Kurz-Scherf, Ingrid/Janczyk, Stefanie/Correll, Lena (Hrsg.) (2005): In Arbeit: Zukunft. Münster: Westfälisches Dampfboot

Lohr, Karin/Nickel, Hildegard M. (Hrsg.) (2005): Subjektivierung von Arbeit – Riskante Chancen. Münster: Westfälisches Dampfboot

Mayer-Ahuja, Nicole (2003): Wieder dienen lernen? Vom westdeutschen „Normalarbeitsverhältnis“ zu prekärer Beschäftigung seit 1973. Berlin: Edition Sigma

Miko, Katharina/Kaupa, Isabella/Mosberger, Brigitte/Simbürger, Elisabeth/Steiner, Katrin (2002): Atypische Beschäftigung – Merkmale und Typen von Prekarität. Endbericht. Analyse und Beratung interdisziplinärer Forschung (abif). Insitute for Social Research and Analysis (SORA). Wien

Mitlacher, Lars W. (2005): Equal-Pay – Das Ende der Zeitarbeit? Eine ökonomische Analyse des Urteils des Bundesverfassungsgerichts zur Zeitarbeit. In: Sozialer Fortschritt, 64, 4 (2005): 97-103

Moldaschl, Manfred (2002): Zukunftsfähige Arbeitswissenschaft. In: Ders. (Hrsg.) (2002): 7-68.

Moldaschl, Manfred (Hrsg.) (2002): Neue Arbeit – Neue Wissenschaft der Arbeit? Heidelberg: Asanger

Moldaschl, Manfred/Voß, Günter (Hrsg.) (2002): Subjektivierung von Arbeit. München: Hampp

Nienhüser, Werner/Matiaske, Wenzel (2003): Der „Gleichheitsgrundsatz“ bei Leiharbeit – Entlohnung und Arbeitsbedingungen von Leiharbeitern im europäischen Vergleich. In: WSI-Mitteilungen 56, 8 (2003): 66-473

Noller, Peter/Vogel, Berthold/Kronauer, Martin (2004): Zwischen Integration und Ausgrenzung – Erfahrungen mit Leiharbeit und befristeter Beschäftigung. Göttingen: SOFI

Ochs, Christine (1999): Die unendliche Geschichte – Zur Reform der geringfügigen Beschäftigung. In: WSI-Mitteilungen 52, 4 (1999): 223-233

Ott, Klaus (2005): Schmutzige Geschäfte. Ausgerechnet im Reinigungsgewerbe sind unsaubere Machenschaften verbreitet – bei ihrem Kampf gegen die Schwarzarbeit stoßen Fahnder auf mafiöse Strukturen. In: Süddeutsche Zeitung vom 13.-15. August 2005: 24

Pickhaus, Klaus/Schmitthenner, Horst/Urban, Hans-Jürgen (Hrsg.) (2001): Arbeiten ohne Ende. Neue Arbeitsverhältnisse und gewerkschaftliche Arbeitspolitik. Hamburg: VSA Verlag

Pieper, Marianne/Rodríguez, Encarnacíon Gutiérrez (Hrsg.) (2003): Gouvernementalität. Ein sozialwissenschaftliches Konzept in Anschluss an Foucault. Frankfurt/Main, New York: Campus

Promberger, Markus/Theuer, Stefan (2004): Welche Betriebe nutzen Leiharbeit? Verbreitung und Typik von Einsatzbetrieben und Lebensumwelten von Leiharbeitern. In: Vogel (2004): 34-60

Pühl, Katharina (2003): Der Bericht der Hartz-Kommission und die „Unternehmerin ihrer selbst“: Geschlechterverhältnisse, Gouvernementalität und Neoliberalismus. In: Pieper/Rodríguez (2003): 111-135

Röttger, Bernd (2004): Kondominium und Prozess des Wandels von Herrschaftsverhältnissen in der Regulation gesellschaftlicher Arbeit. In: Aden (2004): 105-120

Satilmis, Ayla/Baatz, Dagmar (2005): Einfach, geringfügig, gelegentlich? – Aktuelle Arbeitsmarktpolitik und ihre geschlechterpolitischen Implikationen am Beispiel von Dienstleistungsarbeit. In: Kurz-Scherf et al. (2005): 205-221

Schäfer, Claus (Hrsg.) (2000): Geringe Löhne – Mehr Beschäftigung? Hamburg: VSA Verlag

Schlese, Michael/Schramm, Florian (2004a): Beschäftigungsbedingungen in der Gebäudereinigung – eine Analyse des Sozioökonomischen Panels (SOEP). Gutachten im Auftrag der Hans-Böckler-Stiftung

Schlese, Michael/Schramm, Florian (2004b): Implikationen von Tarifverträgen zur Leiharbeit für die Tarif- und Beschäftigungsbedingungen im Gebäudereiniger-Handwerk. Gutachten im Auftrag der Hans-Böckler-Stiftung

Schürmann, Lena/Schroth, Heidi (2004): Brot und Kröten? Die Liberalisierung der Leiharbeit und ihre tarifpolitischen Folgen im Gebäudereinigerhandwerk. In: femina politica 13, 2 (2004): 87-90

Schupp, Jürgen/Birkner, Elisabeth (2004): Kleine Beschäftigungsverhältnisse: Kein Jobwunder. Dauerhafter Rückgang von Zweitbeschäftigungen? In: DIW-Wochenbericht 71, 34 (2004): 487-497

Statistisches Bundesamt (2004): Leben und Arbeiten in Deutschland. Ergebnisse des Mikrozensus 2003. Wiesbaden

Strengmann-Kuhn, Wolfgang (2003): Armut trotz Erwerbstätigkeit. Frankfurt/Main, New York: Campus

Vogel, Berthold (Hrsg.) (2004): Leiharbeit. Neue sozialwissenschaftliche Befunde zu einer prekären Beschäftigungsform. Hamburg: VSA Verlag

Voß, G. Günter/Hans J. Pongratz (1998): Der Arbeitskraftunternehmer. Eine neue Grundform der „Ware Arbeitskraft“? In: Kölner Zeitschrift für Soziologie und Sozialpsychologie 50, 1 (1998): 131-158

Wagner, Alexandra (2000): Krise des Normalarbeitsverhältnisses? Über eine konfuse Debatte und ihre politische Instrumentalisierung. In: Schäfer (2000): 200-246

Wagner, Alexandra/Schuldt, Karsten (2003): Arbeitspolitische Reformen im Kontext der Vorschläge der Hartz-Kommission – Chancen und Risiken für den ostdeutschen Arbeitsmarkt. Hrsg. von der Otto-Brenner-Stiftung und der Hans-Böckler-Stiftung. Berlin/Teltow

Weinkopf, Claudia (2004): Erfahrungen und Perspektiven vermittlungsorientierter Arbeitnehmerüberlassung. In: Vogel (2004): 10-33

Wieland, Rainer/Grüne, Petra/Schmitz, Ursula/Roth, Kasten (2001): Zeitarbeit optimal gestalten. Spezifische psychische Belastungen der Leiharbeit. Bremerhaven

Ehezentrierung statt staatsbürgerlicher Solidarität der Geschlechter – wohin führen die Reformen im deutschen System der Existenzsicherung?

Maria Wersig/Annegret Künzel/Sabine Berghahn

1 Einleitung

Auch wenn viele Einzelheiten der Umsetzung von „Hartz IV" auf kommunaler Ebene fast ein Jahr nach Inkrafttreten der Reform noch unklar sind und die Auswirkungen auf Frauen und Männer mangels zufrieden stellender Daten in den meisten Bereichen nur gemutmaßt werden können, steht fest: Von Geschlechtsneutralität kann keine Rede sein. Stattdessen finden sich im neuen Sozialgesetzbuch II (SGB II) starke Elemente des männlichen Ernährermodells und damit erhebliche Diskriminierungspotenziale für Frauen. Private Solidarität auf der Paarebene wird in Deutschland sehr selbstverständlich als Ressource für den Umbau des Sozialstaates herangezogen; die legitimatorische Grundlage für das offensive Einfordern privater statt gesellschaftlicher Solidarität bleibt dabei aber unklar. Offenkundig ist lediglich die Ehe- oder besser Paarzentrierung der Reform: Ehepaare, heterosexuelle ‚eheähnliche' Paare und eingetragene Lebenspartner/innen müssen aufgrund der strengen Anrechnung von Partner/innen/einkommen und -vermögen vorrangig füreinander einstehen; dieses Prinzip soll der Staatskasse und der Solidargemeinschaft der Steuerzahlenden zugute kommen. Wer aber zahlt den Preis dafür?

Dieser Beitrag[1] zeigt die Elemente des männlichen Ernährermodells im SGB II auf und fragt nach den Gründen für die verstärkte Inpflichtnahme partnerschaftlicher Solidarität. In Ergänzung zur Ebene der sozialstaatlichen Rahmenbedingungen wird auch die individuelle Ebene des Umgangs mit der Abhängigkeit vom Partner oder der Partnerin thematisiert: Als Anhaltspunkt dienen dabei erste Ergebnisse einer empirischen Studie in Form von qualitativen Interviews mit betroffenen Personen in Berlin.

---

1 Der Beitrag ist hervorgegangen aus dem Forschungsprojekt „Ernährermodell", das von der Hans-Böckler-Stiftung gefördert und von Juni 2004 bis Mai 2006 am Otto-Suhr-Institut für Politikwissenschaft der FU Berlin durchgeführt wird (www.fu-berlin.de/ernaehrermodell).

2 Das männliche Ernährermodell in der sozialen Grundsicherung – ‚Ehegattensubsidiarität'

Die zentrale Frage – aus geschlechterpolitischer wie aus allgemeiner Perspektive – lautet in der sozialen Grundsicherung: Wer hat Zugang zu Leistungen? Aus frauenpolitischer und feministischer Perspektive ist individuelle Existenzsicherung schon seit langem eine hochrangige sozialpolitische Forderung. Sie besagt, dass statt des in Deutschland immer noch vorherrschenden männlichen Ernährermodells, modern verfestigt als „Ernährer-plus-Zuverdienerin-Modell", das gleichberechtigte Zweiverdienermodell (oder *adult worker-model*) verwirklicht werden sollte (Ostner/Leitner/Schratzenstaller 2004). Dem steht aber unter anderem die traditionelle Zweiteilung sozialrechtlicher Transfers in Leistungen der Sozialversicherung und steuerfinanzierte soziale Hilfen entgegen. Während erstere auf Beiträgen der Versicherten beruhen und nicht bedürftigkeitsgeprüft sind, findet bei letzteren eine solche Bedürftigkeitsprüfung statt. Dabei wird nicht nur eigenes Einkommen und Vermögen, sondern auch das des (Ehe-)Partners/der Partnerin angerechnet.[2] Zum Teil zieht der Staat auch erwachsene Verwandte zur Existenzsicherung ihrer ebenfalls erwachsenen Angehörigen heran, soweit privatrechtliche Unterhaltsansprüche bestehen. Im Vergleich zwischen dem Verwandten- und dem Ehegattenunterhalt sind die Haftungsanforderungen bei letzterem aber deutlich strenger und umfassender. Auch der Selbstbehalt für die Unterhaltspflichtigen ist erheblich niedriger.

Leistungen der steuerfinanzierten sozialen Grundsicherung (etwa Arbeitslosenhilfe und Sozialhilfe) waren schon vor deren Zusammenlegung zum Arbeitslosengeld II (ALG II) *keineswegs* Leistungen einer *individualisierten* Existenzsicherung. Denn es gilt dort der Vorrang der privaten Versorgung (idealtypisch durch den Ehepartner), geregelt durch die so genannte Ehegattensubsidiarität. Dies bedeutet im Recht der bedarfsgeprüften Sozialleistungen, dass bei der Bedürftigkeitsprüfung das Einkommen des ehelichen Partners mit herangezogen wird. Personen mit einem erwerbstätigen oder vermögenden Partner werden demzufolge häufig auf ihren Partner/ihre Partnerin verwiesen und erhalten gekürzte oder keine Sozialleistungen. Diese Art der Bedürftigkeitsprüfung führt, obwohl sie geschlechtsneutral formuliert ist und Frauen und Männer theoretisch gleichermaßen betrifft, dazu, dass besonders Frauen schlechteren Zugang zu Leistungen erhalten. Denn aufgrund ihrer schlechteren Arbeitsmarktintegration, häufigerer Teilzeittätigkeit und geringerer Einkommen ist bei ihnen die Wahrscheinlichkeit höher, einen erwerbstätigen Partner zu haben, der über anrechenbares Einkommen verfügt. Bereits bei der Vergabe von *Arbeitslosenhilfe* war

2 Unterhalt, den die bedürftige Person erhält oder beanspruchen kann, zählt als eigenes Einkommen der Person.

eine deutliche Mehrheit der Empfänger von Ablehnungsbescheiden wegen der Anrechnung von Einkommen des Partners weiblich. Das Kriterium Partnereinkommen bei der Bedürftigkeitsprüfung wird deshalb seit längerem in der juristischen Literatur als Fall der mittelbaren Diskriminierung[3] wegen des Geschlechts kritisiert (Bieback 1997: 215).

Der Zusammenhang zwischen Ehegattenunterhalt und der Anrechnung von Partnereinkommen ist offensichtlich: Weil sich Ehegatten (auch bei bestehender Ehe) gegenseitig Unterhalt schulden, kann eine arbeitslose Person von ihrem Ehegatten Unterhalt verlangen. Daher ist die Leistung des Sozialstaates in diesem Rahmen nachrangig. Aber auch unverheiratete Paare ohne Unterhaltspflicht sind unter Umständen von diesen Pflichten betroffen. Kritikwürdig an der Anrechnung von Partnereinkommen bei der Bedürftigkeitsprüfung ist auch die *Fiktion einer Halbteilung* des Einkommens zwischen Mann und Frau. Aufgrund dieser (unrealistischen) Annahme eines partnerschaftlich geteilten Haushaltseinkommens wird nicht geprüft, ob individuell ein zu quantifizierender Unterhaltsanspruch vorliegt oder ob die vorausgesetzten finanziellen Transfers wirklich stattfinden. Die Partner/innen haben in der Regel auch keinen Rechtsanspruch auf Zahlung der angerechneten Beträge gegenüber einem/einer vielleicht zahlungsunwilligen Verpflichteten. Unverheiratete Paare haben ohnehin keine gegenseitigen Unterhaltsansprüche. Bei Ehepaaren besteht zwar ein Anspruch auf Wirtschafts- und ein geringes Taschengeld[4] (welcher in der Praxis aber kaum eingeklagt wird), das Unterhaltsrecht selbst geht aber bei bestehender Ehe von einem gemeinsamen Wirtschaften (und der Gleichwertigkeit von Haus- und Familienarbeit) aus (§§ 1356, 1360 BGB). Solange die Eheleute nicht getrennt leben, soll eine Einmischung in ihre Angelegenheiten und damit Bezifferung individueller Ansprüche vermieden werden. So interessiert die tatsächliche Verteilung des Geldes auch nicht bei Bedürftigkeit einer oder mehrerer Personen, denn das Anrechnungsprinzip stellt sicher, dass Ansprüche des/der Einzelnen auf staatliche Leistungen entfallen, wenn privat unterhalts- oder einstandspflichtige Haushaltsmitglieder existieren, deren Einkommen als ausreichend angesehen wird.

---

3 Davon sind Regelungen erfasst, die nicht auf das Geschlecht sondern auf „neutrale“ Merkmale abstellen, von denen ein Geschlecht aber tatsächlich stärker betroffen ist, ohne dass dies gerechtfertigt werden kann.

4 BGH v. 21.1.1998, Aktenzeichen XII ZR 140-96, in: NJW 1998, S. 1553-1555.

3 Anrechnung von Partnereinkommen bei der früheren Arbeitslosen- und Sozialhilfe

Arbeitslosen- und Sozialhilfe, die seit dem 4. Gesetz für moderne Dienstleistungen am Arbeitsmarkt (Hartz-IV-Reform) im Jahr 2003 im ALG II aufgegangen sind, waren bis dahin getrennte Systeme. Auch das Prinzip der Ehegattensubsidiarität kam in beiden Systemen unterschiedlich stark zum Tragen. Die Arbeitslosenhilfe war ein Mischsystem: Einerseits war sie eine individuelle Lohnersatzleistung, andererseits wurde sie durch Steuern finanziert und unterlag einer eingeschränkten Bedürftigkeitsprüfung. Die Sozialhilfe war ebenfalls steuerfinanziert, sicherte jedoch nur das Existenzminimum ab und war als Familienleistung ausgestaltet, das heißt, es wurde für die in einem Haushalt zusammenlebenden Paare oder Eltern und minderjährigen Kinder oder jungen Erwachsenen ein Gesamtbedarf errechnet.

In der Arbeitslosenhilfe, die dem Lebensstandardprinzip folgte (die Leistung betrug 57% bzw. 53% des früheren Nettoeinkommens), galt die Ehegattensubsidiarität nur eingeschränkt. Dies war insbesondere einem Urteil des Bundesverfassungsgerichts von 1992 („Arbeitslosenhilfeurteil" BVerfGE 87: 234) zu verdanken, das den Zwang zur Alleinverdienerehe, der durch zu strenge Anrechnungsregelungen hervorgerufen wurde, als verfassungswidrig ablehnte. Der Selbstbehalt des verdienenden Partners oder der verdienenden Partnerin müsse der eigenen fiktiven Arbeitslosenhilfe entsprechen, um dem Paar zu ermöglichen, auch im Fall von Arbeitslosigkeit ein Zwei-Verdiener-Paar zu bleiben, urteilte das Bundesverfassungsgericht (BVerfG 1992: 643)[5]. Im Zuge der Arbeitsmarktreformen wurde die Anrechnung von Partnereinkommen schrittweise verschärft, die Ehegattensubsidiarität somit ausgebaut. Der Mindestfreibetrag für den verdienenden Partner/die Partnerin der langzeitarbeitslosen Person wurde 2003 von 602,92 Euro im Monat um 20% auf 482,34 Euro reduziert. Außerdem fiel ein zusätzlicher Erwerbstätigenfreibetrag ‚in angemessener Höhe' für den verdienenden Partner weg. Vorher konnten die arbeitslosen Personen mit ihrer Arbeitslosenhilfe immer noch einen Beitrag zum Einkommen der Familie leisten; soweit die Partner/innen von Arbeitslosenhilfebezieher/inne/n einer Teilzeitbeschäftigung nachgingen, mussten die Arbeitslosen meist nicht mit einer Kürzung ihrer Leistung rechnen. Im ALG II-Bezug sind diese Konstellationen seit 2005 praktisch nicht mehr möglich.

---

5 Ein Anspruch auf individualisierte Ansprüche statt Verweisung auf das Partner/innen/einkommen kann aus diesem Urteil allerdings nicht abgeleitet werden, denn das Bundesverfassungsgericht argumentierte mit Art. 6 Abs. 1 GG und dem daraus gefolgerten Abwehrrecht gegen Eingriffe in die partnerschaftliche Lebensgestaltung.

In der Sozialhilfe galten stattdessen schon immer strenge Anrechnungsregeln für Partner/innen/einkommen, auch Eltern- und Kindereinkommen wurden angerechnet. Das Gesetz betrachtete zusammenlebende Ehepaare (bzw. ‚eheähnliche' Paare) und ihre im Haushalt lebenden, minderjährigen und unverheirateten Kinder als Gemeinschaft: Für diese Personen wurde der Sozialhilfebedarf insgesamt ermittelt und dem addierten Einkommen gegenübergestellt (§ 11 BSHG). Grundsätzlich wurde jedes Einkommen (mit wenigen Ausnahmen) bedarfsmindernd berücksichtigt, für Erwerbstätige galt ein Erwerbstätigenfreibetrag von bis zu 50% des Regelsatzes.

4 Familienleistung statt individuelle Leistung – Die Konzeption des SGB II

Die Zusammenlegung von Arbeitslosen- und Sozialhilfe war ein intensiv vorbereitetes politisches Projekt, das (obwohl in den Details hoch umstritten) von beinahe allen im Bundestag vertretenen Parteien befürwortet wurde. Die konzeptionelle Vorbereitung erfolgte in der Kommission für moderne Dienstleistungen am Arbeitsmarkt und der Arbeitsgruppe „Arbeitslosenhilfe/Sozialhilfe" der Kommission zur Reform der Gemeindefinanzen. Obwohl das Gesetz im Volksmund „Hartz IV" heißt, wurden die wesentlichen Punkte der Leistungsgewährung nach dem SGB II in dieser Arbeitsgruppe erarbeitet. Dort bestand Konsens, dass eine einheitliche Leistung für „erwerbsfähige Hilfebedürftige" notwendig sei und die bloße Harmonisierung der Systeme von Arbeitslosen- und Sozialhilfe nicht ausreiche. Da diese Personen ähnliche Probleme hätten, so das Hauptargument, seien zwei Transfersysteme mit unterschiedlicher Ausgestaltung nicht für ihre Förderung geeignet. Die Arbeit der Kommission bestand in Empfehlungen für Strukturprinzipien der neuen Leistung und der Prognose der finanziellen Folgen verschiedener Modelle (Ziel war, einen Einspareffekt für alle Träger durch die neue Leistung zu erzielen).

Man stellte deshalb die wesentlichen Strukturprinzipien beider Leistungen gegenüber: Neben unterschiedlicher Finanzierung und Trägerschaft waren das die Orientierung der Arbeitslosenhilfe am vorherigen Erwerbseinkommen und der Sozialhilfe am Existenzminimum, sowie die Ausgestaltung der Arbeitslosenhilfe als „Leistung für den Arbeitslosen" und der Sozialhilfe als „Leistung für die Familie" (AG Arbeitslosen- und Sozialhilfe 2003: 8). Insbesondere die Höhe der neuen Leistung war umstritten, obwohl bald klar war, dass lediglich „ausreichende Sicherung bei Arbeitslosigkeit" gewährt werden solle (AG Arbeitslosen-

und Sozialhilfe 2003: 11).[6] Über die relevante kleinste Einheit der Bedürftigkeitsprüfung bestand auch schnell Konsens: Leistungen zum Lebensunterhalt sollten nur Haushalte erhalten, in denen insgesamt kein ausreichendes Einkommen und Vermögen vorhanden ist. Zu diesem Zweck wurde die Übernahme der strengen Einkommensanrechnungsregeln nach dem Sozialhilferecht beschlossen. Lediglich die Gewerkschaften gaben erfolglos den Einwand zu Protokoll, dass überwiegend Frauen ihren Leistungsanspruch verlieren würden, wenn die Anrechnungsregelungen in dieser Form übernommen würden (AG Arbeitslosen- und Sozialhilfe 2003: 18).

Die Konzeption der „Bedarfsgemeinschaft“ mit den entsprechenden Einstandspflichten von Partner/inne/n wurde im Referentenentwurf[7] vom 25.07.2003 übernommen, in der ersten Fassung allerdings ohne Reflexion der geschlechtsspezifischen Auswirkungen. „Die Gesetzesänderungen haben keine Auswirkungen auf die Gleichstellung“, stellte der erste Entwurf beim Prüfungspunkt „Gleichstellungspolitische Bedeutung“ fest (Referentenentwurf 2003: 5). Gewerkschaften und frauenpolitische Organisationen kritisierten insbesondere die verstärkte Abdrängung von Frauen aus dem Leistungsbezug in private Abhängigkeit und die fehlenden Rechtsansprüche auf Eingliederungsleistungen. Im Kabinettsentwurf[8] wurde dem nicht durch inhaltliche Veränderungen, sondern durch die Feststellung abgeholfen, das Prinzip des *Gender Mainstreaming* sei im Gesetzentwurf beachtet worden (Kabinettsentwurf, S. 6). Im weiteren Verfahren änderte sich nichts mehr an den Anrechnungsregelungen, auch sonst waren gleichstellungspolitische Erfolge nicht zu verzeichnen. Lediglich die von Frauenpolitiker/inne/n stark kritisierte Vertretungsbefugnis des Haushaltsvorstandes beim Abschließen der „Eingliederungsvereinbarung“ für alle erwerbsfähigen Mitglieder der Bedarfsgemeinschaft wurde abgemildert. Diese Regelung beinhaltete offensichtlich das Bild des Familienvaters, der für seine Frau Vereinbarungen abschließt. Deshalb wurde mit dem kommunalen Optionsgesetz[9] der Satz eingefügt, dass an Regelungen in der Eingliederungsvereinbarung die Mitglieder der betroffenen Bedarfsgemeinschaft zu beteiligen seien (§ 15 Abs. 2 S. 2 SGB II).

---

6 Die Beibehaltung des Lebensstandardprinzips der Arbeitslosenhilfe war für die Kommission zu keinem Zeitpunkt eine Option.

7 Gesetzentwurf der Bundesregierung: Entwurf eines Vierten Gesetzes für moderne Dienstleistungen am Arbeitsmarkt vom 25. 07. 2003.

8 Gesetzentwurf der Bundesregierung: Entwurf eines Vierten Gesetzes für moderne Dienstleistungen am Arbeitsmarkt vom 13. 08. 2003.

9 BT-Drs. 15/2816, S. 12.

5 Anrechnung von Partnereinkommen im SGB II seit 2005

Im Grundsatz orientiert sich die Reform bei Ausgestaltung der Geldleistungen am Vorbild der Sozialhilfe. Sobald das Einkommen eines Partners oder einer Partnerin ausreicht, den Bedarf der in der Bedarfsgemeinschaft vergemeinschafteten Personen ganz zu sichern, gelten die anderen Personen als nicht bedürftig. Als Selbstbehalt gilt für den verdienenden Teil dessen eigenes Existenzminimum plus Zuschlag bei Erwerbstätigkeit. Den Bedarf legt das Gesetz durch Regelsätze fest. Die Regelsätze des ALG II sind knapp bemessen und orientieren sich am Niveau der bisherigen Sozialhilfe, das geringfügig erhöht wurde[10]: Für Bedarfsgemeinschaften mit zwei Mitgliedern über 18 Jahren beträgt der Regelsatz pro Person 311 Euro (West) und 298 Euro (Ost); das sind 90% des Regelsatzes einer allein stehenden Person. Hinzu kommen eventuelle Mehrbedarfe (zum Beispiel bei Schwangerschaft) und für den Fall des Überganges aus dem Arbeitslosengeld I ein befristeter Zuschlag (§ 24 SGB II). Der nach diesen Regelsätzen und den Kosten für (angemessene) Unterkunft und Heizung ermittelte Bedarf wird dem anzurechnenden Einkommen und Vermögen *beider* Partner/innen gegenübergestellt, die Differenz bildet die Leistungshöhe.

Die geschlechtsspezifische Schieflage bei der Einkommensanrechnung wird sich mit großer Wahrscheinlichkeit unter dem neuen Recht in verschärfter Form fortsetzen; allerdings werden geschlechterdifferenzierte Zahlen über Nichtleistungsempfänger/innen in Zukunft zwar erhoben, aber nur mehr BA-intern ausgewertet.[11] Unverheiratete Nichtleistungsempfänger/innen sind verheirateten gegenüber deutlich schlechter gestellt, da ihnen die „Familienmitversicherung" der Kranken- und Pflegeversicherung nicht offen steht und eigene Beiträge anfallen.

Die nächste Frage ist, ob dem betroffenen Personenkreis Leistungen zur Eingliederung in Arbeit offen stehen. Die Maßnahmen des Förderns im SGB II richten sich an erwerbsfähige Hilfebedürftige und die mit ihnen in einer Bedarfsgemeinschaft lebenden Personen (§ 15 Abs. 1, § 16 Abs. 2 S. 1 SGB II). Menschen, die auf die Versorgung durch das Erwerbseinkommen des Partners/der Partnerin verwiesen werden, sind nach der Logik des SGB II aber weder hilfebedürftig, noch leben sie mit einer solchen Person in einer Bedarfsgemeinschaft. Leistungen des SGB II müssen ihnen deshalb verweigert werden (vgl. den Beitrag von Helga Ostendorf in diesem Band). Ihnen bleibt nur, sich bei den Arbeitsagenturen gemäß SGB III „Arbeit suchend" zu melden. Das SGB III sieht als Kann-Leistung (§§ 8a, 20 SGB III) auch Maßnahmen für „Berufsrückkehrer/innen" vor. Berufsrückkehrer/innen sind Personen, die nach Unterbrechung

10 Im Gegenzug gibt es die in der Sozialhilfe üblichen Zahlungen für Einmalbedarfe kaum noch, siehe § 23 SGB II.

11 Auskunft der BA, Bereich Statistik auf Nachfrage (Stand:14.11.2005).

der Erwerbstätigkeit wegen der Betreuung aufsichtsbedürftiger Kinder oder pflegebedürftiger Angehöriger in die Erwerbstätigkeit zurückkehren wollen. Nichtleistungsempfänger/innen, die diese Voraussetzungen erfüllen, können sich auch auf diese Bestimmung stützen. Trifft dies für sie nicht zu, stehen sie vor dem Problem, dass sie als „durch Ernährer versorgte" Arbeit Suchende nicht die vorrangigen ‚Kunden' der Arbeitsagenturen darstellen und angesichts der Knappheit der Mittel und Personalressourcen für gezielte Fördermaßnahmen hinter den ‚teuren' Arbeitslosen zurückstehen müssen. Da mit den Hartz-Gesetzen Arbeitsbeschaffungs- und Qualifizierungsmaßnahmen abgebaut wurden, sinkt die Wahrscheinlichkeit weiter, dass ‚privat versorgte' Langzeitarbeitslose, die man umgekehrt auch durch ‚Fordern' kaum unter Druck setzen kann, in den Genuss von Reintegrationsförderung gelangen.

6 Die Ehezentriertheit der Regelungen

Die Subsidiaritätsregeln gelten nicht nur für Eheleute, sondern aufgrund der verfassungsrechtlichen Interpretation des Schutzgehaltes von Art. 6 Abs. 1 GG auch für eheähnliche heterosexuelle Paare sowie für eingetragene gleichgeschlechtliche Lebenspartner/innen[12]. Der Schutz der Ehe beinhaltet nach herrschender Auffassung das Verbot, die Ehe gegenüber nichtehelichen Lebensgemeinschaften schlechter zu stellen[13]. Andernfalls würden mit der Eheschließung Nachteile auf die Paare zukommen, so dass Anreize bestünden, keine Ehe einzugehen. Dies aber könnte den verfassungsrechtlich verbürgten Bestand der Institution Ehe gefährden und muss daher nach herrschender Meinung vermieden werden (ausf. Berghahn 2004).

Wegen der Vergleichslogik von Ehe und Nicht-Ehe besteht die Folge für ‚eheähnliche' heterosexuelle Paare darin, dass ihnen die Pflichten der Ehe auferlegt werden, ohne dass sie deren Förderung erhalten. Allerdings gelten nicht alle Paare, die gemeinsam leben und in einem Bett schlafen, als ‚eheähnliche' und haben diese Einstandspflicht. ‚Eheähnlich' ist laut Bundesverfassungsgericht und Bundessozialgericht, die dies bereits lange vor Inkrafttreten von Hartz IV entschieden haben, nicht jedes Zusammenleben (oder jede sexuelle Beziehung) von Mann und Frau. Heterosexuellen Paaren dürfen die Pflichten der Ehe nur dann auferlegt werden, wenn sich deren Beziehung durch starke innere Bindungen

12 Nicht institutionalisierte homosexuelle Paare sind stattdessen keine Adressat/inn/en privater Einstandspflichten, zur Bewertung dieses Umstandes ausführlich Berghahn/Wersig 2005c.

13 Ständige Rechtsprechung des Bundesverfassungsgerichts, siehe etwa: BVerfG v. 10.11.1998, Az: 2 BvR 1057/91, 2 BvR 1226/91, 2 BvR 980/91, in: NJW 1999, S. 557-561; BVerfG v. 11.10.2005, Az: 1 BvR 1232/00, 1 BvR 2627/03, in: NJW 2005, S. 3556-3558.

auszeichnet, die ein Füreinander-Einstehen begründen und beinhalten (BVerfG 1992: 643). Auch jahrelanges gemeinsames Leben reicht den Gerichten als alleiniges Indiz meist nicht aus. Da die Behörde das Vorliegen nicht irgendeiner, sondern einer *eheähnlichen* Beziehung beweisen muss, haben Kläger/innen vor Gericht bislang ‚gute Karten'. Trotzdem nehmen Behörden das Vorliegen einer ‚eheähnlichen' Beziehung bereits beim Zusammenleben von Frau und Mann an. Als das Bundessozialhilfegesetz noch galt, gab es bereits Hausbesuche, bei denen nach Anzeichen für einen eventuell einstandspflichtigen Partner gesucht wurde (Anzeichen wie fremde Kleidung, eine zweite Zahnbürste usw.). Diese Praxis setzte sich mit Inkrafttreten des SGB II fort. Auch verwaltungstechnisch werden die Einstandspflichten forciert: Der Antragsbogen für ALG II fragt in der Rubrik „Persönliche Verhältnisse/Familienstand" neben dem Bestehen einer Ehe oder eingetragenen Lebenspartnerschaft ebenso das Bestehen einer eheähnlichen Gemeinschaft ab. Obwohl das Alltagsverständnis vom Begriff einer „eheähnlichen" Beziehung vermutlich nicht mit dem rechtlichen Begriff übereinstimmt, wird so bereits mit dem Ankreuzen ein juristischer Erklärungsinhalt provoziert. Die ersten Gerichtsurteile zum SGB II sprechen dafür, dass sich zumindest die Justiz der Bedeutungsdiskrepanz bewusst ist und ihr Rechnung trägt, indem sie nicht automatisch von dieser Erklärung auf das tatsächliche Vorliegen einer ‚eheähnlichen' Partnerschaft schließt[14]. Jedoch legen nicht alle Betroffenen, die zu Unrecht als ‚eheähnlich' zusammenlebend eingestuft werden, einen Rechtsbehelf ein.

7 Selbstverständlichkeit der Anrechnungsregelungen – Der politische Diskurs

Die strenge juristische Auslegung ist den für den Erfolg der Hartz-Reformen politisch Verantwortlichen offenbar ein Dorn im Auge; deshalb wird im politischen Diskurs die Selbstverständlichkeit des gegenseitigen Einstehens auch in nichtehelichen Beziehungen betont. Wie weit diese Interessenlage Konsens ist, lässt sich daran ablesen, dass der „Ombudsrat Hartz IV", der das Gesetz kritisch begleiten soll, trotz vieler Beschwerden von Betroffenen über zu strenge Einstandspflichten die finanzielle Heranziehung von Mitgliedern der Bedarfsge-

---

14 vgl. etwa Sozialgericht Dresden v. 14.6.2005 (Az: S 23 AS 332/05 ER): „Zwar bezeichnete die Antragstellerin Herrn D... als Partner in eheähnlicher Gemeinschaft. Jedoch ist in Zweifel zu ziehen, ob sich die Antragstellerin der juristischen Tragweite dieser Erklärung bewusst war. Denn das Antragsformular der Antragsgegnerin enthielt nicht die Möglichkeit ein Zusammenwohnen lediglich als Zweckgemeinschaft zu bezeichnen."

meinschaft gar nicht thematisiert und lediglich bessere Eingliederung der Nichtleistungsempfänger/innen fordert (Ombudsrat Zwischenbericht 2005: 25).

Nachdem die Reform geringere als die erwarteten Einsparungen zu erwirtschaften scheint, regte das Bundeswirtschaftsministerium im Herbst 2005 eine ‚Missbrauchs-Debatte' an. „Vorrang für die Anständigen – Gegen Missbrauch, ‚Abzocke' und Selbstbedienung im Sozialstaat", hieß ein „Report vom Arbeitsmarkt" aus dem BMWA. Auf Kosten aller, so wurde dort mit provozierenden Formulierungen und Beispielen beklagt, würden sich nicht ‚wirklich' Bedürftige am Sozialstaat bereichern. Zu den ‚nicht wirklich' Bedürftigen zählten – neben Beispielen für Betrug im strafrechtlichen Sinne – Personen, die sich der automatischen Unterstellung einer eheähnlichen Lebensgemeinschaft durch die Behörden widersetzen.

Die Streitschrift berichtete gleich im ersten Kapitel von nackten Männern auf dem Balkon und erklärungsbedürftigen ‚Kuhlen' im Ehebett. Ins Auge fiel dabei die perfide Darstellung der ‚Missbrauchsfälle'. Das Papier verschwieg, dass unangemeldete Hausbesuche nicht geduldet werden müssen und die Untersuchung der Bettstatt im Übrigen gegen das Persönlichkeitsrecht, den Schutz der Privatsphäre und gegen die Menschenwürdegarantie des Grundgesetzes verstößt. Nicht der fliehende Bettgenosse verhält sich würdelos, sondern diese rechtliche und sozialpolitische Konstellation entwürdigt alle Beteiligten. Dass sich aus Nächten im gemeinsamen Bett noch keine eheähnliche Gemeinschaft folgern lässt, unterschlug das Papier ebenfalls, aber sogleich wurde darin behauptet, dass Berater/innen, die Paare auf die Rechtslage hinwiesen, strafrechtlich relevant zum Betrug auffordern würden. Die ertappten ‚Betrüger' müssten dann die zu Unrecht erhaltenen Gelder zurückzahlen und mit einer Strafanzeige rechnen. „Viele wollen einfach nicht gelten lassen, dass der Staat erst einspringt, wenn niemand sonst im gemeinsamen Haushalt Unterstützung leistet", zitiert das Papier den Prüfer eines Jobcenters. Diese Aussage ist nicht korrekt, da das Gesetz durchaus weitere Voraussetzungen für die Einstandspflicht vorsieht (Ehe, Eheähnlichkeit, bestimmte Verwandtschaftsgrade usw.).

Die Debatte trägt erste Früchte: Im Koalitionsvertrag 2005 wurde die Überprüfung der Definition der eheähnlichen Partnerschaft und der Möglichkeit der Einführung einer Beweislastumkehr angekündigt (Koalitionsvertrag 2005: Rz.1340-1341). Das bedeutet eine mögliche Verschärfung der Situation. Wenn die Beweislast, nicht eheähnlich zu leben, auf die Paare übertragen würde, stünden sie in Zukunft vor dem Problem, dass sich ein solcher Nachweis nur schwer führen lässt. Damit würde im Zweifel das Einkommen von nichtehelichen PartnerInnen angerechnet. Auch die mit Hartz IV gegenüber dem alten Sozialhilferecht aufgelockerten Einstandspflichten zwischen Eltern und volljährigen Kindern (bis 25 Jahre) sollen wieder verschärft werden, nachdem die Gründung eigener Haushalte durch junge Erwachsene als ‚Missbrauch' skandalisiert wurde (Koalitionsvertrag 2005: Rz.1325-1327)[15].

8 Individueller Umgang mit sozialpolitischen Rahmenbedingungen

Im Rahmen einer empirischen Studie, die Teil unseres Projektes „Ernährermodell" ist, wurden 28 qualitative Interviews mit arbeitslosen Frauen und Männern durchgeführt, die aufgrund der Anrechnung von Partnereinkommen kein oder weniger ALG II erhalten. Alle Befragten lebten in Berlin. Arbeitslose mit Kindern unter 14 Jahren wurden nicht befragt, da deren Betreuung die Aufnahme einer Erwerbstätigkeit erschweren könnte. Es wurden 15 Gespräche mit Frauen und 13 mit Männern geführt; je vierzehn Personen kamen aus Ost- oder Westdeutschland. 20 Befragte waren verheiratet, ein Befragter lebt in einer eingetragenen Lebenspartnerschaft und sieben Befragte waren zum Zeitpunkt des Interviews unverheiratet; insgesamt waren zwölf der Gesprächspartner/Gesprächspartnerinnen jünger als 45 Jahre. Ziel der Studie war es, individuelle Bewältigungsweisen von paarinterner Abhängigkeit der von der Einkommensanrechnung gemäß SGB II betroffenen Männer und Frauen zu erforschen. Gefragt wird danach, was die Betroffenen über die Einstandspflichten denken und wie sie Unterhalt und Abhängigkeit in der Partnerschaft empfinden. Dabei ist interessant, wie Solidarität legitimiert wird, welche Bedeutung die Ehe im Verhältnis zu nicht-ehelichen Partnerschaften hat und welche Rolle institutionelle Rahmenbedingungen und sozialpolitische Pfadvorgaben für die individuelle Problemlösung in der Beziehung spielen.

Aus dem Interviewmaterial konnten vier Bewältigungsweisen von paarinterner Abhängigkeit herausgearbeitet werden, die nun kurz skizziert werden. Die erste Umgangsweise, die man auch als die des ‚verhinderten Versorgers' bezeichnen könnte, haben sich ausschließlich Männer angeeignet. Diese haben bislang den Großteil des Familieneinkommens verdient, sind jetzt aber auf die Versorgung durch ihre Partnerinnen angewiesen. „Also das war ja auch jahrelang andersrum und äh, es wird ja auch wieder anders. Das ist jetzt, wie gesagt, nur so ein Übergang, eine Übergangssituation" (54-jähriger unverheirateter Mann). Diese ‚verhinderten Versorger' leiden darunter, keinen eigenen Beitrag zum Haushaltseinkommen mehr leisten zu können und unternehmen große Anstrengungen bei dem Versuch, die Versorgerrolle wieder aufzunehmen oder dabei, ihre (erfolglosen) Wiedereingliederungsbemühungen in den Arbeitsmarkt zu-

15 Diese Regelung war im Februar 2006 bereits im parlamentarischen Verfahren, siehe: Änderungsantrag der Fraktionen der CDU/CSU und der SPD vom 7.2.2006, Dt. Bundestag, Ausschuss für Arbeit und Soziales, Ausschussdrucksache 16(11)80 S. 3.

gunsten eines anderen Lebensziels wie dem des Renteneintritts ganz aufzugeben. Die finanzielle Abhängigkeit von der Partnerin definieren sie konsequent als kurzzeitigen und befristeten Zustand. Charakteristisch für die Betroffenen ist die hohe Bedeutung von Erwerbsarbeit, der die Familie mit ihren spezifischen Anforderungen an persönliche Verfügbarkeit und Verantwortung untergeordnet wird. Sofern die Höhe des Haushaltseinkommens dies zulässt, wird – konform mit aktuellen wohlfahrtsstaatlichen Semantiken – von allen Mitgliedern der Bedarfsgemeinschaft in den beruflichen Wiedereinstieg des Ernährers investiert. Der Familienstand spielt für die Befragten keine Rolle, denn es gilt, die Versorgungsleistung für eine Frau und/oder eine Familie zu erbringen. Auf Ehe oder Nicht-Ehe kommt es hier nicht an. Die Versorgung selbst besteht nach den Angaben der ‚verhinderten Versorger' aus der finanziellen Sicherung des Haushaltseinkommens und der Verantwortung für wichtige Entscheidungen im Umgang mit diesem Geld. Dagegen obliegen die Verwaltung des Haushaltseinkommens, das in einer gemeinsamen Haushaltskasse bewirtschaftet wird, die Herstellung der Vereinbarkeit von Familie und Beruf, die Organisation und Bewältigung von Familien- und Hausarbeit sowie die Koordinierung der Berufsverläufe/Karrieren beider Partner weitgehend der Frau.

Abhängigkeit wird in zwei Varianten thematisiert. In einer modernisierten Variante verlaufen die Konfliktlinien über Abhängigkeiten im Paar, also zwischen den beiden Partnern, sowie zwischen dem Befragten und der sozialpolitisch geforderten privaten Subsidiarität, also zwischen dem Mann und dem ihn in Abhänigigkeit zwingenden Staat. Der Mann fühlt sich von seiner Frau abhängig und hat das Gefühl, ihr zur Last zu fallen. Verantwortlich gemacht werden dafür die neuen staatlichen Regelungen. In der traditionellen Variante werden Konfliktlinien zwischen den Partnern ausgeblendet und nur der gemeinsame Interessenkonflikt zwischen Paar und Staat wahrgenommen. Die Versorgungsleistung durch die Partnerin gilt hierbei als gerechtfertigt und wird unhinterfragt vorausgesetzt, da die Befragten vorher ebenso selbstverständlich für das finanzielle Auskommen gesorgt hätten und die aktuelle Situation zudem zeitlich befristet sei. Die Vertreter dieser Bewältigungsstrategie wünschen sich im Allgemeinen so lange den Bezug sozialstaatlicher Leistungen, bis sie ihre Ernährerrolle wieder aufnehmen können.

Die zweite Bewältigungsweise, „das vergemeinschaftete Paar", ist charakteristisch für verheiratete Befragte, die älter als 44 Jahre sind. Für diese ‚Vergemeinschafteten' hat die Ehe eine sehr hohe Bedeutung und die Eheschließung war ein Akt mit großer Symbolkraft, der ausdrücken sollte, dass das Paar für immer zusammen bleibt. Diese Befragten thematisieren Abhängigkeiten und Machthierarchien nicht vorrangig innerhalb der Partnerschaft, sondern vor allem zwischen Staat und Paar. Das Paar wird konsequent als Gemeinschaft evoziert, die über ein gemeinsames Haushaltseinkommen und eine gemeinsame Haushaltsführung verfügt. Abhängigkeit oder Armut ist deswegen eine gemeinsame Erfahrung des Paares. Die Betonung der Partnerschaft muss nicht bedeuten, dass Disharmonien ausgeblendet werden, sondern sie werden im Kontext gemeinsam bewältigter Krisenzeiten als zu meisternde und kurzzeitige Probleme definiert. Entsprechend der faktischen Einstandspflicht im SGB II hält das Ehepaar tatsächlich zusammen. Einstandspflichten bei nicht-ehelichen Paaren werden selten kritisch gesehen und mit Hinweis auf die dort vorhandene „Kameradschaft" gerechtfertigt. Obwohl immer die Partnerin für die Erbringung reproduktiver Arbeiten in Haushalt und Familie verantwortlich ist, nehmen die Befragten wenig oder keinen Bezug mehr auf mögliche Abhängigkeiten in der Partnerschaft und rechtfertigen das ungleiche Hausarbeitsarrangement weitgehend.

Die Befragten der Bewältigungsweise „die Gleichgestellten" messen der Partnerschaft einen sehr hohen Wert bei, verfügen jedoch auch über ein hohes Unabhängigkeitsstreben besonders in finanzieller und beruflicher Hinsicht. „Jetz´ biste da völlig abhängig, jetz´ biste hier völlig ja, weiß ich nich´, kannste denn überhaupt alleine noch existieren?" (48-jährige verheiratete Frau). Kritisch wird der eigene Nichtleistungsbezug kommentiert, jedoch nicht die starke Einstandspflicht der Partnerin/des Partners. Wenngleich die Versorgungsleistung durch die Partnerin/den Partner als selbstredend betrachtet wird, lehnen die Befragten eine ausschließlich private Subsidiarität ab. Ihnen ist es wichtig, auch einen eigenen Beitrag zum Familieneinkommen zu leisten und über Geld zur eigenen Bedürfnisbefriedigung zu verfügen. Die Befragten leiden unter dem Nichtleistungsbezug und fühlen sich generell von der Partnerin/dem Partner abhängig. Noch vor sozialpolitischen Leistungen wünschen sie sich finanzielle Unabhängigkeit und eine eigenständige Existenzsicherung durch Erwerbsarbeit. Staatliche Eingriffe in ihr ‚Privatleben' und die sozialpolitische Pfadvorgabe für Handlungsoptionen werden kritisch thematisiert und als schädlich für die eigene Partnerschaft bewertet. Zentral ist dabei besonders das Kriterium der finanziellen Abhängigkeit vom eigenen Ehemann, das die Befragten an das Leitbild der stereotypen westdeutschen Hausfrauenehe erinnert und abgelehnt wird. Strukturelle geschlechtliche Diskriminierungsmechanismen wie die fehlende angemessene Anerkennung von Kindererziehungszeiten oder die ungleiche Verteilung von Hausarbeit werden zwar kritisch thematisiert, aber nicht in der eigenen Partnerschaft ausgetragen. Die Befragten dieser Bewältigungsweise wünschen sich finanzielle Unabhängigkeit und eine eigenständige Existenzsicherung durch Erwerbsarbeit.

Die Befragten, die sich der vierten Bewältigungsweise zuordnen lassen, nehmen sich als stark eigenständig wahr und legen großen Wert auf ihre persönliche Unabhängigkeit (‚die Unabhängigen'). Sie lehnen jeglichen staatlichen

Eingriff in ihre Privatsphäre ab. „Vor allen Dingen war mein Status immer der einer berufstätigen Frau, die zur Zeit arbeitslos iss`, nich` dass ich quasi, dass ich darüber nachdenken muss, welche Form von Partnerschaft hab` ich jetz und mich` wieder finde in ′ner Gemeinschaft irgendwie“ (42-jährige unverheiratete Frau). Von der geforderten Partnersubsidiarität im SGB II fühlen sich die Betroffenen der vierten Bewältigungsweise gezwungen, bestimmte Partnerschaftsformen und Handlungsoptionen zu wählen. Der Einfluss sozialstaatlicher Rahmenbedingungen auf die eigene Beziehung wird als schädlich empfunden. Alle Befragten fühlen sich stark abhängig und wünschen sich eine eigenständige Existenzsicherung durch Erwerbsarbeit. Die weiblichen Befragten nehmen zudem strukturelle und indirekte geschlechtsspezifische Diskriminierungen wahr und leiden unter geschlechtstypischen Konflikten, die sich auf die eigene Partnerschaft auswirken und/oder dort ausgetragen werden, wie die ungleiche Verteilung von Hausarbeit oder geschlechtliche Einkommensdifferenzen. Der Wunsch nach eigener Unabhängigkeit richtet sich auch auf die Partnerin/den Partner, denn sowohl die Betroffenen in nicht-ehelichen Partnerschaften als auch die Verheirateten lehnen Einstandspflichten ab und bedauern, dass die Partnerin/der Partner für sie „arbeiten gehen“ müsse. In nicht-ehelichen Partnerschaften möchten die Befragten die gegenseitige Solidarität frei wählen können, anstatt auf staatliche Vorgaben verwiesen zu werden.

Insgesamt gibt es eine große Spannbreite individuellen Umgangs mit sozialpolitischen Rahmenbedingungen, die von grundsätzlicher Zustimmung zur Einstandspflicht des SGB II bis zu deren Ablehnung reicht. Im Einzelnen suchen die Betroffenen Umgangsweisen zu finden, die es ihnen subjektiv erlauben, den Nichtleistungsbezug, mögliche Abhängigkeit, private und sozialstaatliche Solidaritätsanforderungen im Bedeutungsrahmen ihrer Partnerschaft zu bewältigen. Die ‚verhinderten Versorger’ sind bemüht, dem sozialpolitisch gestützten Leitbild des Ernährers zu entsprechen und es in ihre Lebenssituation zu integrieren. Sie deuten das Konstrukt der Bedarfsgemeinschaft weitgehend positiv und sind um Selbsthilfe bemüht. Die Befragten im ‚vergemeinschafteten Paar’ sehen die sozialpolitischen Rahmenbedingungen als schädlich für das Wohlergehen der Partnerschaft an, aber thematisieren ihre individuelle Betroffenheit weniger kritisch. Als nachteilig für ihre Partnerschaft beurteilen hingegen die ‚Gleichgestellten‘ die sozialpolitischen Zwänge. Die Gesprächspartnerinnen/Gesprächspartner der Bewältigungsweise ‚die Unabhängigen‘ bewerten sozialstaatliche Rahmenbedingungen sogar als sehr negativen Einfluss auf ihre Partnerschaft.

5 Soziale Gerechtigkeit durch individualisierte Existenzsicherung

Nach dieser Betrachtung der subjektiven Dimensionen der Einstandspflicht soll abschließend die Frage behandelt werden, wie soziale Gerechtigkeit mit egalitären Geschlechterverhältnissen verbunden werden kann. Ist es beim Umbau des Wohlfahrtsstaates zwingend erforderlich, auf private Solidarität als Ressource zurückzugreifen? Ist es nicht vielmehr Aufgabe von Sozialpolitik, diese private Solidarität erst zu ermöglichen, so dass sie freiwillig geleistet wird und nicht den sozialen Personenverband durch das Faktum der erzwungenen Abhängigkeit und die Folgen erodieren lässt? Um dies zu erreichen, müsste auf den ‚traditionellen Geschlechtervertrag' als Grundlage für Solidaritätsanforderungen verzichtet werden. Sozialreformen sollten andere Formen der Solidarität als die partnerschaftliche (Zwangs-)Solidarität in Form von Ehegattensubsidiarität wählen. Erforderlich ist also der Umbau des Wohlfahrtsstaates in die andere Richtung: weg von einer Privatisierung der Risiken der Existenzsicherung in Form von „Bedarfsgemeinschaften" und hin zu einer gesamtstaatlichen Solidarität auf staatsbürgerlicher Ebene. Für die konkrete Ausgestaltung gibt es verschiedene Möglichkeiten: Kurzfristig wäre eine weitere Anhebung der Erwerbstätigenfreibeträge im SGB II anzuraten, um die privaten Einstandspflichten zu beschränken und damit das Selbstverständnis von ALG II-Berechtigten zu stärken, Erwerbspersonen mit eigenem Beitrag zum Haushaltseinkommen zu sein. Auch eine verbesserte Förderung für Nichtleistungsempfänger/innen durch verbindliche Quoten im SGB III und Rechtsansprüche auf Weiterbildung und Förderleistungen ist denkbar. Längerfristig sollte die Debatte über Möglichkeiten der individualisierten sozialen Grundsicherung (etwa ein Bürger/innen/geld oder Grundeinkommen) aus feministischer Perspektive stärker geführt werden. Reformen in Richtung Individualisierung der Existenzsicherung dürfen auch die anderen Gebiete der Vergemeinschaftung von Paaren nicht außer Acht lassen: Problematisch sind besonders die Privilegierung der Ernährerehe durch das steuerliche Ehegattensplitting und die Lohnsteuerklassenkombination III/V sowie die Diskriminierungen auf dem Arbeitsmarkt.

6 Fazit und Ausblick

Die Hartz IV-Reform birgt aus geschlechterpolitischer Perspektive sowohl *Chancen* als auch *Risiken*: Der dargestellten Verfestigung des männlichen Ernährermodells stehen auch Anreize zur Erwerbsintegration von Frauen gegenüber, wenn das Einkommen der Bedarfsgemeinschaft nicht sichergestellt ist[16]. Aus unserer Sicht kann von einer geschlechterpolitischen Ambivalenz der Reform allerdings nicht gesprochen werden, denn die retraditionalisierenden Folgen scheinen weitaus gravierender als die erwerbsintegrativen Impulse. Das Festhalten am männlichen Ernährermodell in der Grundsicherung durch eine gegenüber der früheren Arbeitslosenhilfe verschärfte Anrechnung von Partner/innen/einkommen gehörte zum Kernkonzept der Reform und prägt auch ihre Umsetzung. Die Debatte um den angeblichen ‚Missbrauch' durch nicht verheiratete Paare, die sich den Einstandspflichten entziehen, führt möglicherweise zu weiteren Verschärfungen.

Die arbeitsmarktpolitischen Reformen der Hartz-Gesetze aber scheinen nicht nur dem überholten Geschlechter- und Generationenbild des 19. Jahrhunderts verhaftet zu sein (vgl. Berghahn/Wersig 2005a). Sie stehen auch im Widerspruch zur Konzeption individueller Rechte und staatsbürgerlicher Gleichheit in der Demokratie. Demokratie setzt voraus, dass die sozialen Rechte wie die politischen und zivilen von allen BürgerInnen gleichermaßen genutzt werden können. Auch aus rechtlicher Perspektive kann dieses Prinzip begründet werden, hierfür sprechen etwa der allgemeine Gleichbehandlungsgrundsatz, das Sozialstaatsprinzip (welches auch die Sicherung des Existenzminimums ge- und die Ausgrenzung aus dem sozialen Leben verbietet) und schließlich die Menschenwürde, die allen Teilhabe und selbstbestimmtes Leben ermöglichen sollen. Das ist jedoch für eine große Gruppe von Menschen nicht möglich, wenn sie aus dem öffentlichen Leistungsbereich herausdefiniert und der privaten Unterhaltspflicht durch Angehörige überantwortet wird. Erwerbsfähige Männer und Frauen haben Anspruch auf demokratisch gestaltete Lebensgrundlagen, die ihnen Erwerbstätigkeit nach ihren Fähigkeiten und ihrer Ausbildung sowie eine eigenständige Existenzsicherung ermöglichen – unabhängig von den Formen des (zunehmend diskontinuierlichen) Zusammenlebens mit anderen Erwachsenen. Die Legitimität der Anrechnungsregeln ist daher nicht nur aus der Geschlechterperspektive, sondern auch grundsätzlich in Frage zu stellen. Die erste Auswertung von Interviews mit Betroffenen zeichnet denn auch ein differenziertes Bild der individuellen Akzeptanz dieser angeblich so selbstverständlichen Solidarpflichten.

Um Lebensgrundlagen zu schaffen, die individuelle Chancengleichheit bei der Lebensgestaltung und Existenzsicherung unabhängig von aktuellen oder zurückliegenden Gefühlsgemeinschaften gewährleisten, müsste bezahlte (und unbezahlte) Arbeit umverteilt werden, nicht nur zwischen den Geschlechtern. Angesichts der engen finanzpolitischen Spielräume heutiger nationalstaatlicher

16 Dann gelten grundsätzlich die Zumutbarkeitsregelungen des § 10 SGB II, die nur wenige Unzumutbarkeitsgründe kennen, und auch die Kindererziehung nur eingeschränkt (nämlich für Kinder unter 3 Jahren) als Unzumutbarkeitsgrund gelten lassen.

Politik ist das schon fast die Quadratur des Kreises. Ein Blick auf EU-Leitlinien der Beschäftigungspolitik und die darin enthaltenen Forderungen nach einer Erhöhung der Erwerbsbeteiligung von Frauen sowie auf den europäischen Wohlfahrtsstaatsvergleich zeigt aber, dass das Festhalten bundesdeutscher Familien- und Sozialpolitik am Ernährermodell nicht einmal im Mainstream liegt. Die hier dargestellten Einstandspflichten sind zwar auch anderen Rechtsordnungen nicht fremd, auch die gleichstellungspolitisch vorbildlichen skandinavischen Länder kennen Subsidiaritätsregeln in der Sozialhilfe und Anrechnung von PartnerInneneinkommen (vgl. aus rechtsvergleigender Perspektive Wennberg 2004). Sie wirken dort aber im sozialen Kontext hoher Frauenerwerbstätigkeit und einem ansonsten individualisierten Wohlfahrtsstaatsmodell. Im Gegensatz dazu handelt es sich in Deutschland um eine sehr konservative Variante einer geschlechtsspezifischen ‚Entlastungsstrategie' des Arbeitsmarktes und des Sozialstaats durch Ausgrenzung von privat zu versorgenden, hauptsächlich weiblichen Personen. Ihre Fortsetzung dreht jedoch nur weiter an einer wirtschaftlichen Abwärtsspirale. Nicht nur werden so die europäischen Ziele verfehlt, Deutschland verzichtet auch auf ein Arbeitsplatz- und Steuerwachstum, das durch Frauenerwerbstätigkeit geschaffen werden kann. In skandinavischen Staaten konnte man derartiges beobachten, als dort die Frauenerwerbstätigkeit und mit ihr der Ausbau der Dienstleistungsinfrastruktur massiv gefördert wurde. Dies dürfte unter den Bedingungen des neoliberalen Sozialstaatsparadigmas hier und heute nicht leicht zu imitieren sein. Ohne zielgerichtete Anstrengungen wird das Ernährermodell jedoch nicht zu überwinden sein.

In normativen Kategorien ausgedrückt erfüllt das Festhalten am männlichen Ernährermodell den Tatbestand der mittelbaren Diskriminierung wegen des Geschlechts, was nach Art. 3 Abs. 2 des Grundgesetzes staatlicherseits gerade bekämpft werden müsste. Die normative Schieflage wird auch nicht wettgemacht durch die Verbesserung der Kinderbetreuungssituation und die Einführung eines „Elterngeldes" als Lohnersatzleistung. Denn im Hinblick auf eine Existenz sichernde Erwerbsintegration von Frauen gibt es allzu viele gegenläufige Einflüsse, vor allem strukturelle Negativanreize oder -zwänge im deutschen Sozial- und Steuersystem. Das bisher unangetastete Ehegattensplitting wurde schon genannt, die sozialrechtlichen Risiken der Diskriminierung von langzeitarbeitslosen Frauen in Paarkonstellationen wurden in diesem Beitrag ausführlich dargestellt. Darüber hinaus fehlt es an aktiver Gleichstellungsförderung für Frauen in der Privatwirtschaft. Es sind also die Makrostrukturen und -impulse der Arbeitsmarkt- und Sozialpolitik, die eher gegenläufige als für eine geschlechtergerechte Umverteilung förderliche Dynamiken in Deutschland hervorbringen. Aber auch die Mikrostrukturen der Rechtsansprüche, vor allem an den Schnittstellen des privaten Unterhaltsrechts mit anderen Regelungsbereichen, prägen dieses Bild.

Wenn die Weichen derart falsch gestellt sind, sind auch an sich ‚richtige‘ Einzelmaßnahmen fragwürdig: So ist die vom Bundesjustizministerium noch unter Rot-Grün angestoßene Unterhaltsrechtsreform aus geschlechterpolitischer Sicht problematisch. Mit ihr sollen getrennt lebende und geschiedene ‚Erstehefrauen‘ zugunsten des Kindesunterhalts und aktuell Kinder erziehender Zweit- oder Drittehefrauen stärker „auf ihre Eigenverantwortung verwiesen“ werden (vgl. Berghahn/Wersig 2005b). An sich wäre der Abbau der ‚Unterhaltszentrierung’ im deutschen Existenzsicherungssystem sinnvoll, jedoch müsste gleichzeitig die staatsbürgerlich-solidarische Absicherung von Individuen ausgebaut werden. Dass man aber mit „Hartz IV“ gerade Frauen wieder stärker von ihren Ehemännern und Ex-Ehemännern abhängig macht und mit der Unterhaltsrechtsreform jene Unterhaltsansprüche einschränkt, die ohnehin kaum durchgesetzt werden können, zeigt die doppelte Moral der Reformen: einerseits konservativ traditionelle Sozialpolitik der geschlechtsspezifischen Existenzsicherung, andererseits im Unterhaltsrecht das Vorspiegeln verwirklichter Gleichberechtigung, was zur Verschärfung der Anforderungen an die strukturell Benachteiligten (vgl. Andreß et al. 2003) führt. Hätte man in der Bundesrepublik – wie etwa in Schweden – schon vor 35 Jahren eine massive Erwerbsintegration von Frauen durch Arbeits-, Sozial- und Steuerrechtsreformen gefördert, so wäre die jetzt beabsichtigte Anpassung des Scheidungs- und Familienrechts nur folgerichtig, so aber zeigt sich die fatale Neigung der Politik, Geschlechterverhältnisse in opportunistisch-doppelbödiger Weise als Manövriermasse für das Versagen demokratischer Strukturpolitik zu instrumentalisieren.

Literatur

Andreß, Hans-Jürgen/Borgloh, Barbara/Güllner, Miriam/Wilking, Katja (2003): Wenn aus Liebe rote Zahlen werden. Über die wirtschaftlichen Folgen von Trennung und Scheidung. Wiesbaden: Westdeutscher Verlag

Arbeitsgruppe (AG) „Arbeitslosenhilfe/Sozialhilfe“ der Kommission zur Reform der Gemeindefinanzen. Bericht vom 17.4.2003

Berghahn, Sabine (2004): Ist die Institution Ehe eine Gleichstellungsbarriere im Geschlechterverhältnis in Deutschland? In: Oppen/Simon (2004): 99-138

Berghahn, Sabine/Wersig, Maria (2005a): Vergemeinschaftung von (Ehe-)Partnern durch die Reformen der Agenda 2010 – eine Rückkehr zum „Geschlechtervertrag“ des 19. Jahrhunderts? In: femina politica 14, 2 (2005): 84-95

Berghahn, Sabine/Wersig, Maria (2005b): Wer zahlt den Preis für die Überwindung der Hausfrauenehe? In: Familie – Partnerschaft – Recht 12 (2005): 508-510

Berghahn, Sabine/Wersig, Maria (2005c): Homoeheähnlich. In: Blätter für deutsche und internationale Politik 5 (2005): 528-532

Bieback, Karl-Jürgen (1997): Die mittelbare Diskriminierung wegen des Geschlechts. Ihre Grundlagen im Recht der EU und ihre Auswirkungen auf das Sozialrecht der Mitgliedstaaten. Baden-Baden: Nomos

Bundesministerium für Wirtschaft und Arbeit (2005): Vorrang für die Anständigen – gegen Missbrauch, ‚Abzocke' und Selbstbedienung im Sozialstaat. Ein Report vom Arbeitsmarkt im August 2005

Bundesverfassungsgericht (1992): „Arbeitslosenhilfeurteil". Aktenzeichen 1 BvL 8/87. In: Neue Juristische Wochenschrift (NJW) 10 (1993): 643-647

Gemeinsame Verfassungskommission (1993): Bericht. Deutscher Bundestag, 12. Wahlperiode. BT-Drs. 12/6000 v. 5. November 1993

Kabinettsentwurf (2003): Gesetzentwurf der Bundesregierung: Entwurf eines Vierten Gesetzes für moderne Dienstleistungen am Arbeitsmarkt vom 13. August 2003.

Koalitionsvertrag zwischen CDU, CSU und SPD 2005: Gemeinsam für Deutschland. Mit Mut und Menschlichkeit. 11. November 2005

Leitner, Sigrid/Ostner, Ilona/Schratzenstaller, Margit (Hrsg.) (2004): Wohlfahrtsstaat und Geschlechterverhältnisse im Umbruch. Was kommt nach dem Ernährermodell? Wiesbaden: VS Verlag für Sozialwissenschaften

Ombudsrat Grundsicherung für Arbeitsuchende, 2005: Zwischenbericht vom 29.6.2005

Oppen, Maria/Simon, Dagmar (Hrsg.) (2004): Verharrender Wandel. Institutionen und Geschlechterverhältnisse. Berlin: Edition Sigma

Referentenentwurf (2003): Gesetzentwurf der Bundesregierung: Entwurf eines Vierten Gesetzes für moderne Dienstleistungen am Arbeitsmarkt vom 25.07.2003.

Wennberg, Lena (2004): Social Assistance for Solo Mothers in Sweden, Finland, Norway and Denmark: A comparative legal study. Umeå: Print & Media

Von der indirekten zur direkten Förderung von Familienarbeit: Bekannte Enttäuschungen und neue (falsche) Hoffnungen

Sigrid Leitner

1 Einleitung

Pflege- und Betreuungsarbeit findet in der Regel in der Familie statt. In Deutschland gelten 15% der über 65-jährigen als pflegebedürftig: Vier Prozent von ihnen werden in Heimen, drei Prozent ambulant und acht Prozent von informellen Pflegepersonen betreut (Roth 2003). Etwa zwei Drittel aller pflegebedürftigen älteren Menschen sind demnach – zu einem großen Teil ausschließlich – auf die Unterstützung und Betreuung durch Angehörige angewiesen, denn nur selten kann das häusliche Pflegearrangement allein durch professionelle ambulante Pflege aufrecht erhalten werden. Im Bereich der Kinderbetreuung ist zwar seit den 1970er Jahren ein kontinuierlicher Ausbau der Betreuungsplätze zu verzeichnen, der schließlich 1996 sogar in den Rechtsanspruch auf einen Kindergartenplatz und daraufhin in eine Versorgungsquote von 90% mündete; in Westdeutschland handelt es sich dabei jedoch größtenteils nur um Halbtagsplätze. Die Betreuungssituation bei den unter Dreijährigen sowie bei den Grundschulkindern kann gleichfalls nur für Ostdeutschland, wo Versorgungsquoten von 37% und 41% zu verzeichnen sind, als einigermaßen bedarfsdeckend bezeichnet werden. In den alten Bundesländern hingegen bewegen sich die Versorgungsquoten im Bereich zwischen drei und fünf Prozent, womit die Betreuung von Kleinst- und Grundschulkindern nach wie vor ausschließlich bei den Familien liegt.[1]

Diese tragende Funktion der Familie in der Wohlfahrtsproduktion stützt sich auf eine innerfamiliale Arbeitsteilung, die von der feministischen Wohlfahrtsstaatsforschung als männliches Ernährermodell bezeichnet wird (Lewis/Ostner 1994): Eine Person ist relativ kontinuierlich für die familiale Pflege- und Betreuungsarbeit ‚freigestellt', während die andere relativ kontinuierlich für alle Familienmitglieder das finanzielle Auskommen durch Erwerbsarbeit sichert. Der Wohlfahrtsstaat profitiert von diesem Arrangement und unterstützt dessen Fortbestand maßgeblich durch die Sozialpolitik. Genau genommen wurde die

---

1 http://www.statistik-portal.de/Statistik-Portal/kita_regional_2002.pdf

breitenwirksame Etablierung des männlichen Ernährermodells erst durch entsprechende Sozialleistungen ermöglicht. In Deutschland war dies gegen Ende der 1950er Jahre der Fall, als mit dem Zusammenwirken von beitragsfreier Mitversicherung von Familienangehörigen in der Krankenversicherung, Witwenrente, Ehegattensplitting und ‚Familienlohn' die finanziellen Rahmenbedingungen geschaffen waren. Warum diese indirekte Förderung der Familienarbeit aus gleichstellungspolitischer Perspektive problematisch ist, soll im zweiten Abschnitt erörtert werden.

Mit dem Anstieg der Frauen- und vor allem der Müttererwerbstätigkeit entstand zusehends eine neue Problemlage für den Wohlfahrtsstaat: die Doppelbelastung von Müttern und die mangelnde Vereinbarkeit von Familie und Beruf. Grundsätzlich sind hierfür zwei sozialpolitische Lösungsansätze denkbar, die sich zunächst nicht ausschließen: Zum einen die Entlastung der Eltern von Betreuungspflichten durch den Ausbau von Kinderbetreuungsmöglichkeiten und zum anderen die (zumindest) zeitweilige elterliche Freistellung von der Erwerbsarbeit zugunsten familialer Kinderbetreuung, verbunden mit der finanziellen Anerkennung der Erziehungsarbeit. Bekanntermaßen hat sich die deutsche Sozialpolitik für Letzteres entschieden. Die sozialpolitische Stützung des Ernährermodells erfuhr mit der Einführung von Erziehungsurlaub und -geld (1986) eine Modifizierung dahingehend, dass Frauen nunmehr als Zuverdienerinnen galten, die mit dem Drei-Phasen-Modell und (bestenfalls) halbtägigen Betreuungsstrukturen für Kinder ab drei Jahren ‚bedient' wurden.

Ähnlich verhielt es sich im Bereich der Altenpflegepolitik: Der drohenden Schere zwischen steigendem Hilfe- und Pflegebedarf im Alter und im besten Fall stagnierender Verfügbarkeit von pflegenden Angehörigen wurde nicht durch einen deutlichen Ausbau der Versorgung mit professionellen Pflegedienstleistungen begegnet, sondern mit der Einführung der Pflegeversicherung (1995), die den Vorrang der häuslichen Pflege unter anderem durch das Pflegegeld garantieren soll, mit dem die überwiegende Mehrheit der Pflegebedürftigen ihre Angehörigen für Pflegedienstleistungen entschädigt. Die aus feministischer Perspektive umstrittenen Potenziale und Defizite dieser direkten Förderung von Familienarbeit werden im dritten Abschnitt analysiert.

Seit dem Regierungswechsel 1998 erfolgten Reformen im Bereich der Kinderbetreuungspolitik, die auf ein Umdenken in der Sozialpolitik mit Blick auf das Geschlechterverhältnis hinweisen: Die Erwerbstätigkeit von Müttern soll gefördert, das Engagement von Vätern in der Kinderbetreuung gestärkt werden. Ob die daran geknüpften gleichstellungspolitischen Hoffnungen berechtigt sind, diskutiert der vierte Abschnitt, der mit einem Ausblick auf die veränderte Situation nach der Bundestagswahl 2005 schließt.

2 Die indirekte Förderung der Familienarbeit

Die sozialpolitisch gestützte Etablierung des männlichen Ernährermodells nach dem Zweiten Weltkrieg basierte auf einem konservativen Familienbild, das exemplarisch vom ersten Familienminister der Bundesrepublik, Franz Josef Wuermeling, repräsentiert wurde. Sein Familienmodell war das der bürgerlichen Kleinfamilie; sein Frauenbild konzentrierte sich auf die liebevoll sorgende Ehefrau und Mutter. Die Familienpolitik Wuermelings richtete sich gegen die Frauen- und insbesondere gegen die Müttererwerbstätigkeit: Die von ihm eingeführten materiellen Unterstützungsleistungen für die Familie sollten die Nicht-Erwerbstätigkeit der Ehefrau ermöglichen. Auch die große Mehrheit der Bevölkerung sprach sich in den 1950er und 1960er Jahren gegen die Erwerbstätigkeit verheirateter Mütter aus (Kolbe 2002: 68).

Ende der 1950er Jahre war es erstmals möglich, vom Einkommen eines Familienernährers tatsächlich eine Familie zu ernähren. Neben dem gestiegenen Lohnniveau und der Einführung von Kindergeld und Wohngeld trug dazu vor allem das Ehegattensplitting bei. Bei diesem 1958 eingeführten steuerrechtlichen Verfahren (Joosten 1990: 58-60) werden die Einkommen der Ehegatten addiert, durch zwei geteilt und je für sich besteuert. In einem progressiven Steuersystem führt dies in der Regel zu einer geringeren Steuerschuld als die Individualbesteuerung beider Ehegatten, insbesondere dann, wenn der Einkommensunterschied zwischen den Ehegatten groß ist, also beispielsweise in einer Alleinverdienerehe oder wenn ein Ehepartner nur geringfügig oder in Teilzeit beschäftigt ist (Dingeldey 2001; Schratzenstaller 2001). Das Ehegattensplitting ‚belohnt' die Nicht-Erwerbstätigkeit der Ehefrau.

Bedeutsam für die Ermöglichung des Ernährermodells war zudem die sozialversicherungsrechtliche Absicherung der nicht erwerbstätigen Ehefrau. Bereits 1930 wurde die beitragsfreie Mitversicherung von nicht erwerbstätigen Familienmitgliedern in der (gesetzlichen) Krankenversicherung als obligatorische Versicherungsleistung eingeführt. Im Krankheitsfall kann somit die Ehefrau aufgrund des Versichertenstatus ihres Ehemannes die medizinische Versorgungsleistung der Krankenkasse in Anspruch nehmen. Allerdings haben mitversicherte Familienmitglieder erst seit 1992 den Status von Mitgliedern mit *eigenen* Rechten. Davor konnten sie nur abgeleitete Rechte geltend machen, was besonders in Konfliktsituationen wie Streit, Trennung, Scheidung oder Gewalttätigkeiten die Abhängigkeit vom versicherten Familienernährer verdeutlichte: Nur seine Unterschrift war rechtsgültig, und er war der Empfänger von Geldleistungen, auch wenn diese für die Mitversicherten gedacht waren (Slupik 1988). Seit 1995 gilt die beitragsfreie Familienversicherung auch für den Bereich der gesetzlichen Pflegeversicherung. Aufgrund der Unterhaltsverpflichtung des Ehemannes gegenüber seiner finanziell abhängigen Ehefrau müsste eigentlich dieser für die entstehenden Krankheits- und Pflegekosten aufkommen. So aber finanziert die Solidargemeinschaft der Versicherten das Ernährermodell mit (Drähter/Rothgang 2004).

Dies trifft in ähnlicher Weise auch auf die Rentenversicherung zu, wo bei Tod des versicherten Ernährers die Hinterbliebenen Rentenansprüche geltend machen können. 1911 wurde in der Arbeiter- sowie in der Angestelltenversicherung die Witwenrente eingeführt. Die ausbezahlten Leistungen waren jedoch sehr gering, speziell die Renten von Arbeiterwitwen lagen oftmals unter den lokalen Armenpflegesätzen. Erst mit der grundlegenden Reform der Hinterbliebenenversorgung durch die Einführung der großen und kleinen Witwenrente 1957 in Höhe von 25% bzw. 60% des (fiktiven) Rentenanspruchs des Verstorbenen kann man von einer Unterhaltsersatzfunktion der Witwenrente sprechen (vgl. Ellerkamp 2000). Nun wurde von Witwen, die Kinder betreuten oder über 45 Jahre alt oder erwerbsunfähig waren (große Witwenrente), also nicht mehr erwartet, dass sie für ihr Einkommen durch eigene Erwerbstätigkeit aufkommen müssen. Wie allen Ehefrauen wurde auch ihnen das Anrecht zuerkannt, ausschließlich Hausfrau und/oder Mutter zu sein, indem der Staat als ‚Ernährerehemann' einsprang (Oertzen/Rietzschel 1997: 180-183). Allerdings handelt es sich bis heute um einen abgeleiteten Anspruch. Das bedeutet, dass die Witwenrente nur gewährt wird, wenn ein Rentenanspruch des verstorbenen Ernährers vorhanden ist[2], und dass sich die Höhe der Rente nach dem Volumen der vom Verstorbenen entrichteten Beiträge richtet.

Interessanterweise erfolgte erst 1985 die Gleichstellung von Witwern, die davor nur dann einen Anspruch auf Hinterbliebenenrente hatten, wenn die verstorbene Ehefrau den Familienunterhalt überwiegend bestritten hatte. Nach wie vor werden Hinterbliebenenrenten jedoch in der Regel von Frauen in Anspruch genommen. Neben den geschlechtsspezifischen Überlebenswahrscheinlichkeiten und dem Altersunterschied zwischen den Ehegatten ist dafür die fehlende oder vergleichsweise sehr geringe eigene Rente von Frauen verantwortlich. So bezogen 2003 25% der Witwen über 65 Jahren, aber nur zwei Prozent der Witwer sowohl eine eigene als auch eine abgeleitete Rente aus der gesetzlichen Rentenversicherung (Bieber/Klebula 2005: 371), was wiederum auf die tradierte geschlechtsspezifische Arbeitsteilung zurückzuführen ist: Aufgrund der Anrechung von eigenem Einkommen haben viele Männer gar keinen Anspruch auf eine Witwerrente. Dies lässt auch entsprechende Rückschlüsse auf die häufigere Nutzung der beitragsfreien Mitversicherung von Ehefrauen in der Kranken- und in der Pflegeversicherung zu.

2 Dazu müssen mindestens fünf Beitragsjahre vorliegen.

Die indirekte Förderung von Familienarbeit durch das Ehegattensplitting, die beitragsfreie Mitversicherung sowie die Witwenrente bewirken eine ganze Bandbreite von Ungleichbehandlungen, deren Kern darin liegt, dass vom ‚Normalfall', nämlich dem männlichen Ernährermodell, ausgegangen wird. Gefördert wird nicht die familiale Pflege- und Betreuungsarbeit an sich, sondern ein Familienmodell, von dem angenommen wird, dass es diese sozialen Dienstleistungen erbringt. Der Tatbestand der Ehe in Kombination mit der Nicht-Erwerbstätigkeit der Ehefrau scheint dafür Beweis genug. Somit werden aber auch Ehepaare gefördert, die weder Pflege- noch Betreuungsarbeit leisten. Andererseits werden nicht verheiratete Paare[3] und Zweiverdienerehen nicht beziehungsweise letztere nur in geringerem Maße gefördert, auch wenn sie nachweislich familiale Pflege- und Betreuungsarbeit leisten. Der Familienarbeit wird außerdem ein unterschiedlicher Wert zugesprochen: So profitieren zum Beispiel beim Ehegattensplitting Alleinverdiener mit einem sehr hohen Einkommen am meisten, Zweiverdienerehen hingegen nur in Abhängigkeit des zwischen den Ehepartnern bestehenden Einkommensunterschieds. Wenn beide in etwa gleich viel oder gleich wenig verdienen, erhalten sie gar keine Förderung. Ähnlich stellt sich die Situation bei der Witwenrente dar: Witwen von Alleinverdienern, die eine hohe Beitragsleistung aufweisen, erhalten eine hohe Rentenleistung, während den Witwen, die selbst erwerbstätig sind oder waren, ihr eigenes Einkommen von der Witwenrente abgezogen wird. Die indirekte Förderung von Familienarbeit führt sowohl zur Ungleichbehandlung von unterschiedlichen Familienformen wie auch von geleisteter Pflege- und Betreuungsarbeit an sich. Zudem setzt sie einen starken Anreiz für die Nicht-Erwerbstätigkeit von Ehefrauen und benachteiligt gleichzeitig erwerbstätige Ehefrauen, womit deren Wahlfreiheit massiv eingeschränkt wird.

Dies zeigt sich auch an der aus international vergleichender Perspektive sehr niedrigen Frauenerwerbsquote: Noch Mitte der 1980er Jahre war in der Bundesrepublik nur jede zweite Frau im erwerbsfähigen Alter erwerbstätig (oder arbeitslos gemeldet) (OECD 1988). Die Müttererwerbsbeteiligung bewegte sich in noch kleinerem Rahmen: So war in den 1960er Jahren nur jede dritte Mutter erwerbstätig. Erst in den 1970er Jahren erfolgte ein größerer Anstieg der Müttererwerbstätigenquote, wobei Mütter mit Kindern unter sechs Jahren generell eine deutlich geringere Arbeitsmarktpräsenz aufwiesen (vgl. Tabelle 1).

3 Eingetragene Lebenspartnerschaften können wie Ehepaare von der beitragsfreien Mitversicherung profitieren.

Tabelle 1: Müttererwerbstätigenquote 1961-1980 in Prozent

Jahr	Mütter mit Kindern unter 18 Jahren	Mütter mit Kindern unter 15 Jahren	Mütter mit Kindern unter 6 Jahren
1961	34,7	32,7	29,7
1970	35,7	34,2	29,8
1980	42,3	40,8	35,8

Quelle: Nave-Herz (1988: 299)

Bei vielen Frauen kam es in den 1960er Jahren zu einem Einstellungswandel (vgl. Sommerkorn 1988): Ihre Berufsorientierung nahm zu, sie wollten die Kombination von Familie und Beruf, wollten erwerbstätig sein aus Gründen der Selbstverwirklichung und Emanzipation. Aber trotz dieser Öffnung der Frauenrolle in Richtung Erwerbstätigkeit änderte sich nichts an der traditionellen Zuständigkeit von Frauen für die unbezahlte Familienarbeit (Ostner 1993: 95-103).[4] Das sich daraus ergebende Konfliktfeld der (Un-)Vereinbarkeit von Kinderbetreuung und Erwerbstätigkeit führte schließlich zu sozialpolitischen Maßnahmen, die – im Unterschied zur ehezentrierten Familienförderung – Kinderbetreuungsarbeit explizit anerkennen.

3 Direkte Förderung von Familienarbeit: Bekannte Enttäuschungen

In der Diskussion um die direkte Förderung von Kinderbetreuungsarbeit durch ein Erziehungsgeld wurden von Anfang an zwei unterschiedliche Zielsetzungen vertreten: die Förderung einer Vereinbarkeit von Kinderbetreuung und Erwerbstätigkeit einerseits und eine generelle Honorierung von Erziehungsarbeit andererseits. Das heißt, es wurde darum gestritten, ob das Erziehungsgeld nur erwerbstätigen oder auch nicht erwerbstätigen Eltern zugute kommen sollte. Die CDU/CSU-Bundestagsfraktion reichte 1974 den ersten Gesetzentwurf für ein Erziehungsgeld im letzteren Sinne ein. Die sozial-liberale Bundesregierung lehnte den Gesetzentwurf ab und verabschiedete stattdessen 1979 das Gesetz zur Einführung des Mutterschaftsurlaubs, wonach erwerbstätigen Frauen im Anschluss an die Mutterschutzfrist bis zur Vollendung des sechsten Lebensmonats des Neugeborenen Mutterschaftsurlaub sowie ein Mutterschaftsurlaubsgeld von

4 Dies belegen Ergebnisse der bundesdeutschen Zeitbudgetforschung noch in den 1980er Jahren (Künzler 1995: 115-121).

bis zu 750 DM monatlich gewährt wurde. Die Regierung installierte somit eine – allerdings nach oben hin begrenzte – Lohnersatzleistung anstelle des von der konservativen Opposition geforderten universellen Erziehungsgelds. Durch die Beschränkung auf erwerbstätige Mütter wurden sowohl Väter als auch nicht erwerbstätige Mütter vom Leistungsbezug ausgeschlossen, und die beabsichtigte Lohnersatzfunktion des ‚gedeckelten' Mutterschaftsgelds muss angesichts der (damaligen) durchschnittlich erzielten Bruttolöhne von 1.664 DM für Industriearbeiterinnen bzw. 2.169 DM für weibliche Angestellte in Industrie und Handel (Kolbe 2002: 293) als unzureichend bezeichnet werden. Diese selektive Ausrichtung der Anerkennung von Erziehungsarbeit war zum einen den Finanzierungsengpässen der öffentlichen Haushalte geschuldet (Bleses/Rose 1998: 148; Kolbe 2002: 299). Zum anderen jedoch war die Beschränkung auf erwerbstätige Mütter auch Ausdruck der grundsätzlich unterschiedlichen familienpolitischen Vorstellungen von CDU/CSU und SPD. Der Union ging es um die Stärkung der Familie als gesellschaftlich wertvolle Institution, für deren Erhalt es notwendig sei, dass Kindererziehung ohne parallele Erwerbstätigkeit (der Mutter) stattfindet:

> „Dabei besteht ihr zentrales Begründungskonstrukt in der Behauptung, dass es zur wirksamen Förderung der Familie unerlässlich sei, dass zwecks Kindererziehung ein Elternteil – am besten die Mutter – die Möglichkeit erhält, *längerfristig* aus der Erwerbsarbeit auszusteigen." (Bleses/Rose 1998: 250f.; Hervorhebung im Original)

Wahlfreiheit bedeutete dementsprechend für die CDU/CSU die Entscheidung zwischen Erwerbstätigkeit *oder* Mutterschaft. Für die SPD (und auch für die FDP) ging es hingegen sowohl um die Ermöglichung der Erwerbstätigkeit für Mütter wie auch um die Entscheidungsfreiheit der Eltern zwischen Eigen- und Fremdbetreuung ihrer Kinder.

> „Die familienpolitischen Konzepte der Union und der Koalition unterschieden sich somit darin, dass die CDU/CSU das Drei-Phasen-Modell für Frauen favorisierte, während die SPD und FDP dazu neigten, Müttern eine gleichzeitige Erwerbstätigkeit und Kindererziehung zu ermöglichen." (Kolbe 2002: 307)

Mit dem Regierungswechsel 1982 vollzog sich auch eine Wende in der Kinderbetreuungspolitik, die diese unterschiedlichen familienpolitischen Positionen deutlich machte: 1985 wurde der bezahlte Mutterschaftsurlaub durch die Einführung von Erziehungsgeld und Erziehungsurlaub ersetzt. Laut Heiner Geißler, der von 1982-1985 das Amt des Familienministers innehatte, entstand die Idee des Erziehungsgelds in der Auseinandersetzung mit der Situation von allein Erziehenden und deren Dilemma zwischen Erwerbsarbeit und Kinderbetreuung. Außerdem *wollten* immer mehr Frauen trotz Kind(ern) erwerbstätig sein, so dass sich das Vereinbarkeitsproblem zunehmend auch für verheiratete oder in einer Partnerschaft lebende Mütter stellte.

> „Das waren also die wichtigen Motive, die zu diesen Gesetzen geführt haben: die Beseitigung der Notlagen alleinstehender Mütter, Erziehung und Betreuung des Kindes in der ersten wichtigen Lebensphase durch Mutter oder Vater, Vereinbarkeit von Erwerbsarbeit und Familie.“ (Geißler 1993: 106)

Dabei spielten konservative Wert- und Sozialisationsvorstellungen der CDU/ CSU, die die Betreuung und Erziehung der Kinder in den ersten Lebensjahren den Familien zuschrieben, eine wichtige Rolle in der Wahl der familienpolitischen Mittel (Pettinger 2000: 244). Die Kombination von Erziehungsgeld und Erziehungsurlaub stellte das Instrumentarium dar, um beides zu ermöglichen: Vereinbarkeit von Familie und Beruf im Rahmen des Drei-Phasen-Modells und Förderung der familialen Betreuung von Kleinkindern. Das Erziehungsgeld war zudem ausdrücklich als Alternative zu institutioneller Kinderbetreuung konzipiert, die bis heute im Kleinkindbereich finanziell unterausgestattet geblieben ist.

Seit 1.1.1986 beträgt die Höhe des Erziehungsgelds maximal 600 DM monatlich und unterliegt – zunächst ab dem siebten Monat, seit 1994 auch während der ersten sechs Monate – bestimmten Einkommensgrenzen. Die Bezugsdauer erstreckte sich anfangs auf zehn Monate und wurde bis 1993 sukzessive auf 24 Monate ausgedehnt (vgl. Tabelle 2). Im Unterschied zum Mutterschaftsurlaubsgeld kann das Erziehungsgeld von Müttern wie von Vätern bezogen werden, und der Anspruch ist nicht an vorangegangene Erwerbstätigkeit geknüpft. Trotz dieser geschlechtsneutralen Gestaltung der Anspruchsvoraussetzungen liegt dem Erziehungsgeld die Vorstellung komplementärer Elternrollen zu Grunde:

> „Ein Elternteil sollte mehrere Jahre lang ausschließlich oder überwiegend die Kinder betreuen, während der andere für den notwendigen Familienunterhalt sorgte. Welche dieser Aufgaben den Müttern und welche den Vätern zukamen, machten sowohl die politischen Diskussionen über das Erziehungsgeld als auch das familienpolitische Informationsmaterial der Bundesregierung unmissverständlich deutlich. Beide hielten weitgehend ein Bild traditioneller Mutter- und Vaterschaft mit eindeutig verteilten Rollen aufrecht.“ (Kolbe 2000: 57f.)

Die geringe Höhe des Erziehungsgelds legte zudem die strukturelle Voraussetzung für eine geschlechtsspezifische Inanspruchnahme der Leistung (siehe unten). Der Union ging es somit letztendlich weniger um die Einbeziehung beider Elternteile in die Kinderbetreuungsarbeit als um „die Gleichberechtigung zwischen der nicht erwerbstätigen und der erwerbstätigen Frau und Mutter“ (Geißler 1993: 106). Diese Abkoppelung des Anspruchs auf Erziehungsgeld vom Erwerbsstatus der Mutter zusammen mit der nicht existenzsichernden Höhe des Erziehungsgelds, das somit implizit einen Familienernährer voraussetzt, fördert wiederum die traditionelle ‚Hausfrauen-Ehe' (vgl. Notz 1993).

Der Erziehungsurlaub ist ein arbeitsrechtlicher Anspruch, der unabhängig vom Erziehungsgeld seit 1.1.1986 besteht und dessen Dauer sich bis 1992 an der Bezugsdauer des Erziehungsgelds orientierte. Er konnte bis dahin in zwei Teilabschnitten von den Eltern abwechselnd in Anspruch genommen werden. Seit 1992 ist ein zweimaliger Wechsel zwischen den Eltern während der nunmehr maximal dreijährigen Beurlaubung möglich. Während der Dauer des Erziehungsurlaubs war ursprünglich eine Teilzeitbeschäftigung im Umfang von maximal achtzehn Wochenstunden erlaubt. Seit 1.7.1989 sind es neunzehn Wochenstunden. Zudem besteht ein Kündigungsschutz im Anschluss an den Erziehungsurlaub. Dieser wurde aufgrund des Widerstands der FDP und des unternehmerorientierten Flügels der CDU nicht als umfassende Arbeitsplatzgarantie ausgestaltet, sondern nur als Rückkehrgarantie auf einen ‚gleichwertigen' Arbeitsplatz (Bleses/Rose 1998: 151).

Der Erziehungsurlaub konnte bis 2001 nur von erwerbstätigen Eltern in Anspruch genommen werden, deren Partner ebenfalls erwerbstätig (oder in Ausbildung) war. Auch hier wurde also die Vorstellung der komplementären Elternrollen strukturell festgelegt, wenn auch die Möglichkeit des zeitlich versetzten Rollentauschs eröffnet wurde. Die seit 1992 ermöglichte Maximaldauer von drei Jahren lässt wiederum befürchten, dass die Inanspruchnahme von Erziehungsurlaub ohne Wechsel zwischen den Partnern zu Problemen beim Wiedereinstieg in die Erwerbsarbeit führt (siehe unten). Da angesichts der geringen Höhe des Erziehungsgelds hauptsächlich Mütter und nur sehr selten Väter Erziehungsurlaub nehmen, wurde mit der Ausdehnung des Erziehungsurlaubs auf drei Jahre die Ungleichheit der Geschlechter am Arbeitsmarkt fortgeschrieben.

Gleichstellungspolitisch betrachtet handelt es sich bei Erziehungsurlaub und Erziehungsgeld um eine Anerkennung und damit um eine Aufwertung von Erziehungsarbeit in Relation zur Erwerbsarbeit. Als problematisch erweist sich dabei die – im Vergleich zum durchschnittlichen Erwerbseinkommen – geringe Bewertung von Erziehungsarbeit, die Kindererziehenden keine eigenständige Lebensführung ermöglicht.[5] Die zunächst nur ab dem siebten Monat festgelegten Einkommensgrenzen führten zudem zu einer Beschränkung der Anspruchsberechtigung: 1986 erhielten nur 83,6% der ErziehungsgeldbezieherInnen den vollen Betrag (Pettinger 2000: 246). Durch die Nicht-Anpassung der Einkom-

5 Die Problematik hat sich über die Jahre sogar noch verschärft, da die Höhe des Erziehungsgelds seit seiner Einführung nicht an die Inflation angepasst wurde, so dass es zu einem Realwertverlust gekommen ist: 1999 war das monatliche Erziehungsgeld (600 DM) im Vergleich zum Jahr 1986 gemessen an seiner Kaufkraft nur noch 460 DM wert (Kolbe 2002: 345).

mensgrenzen vergrößerte sich über die Jahre die Schere zwischen Einkommensgrenzen und Durchschnittseinkommen.[6] Hinzu kam 1994 die Einführung von Einkommensgrenzen bis zum siebten Monat. Als Folge beider Entwicklungen hatten immer weniger Eltern Anspruch auf (das volle) Erziehungsgeld: So haben im Jahr 2000 18,9% der AntragstellerInnen (West: 21%, Ost: 7,8%) nur in den ersten sechs Monaten Erziehungsgeld erhalten. Ab dem siebten Monat bezogen nur noch 51,3% der AntragstellerInnen (West: 46,6%, Ost: 76,6%) die volle Leistung (Engstler/Menning 2003: 115). Für einen großen Teil der Eltern stellt das Erziehungsgeld somit lediglich eine „symbolische Politik" der Anerkennung von Erziehungsleistung (Kolbe 2002: 345) dar. Für untere Einkommensschichten jedoch hat es durchaus die Funktion der finanziellen Entlastung beim Übergang zur Elternschaft (Vaskovics 2000: 235). Festzuhalten bleibt, dass das Erziehungsgeld nur in Verbindung mit dem Familienernährermodell zur Existenzsicherung von Kindererziehenden führt.[7]

Die bereits aufgrund der Struktur der Regelung vermutete geschlechtsspezifische Inanspruchnahme von Erziehungsurlaub zeigt sich in den diesbezüglichen empirischen Daten. Aufgrund der geschlechtsspezifischen Lohnunterschiede und der geringen Höhe des Erziehungsgelds kommt es (in aller Regel) zu einer unverhältnismäßig starken Reduzierung des Haushaltseinkommens bei Beurlaubung des Vaters. Damit erfolgt eine strukturelle Zuweisung der Kinderbetreuungsarbeit an die Mütter. Väter nehmen dementsprechend ihren Anspruch auf Erziehungsurlaub kaum wahr: Der Anteil der Männer an allen abhängig Beschäftigten in Erziehungsurlaub erreichte in Westdeutschland 1991, in Ostdeutschland 1993 erstmals die Ein-Prozent-Marke (Vaskovics/Rost 1999: 26) und stieg bis Ende der 1990er Jahre nicht über zwei Prozent (siehe unten). Durch die faktische Nicht-Inanspruchnahme des Erziehungsurlaubs durch Väter kommt es zu einer

> „Traditionalisierung der Geschlechterrollen zwischen den Partnern, indem die Mütter sich überwiegend um die Kinderbetreuung und -erziehung und die Haushaltsarbeit kümmern, während die Väter in die Ernährerrolle schlüpfen und für die finanzielle Basis der Familie verantwortlich sind." (Vaskovics 2000: 236)

Die Sorge um die finanzielle Absicherung der Familie gilt als Hauptgrund für die geringe Inanspruchnahme des Erziehungsurlaubs durch Väter; danach wird die Angst vor einem ‚Karriereknick' angeführt und mit einigem Abstand erst die

6 Orientiert man sich an der Entwicklung der nominalen Arbeitnehmereinkommen, hätte die Einkommensgrenze bis 1998 bereits um fast 45% angehoben werden müssen (Koch 2001: 52).

7 Selbst bei allein Erziehenden ist das Familienernährermodell durch die Unterhaltsverpflichtung des Kindsvaters für Kind *und* Mutter (seit 1995 bis zum dritten Lebensjahr des Kindes und in begründeten Fällen sogar darüber hinaus) in modifizierter Form übernommen worden (Berghahn 2004: 115f.).

Sorge um den Arbeitsplatz sowie gesellschaftlich-kulturelle Erwägungen (Vaskovics/Rost 1999: 47-49; Beckmann 2001). Hingegen stellen eine starke berufliche Position (mit entsprechend gutem Einkommen) der Mutter, ein egalitäres Rollenverständnis sowie die Veränderung der Vaterrolle durch die Emotionalisierung der Vater-Kind-Beziehung positive Einflussfaktoren für die Inanspruchnahme des Erziehungsurlaubs durch Väter dar (Vaskovics 2000: 237).

Gleichstellungspolitisch bedenklich ist die beschriebene Traditionalisierung der Geschlechterrollen auch hinsichtlich der nachhaltigen Ausgliederungseffekte, die viele beurlaubte Mütter auf dem Arbeitsmarkt erfahren. Eine Erhebung des IAB (Beckmann/Kurtz 2001: 4) zeigt für den Analysezeitraum von 1992 bis 2000 folgende Ergebnisse: In Westdeutschland nahmen 73% der anspruchsberechtigten Frauen nach der Geburt des ersten Kindes Erziehungsurlaub, in Ostdeutschland waren es 85%. Zwar nahmen die meisten der beurlaubten Frauen (West: 53%, Ost: 70%) nach dem Erziehungsurlaub ihre Erwerbstätigkeit wieder auf, dieselbe Erhebung kommt jedoch zu dem Ergebnis, dass im Jahr 2000 41% der westdeutschen und 22% der ostdeutschen ehemals berufstätigen Mütter drei Jahre nach der Geburt ihres Kindes nicht wieder erwerbstätig waren[8] (Engelbrech/Jungkunst 2001: 2). Dabei besteht insbesondere in Ostdeutschland eine erhebliche Diskrepanz zwischen einer hohen Erwerbsorientierung von Müttern und deren unzureichenden Beschäftigungsmöglichkeiten nach dem Erziehungsurlaub. Auch in Westdeutschland wäre mehr als die Hälfte der nicht erwerbstätigen Frauen mit Kindergartenkindern grundsätzlich gerne berufstätig (Engelbrech/Reinberg 1998: 75). Diese durch Erziehungsurlaub und Erziehungsgeld geförderte Ausgliederung von Müttern aus dem Arbeitsmarkt wird durch die rechtliche Möglichkeit der parallelen Teilzeitbeschäftigung während des Erziehungsurlaubs nur scheinbar unterlaufen: Die mit fünf Prozent in Ost- und zehn Prozent in Westdeutschland gleichermaßen geringe Nutzung der Kombination von Teilzeitarbeit und (Teilzeit-) Erziehungsurlaub ist dabei vor allem auf das unzureichende Betreuungsangebot für Kinder unter drei Jahren zurückzuführen (Engelbrech/Jungkunst 2001: 3f.). Diese Einschränkung der Wahlfreiheit zwischen Beruf und Familie war – wie oben ausgeführt – wiederum durchaus politisch beabsichtigt (Landenberger 1993: 91).

8 39% dieser westdeutschen und 96% dieser ostdeutschen nicht erwerbstätigen Mütter waren auch als arbeitslos gemeldet, *wollten* also offensichtlich erwerbstätig sein.

Tabelle 2: Die Entwicklung von Erziehungsurlaub und Erziehungsgeld seit 1986

	Dauer	Höhe	Jährliche (netto) Einkommensgrenzen bis z. 7. Monat[a]	Jährliche (netto) Einkommensgrenzen ab 7. Monat[b]	Erlaubte Beschäftigung
1.1.1986	10 Monate (zwei Teilabschnitte möglich)	600 DM monatlich	Keine	Paare: 29.400 DM Alleinlebende: 23.700 DM	18 Wochenstunden
1.1.1988	12 Monate				
1.7.1989	15 Monate				19 Wochenstunden
1.7.1990	18 Monate				
1.1.1992	Erziehungsurlaub: 3 Jahre (3 Teilabschnitte möglich)				
1.1.1993	Erziehungsgeld: 24 Monate				
1.1.1994			Paare: 100.000 DM Allein Lebende: 75.000 DM		
1.1.2001	Erziehungsgeld: 24 oder 12 Monate (Budgetangebot) Erziehungsurlaub: 4 Teilabschnitte im Wechsel oder gleichzeitig möglich, 12 Monate können zwischen dem 2. und dem 8. Lebensjahr genommen werden (Zeitkonto)	307 Euro monatlich oder 460 Euro monatlich (Budgetangebot)	Paare: 51.130 Euro allein Lebende: 38.350 Euro	Paare: 16.470 Euro allein Lebende: 13.498 Euro	30 Wochenstunden, Rechtsanspruch auf Reduzierung der Arbeitszeit
1.1.2004		300 Euro monatlich oder 450 Euro monatlich (Budgetangebot)	Paare: 30.000 Euro allein Lebende: 23.000 Euro Für Budgetangebot gilt: 22.086 Euro (Paare) bzw. 19.086 Euro (Alleinlebende)	Paare: 16.500 Euro allein Lebende 13.500 Euro	

Anmerkungen:
a) Bei Überschreiten der Einkommensgrenzen entfällt das Erziehungsgeld vollständig.
b) Bei Überschreiten der Einkommensgrenzen wird das Erziehungsgeld prozentual zur Einkommenshöhe reduziert.

Diejenigen Mütter, die erfolgreich in ihren Beruf zurückgekehrt waren, konnten überwiegend – zu 86% in Westdeutschland und zu 92% in Ostdeutschland – eine Verschlechterung ihrer Stelle vermeiden (Engelbrecht/Jungkunst 2001: 3). Allerdings kehrten sie häufig auf Teilzeitarbeitsplätze zurück: In Westdeutschland war nur ein Fünftel der wieder eingegliederten Frauen Vollzeit beschäftigt, in Ostdeutschland waren es knapp über die Hälfte (Beckmann/Kurtz 2001: 3). Insgesamt kann davon ausgegangen werden, dass sich Erwerbsunterbrechungen aufgrund von Erziehungsurlaub negativ auf die Entwicklung der individuellen Entlohnung auswirken. Zum einen wird durch die Erziehungsphase der Prozess der arbeitsplatzbezogenen Aneignung von betriebsspezifischen Qualifikationen unterbrochen (*lost seniority*), andererseits findet eine Entwertung des bislang erworbenen Humankapitals statt. Vergleicht man die Einkommen von Erziehungs'urlauberinnen' mit denjenigen von (vergleichbaren) Erwerbstätigen, die keine Unterbrechungszeiten aufweisen, so sind diese pro Unterbrechungsjahr um 3,2% geringer (Althammer/Pfaff 1999: 37). Beblo und Wolf (2002) haben zudem gezeigt, dass auch das *timing* der Unterbrechung von Bedeutung für den Lohneffekt ist: Späte Mutterschaft hat zusätzliche Einkommenseinbußen zur Folge. Grundsätzlich können nur eine *kurze* Unterbrechung und die schnelle Wiederaufnahme einer zumindest teilzeitigen Beschäftigung die negativen Einkommenseffekte des Erziehungsurlaubs abfedern.

Durch die Einführung von Erziehungsgeld und Erziehungsurlaub[9] entwickelte sich in Deutschland eine Form der expliziten Anerkennung von Familienarbeit, die trotz formaler Geschlechtergleichheit der Regelungen geschlechtsspezifisch diskriminierende Effekte aufweist. Dieses Muster einer „modernen konservativen Familienpolitik" (Götting 1992: 19f.) schreibt sich zum einen die Herstellung von geschlechtsneutralen Rahmenbedingungen bezüglich der Wahlfreiheit zwischen Familie und Beruf auf die Fahnen und hält zum anderen an der tradierten geschlechtsspezifischen Arbeitsteilung fest. In ähnlicher Weise trifft diese Analyse auch auf den Bereich der Angehörigenpflege zu, wo es 1995 im Rahmen der Pflegeversicherung zur Einführung des Pflegegelds für die häusliche Pflege gekommen ist (siehe Auth in diesem Band).

Dabei könnte die explizite Anerkennung von Familienarbeit bei entsprechender Ausrichtung durchaus positive gleichstellungspolitische Wirkungen haben. Bedingung dafür wäre zum einen, dass die traditionelle Zuweisung von Kinderbetreuung und Angehörigenpflege an Frauen nicht strukturell gerahmt wird. Anders formuliert: Solange der Bezugspunkt unseres sozialen Sicherungssystems das Äquivalenzprinzip ist, Leistungen also als Lohnersatzleistungen ausgestaltet sind, müsste die Höhe der Transferleistung für Familienarbeit (im

---

9 Die ebenfalls 1986 eingeführte rentenrechtliche Anerkennung von Erziehungszeiten reiht sich nahtlos in die Analyse ein, kann hier jedoch aus Platzgründen nicht näher ausgeführt werden.

Rahmen einer Sozialversicherungslösung) gleichermaßen an das individuelle Lohnniveau gekoppelt werden. Nur so kann eine zweigleisige Sozialpolitik, die Familienarbeit schlechter absichert als Erwerbsarbeit, vermieden werden und gleichzeitig ein Anreiz für eine geschlechtergerechte Aufteilung von Familienarbeit gesetzt werden.

Zum anderen müsste die Wahlfreiheit zwischen den Alternativen Erwerbsarbeit und Familienarbeit tatsächlich gewährleistet sein, das heißt es müssten ausreichende und für den jeweiligen Bedarf flexibel anpassungsfähige Strukturen der institutionellen Kinderbetreuung und professionellen Altenpflege vorhanden sein. Nur so können individuelle Präferenzen bei der Kombination von Erwerbs- und Familienarbeit verwirklicht werden. Zudem müssten die Übergänge von Phasen der Familienarbeit in die Erwerbsarbeit sozialpolitisch begleitet werden, um Diskriminierungen von Familienarbeitenden am Arbeitsmarkt entgegenzuwirken. Unter diesen Bedingungen könnte die direkte Förderung von Familienarbeit garantieren, dass es sowohl möglich ist, Kinder zu betreuen oder Angehörige zu pflegen, ohne erwerbstätig oder von einem Ernährer abhängig sein zu müssen, als auch erwerbstätig zu sein, ohne zur Kinderbetreuung oder zur Angehörigenpflege genötigt zu werden (Lewis 1997:173f.). Echte Wahlfreiheit braucht also beides: hohe Transferleistungen und ein gutes Angebot an sozialen Diensten.

4 Neue Hoffnungen?

Die rot-grüne Reform von Erziehungsurlaub und Erziehungsgeld aus dem Jahre 2000 (vgl. Tabelle 2) setzte zwei gleichstellungspolitische Akzente. Zum einen wurde eine Förderung der Väterbeteiligung in der Kinderbetreuung anvisiert: Die neue Elternzeit unterscheidet sich vom alten Erziehungsurlaub durch Anreize für eine partnerschaftliche Teilung der Erziehungsarbeit zwischen den Eltern. So können jetzt beide Eltern *gleichzeitig* Elternzeit nehmen, wobei diese insgesamt auf drei Jahre pro Kind begrenzt bleibt und in bis zu vier Teilabschnitten konsumiert werden kann. Während der Elternzeit ist nunmehr zudem eine Erwerbstätigkeit von bis zu 30 Stunden pro Woche erlaubt. Eine erste Evaluierung deutet darauf hin, dass Väter sich tatsächlich etwas stärker in der Kinderbetreuung engagieren: In 4,7% der Haushalte mit Anspruch auf Erziehungszeit waren in den Jahren 2001 und 2002 *beide* Eltern Teilzeit erwerbstätig *und* in Elternzeit. Die meisten dieser Väter waren zwischen 20 und 30 Stunden pro Woche erwerbstätig und nutzten so das neue Modell der partnerschaftlichen Teilzeit-Elternschaft. Demgegenüber waren in nur 0,2% der Haushalte Väter allein in Elternzeit und nicht erwerbstätig. Insgesamt hat sich die Beteiligungsrate der Väter immerhin leicht erhöht: von zwei Prozent vor auf fünf Prozent nach der Reform (BMFSFJ 2004: 16-20).

Zum anderen sollte die Bindung von Eltern an den Arbeitsmarkt gefördert werden. In diesem Sinne sieht die neue Möglichkeit des „Budgetangebots" ein höheres Erziehungsgeld für einen kürzeren Zeitraum vor: Neben 300 Euro monatlich bis zum zweiten Geburtstag des Kindes können nun alternativ 450 Euro monatlich bis zum ersten Geburtstag des Kindes bezogen werden. Damit wurde ein Anreiz für die Verkürzung der nachgeburtlichen Erwerbsunterbrechung gesetzt: Mütter (Väter) sollen rascher wieder auf ihren Arbeitsplatz zurückkehren. Laut Erziehungsgeldstatistik bezogen sich 2002 immerhin 11,6% der Erstanträge auf das Budgetangebot. Auch die Möglichkeit, während der Elternzeit bis zu 30 Stunden pro Woche erwerbstätig zu sein, zielt darauf ab, Mütter (Väter) stärker an den Arbeitsmarkt zu binden. Der BMFSFJ-Bericht zur Elternzeit zeigt, dass die Gleichzeitigkeit von Erwerbstätigkeit und Kindererziehung von 38,6% der Haushalte mit Anspruch auf Elternzeit genutzt wird, wobei der Anteil mit steigendem Lebensalter des Kindes zunimmt. Mit dem Alter des Kindes nimmt auch der zeitliche Umfang der Teilzeitarbeit zu, und während Mütter vor allem im ersten Lebensjahr des Kindes eher eine kurze Teilzeit (bis zu 19 Wochenstunden) bevorzugen, sind Väter zum überwiegenden Teil in langer Teilzeit (zwischen 20 und 30 Wochenstunden) beschäftigt. Ein Drittel der Teilzeit arbeitenden Mütter und die Hälfte der Teilzeit arbeitenden Väter, die Elternzeit beanspruchen, geben an, dass die Neuregelung für ihre Entscheidung der Kombination von Erwerbstätigkeit *und* Kindererziehung ausschlaggebend war (ebd.: 16-20). Die Neuregelung scheint somit tatsächlich zu einer Steigerung des Anteils derjenigen Eltern geführt zu haben, die während der Elternzeit Teilzeit erwerbstätig sind.

Als Fazit der Reformpolitik lässt sich somit festhalten, dass durchaus ein (wenn auch kleiner) gleichstellungspolitischer Erfolg zu verzeichnen ist, der an der deutschen Tradition des männlichen Ernährermodells kratzt.[10] Andererseits haben sich andere, oben benannte entscheidende Rahmenbedingungen für eine geschlechtergerechte direkte Förderung von Familienarbeit nicht eingestellt: Die Reform des Erziehungsgelds hat keine wesentlichen Verbesserungen in punkto finanzieller Unterstützung von Erziehenden gebracht und fördert somit nach wie vor die traditionelle Arbeitsteilung und das männliche Ernährermodell. Zudem konterkariert in den alten Bundesländern die fehlende Kinderbetreuungsinfra-

10 Es muss jedoch angemerkt werden, dass der empirisch festgestellte Anstieg der Väterbeteiligung sich höchstwahrscheinlich auf Eltern der oberen Einkommensschichten bezieht und auch die Steigerung der Teilzeitquote von Eltern in Erziehungszeit schichtspezifisch differenziert betrachtet werden muss: Es handelt sich dabei zum einen um Haushalte mit sehr geringem und zum anderem um Haushalte mit sehr hohem Einkommen (vgl. Leitner 2005).

struktur für unter Dreijährige das Anliegen eines raschen Wiedereinstiegs in den Arbeitsmarkt.

An beiden ‚Fronten' wurde vor der Bundestagswahl 2005 gearbeitet. Bereits verabschiedet ist das Tagesbetreuungsausbaugesetz, in dessen Rahmen bis zum Jahr 2010 230.000 neue Betreuungsplätze für unter Dreijährige geschaffen werden sollen. Spieß und Wrohlich (2005) haben berechnet, dass aktuell etwa 250.000 Kinder unter drei Jahren auf einen Betreuungsplatz warten. Dieser Bedarf wäre durch den geplanten Ausbau weitgehend gedeckt. Berücksichtigt man jedoch auch diejenigen Kinder, deren Mütter ‚so bald wie möglich' erwerbstätig sein wollen, wären etwa weitere 35.000 Plätze nötig, und für Kinder von geringfügig beschäftigten Müttern kämen weitere 128.000 Plätze hinzu. Es ist also bereits jetzt abzusehen, dass selbst bei Erreichen der Zielvorgabe des Gesetzes der Bedarf nicht vollständig gedeckt wird. In den Koalitionsverhandlungen von CDU, CSU und SPD wurde beschlossen, das Gesetz beizubehalten und jährlich zu überprüfen, inwiefern der Zeitplan zum Ausbau der Betreuung bis zum Jahr 2010 von den Kommunen eingehalten wird. Wenn 2008 abzusehen ist, dass mehr als zehn Prozent der Kommunen das Zielsoll nicht erreichen werden, soll es zur Einführung eines Rechtsanspruchs auf einen Betreuungsplatz ab dem zweiten Lebensjahr kommen.[11] Da der Bund über kein direktes Weisungsrecht in diesem Bereich verfügt, ist er auf die Kooperation der Länder und Kommunen angewiesen, welche einen Teil der Gelder, die durch die Zusammenlegung von Arbeitslosen- und Sozialhilfe gespart wurden, entsprechend verwenden sollen. Inwiefern sich also tatsächlich eine deutliche Verbesserung der Betreuungssituation für unter Dreijährige einstellen wird, bleibt abzuwarten.

Geplant war vor der Bundestagswahl des weiteren die Umwandlung des Erziehungsgeldes in ein so genanntes Elterngeld. Dieses soll nun unter der neuen Familienministerin Ursula von der Leyen ab 2007 eingeführt werden. Das Elterngeld wird für insgesamt zwölf Monate bezahlt werden, also nur halb so lange wie im Moment das Erziehungsgeld. Zwei dieser zwölf Monate sind jeweils für einen Elternteil reserviert und nicht übertragbar. Die verbleibenden acht Monate können hingegen flexibel zwischen den Eltern aufgeteilt werden. Die Höhe des Elterngelds wird 67% des bisherigen Einkommens, höchstens jedoch 1.800 Euro und mindestens – wie das alte Erziehungsgeld – 300 Euro monatlich betragen.[12] Das lohnbezogene Elterngeld setzt somit sowohl Anreize für kurze Erwerbsunterbrechungen mit einem raschen Wiedereinstieg in den Arbeitsmarkt als auch für die Beteiligung von Vätern an der Kinderbetreuung. Es ist ohne Zweifel ein weiterer Schritt auf dem Weg zu einer geschlechtergerechten Förderung von

11 http://www.bundesregierung.de/Anlage920135/Koalitionsvertrag.pdf
12 http://www.bmfsfj.de/Politikbereiche/familie,did=69034.html

Kinderbetreuungsarbeit, der aber nur in Kombination mit dem Ausbau der Kinderbetreuung tatsächlich zielführend sein wird.

Literatur

Althammer, Jörg/Pfaff, Anita B. (1999): Materielle und soziale Sicherung von Frauen in der Perspektive des Lebenslaufs. In: WSI-Mitteilungen 52, 1 (1999): 32-40

Beblo, Miriam/Wolf, Elke (2002): Die Folgekosten von Erwerbsunterbrechungen. In: Vierteljahreshefte zur Wirtschaftsforschung 71, 1 (2002): 83-94

Beckmann, Petra/Kurtz, Beate (2001): Erwerbstätigkeit von Frauen. Die Betreuung der Kinder ist der Schlüssel. IAB Kurzbericht 10 (2001). Nürnberg: IAB

Berghahn, Sabine (2004): Der Ehegattenunterhalt und seine Überwindung auf dem Weg zur individualisierten Existenzsicherung. In: Leitner/Ostner/Schratzenstaller (2004): 105-131

Bieber, Ulrich/Klebula, Detlef (2005): Erste Ergebnisse aus der Studie Alterssicherung in Deutschland 2003. In: Deutsche Rentenversicherung 6-7 (2005): 362-374

Bleses, Peter/Rose, Edgar (1998): Deutungswandel der Sozialpolitik. Die Arbeitsmarkt- und Familienpolitik im parlamentarischen Diskurs. Frankfurt/Main, New York: Campus

BMFSFJ (=Bundesministerium für Familie, Senioren, Frauen und Jugend) (2004): Bericht über die Auswirkungen der §§ 15 und 16 Bundeserziehungsgeldgesetz (Elternzeit und Teilzeitarbeit während der Elternzeit). Bonn: BMFSFJ

Bundesministerium für Familie und Senioren (Hrsg.) (1993): 40 Jahre Familienpolitik in der Bundesrepublik Deutschland. Rückblick/Ausblick. Neuwied: Luchterhand

Dingeldey, Irene (2002): Das deutsche System der Ehegattenbesteuerung im europäischen Vergleich. In: WSI-Mitteilungen 55, 3 (2002): 154-160

Drähter, Hendrik/Rothgang, Heinz (2004): Die Familienversicherung für Ehepaare in der Gesetzlichen Krankenversicherung. Problemanalyse und Lösungsvorschläge. ZeS-Arbeitspapier 9 (2004). Bremen: Zentrum für Sozialpolitik

Ellerkamp, Marlene (2000): Die Frage der Witwen und Waisen. Vorläufiger Ausschluß aus dem Rentensystem und graduelle Inklusion (1889-1911). In: Fisch/Haerendel (2000): 189-208

Engelbrech, Gerhard/Jungkunst, Maria (2001): Erziehungsurlaub. Hilfe zur Wiedereingliederung oder Karrierehemmnis? IAB-Kurzbericht 11 (2001). Nürnberg: Institut für Arbeitsmarkt- und Berufsforschung der Bundesanstalt für Arbeit

Engelbrech, Gerhard/Reinberg, Alex (1998): Erwerbsorientierung und Beschäftigungsmöglichkeiten von Frauen in den neunziger Jahren. Wirtschaftliche Umstrukturierung und frauentypische Arbeitsmarktrisiken in Ost- und Westdeutschland. In: Gesellschaft für Informationstechnologie und Pädagogik (1998): 39-91

Engstler, Heribert/Menning, Sonja (2003): Die Familie im Spiegel der amtlichen Statistik. Lebensformen, Familienstrukturen, wirtschaftliche Situation der Familien und familiendemographische Entwicklung in Deutschland. Bonn: BMFSFJ

Fisch, Stefan/Haerendel, Ulrike (Hrsg.) (2000): Geschichte und Gegenwart der Rentenversicherung in Deutschland. Beiträge zur Entwicklung und vergleichenden Einordnung der Alterssicherung im Sozialstaat. Berlin: Duncker und Humblot

Gather, Claudia/Gerhard, Ute/Prinz, Karin/Veil, Mechthild (Hrsg.) (1993) Frauen-Alterssicherung. Lebensläufe von Frauen und ihre Benachteiligung im Alter. Berlin: edition sigma

Geißler, Heiner (1993): Die Anerkennung der Familienarbeit. In: Bundesministerium für Familie und Senioren (1993): 105-116

Gerhard, Ute/Schwarzer, Alice/Slupik, Vera (Hrsg.) (1988): Auf Kosten der Frauen. Frauenrechte im Sozialstaat. Weinheim, Basel: Beltz

Gesellschaft für Informationstechnologie und Pädagogik am IMBSE (Hrsg.) (1998): Beschäftigungsrisiko Erziehungsurlaub. Die Bedeutung des „Erziehungsurlaubs" für die Entwicklung der Frauenerwerbstätigkeit. Wiesbaden: Westdeutscher Verlag

Götting, Ulrike (1992): Die Politik der Kindererziehungszeiten. Eine Fallstudie. ZeS-Arbeitspapier 2 (1992). Bremen: Zentrum für Sozialpolitik

Jans, Bernhard/Habisch, André/Stutzer, Erich (Hrsg.) (2000): Familienwissenschaftliche und familienpolitische Signale. Max Wingen zum 70. Geburtstag. Grafschaft: Vektor Verlag

Janssens, Angélique (Hrsg.) (1997): The Rise and Decline of the Male Breadwinner Family? International Review of Social History. Supplement 5. Cambridge: Press Syndicate of the University of Cambridge

Joosten, Astrid (1990): Die Frau, das „segenspendende Herz der Familie". Familienpolitik als Frauenpolitik in der „Ära Adenauer". Pfaffenweiler: Centaurus

Koch, Angelika (2001): Neubewertung der Familienarbeit in der Sozialpolitik? Die Neuregelung von Erziehungsgeld und Erziehungsurlaub und alternative Reformkonzeptionen. In: Feministische Studien 19, 1 (2001): 48-61

Kolbe, Wiebke (2002): Elternschaft im Wohlfahrtsstaat. Schweden und die Bundesrepublik im Vergleich 1945-2000. Frankfurt/Main, New York: Campus

Künzler, Jan (1995): Geschlechtsspezifische Arbeitsteilung: Die Beteiligung von Männern im Haushalt im internationalen Vergleich. In: Zeitschrift für Frauenforschung 13, 1+2 (1995): 115-132

Landenberger, Margarete (1993): Familienpolitische Maßnahmen und ihre Wirkungen auf Arbeitsmarktchancen und soziale Sicherung von Frauen. In: Gather et al. (1993): 83-105

Leitner, Sigrid/Ostner, Ilona/Schratzenstaller, Margit (Hrsg.) (2004): Wohlfahrtsstaat und Geschlechterverhältnis im Umbruch. Was kommt nach dem Ernährermodell? Jahrbuch für Europa- und Nordamerika-Studien 7 (2004). Wiesbaden: VS Verlag für Sozialwissenschaften

Leitner, Sigrid (2005): Kind und Karriere für alle? Geschlechts- und schichtspezifische Effekte rot-grüner Familienpolitik. In: Blätter für deutsche und internationale Politik 50, 8 (2004): 958-964

Lewis, Jane (Hrsg.) (1993): Women and Social Policies in Europe. Work, Family and the State. Aldershot: Edward Elgar

Lewis, Jane/Ostner, Ilona (1994): Gender and the Evolution of European Social Policies. ZeS-Arbeitspapier 4 (1994). Bremen: Zentrum für Sozialpolitik

Lewis, Jane (1997): Gender and Welfare Regimes: Further Thoughts. In: Social Politics 4, 2 (1997): 160-177

Nave-Herz, Rosemarie (Hrsg.) (1988): Wandel und Kontinuität der Familie in der Bundesrepublik Deutschland. Stuttgart: Enke

Notz, Gisela (1993): Frauen nun doch an den Herd? Erziehungsgeld, Erziehungsurlaub und die Auswirkungen auf die Lebens- und Arbeitssituation von Müttern. In: Gather et al. (1993): 106-119

OECD (1988): Historical Statistics 1960-1986. Paris: OECD

Oertzen, Christine von/Rietzschel, Almut (1997): Comparing the Post-War Germanies: Breadwinner Ideology and Women's Employment in the Divided Nation, 1948-1970. In: Janssens (1997): 175-196

Ostner, Ilona (1993): Slow Motion: Women, Work and the Family in Germany. In: Lewis (1993): 92-115

Pettinger, Rudolf (2000): Erziehungsgeld und Erziehungsurlaub. Anspruch und Wirklichkeit zweier zentraler familienpolitischer Leistungen für junge Familien. In: Jans/Habisch/Stutzer (2000): 243-254

Roth, Günter (2003): Die Entwicklung von Angebot und Nachfrage von Pflegedienstleistungen: Regionale und sektorale Analysen. In: Sozialer Fortschritt 3 (2003): 73-79

Schratzenstaller, Margit (2001): Steuerpolitische Aspekte aktueller Familienpolitik. In: Soziale Sicherheit 1 (2001): 9-14

Slupik, Vera (1988): Frauenrechte in der gesetzlichen Krankenversicherung. In: Gerhard/Schwarzer/Slupik (1988): 214-230

Sommerkorn, Ingrid N. (1988): Die erwerbstätige Mutter in der Bundesrepublik: Einstellungs- und Problemveränderungen. In: Nave-Herz (1988): 115-144

Spieß, C. Katharina/Wrohlich, Katharina (2005): Wie viele Kinderbetreuungsplätze fehlen in Deutschland? Neue Bedarfsermittlung für Kinder unter drei Jahren auf der Basis von Mikrodaten. In: DIW-Wochenbericht 72, 14 (2005): 223-227

Vaskovics, Laszlo A. (2000): Erziehungsurlaub – Akzeptanz und Inanspruchnahme. In: Jans/Habisch/Stutzer (2000): 233-242

Vaskovics, Laszlo A. und Harald Rost (1999): Väter und Erziehungsurlaub. Schriftenreihe des Bundesministeriums für Familie, Senioren, Frauen und Jugend. Band 179. Stuttgart: Kohlhammer

Wohlfahrtsstaat, Geschlechterverhältnis und Pflegearbeit

Diana Auth

1 Einleitung: Geschlechtergerechtigkeit in der Pflegearbeit?

In der Diskussion um den demographischen Wandel spielen Gerechtigkeitsaspekte eine wichtige Rolle. Einige politische Akteure fordern im Zusammenhang mit der Alterung der Gesellschaft die Neubestimmung der Generationengerechtigkeit, so beispielsweise die Herzog-Kommission (vgl. Kommission „Soziale Sicherheit" 2003). Andere wiederum glauben, dass diese Debatte lediglich der Verschleierung sozialpolitischer Kürzungs- und Privatisierungsmaßnahmen dient. Der so genannte Generationenkonflikt solle nur vom eigentlichen Gerechtigkeitsproblem, der größer werdenden Kluft zwischen Arm und Reich, ablenken (vgl. u. a. ver.di 2003). In beiden Argumentationssträngen wird meist der Aspekt der sozialen Gerechtigkeit zwischen Männern und Frauen vernachlässigt. Ein fataler Fehler, denn die demographische Entwicklung und ihre Folgen sind nicht geschlechtsneutral. Die Konsequenzen für Männer und für Frauen liegen einerseits quer zur Generationengerechtigkeit und zu materiellen Verteilungsfragen, sie sind aber andererseits eng mit ihnen verwoben.

Die Alterung der Gesellschaft hat Auswirkungen auf viele Bereiche der Gesellschaft, wobei die Pflege, um die es hier gehen wird, sicherlich zu den relevantesten und gestaltungsbedürftigsten zählt. Die Zahl der Pflegebedürftigen wird in Zukunft steigen und das familiale Pflegepotenzial zurückgehen (vgl. Auth 2005: 54 ff.). In der *Mainstream*-Literatur zu Pflegereformen werden Aspekte der Geschlechtergerechtigkeit kaum reflektiert. So subsumiert beispielsweise die Rürup-Kommission die unentgeltliche Pflegearbeit von Frauen unter bürgerschaftlichem Engagement, welches durch das Pflegegeld wertgeschätzt werden soll. Die Rürup-Kommission nennt weiter als Ziele für die Reform der gesetzlichen Pflegeversicherung die Generationengerechtigkeit, den Erhalt des Leistungsniveaus und die Stabilisierung des Beitragssatzes (BMGS 2003: 3). Die gerechte Verteilung von Pflegearbeit zwischen den Geschlechtern im Rahmen einer gleichstellungsorientierten Pflegepolitik spielt keine Rolle. Stattdessen werden in der wissenschaftlichen Debatte wie in der öffentlichen Diskussion die niedrige Geburtenrate und das abnehmende familiale Pflegepotenzial (meist bezogen auf Töchter und Schwiegertöchter) beklagt, da ersteres die Einnahmeseite und letzteres die Ausgabenseite der Gesetzlichen Pflegeversicherung negativ beeinflusse.

In diesem Artikel wird Pflegearbeit aus einer Gleichstellungsperspektive betrachtet. Um ein Analyseraster zu entwickeln, mit Hilfe dessen nationale Pflegearrangements und -politiken beschrieben, verglichen und gleichstellungspolitisch beurteilt werden können, wird dargestellt, wie Pflegearbeit bislang in der feministischen vergleichenden Wohlfahrtsstaatsforschung und in Regimetypologien thematisiert und theoretisch verortet wird. Im zweiten Teil wird die Pflegearbeit in Deutschland anhand des Modells der Geschlechterkultur und der Geschlechterordnung dargestellt. Mit Hilfe des Konzepts der De-Familialisierung wird weiter eine gleichstellungspolitische Einschätzung der deutschen Pflegepolitik seit Mitte der 90er Jahre vorgenommen.

2 Pflegearbeit in der feministischen Wohlfahrtsstaatsforschung

2.1 Die Verortung der Pflegearbeit in der feministischen Wohlfahrtsstaatsforschung

Die feministische Wohlfahrtsstaatsforschung hat infolge der Auseinandersetzung mit Esping-Andersens (1990) drei Wohlfahrtsstaatsregimen begonnen, eigene Regimetypen aufzustellen. Zunächst haben Jane Lewis (1992) und Ilona Ostner (1995) zwischen starken, moderaten und schwachen Alleinernährermodellen unterschieden. Pflege ist in die Ernährermodelltypologie integriert, doch sie spielt im Gegensatz zur Kinderbetreuung und deren Organisation nur eine untergeordnete Rolle. Dies gilt für die meisten Wohlfahrtsstaatstypologien und vergleichenden Ansätze, die in dieser Zeit entwickelt werden (vgl. z. B. Daly 1994; Sainsbury 1994).

War das *male breadwinner model* noch statisch, so rücken seit Mitte der 90er Jahre wohlfahrtsstaatliche Veränderungen im Zeitverlauf in den Vordergrund. Das theoretisch fundierteste Modell zum wohlfahrtsstaatlichen Wandel aus einer Geschlechterperspektive hat Birgit Pfau-Effinger (2000) entwickelt. Ihr Erkenntnisinteresse liegt in der Erklärung und Typisierung internationaler Differenzen in der Erwerbsbeteiligung von Frauen. Um das Verhältnis von Institutionen, Kultur und sozialem Handeln theoretisch zu erfassen, entwickelt sie einen Erklärungsansatz, in dem sie zwischen einer Geschlechterordnung – den real vorfindlichen Strukturen des Geschlechterverhältnisses – und einer Geschlechterkultur – den Werten und Leitbildern in Bezug auf die Geschlechterverhältnisse – unterscheidet. Als Klammer fungiert das Geschlechter-Arrangement, das die sozialen Aushandlungsprozesse erfasst. Prägend für den Ansatz von Pfau-Effinger ist die starke Betonung kultureller Leitbilder des Geschlechterverhältnisses. Während Pfau-Effinger die Frage der Betreuung älterer Menschen im Kontext der kulturellen Leitbilder des Geschlechterverhältnisses generell für relevant hält, klammert sie diesen Bereich im Rahmen ihrer Fragestellung dennoch aus. Für die Erklärung des Erwerbsverhaltens von Frauen spielt die Konstruktion von Mutterschaft, Vaterschaft und Kindheit sowie die Organisation der Kindererziehung eine wichtigere Rolle (vgl. Pfau-Effinger 2000: 86ff.).

Neuere Ansätze beschäftigen sich mit der Überwindung des Ernährermodells. So setzt sich Jane Lewis (2001) mit dem *adult worker model* als politischem Leitbild auseinander. Um die Erwerbsintegration von Frauen zu fördern, wird die Betreuungsinfrastruktur ausgebaut, wodurch gleichzeitig Arbeitsplätze für Frauen entstehen. Durch die geschlechtsneutrale Förderung der Zwei-Verdiener-Familie in einigen westeuropäischen Ländern geraten allerdings die unbezahlte Sorgearbeit und die sich daraus ergebenden Arbeitsmarktbenachteiligungen von Frauen aus dem Blick. Um dies analytisch zu fassen, unterscheidet Lewis zwischen verschiedenen Erwerbsarbeitszeitmustern einerseits und Betreuungsarrangements andererseits. Wenn Lewis von Betreuungsarbeit und -arrangements spricht, bezieht sie sich nicht nur auf die Kinderbetreuung, sondern ebenso auf die Pflege älterer Menschen. Aber auch sie bezieht Pflegearbeit nicht systematisch in ihre Länderstudien ein.

2.2 Pflegearbeit als Ausgangspunkt feministischer Wohlfahrtsstaatsforschung

Neben den wohlfahrtsstaatlichen Typologien gibt es einige feministische Autorinnen, die sich bereits in den 90er Jahren (auch) mit Pflegearbeit auseinandersetzen. Eithne McLaughlin und Caroline Glendinning (1994) beschäftigen sich ländervergleichend mit Fürsorgearbeit im Allgemeinen und mit Pflegearbeit im Besonderen. Sie sehen die feministische Wohlfahrtsstaatsforschung in einer Sackgasse: Entweder wird der Ausbau von sozialen Diensten und Einrichtungen befürwortet, was der Arbeitsmarktintegration von Frauen dient, aber nichts an der geschlechtlichen Zuweisung von Fürsorgearbeit ändert. Alternativ dazu wird die finanzielle Entlohnung informeller Fürsorge- und Pflegearbeit propagiert, wodurch aber die geschlechtliche Arbeitsteilung infolge der geringen Bezahlung aufrechterhalten wird. Beide Ansätze fokussieren stark Frauen als Mütter, kritisieren die Autorinnen.

> „Whilst the problem of valuing and theorising the unpaid care provided to children remains central to feminist analysis of women's position in society, so too, and in-

creasingly, is the valuing and theorising of the unpaid care provided to adults with care needs." (McLaughlin/Glendinning 1994: 64)

Während also die gesellschaftliche Bedeutung von Pflegearbeit zunimmt, hat die sozialwissenschaftliche und -politische Konzentration auf Kinderbetreuung eine starke Betonung des Arbeitscharakters von Fürsorgetätigkeiten („*care as work*") mit sich gebracht. Mit einem solchen Konzept können die Konflikte sowie die positiven wie negativen Seiten der Beziehung zwischen Fürsorgenden und Fürsorgebedürftigen jedoch nicht erfasst werden. Die Autorinnen schlagen daher vor, Fürsorge- (und damit auch Pflege-)Arbeit auf einer theoretischen Ebene als soziale Beziehung zu konzeptionalisieren.

McLaughlin und Glendinning entwickeln weiter das Konzept der De-Familialisierung in Anlehnung an Esping-Andersen. Dessen Gütekriterium für Wohlfahrtsstaatlichkeit, die De-Kommodifizierung, also die Möglichkeit des sozial abgesicherten Ausstiegs aus dem Arbeitsmarkt, ist männlich geprägt, denn sie setzt die Kommodifizierung – die Arbeitsmarktintegration – als selbstverständlich voraus. Für viele Frauen ist dagegen zunächst die Kommodifizierung durch die ‚Befreiung' von familialen Fürsorgearbeiten entscheidend. Dies bezeichnen die Autorinnen als De-Familialisierung. Neben der Befreiung aus familialen Abhängigkeitsverhältnissen geht es den Autorinnen auch um die Bedingungen, unter denen Menschen bereit sind, familiale Fürsorgearbeit zu leisten (vgl. McLaughlin/Glendinning 1994: 61ff.). Mit diesem Konzept ist es möglich, sowohl die Perspektive der Fürsorgearbeit Leistenden als auch die der Fürsorge- und Pflegebedürftigen einzunehmen. Weiter kann das Ausmaß der familialen Abhängigkeit bestimmt werden, und zwar historisch und im Ländervergleich. Um den Grad der De-Familialisierung zu bestimmen, müssen Unterhaltsansprüche, die Rechte von Fürsorgebedürftigen und Fürsorgeleistenden, die Ausstattung eines Landes mit sozialen Dienstleistungen und Einrichtungen sowie die Zugangsrechte, also das gesamte Familienarrangement, in den Blick genommen werden.

> „The issue is not whether people are completely ‚de-familised' but rather the extent to which packages of legal and social provisions have altered the balance of power between men and women, between dependents and non-dependents, and hence the terms and conditions under which people engage in familial or caring arrangements." (McLaughlin/Glendinning 1994: 66)

Je höher der Grad der De-Familialisierung, desto geringer die geschlechtlichen Abhängigkeitsverhältnisse und desto größer die Wahlmöglichkeiten für alle AkteurInnen.

Auch Trudie Knijn und Monique Kremer (1997) beschäftigen sich explizit mit Pflegearbeit. Sie knüpfen an das Staatsbürgerschafts-Konzept von T. H.

Marshall an und erweitern seinen Begriff von sozialer Staatsbürgerschaft. Der Begriff umfasst nach Marshall das Recht auf Wohnen, Bildung, Arbeit und Existenzsicherung; in Bezug auf *care* wird lediglich die medizinische Fürsorge erwähnt; ansonsten verortet Marshall Sorgearbeit in der Familie und in sozialen Netzwerken. Knijn und Kremer fordern dagegen ein Konzept von Staatsbürgerschaft, das die Geschlechtsspezifik von Fürsorgearbeit überwindet. Im Rahmen der *inclusive citizenship*, also inklusiver Staatsbürgerschaft, soll Fürsorgearbeit neben der Erwerbsarbeit Berücksichtigung finden. Inklusive Staatsbürgerschaft bezieht sich auf das Recht zu pflegen und zu betreuen *(„right to time to care")* sowie gepflegt und betreut zu werden. Ersteres umfasst Freistellungsregelungen von der Erwerbsarbeit, die soziale Absicherung von Pflege- und Betreuungsarbeit, das Recht auf Teilzeitarbeit und die Vereinbarkeit von Erwerbsarbeit mit Fürsorgearbeit sowie die Gewährung materieller Unterstützungsleistungen für informelle Pflege- und Betreuungsarbeit. Weiter wird die Zuweisung der Fürsorgearbeit an Frauen thematisiert. Das Recht auf Pflege und Betreuung berücksichtigt neben der informellen Pflege auch die staatliche Verantwortung für die Bereitstellung einer guten, das heißt qualitativ hochwertigen und finanziell leistbaren Pflege- und Betreuungsinfrastruktur. Auch die individuelle (Un-)Abhängigkeit durch Fürsorgearbeit wird berücksichtigt.

Anneli Anttonen und Jorma Sipilä (2005) unterscheiden soziale Fürsorgearrangements hinsichtlich der institutionellen Verantwortlichkeit (Staat oder Familie), den Hauptanbietern von *care* und dem Grad der wohlfahrtsstaatlichen Unterstützung. Anhand dieser Kriterien werden Betreuungsarrangements für Kinder und für ältere, pflegebedürftige Menschen in verschiedenen Ländern verglichen. Es existieren familialistische und individualistische Sozialpolitiken, wobei der Trend dahin geht, individuelle Bedürfnisse und Rechte stärker zu berücksichtigen. Fürsorgearbeit wird zunehmend öffentlich organisiert (*care is going public*), doch dabei entstehen länderspezifische *welfare mixes* mit jeweils unterschiedlichen staatlichen (lokalen), zivilgesellschaftlichen, marktlichen und familialen Anteilen.

2.3 Zwischenfazit

Pflegearbeit wird im Rahmen der feministischen Wohlfahrtsstaatsforschung und der Regimetypologien bislang hauptsächlich unter familialer Fürsorgearbeit subsumiert. Sie hat nicht denselben Stellenwert wie Kinderbetreuung, was man daran erkennt, dass sich die Beschreibungen und Vergleiche von Wohlfahrtsstaaten vor allem auf Kinderbetreuungsinstitutionen, die Erwerbstätigkeit von Müttern und Freistellungsregelungen zur Kinderbetreuung beziehen. Kaum eingegangen wird auf Themen wie die Erwerbstätigkeit pflegender Angehöriger, die materielle und soziale Absicherung Pflegender sowie Maßnahmen zur gerechteren Verteilung von Pflegearbeit. Auch die Unterschiede zwischen Kinderbetreuungs- und Pflegearbeit werden nicht thematisiert, obwohl sich die beiden Arbeitsbereiche in einigen Punkten unterscheiden, die für eine Wohlfahrtsstaatsanalyse von Bedeutung sind: Pflegende Frauen sind in der Regel älter als Kinder Erziehende, haben größere Wiedereinstiegsprobleme, der Beginn der Pflege kann plötzlich auftreten und die Dauer ist schwer absehbar, die gesellschaftlichen Leitbilder differieren, die psychischen Belastungen sind größer, das Verhältnis von Pflegebedürftigen und Pflegenden unterscheidet sich von der Beziehung zwischen Eltern und Kindern und Pflegeheime haben einen schlechteren Ruf als Kindergärten.

Die Vernachlässigung der Pflegearbeit in Wohlfahrtsstaatsanalysen ist dennoch auf den ersten Blick nachvollziehbar, denn Kindererziehung und Mutterschaft sind für die geschlechtliche Arbeitsteilung und die Konstruktion von Geschlechterdifferenzen relevanter und zahlenmäßig bedeutender: In Deutschland leben im Jahr 2000 4,6 Mio. Kinder unter 6 Jahren (vgl. Engstler/Menning 2003: 36, 213), aber es werden derzeit „nur" 1,44 Mio. Pflegebedürftige häuslich und 640.000 Menschen in Heimen gepflegt (vgl. Statistisches Bundesamt 2005: 3). Angesichts der demographischen Entwicklung und des gesellschaftlichen Alterungsprozesses steigt aber die Notwendigkeit einer theoretischen Verortung von Pflegearbeit – neben und im Vergleich mit der Kindererziehungsarbeit – sowie eine empirische Auseinandersetzung damit.

Um die Pflegearbeit in Deutschland aus einer Geschlechterperspektive darzustellen, werde ich mit dem Modell von Pfau-Effinger arbeiten, da mit diesem Analyserahmen sowohl kulturelle als auch institutionelle Einflussfaktoren erfasst werden. In Anlehnung an Pfau-Effingers Indikatoren für geschlechterkulturelle Modelle (1996: 468) werde ich in Bezug auf Pflegearbeit (1) danach fragen, welche gesellschaftlichen Vorstellungen darüber bestehen, wer Pflegearbeit leisten soll (Männer oder Frauen), (2) wie sie gesellschaftlich bewertet wird (Gleichwertigkeit oder Hierarchie der Arbeitssphären), (3) welche gesellschaftliche Sphäre als zentral für die Pflege von Menschen angesehen wird (Markt, Staat, Familie oder intermediärer Sektor) und (4) welche Abhängigkeiten zwischen Männern und Frauen durch die Arbeitsteilung in der Pflege entstehen (Autonomie, gegen- oder einseitige Abhängigkeit).

Im Kontext der Geschlechterordnung taucht die Pflegearbeit bereits bei Pfau-Effinger selbst explizit als wohlfahrtsstaatliches Handlungsfeld auf. Hier ist – das leite ich aus dem Konzept der De-Familialisierung ab – (1) von Bedeutung, ob und inwieweit ein Wohlfahrtsstaat Pflege – neben der Kinderbetreuung – als gesellschaftliche Aufgabe betrachtet, (2) wie ein Land mit sozialen Dienstleistungen und Einrichtungen ausgestattet ist und welche Personen Zugang zu den Leistungen haben. Mit Lewis ist allerdings einzuwenden, dass die Bereitstellung von Infrastruktur allein zu kurz greift. Zu ergänzen wären (3) (bezahlte) Maßnahmen zur Freistellung zur Pflege, wie sie auch von Knijn und Kremer gefordert werden. (4) Es fällt auf, dass in keiner Studie darauf eingegangen wird, welche Anreize für Männer möglich wären, um Pflegearbeit gerechter zu verteilen. (5) Auch die Schaffung realer Wahlmöglichkeiten zwischen häuslicher und institutioneller Pflege wird lediglich im Rahmen des Konzepts der De-Familialisie-rung thematisiert, aber hier vor allem aus der Perspektive der Pflegebedürftigen. Ein gleichstellungsorientiertes Pflegearbeits-Konzept müsste nicht nur den Pflegebedürftigen Wahlmöglichkeiten bieten, sich informell oder professionell pflegen zu lassen, sondern auch den potenziell Pflegenden die Möglichkeit geben, zwischen häuslicher Pflege und der Verweigerung derselben zu wählen, indem auf institutionelle Betreuung und Pflege zurückgegriffen werden kann.

Um den pflegepolitischen Wandel in Deutschland nach der Einführung der Gesetzlichen Pflegeversicherung zu beschreiben, wird das Konzept der De-Familialisierung von McLaughlin und Glendinning herangezogen, das in Bezug auf die strukturelle Ebene der Pflegearbeit und die Geschlechterordnung in der Pflege aus feministischer Perspektive das bislang weitreichendste Modell darstellt.[1]

3 Pflegearbeit und Pflegepolitik in Deutschland

3.1 Das geschlechterkulturelle Modell der Pflegearbeit

(1) Über den ersten an Pfau-Effinger angelehnten Indikator, die geschlechterkulturellen Aspekte in den Einstellungen zur Pflege, lässt sich nur wenig sagen. Es existieren bislang kaum gesicherte Erkenntnisse zu Einstellungen und Erwartungen jüngerer Menschen hinsichtlich der eigenen Pflegebedürftigkeit einerseits und des Pflegens von Angehörigen andererseits (vgl. Blinkert/Klie 2000: 237), schon gar nicht darüber, wer – Männer oder Frauen – die Pflegearbeit leisten soll.

Bezüglich der Wünsche Pflegebedürftiger hat Schneekloth (2005) in der „MuG III-Untersuchung“ – einer Repräsentativuntersuchung zu häuslichen Pflegearrangements, Demenz und professionellen Versorgungsangeboten – zum

1 Der Begriff der De-Familialisierung ist nicht unproblematisch, da er ein negatives Familienbild impliziert. Das von Anttonen und Sipilä verwendete Begriffspaar individualistisch versus familialistisch ist besser geeignet, die beiden Pole der Entwicklung darzustellen. Das Konzept ist allerdings inhaltlich eingeschränkter.

wiederholten Male festgestellt, dass Pflegebedürftige so lange wie möglich in ihrer häuslichen Umgebung gepflegt werden möchten. Auch die Angehörigen empfinden ein persönliches Verantwortungsgefühl, den Pflegebedürftigen dies zu ermöglichen. So kommt für 87% der potenziell Pflegenden ein Heimaufenthalt für ihre Angehörigen nicht in Frage oder erscheint nicht sehr wahrscheinlich (vgl. Schneekloth 2005: 85).

Die einzigen empirischen Studien, in denen die Einstellungen noch nicht Pflegebedürftiger im Mittelpunkt stehen, wurden von Blinkert und Klie (2000, 2004) durchgeführt. In der ersten Studie zu pflegekulturellen Orientierungen und sozialen Milieus stellen die Autoren fest, dass die häusliche Pflegebereitschaft im traditionellen Unterschichtsmilieu am stärksten ausgeprägt ist, im liberalbürgerlichen Milieu wird dagegen die Heimpflege präferiert. Bei der Entscheidung für Heim- oder häusliche Pflege sind wider Erwarten Kostenargumente vielfach wichtiger als moralisch-verpflichtende Argumente. Während nichterwerbstätige Frauen eine stärkere Tendenz aufweisen, Angehörige zu Hause zu pflegen, lassen sich hinsichtlich der Pflegebereitschaft von erwerbstätigen Männern und Frauen keine Unterschiede feststellen.

> „Für erwerbstätige Frauen ist die Übernahme von Pflegeverpflichtungen eine riskante und kostspielige Entscheidung, die nicht nur mit Einkommensverlusten, sondern auch mit der Aufgabe von sozialen Ansprüchen im Hinblick auf Emanzipation und Selbstverwirklichung verbunden ist.“ (Blinkert/Klie 2000: 243)

Angesichts der demographischen Entwicklung scheint nicht nur die (weibliche) Pflegebereitschaft abzunehmen, auch die Vorstellungen hinsichtlich der eigenen Pflegebedürftigkeit ändern sich. Es vollzieht sich ein pflegekultureller Wandel, denn über die Hälfte der befragten 40- bis 60-Jährigen gibt an, dass sie sich für den Fall der eigenen Pflegebedürftigkeit auch vorstellen können, in einem gut geführten Pflegeheim versorgt zu werden. Gemischte – häusliche und ambulante – Pflegearrangements können sich fast drei Viertel der Befragten vorstellen. Stehen (bezahlbare) ambulante Pflegedienste zur Verfügung, steigt allerdings auch wieder die Bereitschaft zur häuslichen Pflege (vgl. Blinkert/Klie 2004: 324). Inwieweit diese Auffassungen lebensbiographisch Bestand haben, bleibt abzuwarten.

(2) Die gesellschaftliche Wertigkeit der Pflegearbeit lässt sich aus dem Ansehen sowie der Bezahlung und der sozialen Absicherung ableiten. Nach dem Deutschen Altenpflege-Monitor (2005), einer Repräsentativbefragung von über 50-Jährigen, halten 64% der Befragten die Altenpflege für einen angesehenen Beruf. Zu einem ähnlichen Ergebnis kommt die Allensbacher-Berufsprestige-Skala aus dem Jahr 2005, nach der Krankenschwestern, die zum pflegerischen Berufsfeld zählen, von 57% der Befragten im Hinblick auf ihr soziales Ansehen

hinter den Ärzten auf Platz 2 gewählt werden (vgl. Institut für Demoskopie Allensbach 2005). Hierbei ist allerdings der Effekt der sozialen Erwünschtheit zu berücksichtigen, der das Antwortverhalten der Befragten beeinflusst.[2] Pflegende Tätigkeiten sind gesellschaftlich notwendig, also auch sozial erwünscht.

Das hohe berufliche Ansehen pflegerischer Berufe und Tätigkeiten geht aber nicht mit einer entsprechenden Bezahlung einher. Für die informelle Pflege zu Hause zahlt die Pflegeversicherung 205 Euro pro Monat in der Pflegestufe I (mind. 14 Wochenstunden), 410 Euro in der Pflegestufe II (mind. 21 Wochenstunden) und 665 Euro in der Pflegestufe III (mind. 35 Wochenstunden).[3] Die Beträge liegen in der Pflegestufe I und II deutlich unterhalb des Existenzminimums, in der Pflegestufe III, die einer Vollzeiterwerbstätigkeit entspricht, knapp darüber.[4] Häuslich Pflegende sind gesetzlich unfall- und rentenversichert, letzteres allerdings auf einem niedrigen Niveau. Nimmt man die Bezahlung und die soziale Absicherung als Bewertungsmaßstab, dann wird häusliche Pflegearbeit durch Angehörige gering bewertet. Dies gilt auch für die entlohnte Pflegearbeit. Professionell Pflegende befinden sich am unteren Ende der Tariflohnskala. Ein/e Altenpflegehelfer/in erhält einen Bruttolohn von 1.600-1.900 Euro, ein/e Krankenschwester/-pfleger zwischen 1.900-2.400 Euro (vgl. WSI-Tarifarchiv, 2003, Öffentlicher Dienst, Gemeinden West).

(3) Betrachtet man, welche gesellschaftliche Sphäre in Deutschland als zentral für die Pflege von Menschen angesehen wird, kann man eindeutig die Familie benennen. 70% der Pflegebedürftigen werden zu Hause gepflegt (Statistisches Bundesamt 2005: 3). Evers (1997: 517, Hervorh. i. O.) spricht von einer „weit verbreiteten *privatistischen Pflegekultur*, die eine erhebliche Resistenz gegenüber finanziellen Steuerungsversuchen aufweist.“ Von den häuslich Gepflegten nehmen nur gut 20% ambulante Pflegedienste in Anspruch, in den anderen Fällen erfolgt die Pflege allein durch (meist weibliche) Angehörige. Knapp ein Drittel der Pflegebedürftigen wird in Heimen gepflegt (vgl. Statistisches Bundesamt 2005: 3). In der Tendenz werden allerdings immer häufiger die teureren Sachleistungen und die Pflege in Heimen in Anspruch genommen; ein Trend, der sich infolge der zunehmenden Arbeitsmarktintegration von Frauen und damit der sinkenden Bereitschaft zu häuslicher Pflege fortsetzen wird (vgl. Statistisches Bundesamt 2005: 3; BMGS 2003: 187ff.).[5]

---

2 Für diesen Hinweis danke ich Bettina Langfeldt.

3 Der tatsächliche Zeitaufwand der Pflege ist erheblich höher (vgl. Schneekloth 2005: 78 f.).

4 Der Grundfreibetrag im Einkommensteuerrecht liegt 2005 bei 7.664 Euro im Jahr bzw. 639 Euro im Monat (vgl. Deutscher Bundestag 2005). Das Bedarfsniveau der Sozialhilfe (Jahresdurchschnitte, Westdeutschland) liegt 2002 bei 633 Euro für eine/n Alleinstehende/n (vgl. Sozialpolitik aktuell 2005).

5 Im Kontext der sinkenden familialen Pflegebereitschaft ist auch die zunehmende illegale weibliche Pflege zu erwähnen. Schätzungen zufolge arbeiten ca. 50.000 illegale Pflegerinnen

Die institutionelle Pflege außerhalb der Familie teilen sich gemeinnützige und private Träger. Die Träger der ambulanten Pflegedienste sind zu 43% gemeinnützige Organisationen (zum Beispiel Diakonie oder Caritas) und zu 55% private Träger. Öffentliche Träger sind mit 2% selten anzutreffen. Bei den Pflegeheimen sind mit 55% die gemeinnützigen Träger führend, gefolgt von den privaten mit 37% und den öffentlichen Trägern mit immerhin sieben Prozent (vgl. Statistisches Bundesamt 2005: 4ff.). Dass es nur wenige öffentliche Anbieter pflegerischer Dienstleistungen und Institutionen gibt, hängt mit der Pflegetradition in Deutschland zusammen (vgl. Roth 2000: 184ff.).

(4) Weiter ist zur Beschreibung des geschlechterkulturellen Modells der Pflegearbeit in Deutschland von Interesse, welche Abhängigkeiten zwischen Männern und Frauen durch die Arbeitsteilung in der Pflege entstehen. Sie lassen sich allerdings aufgrund der unterschiedlichen familiären Situationen schwer verallgemeinern. Sie hängen davon ab, wer gepflegt wird – die (Ehe-)Frau, der (Ehe-)Mann, der (Schwieger-)Vater oder die (Schwieger-)Mutter – und welche familiären Abhängigkeitsverhältnisse betrachtet werden (zwischen der/dem häuslich Pflegenden und der/dem Pflegebedürftigen oder zwischen der/dem häuslich Pflegenden und der/dem Ehepartner/in, wenn ein (Schwieger-)Elternteil gepflegt wird).

Da der überwiegende Teil der Pflegearbeit von Frauen geleistet wird, sind sie häufiger in einem Abhängigkeitsverhältnis als Männer. Die Hauptpflegepersonen in der häuslichen Pflege sind zu über 70% weiblich. Es handelt sich meist um Ehefrauen, Töchter oder Schwiegertöchter. Wenn Männer pflegen, dann vor allem ihre Ehefrauen. Im Jahr 2002 lag der Anteil der Pflegebedürftigen, die hauptsächlich von ihren (Ehe-)PartnerInnen gepflegt werden, bei 28%. Ungefähr ein Drittel der Pflegebedürftigen wird von ihren (Schwieger-)Töchtern und immerhin zehn Prozent von ihren Söhnen (1991 waren es drei Prozent) gepflegt. Insgesamt hat der Anteil der pflegenden Männer im Vergleich zu 1991 um Prozent zugenommen (vgl. Schneekloth 2005: 77; vgl. auch Enquete-Kommission 2002: 512).

Fast jede dritte Hauptpflegeperson hat pflegebedingt ihre Erwerbstätigkeit aufgegeben oder eingeschränkt (vgl. Enquete-Kommission 2002: 520; Reichert 2003: 223). Nur knapp ein Viertel der Hauptpflegepersonen ist erwerbstätig (vgl. Schneekloth 2005: 77ff.). Für diesen Teil der häuslich Pflegenden besteht das Problem der Vereinbarkeit von Beruf und Pflege, da es hier kaum gesetzliche oder tarifliche Regelungen gibt. Ohne existenzsicherndes Einkommen oder ent-

in Deutschland (Frankfurter Rundschau vom 26.01.2005). Die meist aus osteuropäischen Ländern stammenden Frauen leisten in deutschen Haushalten Pflegedienste, das heißt sie arbeiten billig, rund um die Uhr und ohne Arbeitsvertrag.

sprechende Lohnersatzleistungen sind Pflegende auf familiäre Unterstützung angewiesen.

Insgesamt erscheinen die Abhängigkeitsverhältnisse am größten, wenn (Schwieger-)Töchter einen Elternteil pflegen. Aufgrund der geringen finanziellen Entlastung durch das Pflegegeld, der niedrigen Rentenanwartschaften und des brach liegenden sogenannten Humankapitals entsteht ein Abhängigkeitsverhältnis zum (Ehe-)Mann oder es wird fortgesetzt (von der Kindererziehung zur Pflege). Nicht unproblematisch ist auch die Tatsache, dass die Pflegebedürftigen das Pflegegeld erhalten. So entsteht ein einseitiges Abhängigkeitsverhältnis der Pflegeperson zum/zur Pflegebedürftigen.

3.2 Die Geschlechterordnung der Pflegearbeit

(1) Zur Beschreibung der Geschlechterordnung der Pflegearbeit muss bestimmt werden, ob und inwieweit der deutsche Wohlfahrtsstaat die Pflege neben der Kinderbetreuung als gesellschaftliche Aufgabe institutionalisiert. Dazu muss die nunmehr zehnjährige Geschichte der Gesetzlichen Pflegeversicherung (GPV) in den Blick genommen werden, denn seither ist Pflegebedürftigkeit als soziales Risiko institutionell abgesichert. Die GPV wurde Mitte der 90er Jahre als fünfte Säule des Sozialversicherungssystems eingeführt. Ihre Struktur orientiert sich an der Gesetzlichen Krankenversicherung. Träger der GPV sind die Pflegekassen, die wiederum Teil der Krankenkassen sind (vgl. Roth 2000: 186). Mit der Einführung der GPV sollten die Sozialhilfeträger von den enorm gestiegenen Kosten für pflegebedürftige HeimbewohnerInnen entlastet,[6] die infrastrukturelle Versorgung der Pflegebedürftigen verbessert und die häusliche Pflegebereitschaft gestärkt werden (vgl. Blinkert/Klie 2000: 244; Roth 2000: 184). Daher gelten in der GPV die Prinzipien „häuslich vor ambulant“ und „ambulant vor stationär“. Sowohl die Wünsche der Pflegebedürftigen als auch finanzielle Argumente legitimieren diese Prinzipien. Die Einführung der GPV erfolgte „pfadabhängig“, das heißt im Rahmen des bestehenden erwerbsarbeits- und ehezentrierten, fragmentierten und statussichernden sozialen Sicherungssystems (vgl. Scheiwe 1997: 15ff.). Die föderale Entscheidungs- und die differenzierte Akteursstruktur unterstützen die pfadabhängige Institutionalisierung der GPV in Deutschland.

Pflegebedürftige werden in eine der drei Pflegestufen eingestuft. Sie können zwischen häuslicher, ambulanter, teil- und vollstationärer Pflege wählen. Bei der häuslichen Pflege besteht die Wahl zwischen Pflegegeld und/oder pauschalen Sachleistungen, bei der stationären Pflege werden Sachleistungspauschalen ge-

6 Vor der Einführung der GPV haben die öffentlichen Haushalte, vor allem die Kommunen, 70% der Kosten für stationäre Pflege getragen (vgl. Scheiwe 1997: 14; Landenberger 1994: 328).

währt. Die Pauschalierung der Sachleistungen widerspricht dem Sachleistungsprinzip der Krankenversicherung. Diese Art der Leistungsgewährung war nur im Rahmen einer neuen Sozialversicherung durchsetzbar, das heißt trotz Pfadabhängigkeit sind einige neue Elemente institutionalisiert worden (vgl. Roth 2000: 184).

Weder die Beiträge noch die Leistungen der GPV werden bislang dynamisiert. Dadurch steigt die Differenz zwischen den Pflegekosten und den Leistungspauschalen stetig an und muss entweder von den Versicherten oder von den Sozialhilfeträgern übernommen werden (vgl. BMGS 2003: 185). Für pflegebedürftige Frauen, die eine niedrige Rente beziehen, besteht die Gefahr, trotz der Leistungen aus der GPV auf Sozialhilfe bzw. auf die bedarfsorientierte Grundsicherung im Alter angewiesen zu sein; lediglich die Kommunen sparen Sozialhilfeleistungen ein (vgl. Steylaers 2005).

Die GPV wird im Umlageverfahren finanziert. Der Beitrag liegt bei 1,7% und wird paritätisch aufgebracht, wobei in fast allen Bundesländern ein Feiertag zur Finanzierung gestrichen wurde. Seit 2005 zahlen Kinderlose einen Beitrag von 1,95%, wobei die kinderlosen abhängig Beschäftigten 1,1% zahlen, die Unternehmen dagegen weiter 0,85%.[7]

(2) Auch die Ausstattung mit pflegerischen Dienstleistungen und Einrichtungen ist für die Geschlechterordnung der Pflegearbeit wichtig. Die Bundesländer sind seit der Einführung der GPV für die Bereitstellung einer leistungsfähigen und ausreichenden Versorgungsstruktur im Pflegebereich zuständig und die Pflegekassen tragen die Verantwortung für die Pflegeversorgung, indem sie mit den Pflegeeinrichtungen Versorgungsverträge abschließen. Aus Wettbewerbsgründen wurden mit der GPV zum einen als neue Akteure auch privatgewerbliche Anbieter von Pflegedienstleistungen zugelassen und zum anderen dürfen mehr Pflegeeinrichtungen zugelassen werden als erforderlich sind (vgl. Roth 2000: 184ff.). Was die Versorgung mit ambulanten Diensten und Pflegeheimen angeht, so zeigt sich folgendes Bild: In Deutschland gibt es im Jahr 2003 über 10.000 ambulante Pflegedienste mit ca. 200.000 Beschäftigten und 9.700 Pflegeheime mit über 500.000 Beschäftigten. 87% der Beschäftigten in ambulanten Diensten und 85% der Beschäftigten in Pflegeheimen sind weiblich. Viele davon arbeiten Teilzeit (vgl. Statistisches Bundesamt 2005: 4ff.). Auf 1.000 Menschen über 65 Jahre kommen im Bundesdurchschnitt 0,75 ambulante Pflegedienste, was quantitativ als bedarfsdeckend eingeschätzt wird. Dennoch wird häufig der Hilfebedarf der Pflegebedürftigen nicht gedeckt. Es fehlen vor allem hauswirtschaftliche und niederschwellige Leistungsangebote sowie Beratungsangebote.

---

7 Mit dem Kinderberücksichtigungsgesetz hat die rot-grüne Regierung das Urteil des Bundesverfassungsgerichts zur Besserstellung von Eltern gegenüber kinderlosen Beitragszahlenden umgesetzt.

Im stationären Bereich entfallen auf 1.000 Menschen über 65 Jahre 48 Heimplätze (vollstationäre Dauerpflegeplätze). Defizite bestehen hier vor allem bezüglich der Tages- und Kurzzeitpflege (vgl. Engels/Pfeuffer 2005: 177ff.).

(3) Im Kontext der Pflegeordnung ist zudem in Betracht zu ziehen, inwieweit Maßnahmen der Freistellung zur Pflege bestehen. In Deutschland gibt es kein Recht auf (längerfristige) Freistellung zur Pflege, weder bezahlt noch unbezahlt. Doch der Wunsch nach einer Pflegezeit, der in der Debatte um Vereinbarkeit von Familie und Beruf gegenwärtig noch unterschätzt wird, besteht. In einer vom Bundesfamilienministerium in Auftrag gegebenen repräsentativen Studie zu Erwartungen an familienfreundliche Betriebe wurden auch Pflegende befragt. Fast 40% sehen den größten Handlungsbedarf in Freistellungsmöglichkeiten für Pflegeaufgaben (vgl. BMFSFJ 2004a: 10ff.).

Die Enquête-Kommission „Ethik und Recht der modernen Medizin“ (2005) schlägt eine vorübergehende Freistellung von der Erwerbsarbeit für Familienangehörige oder Nahestehende von Schwerstkranken vor, um den Wunsch vieler Menschen, in ihrer vertrauten häuslichen Umgebung zu sterben, zu respektieren und zu erfüllen:

> „Die Regelung sollte einen Rechtsanspruch auf Gewährung von Freistellung von der Arbeit für einen Zeitraum von drei bis maximal sechs Monaten bei gleichzeitiger sozialrechtlicher Absicherung sowie fortbestehendem Kündigungsschutz enthalten.“ (Enquête-Kommission Ethik und Recht der modernen Medizin 2005)

Unternehmen haben jedoch kein Interesse an staatlichen Regulierungen. Sie präferieren informelle Einigungen (vgl. Reichert 2003: 225). In der Studie zu familienfreundlichen Betrieben geben 38% der Befragten an, dass informelle unbezahlte Freistellungen zur Pflege in ihren Betrieben möglich sind (vgl. BMFSFJ 2004a: 10 ff.).

(4) Aus einer gleichstellungsorientierten Perspektive ist von Interesse, ob es Möglichkeiten gibt, Pflegearbeit gerechter zwischen Männern und Frauen zu verteilen. Während „Papamonate“, also Anreize für Väter zur Übernahme von Kindererziehung, im Rahmen des Elterngeldes geplant sind, wird nicht darüber diskutiert, mit welchen Maßnahmen Pflegearbeit gerechter verteilt werden könnte. Allerdings leisten aktuell mehr Männer (vor allem Ehemänner) Pflegearbeit, als solche, die Kinder hauptverantwortlich erziehen. Immerhin 27% der Hauptpflegepersonen, aber nur knapp fünf Prozent der Personen in Elternzeit sind männlich (vgl. Schneekloth 2005: 77; BMFSFJ 2004b: 20).

(5) Die Schaffung realer Wahlmöglichkeiten zwischen häuslicher und institutioneller Pflege ist von immensem geschlechterpolitischem Interesse. Angesichts der Dominanz der häuslichen Pflege in kultureller wie in institutioneller

Hinsicht kann von realen Wahlmöglichkeiten für potenziell Pflegende keine Rede sein.

3.3 De- oder Re-Familialisierung?

Im Folgenden wird die Pflegepolitik, die seit Mitte der 90er Jahre in Deutschland betrieben wird, aus der Perspektive der De- oder Re-Familialisierung betrachtet. Die Einführung der GPV weist beide Elemente auf. Das Risiko der Pflegebedürftigkeit, das vorher von der Familie und/oder den Sozialhilfeträgern getragen wurde, wird in ein versichertes Risiko umgewandelt. Aus der Perspektive der Pflegebedürftigen liegt hier eine De-Familialisierung vor, weil ein Anspruch auf ambulante und stationäre Leistungen besteht. Aus der Sicht der Pflegenden wirkt die GPV sowohl de- als auch re-familialisierend. Einerseits werden familiäre Abhängigkeitsverhältnisse durch das Pflegegeld und die soziale Absicherung verringert. Andererseits werden mit dem Pflegegeld deutliche Anreize zur häuslichen Pflege geboten. „Hier wird jedoch zudem durch Förderung der nichtprofessionellen häuslichen Pflege durch (weibliche) Verwandte ein ausgabensenkender Struktureffekt in Form von (Re-)Privatisierung des Pflegerisikos angestrebt", resümiert Landenberger (1994: 331).

Eine Studie von Evers (1997: 516) hat allerdings ergeben, dass der steuernde Einfluss des Pflegegeldes auf das Pflegearrangement gering ist. Viele pflegende Angehörige, meist Frauen, erhalten nun materielle und soziale Leistungen für Pflegetätigkeiten, die sie ohnehin ausgeübt hätten.

Häuslich Pflegende erhalten seit der Einführung der GPV einerseits mehr soziale Rechte und die Wahl zwischen Versorgungsarrangements, aber gleichzeitig wird die geschlechtliche Arbeitsteilung zementiert. Weiter wird durch die Förderung der häuslichen Pflege die Schaffung von Arbeitsplätzen im Pflegebereich verhindert (vgl. Scheiwe 1997: 14). Trotzdem hat durch die Einführung der GPV ein Ausbau ambulanter Pflegedienstleistungen stattgefunden (vgl. Statistisches Bundesamt 2005: 5; Roth 2000: 187ff.) – eine eher de-familialisierende Wirkung.

4 Fazit: Elemente einer geschlechtergerechten Pflegepolitik

Zusammenfassend kann die Pflegearbeit und -politik in Deutschland wie folgt beschrieben werden: Der Hauptanteil der Pflegearbeit findet in der Familie statt, die häusliche Pflege dominiert auch als gesellschaftliches Leitbild und die meisten Pflegebedürftigen bevorzugen es, zu Hause gepflegt zu werden. Ein Wandel in der Pflegekultur deutet sich an, da sich immer mehr jüngere Menschen vorstellen können, im Alter ambulant oder stationär betreut zu werden. Die veränderten Einstellungen sind einerseits eine Reaktion auf den Alterungsprozess der Gesellschaft, andererseits den Veränderungen im Geschlechterverhältnis, vor allem der gestiegenen weiblichen Erwerbstätigkeit, geschuldet.

Pflegearbeit wird – egal ob informell, professionell oder illegal – zu über 70% von Frauen erledigt. Mit Einführung der GPV ist zwar eine niedrige materielle und soziale Absicherung von häuslich Pflegenden erfolgt, die Anreize zur häuslichen Pflege wirken jedoch negativ auf die Arbeitsmarktintegration von Frauen. Die bestehende geschlechtliche Arbeitsteilung wird im Grundsatz zementiert, auch wenn der Anteil männlicher Pflegender in den letzten Jahren gestiegen ist. Die Pflegeinfrastruktur ist nach der Einführung der GPV ausgebaut worden, aber in ihrer Angebotsstruktur defizitär. Die GPV ist zu unflexibel und zu wenig auf die individuellen Bedürfnisse der Pflegebedürftigen und der häuslich Pflegenden (vor allem der Berufstätigen) zugeschnitten.

Führt man die Ergebnisse des theoretischen und empirischen Teils zusammen, ergeben sich einige Anforderungen an eine geschlechtergerechte Pflegearbeitspolitik. Sie muss generell sowohl die Interessen der häuslich als auch der professionell Pflegenden berücksichtigen, ohne dabei die Pflegebedürftigen aus dem Auge zu verlieren.

Notwendig für eine geschlechtergerechte Pflegepolitik sind zum einen Rechte und Wahlmöglichkeiten häuslich Pflegender, so dass häusliche Pflege ermöglicht wird („Pflegezeit"), auf qualifizierte Erwerbsarbeit nicht verzichtet werden muss (Vereinbarkeit von Beruf und Pflege) und ein selbstbestimmter Lebensentwurf verwirklicht werden kann. Wahlfreiheiten für Frauen erfordern eine gerechtere Aufteilung der Pflegearbeit (Anreize für Männer), den Ausbau der Pflegeinfrastruktur und die Förderung eines Pflegemixes mit höheren Anteilen ambulanter und (teil-)stationärer Pflege. Zudem ist eine sozio-kulturelle Auseinandersetzung mit der Zuschreibung von Pflegearbeit an Frauen notwendig.

Zum anderen geht es um die professionell Pflegenden, deren Arbeit besser bezahlt und deren Arbeitsbedingungen verbessert werden müssten, so dass diese (Frauen-)Arbeit aufgewertet und attraktiv wird und der Arbeitskräftebedarf auch in Zukunft gedeckt werden kann.

In der Debatte um die Zukunft der Pflegearbeit dürfen aber auch die Pflegebedürftigen selbst nicht vergessen werden. Ihnen muss das Recht auf eine würdevolle und professionelle Betreuung und Versorgung zugestanden werden. Hierzu sind qualitativ hochwertige Pflegeheime ebenso notwendig wie neue Wohnformen (zum Beispiel Wohngemeinschaften älterer Menschen) und Mischformen häuslicher, ambulanter und teilstationärer Pflege.

Literatur

Anttonen, Anneli/Sipilä, Jorma (2005): Comparative Approaches to Social Care: Diversity in Care Production Modes. In: Pfau-Effinger/Geissler (2005): 115-134

Auth, Diana (2004): Die alternde Gesellschaft: Bessere Arbeitsmarktperspektiven für Frauen? In: Breit (2004): 53-71

Blinkert, Baldo/Klie, Thomas (2004): Gesellschaftlicher Wandel und demographische Veränderungen als Herausforderungen für die Sicherstellung der Versorgung von pflegebedürftigen Menschen. In: Sozialer Fortschritt 11-12 (2004): 319-326

Blinkert, Baldo/Klie, Thomas (2000): Pflegekulturelle Orientierungen und soziale Milieus. Ergebnisse einer Untersuchung über die sozialstrukturelle Verankerung von Solidarität. In: Sozialer Fortschritt 10 (2004): 237-245

BMFSFJ (=Bundesministerium für Familie, Senioren, Frauen und Jugend) (Hrsg.) (2004a): Erwartungen an einen familienfreundlichen Betrieb. Berlin. (http://www.bmfsfj.de/RedaktionBMFSFJ/Broschuerenstelle/Pdf-Anlagen/erwartungen-familienfreundlicher-betrieb,property=pdf,bereich=,rwb=true.pdf., 01.08.2005)

BMFSFJ (=Bundesministerium für Familie, Senioren, Frauen und Jugend) (Hrsg.) (2004b): Bericht über die Auswirkungen der §§ 15 und 16 Bundeserziehungsgeldgesetz (Elternzeit und Teilzeit während der Elternzeit). Berlin

BMGS (=Bundesministerium für Gesundheit und soziale Sicherung) (Hrsg.) (2003): Nachhaltigkeit in der Finanzierung der sozialen Sicherungssysteme. Bericht der Kommission, Berlin (http://www.soziale-sicherungssysteme.de/download/, rev. 12.10.2004)

Breit, Gotthard (Hrsg.) (2004): Die alternde Gesellschaft. Schwalbach/Ts: Wochenschau Verlag

Daly, Mary (1994): Comparing Welfare States: Towards a Gender Friendly Approach. In: Sainsbury (1994): 101-117

Deutscher Altenpflege-Monitor (2005): Presseinformationen (http://www.konzept-und-markt.com/Docs/APM_Presseinformation.pdf., rev. 21.02.2006)

Deutscher Bundestag (http://www.bundestag.de/bic/hib/2004/2004_040/05.html, rev. 09.10.2005)

Engels, Dietrich/Pfeuffer, Frank (2005): Analyse der pflegerischen Versorgungsstrukturen in ausgewählten Regionen. In: Schneekloth et al. (2005): 171-202

Engstler, Heribert/Menning, Sonja (2003): Die Familie im Spiegel der amtlichen Statistik. Erw. Neuaufl. Berlin: BMFSFJ. (http://www.bmfsfj.de/RedaktionBMFSFJ/Broschuerenstelle/Pdf-Anlagen/PRM-24184-Gesamtbericht-Familie-im-Spieg, property=pdf,berich=,rwb=true.pdf)

Enquête-Kommission Demographischer Wandel (2002): Herausforderungen unserer älter werdenden Gesellschaft an den Einzelnen und die Politik. Berlin

Enquête-Kommission Ethik und Recht der modernen Medizin (2005): Am Ende des Lebens. Auszüge aus dem Zwischenbericht der Enquête-Kommission des Deutschen Bundestags zur Palliativmedizin und Hospizarbeit. In: Frankfurter Rundschau vom 29.06.2005 (Dokumentation)

Esping-Andersen, Gøsta (1990): The Three Worlds of Welfare Capitalism. Cambridge: Polity Press

Evers, Adalbert (1997): Geld oder Dienste. Zur Wahl und Verwendung von Geldleistungen im Rahmen der Pflegeversicherung. In: WSI-Mitteilungen 7 (1997) 510-518

Goldmann, Monika/Mütherich, Birgit/Stackelbeck, Martina/Tech, Daniel (Hrsg.) (2004): Projektdokumentation Gender Mainstreaming und Demographischer Wandel, Dortmund (http://www.sfs-dortmund.de/transf/band132.html, rev. 06.05.2004)

Hantrais, Linda/Mangen, Steen (Hrsg.) (1994): Family Policy and the Welfare of Women, University of Loughborough: Cross-National Research Papers

Institut für Demoskopie Allensbach (2005): Allensbacher Berichte Nr. 12 (http://www.ifd-allensbach.de/news/prd_0512.html, rev. 01.09.2005)

Knijn, Trudie/Kremer, Monique (1997): Gender and the Caring Dimension of Welfare States: Toward Inclusive Citizenship. In: Social Politics 3 (1997): 328-361

Kommission „Soziale Sicherheit“ (2003): Bericht der Kommission „Soziale Sicherheit“ zur Reform der sozialen Sicherungssysteme. Berlin. (http://www.cdu.de/tagesthema/30_09_03_cdu_csu_beschluss.pdf, rev. 18.08.2004)

Landenberger, Margarete (1994): Pflegeversicherung als Vorbote eines anderen Sozialstaates. In: Zeitschrift für Sozialreform 5 (1994): 314-342

Lewis, Jane (2001): The Decline of the Male Breadwinner Model: Implications for Work and Care. In: Social Politics 8 (2001): 152-170

Lewis, Jane (1992): Gender and the Development of Welfare Regimes. In: Journal of European Social Policy 2 (1992): 159-173

McLaughlin, Eithne/Glendinning, Caroline (1994): Paying for Care in Europe: is there a Feminist Approach? In: Hantrais/Mangen (1994): 52-69

Ostner, Ilona (1995): Sozialstaatsmodelle und die Situation der Frauen. In: Jahrbuch Arbeit und Technik (1995): 57-67

Pfau-Effinger, Birgit (2000): Kultur und Frauenerwerbstätigkeit in Europa. Theorie und Empirie des internationalen Vergleichs. Opladen: Leske und Budrich

Pfau-Effinger, Birgit/Geissler, Birgit (Hrsg.) (2005): Care and Social Integration in European Societies. Bristol: Policy Press

Reichert, Monika (2003): Erwerbstätigkeit und Pflege – ein neues Konfliktfeld des demographischen Wandels? Überblick über den nationalen und internationalen Forschungsstand. In: Goldmann et al. (2003): 213-232

Roth, Günter (2000): Fünf Jahre Pflegeversicherung in Deutschland: Funktionsweise und Wirkungen. In: Sozialer Fortschritt 8-9 (2000): 184-192

Sainsbury, Diane (1994): Women’s and Men’s Social Rights: Gendering Dimensions of Welfare States. In: Sainsbury (1994): 150-169

Sainsbury, Diane (Hrsg.) (1994): Gendering Welfare States, London: Sage

Scheiwe, Kirsten (1997): New Demands for Social Protection - Changing Family Structures, Women’s Roles and Institutional Responses. The Case of the German Long-Term Care Insurance. Mannheimer Zentrum für Europäische Sozialforschung. Arbeitspapiere Arbeitsbereich I/19 (1997)

Schneekloth, Ulrich (2005): Ergebnisse der Einzelstudien. In: Ders./Wahl (2005): 55-98

Schneekloth, Ulrich/Wahl, Hans-Werner (Hrsg.) (2005): Möglichkeiten und Grenzen selbständiger Lebensführung in privaten Haushalten (MuG III). München. (http://www.bmfsfj.de/RedaktionBMFSFJ/Abteilung3/Pdf-Anlagen/mug3-ingetrierter-gesamtbericht,property=pdf,bereich=,rwb=true.pdf, rev. 12.08.2005)

Sozialpolitik aktuell (2005): (http://www.sozialpolitik-aktuell.de/docs/3/tab/TabelleIIIE14.pdf, rev. 09.10.2005)

Statistisches Bundesamt (2005): Pflegestatistik 2003. Pflege im Rahmen der Pflegeversicherung. Deutschlandergebnisse. Bonn (http://www.destatis.de/download/d/solei/bericht03deutschl.pdf. rev. 10.05.2005)

Steylaers, Christel (2005), Emanzipation am Pflegebett. In: Das Parlament Nr. 7 vom 14. Februar 2005

Ver.di (Hrsg.) (2003): Mythos Demografie. Berlin

WSI (=Wirtschafts- und Sozialwissenschaftliche Institut der Hans-Böckler-Stiftung: WSI-Tarifarchiv http://boeckler.de/cps/rde/xchg/SID-3D0AB75D-09CFC05D/hbs/hs.xsl/32207.html., rev. 15.09.2005)

Autorinnen

Diana Auth
Dr., Politikwissenschaftlerin, wissenschaftliche Assistentin am Institut für Politikwissenschaft der Justus-Liebig-Universität Gießen. Arbeitschwerpunkte: vergleichende Wohlfahrtsstaatsforschung, demographischer Wandel und Geschlechterverhältnis, Wandel der Arbeitsgesellschaft, Arbeitszeitforschung sowie Arbeitsmarkt-, Sozial- und Familienpolitik.

Dagmar Baatz
Politikwissenschaftlerin, bis 2005 Mitarbeiterin am Institut für Politikwissenschaft der Phillips-Universität Marburg. Arbeitschwerpunkte: Arbeits(markt)-politik, Frauenerwerbsarbeit, feministische Theorie.

Regina Barendt
Historikerin und Orientalistin, freie Osteuropa-Konsultantin multinationaler Projekte zu Themen wie Globalisierung, Frauen und Armut, Auswirkungen von Strukturberichtigungspolitiken auf die Situation der Geschlechter in ehemaligen Ostblockländern, Frauen in der Politik, Gleichstellungsmechanismen und Gender Mainstreaming. 1994 Gründung des ersten Frauenhauses in Bulgarien und Mitarbeit am Aufbau eines Gender-Informations- und Bildungszentrums sowie einer nationalen Genderplattform, die mit der regionalen Frauenlobby Karat Coalition vernetzt sind. Seit 2002 Recherche- und Organisationsarbeit für Partner-NGOs der Clean Clothes Campaign in Ostmittel- und Südosteuropa.

Sabine Berghahn
Dr. jur., Privatdozentin, derzeit C 2-Stelle am Otto-Suhr-Institut für Politikwissenschaft der FU Berlin. Juristische Ausbildung in München, anschließend diverse Stellen in Forschung, Lehre und Praxis in München und Berlin, Vertretungsprofessuren in Bremen und Cottbus, Tätigkeit als Rechtsanwältin und Journalistin, seit 2002 wieder am Otto-Suhr-Institut, Juni 2004 bis Mai 2006 Leitung des Projekts „Ernährermodell", seit März 2006 Leitung der Länderstudie im EU-Forschungsprojekt VEIL (8-Ländervergleich zum islamischen Kopftuch). Arbeitsschwerpunkte: Politik und Recht, rechtliche Aspekte der Genderforschung,

Sozialstaatsentwicklung, Gleichstellungs- und Familienpolitik sowie normative Konflikte zu Aspekten der Geschlechterverhältnisse.

María do Mar Castro Varela
Dr., Politikwissenschaftlerin, Dipl.-Psychologin und Dipl.-Pädagogin, Lehrbeauftragte und Mitgründerin des Instituts für Migrations- und Ungleichheitsforschung. Arbeitsschwerpunkte: Migration, Soziale Ungerechtigkeit, Utopieforschung und Postkoloniale Theorie.

Regina-Maria Dackweiler
Dr. phil. habil., Professorin für Politikwissenschaft, insbesondere Gesellschaftstheorien und Politik sozialer Bewegungen an der FH Bielefeld, Fachbereich Sozialwesen. Arbeitsschwerpunkte: Frauenbewegungen, Citizenship, wohlfahrtsstaatliche Geschlechterpolitik, Gewalt im Geschlechterverhältnis, feministische Methodologie- und Methodendiskussion.

Ursula Degener
Politikwissenschaftlerin und Skandinavistin, bis März 2005 wissenschaftliche Mitarbeiterin am Seminar für Wissenschaftliche Politik der Universität Freiburg, seit April wissenschaftliche Angestellte am Fachbereich Gesellschaftswissenschaften der Universität Kassel. Arbeitsschwerpunkte: vergleichende Sozialpolitik, politische Systeme Skandinaviens, feministische Theorien, Demokratietheorie und Sozialphilosophie.

Nancy Fraser
Henry and Louise A. Loeb Professor of Philosophy and Politics an der New School for Social Research. Ehemals Mitherausgeberin der Zeitschrift *Constellations*. Arbeitsschwerpunkte: Globalisierung, soziale Gerechtigkeit, Multikulturalismus und Feminismus. Aktuelle Projekte beschäftigen sich mit postwestfälischer sozialer Gerechtigkeit.

Friederike Habermann
Volkswirtin und Historikerin; seit dem Interkontinentalen Treffen der Zapatistas im Jahr 1996 Aktivistin im globalen Widerstand. Doktorandin und Werkvertragsnehmerin. Arbeitsschwerpunkte: Globalisierung und Widerstand, die Verwobenheit von Herrschaftsverhältnissen über Identität sowie Ansätze zum ‚anderen Leben' als Wege zu einer ‚anderen Welt'.

Ines Hofbauer
Mag.a phil., Politologin und wissenschaftliche Mitarbeiterin in der Forschungs- und Beratungsstelle Arbeitswelt (FORBA), Wien. Arbeitsschwerpunkte: Arbeitsmarkt-, Sozial- und Privatisierungspolitik, Politik der Geschlechterverhältnisse, Europäische Union sowie politische Konzeptionen von Arbeit und Demokratie im Kontext des Wandels von Staatlichkeit.

Heike Kahlert
Dr. rer. soc., Diplom-Soziologin; Wissenschaftliche Assistentin am Institut für Soziologie und Demographie der Universität Rostock; Arbeitsschwerpunkte: Transformationen des Wissens in der Moderne, Geschlechterverhältnisse und sozialer Wandel im Wohlfahrtsstaat, Soziologie der Bildung und Erziehung, Gleichstellungsbezogene Organisationsentwicklung im Public-Profit-Bereich (Bildungswesen, Verwaltung); aktuelles Forschungsprojekt zum Thema „Geschlechterverhältnisse und sozialer Wandel. Konzeptionelle Grundlegung einer geschlechtskategorialen Institutionenanalyse der Moderne".

Regina Kreide
Dr. phil., wissenschaftliche Assistentin am Fachbereich Gesellschaftswissenschaften der Goethe-Universität Frankfurt am Main (Institut für Grundlagen der Gesellschaftswissenschaften). Arbeitsschwerpunkte: Menschenrechte, globale Gerechtigkeit, feministische Theorie, Gleichheit, Lebensqualität, Migration, transnationale Demokratie, hermeneutische Sozialforschung.

Annegret Künzel
M.A., wissenschaftliche Mitarbeiterin im Forschungsprojekt „Ehegattenunterhalt und sozialrechtliches Subsidiaritätsprinzip als Hindernisse für eine konsequente Gleichstellung von Frauen in der Existenzsicherung" an der Freien Universität Berlin; seit 2006 wissenschaftliche Mitarbeiterin in der Emmy-Noether-Nachwuchsgruppe „‚Liebe', (Erwerbs-)Arbeit, Anerkennung" am Institut für Arbeitsmarkt- und Berufsforschung Nürnberg und an der Friedrich-Alexander-Universtität Erlangen-Nürnberg; Arbeitsschwerpunkte: Feministische Theorie, Soziologie der Geschlechterverhältnisse, Gender Mainstreaming.

Sigrid Leitner
Dr., Studium der Politikwissenschaft und Publizistik an der Universität Wien. Sie war Scholarin am Institut für Höhere Studien in Wien und wissenschaftliche Mitarbeiterin am Institut für Technikfolgenabschätzung der Österreichischen Akademie der Wissenschaften. Seit 1999 arbeitet sie als wissenschaftliche Assistentin am Institut für Soziologie (früher: Sozialpolitik) der Universität Göttingen.

Arbeitsschwerpunkte: Sozialpolitik als Geschlechterpolitik, Rentenpolitik, Familienpolitik, vergleichende Sozialpolitik, Theorien der Staatstätigkeit.

Susanne Lettow
Dr. phil., Promotion in Philosophie an der FU Berlin, 2001-2003 Postdoktorandin im Graduiertenkolleg „Öffentlichkeiten und Geschlechterverhältnisse. Dimensionen von Erfahrung" an den Universitäten Frankfurt/Main und Kassel. 2004-2006 Visiting Fellow am Institut für die Wissenschaften vom Menschen Wien und Lise-Meitner-Stipendiatin des Österreichischen Wissenschaftsfonds. Arbeitsschwerpunkte: feministische Philosophie, Sozialphilosophie, Wissenschaftsphilosophie, Biopolitiken und Geschlechterverhältnisse.

Ruth Lister
Professor of Social Policy an der Loughborough University. Ehemalige Vorsitzende der Child Poverty Action Group. Mitglied in verschiedenen Kommissionen, zuletzt der Fabian Commission on Life Chances and Child Poverty. Arbeitsschwerpunkte: Citizenship, Armutsforschung und Geschlechterverhältnisse.

Gundula Ludwig
Mag.a phil., Dissertantin und Lehrbeauftragte am Institut für Politikwissenschaft der Universität Wien. Arbeitsschwerpunkte: Politische Theorie, Kritische Gesellschaftstheorie, Politik der Geschlechterverhältnisse und Subjektivierung in neoliberalen Transformationsprozessen.

Helga Ostendorf
Dr. rer. pol. habil., zurzeit Privatdozentin am Otto-Suhr-Institut für Politikwissenschaft der FU Berlin. Vordem u.a. DFG-Stipendiatin und Vertretungsprofessorin an der Justus-Liebig-Universität Gießen sowie der Universität Hildesheim. Arbeitsschwerpunkte: Bildungs- und Arbeitsmarktpolitik, Evaluations- und Implementationsforschung, Finanz- und Sozialpolitik sowie Neuer Institutionalismus und politische Steuerung.

Birgit Riegraf
PD Dr. phil., Privatdozentin an der Universität Bielefeld; Promotion zum Thema „Geschlecht und Mikropolitik" an der Freien Universität Berlin/ Fachbereich Politische Wissenschaft; seit 1995 in der Wissenschaftlichen Einheit „Allgemeine Soziologie/ Arbeitsschwerpunkt Frauen- und Geschlechterforschung" an der Fakultät für Soziologie der Universität Bielefeld beschäftigt; Habilitationsschrift zum Thema: „New Public Management und Geschlechterverhältnisse: Eine Analyse zum qualitativen Wandel des Staates". Arbeitsschwerpunkte: Wissen-

schafts- und Geschlechterforschung, Staats- und Organisationstheorien; im Sommersemester 2006 Vertretungsprofessur „Vergleichende Soziologien“ an der Universität Duisburg-Essen. Arbeitsschwerpunkt: Wandel staatlicher Organisations- und Steuerungsmuster im Vergleich; Arbeits-, Industrie- und Organisationsforschung; Wissenschaftsforschung.

Beate Rosenzweig
Dr. phil., seit 2003 Habilitationsstipendiatin am Seminar für Politik der Universität Freiburg, 2005-2006 Vertretungsprofessur „Moderne politische Theorien“ an der Universität Duisburg-Essen, Arbeitsschwerpunkte: Politische Ideengeschichte und Theorie, feministische Theorie und Geschlechterforschung.

Clarissa Rudolph
Dr. phil., Politikwissenschaftlerin, Projektleitung „Aktuelle lokale Arbeitsmarktpolitik: Die Umsetzung von Hartz IV und ihre Auswirkungen auf Geschlechterdemokratie und Geschlechterverhältnisse“ bei „GendA – Forschungs- und Kooperationsstelle Arbeit – Demokratie – Geschlecht“ am Institut für Politikwissenschaft der Philipps-Universität Marburg. 2002-2005 Koordinatorin des BMBF-Projekts „GendA – Netzwerk feministische Arbeitsforschung“ an der Philipps-Universität Marburg. Arbeitsschwerpunkte: Arbeitsmarktpolitik, feministische Arbeitsforschung, Frauen- und Gleichstellungspolitik, Frauenbewegung, Gender Mainstreaming.

Heidi Schroth
Soziologin, promoviert derzeit am interdisziplinären Graduiertenkolleg der Universität Marburg. Arbeitsschwerpunkte: Soziologie der Arbeit und der Industriellen Beziehungen, Sozialpolitik, Geschlechterforschung.

Maria Wersig
Diplom-Juristin, 2004-2006 wissenschaftliche Mitarbeiterin im Projekt „Ehegattenunterhalt und sozialrechtliches Subsidiaritätsprinzip als Gleichstellungshindernisse“, derzeit wissenschaftliche Referentin für Familienpolitik, Gleichstellungspolitik und Lebensweisen der Bundestagsfraktion Die Linke. Promotionsprojekt zu Diskursen der Antidiskriminierungspolitik. Lehrbeauftragte des Otto-Suhr-Instituts für Politikwissenschaft der Freien Universität Berlin und der Universität Hannover. Arbeitsschwerpunkte: Recht und Politik, Recht der Geschlechterverhältnisse, Geschlechterverhältnisse im Wohlfahrtsstaat.

Brigitte Young
Prof. Ph.D., seit 1999 Professorin am Institut für Politikwissenschaft an der WWU-Münster für Internationale/Vergleichende Politische Ökonomie. Studium der Internationalen/Vergleichenden Politischen Ökonomie an der University of California, Santa Barbara, und an der University of Wisconsin, Madison. Professorin an der Wesleyan University, Connecticut, USA (1991-1997). Von 1994-1995 Research Fellow an der School of Foreign Service, Georgetown University, Washington, D.C., von 1997-1999 Professorin an der FU Berlin. Sachverständige der Enquete-Kommission des Deutschen Bundestages „Globalisierung der Weltwirtschaft – Herausforderungen und Antworten" (2000-2002), Senior Scientist im EU-Network of Excellence „Global Governance, Regionalisation and Regulation. The Role of the EU (GARNET)". Arbeitsschwerpunkte: Globalisierung, Weltwirtschaft, Internationale Politische Ökonomie, Finanzmärkte, Welthandel und WTO, Global Governance, Feministische Makroökonomie (Handel – Finanzen – Soziale Reproduktion).